U0922462

拉萨堆龙德庆年鉴

ལྷ་ས་སྟོད་ལུང་བདེ་ཆེན་གྱི་ལོ་རིམ་མེ་ལོང་།

2022

（总第11卷）

拉萨市堆龙德庆区地方志办公室　编

图书在版编目（CIP）数据

拉萨堆龙德庆年鉴. 2022 / 拉萨市堆龙德庆区地方志办公室编.—北京：方志出版社，2022.12

ISBN 978-7-5144-5365-2

Ⅰ.①拉… Ⅱ.①拉… Ⅲ.①堆龙德庆县—2022—年鉴 Ⅳ.①Z527.54

中国版本图书馆CIP数据核字（2022）第246093号

责任编辑：刘方圆
责任校对：刘玉霞
责任印制：梅中英
出 版 者：方志出版社
地　　址：北京市朝阳区潘家园东里 9 号（国家方志馆4层）
邮　　编：100021
网　　址：http://www.zgfzcb.cn
发　　行：方志出版社图书营销中心（010-67110500）
印　　刷：河南金宝丽印刷科技有限公司
开　　本：889毫米×1194毫米　1/16
印　　张：23.25
字　　数：632千字
版　　次：2022年12月第1版
印　　次：2022年12月第1次印刷
定　　价：380.00元

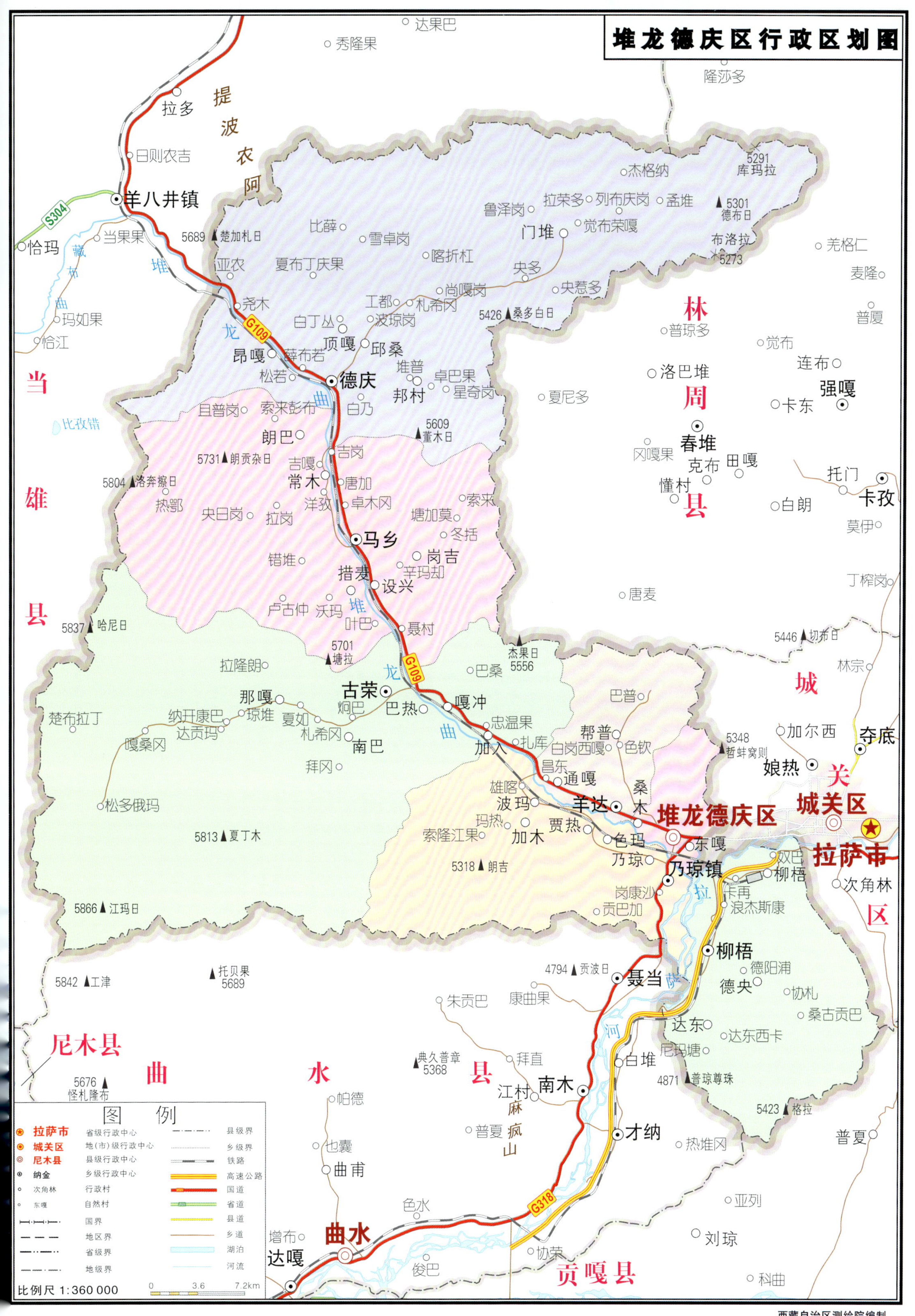
堆龙德庆区行政区划图
达果巴
秀隆果
隆莎多
拉多
提
波
农
阿
日则农吉
羊八井镇
S304
恰玛
当果果
藏
布
曲
玛如果
恰江
堆
5689 楚加札日
亚农
尧木
龙
G109
昂嘎
薛布若
松若
比薛
雪卓岗
夏布丁庆果
喀折杠
白丁丛
工都
札希冈
波琼岗
尚嘎岗
顶嘎
邱桑
德庆
堆普
邦村
卓巴果
星奇岗
5291
库玛拉
杰格纳
拉荣多
列布庆岗
孟堆
鲁泽岗
5301
德布日
门堆
觉布荣嘎
布洛拉
5273
央多
央惹多
5426 桑多白日
林
普琼多
洛巴堆
周
春堆
县
羌格仁
麦隆
普厦
觉布
连布
强嘎
卡东
夏尼多
当
雄
县
比孜错
且普岗
索来彭布
曲
白乃
朗巴
5609
董木日
5731 朗贡杂日
吉岗
吉嘎
常木
唐加
5804 洛奔擦日
热鄂
央日岗
拉岗
洋孜
卓木冈
索来
塘加莫
冬括
马乡
岗吉
辛玛却
错堆
措麦
设兴
卢古仲
沃玛
堆
叶巴
聂村
冈嘎果
克布
田嘎
懂村
托门
卡孜
白朗
莫伊
丁榨岗
唐麦
5837 哈尼日
5701
塘拉
杰果日
5556
巴桑
5446 切布日
林宗
城
拉隆朗
古荣
龙
G109
那嘎
炯巴
巴热
嘎冲
琼堆
夏如
纳开康巴
达贡玛
楚布拉丁
嘎桑冈
札希冈
南巴
拜冈
忠温果
曲
加入
扎库
巴普
帮普
白岗西嘎
色钦
昌东
通嘎
雄喀
波玛
桑
木
羊达
玛热
加木
贾热
索隆江果
色玛
乃琼
5348
哲蚌窝则
加尔西
夺底
娘热
关
城关区
堆龙德庆区
东嘎
乃琼镇
双巴
柳梧
拉萨市
次角林
区
松多俄玛
5813 夏丁木
5318 朗吉
岗康沙
贡巴加
拉
卡再
浪杰斯康
5866 江玛日
柳梧
德阳浦
德央
协札
桑古贡巴
4794 贡波日
聂当
萨
朱贡巴
康曲果
5842 工津
托贝果
5689
河
达东
达东西卡
尼玛塘
尼木县
5676
怪札隆布
曲
水
县
典久普章
5368
拜直
白堆
4871 普琼尊珠
江村
麻
南木
5423 格拉
帕德
普夏
疯
山
才纳
热堆冈
普夏
也囊
曲甫
亚列
色水
G318
刘琼
增布
曲水
达嘎
协荣
俊巴
贡嘎县
科曲
图例
拉萨市 省级行政中心
城关区 地(市)级行政中心
尼木县 县级行政中心
纳金 乡级行政中心
次角林 行政村
东嘎 自然村
国界
地区界
省级界
地级界
县级界
乡级界
铁路
高速公路
国道
省道
县道
乡道
湖泊
河流
比例尺 1:360 000
0 3.6 7.2km
西藏自治区测绘院编制
审图号：藏S（2018）022号

数字拉萨堆龙德庆 2021

辖区面积：2413.39平方千米

年末户籍人口：52850人

年末常住人口 ：91065人

地区生产总值：67.58亿元

第一产业：2.53亿元

第二产业：31.35亿元

第三产业：33.70亿元

社会消费品零售总额：20.8亿元

规模以上工业增加值：92255.9亿元

一般公共预算收入：8.18亿元

农牧民人均可支配收入：22876元

2021年5月10日，西藏自治区人大常委会党组副书记、副主任维色（前右）一行到堆龙德庆区检查《中华人民共和国旅游法》《西藏自治区旅游条例》实施情况

2021年5月12日，西藏自治区人大常委会副主任其美仁增（前排右五）率执法检查组到堆龙德庆区检查《中华人民共和国固体废物污染环境防治法》实施情况

2021年10月19日，拉萨市委副书记、市长果果（前排右一）在堆龙德庆区调研乡村振兴、特色产业及寺庙管理等工作。堆龙德庆区委副书记、区长米玛次仁（前排左一）等陪同

2021年9月7日，北京市门头沟区委书记张力兵（左一）带队在堆龙德庆区马镇岗吉村开展入户调研工作

2021年11月18日，西藏自治区政府副秘书长李桑（前排左三）在堆龙德庆区督导检查3—11岁儿童新冠疫苗接种工作开展情况

2021年8月9日，堆龙德庆区委书记石运本（中）慰问奋斗在一线的疫情防控人员

2021年7月14日，堆龙德庆区委副书记、区长米玛次仁（前排右三）在德庆镇实地调研邱桑温泉选址工作

2021年1月7日，堆龙德庆区2021年新时代文明实践活动之“五下乡”宣传服务活动在东嘎街道东嘎社区举行。图为文艺会演

2021年3月16日，马镇举行“人勤春来早　春耕正当时”主题春耕春播仪式

2021年3月28日，堆龙德庆区党政干部、各界代表共同庆祝西藏百万农奴解放62周年纪念日

2021年4月1日，堆龙德庆区举办"把握新发展阶段、贯彻新发展理念、构建新发展格局"第二次大学习大讨论活动

2021年4月2日，堆龙德庆区召开"四讲四爱"群众教育实践活动总结部署会。图为获奖代表上台领奖

2021年5月19日，堆龙德庆区组织离退休党员开展参观林周澎波农场主题党日活动

2021年5月21日，堆龙德庆区委理论学习中心组成员到“两路”精神纪念馆参观学习

2021年6月24日，堆龙德庆区举行首批“美丽乡村　幸福家园”贷款发放仪式

2021年6月24日，堆龙德庆区召开“光荣在党50年”纪念章颁发座谈会

2021年6月26日，中国共产党拉萨市堆龙德庆区第三次代表大会召开。图为主席台成员全体起立奏唱中华人民共和国国歌

2021年6月27日，中共堆龙德庆区第三届委员会第一次全体会议召开

2021年6月28日，政协第三届拉萨市堆龙德庆区委员会第一次会议开幕

2021年6月29日，堆龙德庆区第三届人民代表大会第一次会议召开

2021年7月1日，堆龙德庆区组织党政干部、各界代表、群众参加庆祝中国共产党成立100周年升国旗仪式

2021年7月7日，堆龙德庆区举办2020—2021年度大学生志愿者服务西部计划工作总结暨表彰大会

2021年7月9日，堆龙德庆区举办庆祝中国共产党成立100周年、西藏和平解放70周年“永远跟党走”歌咏比赛

2021年7月30日，堆龙德庆区开展国防教育进军营活动

2021年8月6日，中共堆龙德庆区第三届委员会第二次全体会议召开

2021年8月20日，堆龙德庆区委理论学习中心组召开“学习习近平新时代中国特色社会主义思想·建设现代化堆龙”第13次集中学习研讨（扩大）会议

2021年9月7日，北京市门头沟区党政代表团到堆龙德庆区开展对口支援工作，图为代表团与堆龙德庆区党政领导合影留念

2021年9月10日，“我们的中国梦——文化进万家”中央歌剧院到堆龙德庆区开展慰问演出活动

2021年9月28日， 堆龙玉妥文化旅游节在德庆镇邱桑村开幕。图为开幕式藏戏表演

2021年9月29日，第七届楚布沟山地自行车竞速体验活动开赛

2021年10月8日，堆龙德庆区政协组织委员到广西壮族自治区百色市、防城港市考察学习

2021年10月14日，堆龙德庆区在集中供养中心举行“我们的节日·重阳”主题活动

2021年11月18日，堆龙德庆区人民法院召开执行案款集中发放大会

2021年12月3日，堆龙德庆区2021—2022年农闲时节新时代文明实践十项活动启动仪式在古荣镇荣玛高海拔生态搬迁安置点举行

2021年12月11日，参加全区地（市）、县（区）人大常委会主任培训会暨人大代表工作推进会的人大常委会组成人员、代表以及相关人员一行60余人，到堆龙德庆区乃琼街道实地考察人大工作

楚布沟（2021年）

《拉萨堆龙德庆年鉴》编纂委员会

《拉萨堆龙德庆年鉴》编辑部

编辑说明

一、《拉萨堆龙德庆年鉴（2022）》以马克思列宁主义、毛泽东思想、邓小平理论、“三个代表”重要思想、科学发展观、习近平新时代中国特色社会主义思想为指导，坚持辩证唯物主义和历史唯物主义的立场、观点和方法，始终坚持“实事求是、质量第一、存史资政、服务大众”的办鉴宗旨，全面、系统、翔实地记述堆龙德庆区上一年度政治、经济、文化、社会等各项事业的基本情况，为社会各界与国内外人士了解和研究当今堆龙德庆区提供翔实资料。

二、《拉萨堆龙德庆年鉴（2022）》分为正文与彩页两部分。正文采取分类编辑法，以类目、分目、条目为主要框架结构，个别包含多方面资料的条目，则在段落间加插楷体标题提示，方便读者查阅全书。

三、《拉萨堆龙德庆年鉴（2022）》载录堆龙德庆区2021年经济社会发展的基本资料，设有特载、大事记、区情概览、中共拉萨市堆龙德庆区委员会、堆龙德庆区人民代表大会、堆龙德庆区人民政府、中国人民政治协商会议堆龙德庆区委员会、纪律检查（监察）、人民团体、军事、法治、经济管理、社会事业、城市建设·环保、交通·通信、金融、乡（镇）概况、国有企业、附录等内容。

四、《拉萨堆龙德庆年鉴（2022）》统计数据使用法定计量单位，价值指标绝对数凡未注明的，按记载2021年价格计算。计量单位一律以1984年国务院颁布的《中华人民共和国法定计量单位》为准，个别常用成习惯且不便换算的用市制，如农田单位“亩”。简化字以全国文字改革委员会、文化部、教育部公布的《简化汉字总表》为准。标点符号以2012年实施的《标点符号用法》（GB/T 15834—2011）为准。数字以2011年发布的《出版物上数字用法》（GB/T 15835—2011）为准。

五、《拉萨堆龙德庆年鉴（2022）》入鉴资料、图片均由各撰稿单位提供，并经主要负责人审核。部分资料由编辑部收集，主要数据和统计资料由统计局提供，部分数据由各相关部门提供。由于统计口径等原因，相关部分的个别数据与统计资料不一致的，以统计资料为准。

目 录

特 载

大事记

区情概览

中共拉萨市堆龙德庆区委员会

综 述

办公室工作

组织工作

宣传工作

统战（民宗）工作

巡察工作

堆龙德庆区创先争优强基础惠民生活动第十批驻村工作

党校

直属机关工作

国家安全

堆龙德庆区人民代表大会

综 述

办公室工作

堆龙德庆区人民政府

综 述

办公室工作

行政审批和便民服务

应急管理

消防救援

信访工作

藏语言及编译工作

地方志工作

中国人民政治协商会议堆龙德庆区委员会

综 述

办公室工作

纪律检查(监察)

综 述

人民团体

工 会

共青团

妇 联

工商联

军 事

人民武装

武警堆龙德庆中队

法 治

政法委及综治

公 安

检 察

法 院

司法行政

经济管理

发展和改革

财 政

审 计

统 计

自然资源

经济和信息化

税 务

市场监督管理

工业园区管理

社会事业

民 政

人力资源和社会保障

退役军人事务

卫生健康

堆龙德庆区疾控中心

堆龙德庆区人民医院

医疗保障

文化和旅游

农业农村

乡村振兴

水 利

教育体育

堆龙德庆区中学

城市建设·环保

住房和城乡建设

生态环境保护

城市管理和综合执法

交通·通信

交通运输

电 信

移 动

邮 政

金 融

农行堆龙德庆区支行

中国邮政储蓄银行堆龙德庆区支行

西藏堆龙民泰村镇银行股份有限公司

乡（镇）概况

东嘎街道办事处

乃琼街道办事处

羊达街道办事处

古荣镇

马 镇

德庆镇

国有企业

堆龙德庆区龙腾国有资产投资运营有限公司

象雄美朵生态旅游文化产业园区管委会

堆龙德庆区净土产业投资开发有限公司

附 录

特 载

在中共拉萨市堆龙德庆区第三届委员会第三次全体会议上的讲话

（2022 年 1 月 14 日）

堆龙德庆区委书记　石运本

一、实现新征程良好开局

过去的一年，我们迎来了建党 100 周年和西藏和平解放 70 周年大庆，是具有里程碑意义、必将载入史册的特殊一年。区委团结带领全区各族干部群众，聚焦“第二个百年”“十四五”“新一届领导班子”的接续奋斗目标，蓄势进发、砥砺前行，开启了建设团结富裕文明和谐美丽的社会主义现代化新堆龙的新征程。

一年来的紧紧跟随，让底气更加厚实。相比走了多远，更重要的是方向，我们初心不改、愈久弥坚，努力确保前行的每一步都合着时代脉搏。始终坚持以“不断线”的理论学习、“不脱档”的主题宣讲、“不冷场”的庆祝活动、“不停步”的工作实践，扎实开展党史学习教育、政法队伍教育整顿，延伸开展“四讲四爱”“三更”“三新”等教育实践活动，有效激发各族干部群众爱党爱国爱家乡的美好情感。始终坚持抓基层打基础，换届选举圆满完成选出新风貌，支部建设规范有序实现标准化，基层党建亮点纷呈凝聚向心力，党在堆龙的执政根基更加牢固。始终坚持加强队伍建设，重点打造全国公务员平时考核示范联系点，新发展党员 215 人，调整配备干部 102 人。始终坚持从严管党治党，纵深推进纪委监委深化内设机构改革试点工作，标本兼治开展以案促改，给予党纪政务处分 20 人。始终坚持不断加强民主法治，人大工作守正创新，政协工作提质增效，法检两院司法为民，统一战线制度机制优势更加突显，工青妇等群团组织桥梁纽带作用进一步发挥，普法工作深入推进，军政军民团结不断巩固。

一年来的沉着应对，让发展更加稳健。发展是解决一切问题的基础和关键，我们砥砺深耕、步履铿锵，从未如此看清现实和未来。预计全年完成地区生产总值 69.5 亿元，同比增长 7.5%；社会消费品零售总额 19.85 亿元，同比增长 7.5%；全社会固定资产投资同比增长 7.9%，规模以上工业增加值、一般公共预算收入分别同比下降 25%、21.84%……这组主要经济指标数据，既有稳住经济运行的淡定从容，也有推动转型升级的阵痛难受，更展现出堆龙发展的韧劲潜力和回旋余地，定格成看得见的经济“故事”。这个故事，演绎着“功成不必在我”的历史耐心。从城乡发展空间布局调整，到特色产业结构优化，我们始终既注重一脉相承、又体现与时俱进，坚持在“高质量”的历史方位标定发展方向，积极拥抱伟大时代。这个故事，演绎着“功成必定有我”的使命担当。各类产业园区运营良好，拉萨综合保税区、领峰国际智慧物流园、高原食品冷链中心等重大产业项目破茧成蝶，这些令人感奋的“家当”，俨然已成为高质量发展的战略基点。这个故事，演绎着“为有源头活水来”的战略定力。系统集成推进改革任务12项，区属国有企业、农村产权制度等重点领域和关键环节改革取得突破。线上线下“一站式”政务服务体系基本建成。创业创新为解决偏远村镇快递服务等难点问题添翼赋能。招商引资为扩大社会投资份额等重点工作保驾护航。受援合作为实现“授人以渔”等可持续发展久久为功。可以预见的是，我们不遗余力抓发展环境，一些深刻变化正在悄然发生。

*一年来的坚定守护，让生活更加幸福。*时间印证不变的初心，我们加时赛跑、挥汗如雨，努力让百姓生活变得多元。我们总想用力用情用心守护好百姓的涓滴幸福，认真践诺“坚持每年力所能及的集中力量办好一批民生实事”，用80%以上的财政支出书写民生“账本”，农村居民人均可支配收入达到22806元，同比增长15.5%。我们总想用百姓的感官变化映照发展与生态“双赢”的前行足迹，完成造林绿化1700余亩，堆龙河两岸综合治理工程（下游）、城市水系连通等重点项目落地实施，空气质量优良率、河流及饮用水源地水质达标率均达100%。我们总想让百姓生活更有奔头、更有保障，新增学前和义务教育阶段学位2070个，农牧民转移就业11028人，应届高校毕业生就业率达100%，区域内就诊率保持90%以上，各类社会保险实现全覆盖。我们总想让百姓日子更加红火、笑容常在，新时代文明实践日活动丰润文化生活，常态化文明城市创建如火如荼。我们总想为百姓织密最后一道不可或缺的“保障网”，精准帮扶46户易返贫致贫户，足额兑现各类社会救助资金512.68万元，扎实开展送教上门和老人儿童关爱行动。我们总想尽可能解决好百姓热切期盼的问题，年初梳理确定的“十大民生实事”，涉及具体事项57件，已推动落实49件，对于因用地、资金等原因未能如期推动的8件事项深感遗憾、今后将继续跟办落实，希望各族群众对新一届领导班子和堆龙干部多一份理解、多一份认可、多一份期待。

*一年来的负重跋涉，让社会更加和谐。*堆龙大地，山河无恙，岁月安好，我们毫不迟疑、寸积铢累，各族群众安全感再向前迈进一个刻度。牢牢掌握反分裂斗争主动权。深入研究和积极应对十四世达赖去世转世斗争可能出现的重大风险挑战，完善方案预案和力量布局，成功实现“三无”“三不出”“三稳定”目标。有效维护社会面和谐稳定。以市域社会治理现代化试点为抓手，完善党建引领基层社会治理体系，常态化开展扫黑除恶专项斗争和公共安全隐患排查治理，圆满完成“两个大庆”维稳安保攻坚战，实现信访案件调处化解“零搁置”、治安案件和刑事案件“双下降”、较大以上安全事故“零发生”。中华民族共同体意识不断铸牢。“五史”宣传教育深入开展，民族团结“九进”活动扎实推进，民族团结主题公园等中华民族视觉形象工程落地建设，选树表彰了一批民族团结进步模范，“五个认同”“三个离不开”思想深入人心。依法加强宗教事务管理。寺庙管理“五方责任”落实落细，“遵行四条标准、争做先进僧尼”教育实践活动成效显著，寺庙财税监管等工作进展顺利，理性对待宗教、过好今生幸福生活成为更多信教群众的思想自觉。

同志们，过去的一年，“第五批国家生态文明示范县（区）”“2021中国最具安全感百佳县市”等“国字号”名片成为堆龙历史的“新收藏”。我们不会忘记，是以习近平同志为核心的党中央方向引领、政策哺育，自治区党委和拉萨市委路径指向、殷切期许，让我们在前行路上自信从容、精神抖擞；是历届领导班子接续发力，历任老领导奋斗积淀，让我们在困难面前不敢懈怠、意志弥坚；是“四大班子”、各族干部群众同频共振，各民主党派、人民团体、社会各界人士共同缔造，让我们在关键时刻少些顾虑、多点勇气。借此机会，我代表中共堆龙德庆区委，向长期以来关心支持堆龙发展的各级领导、社会各界表示衷心的感谢！向为这片热土倾注心血的建设者、参与者致以诚挚的问候！

二、深刻认识当前形势

时间是常量，也是变量。一年的时间不短，可以做很多事情；一年的时间不长，但足以改变很多事情。在新的一年里，我们可以成就什么，我们又期许一个怎样的未来？

——“变”，准确识变、科学应变、主动求变。历史脚步走到今天，经验、理智和常识都告诉我们，事业发展越迈向纵深，越容不得有半点懈怠，我们仍处在“爬坡过坎”的关键阶段。这道“坎”，来自国际国内局势错综复杂、疫情防控形势严峻多变、友邻县区的竞争压力传导，是在过去成绩面前裹足不前、风险隐患面前麻木不仁的心态；这道“坎”，来自创新驱动支撑的先天不足，是经济总量不大、结构不优，产业“支点”尚未聚合的严峻现实；这道“坎”，来自发展承载力的客观限制，是土地、环境、资金、人才的瓶颈约束；这道“坎”，来自统筹发展与安全、民生事业短板的长期积累，是社会治理、公共服务、基础设施建设水平的相对滞后；这道“坎”，来自干部队伍普遍存在的沉疴顽疾，是思维惯性、本领恐慌，漠视问题、不敢担当，甚至挑战法纪底线、令人担忧，等等。这些“坎”深刻告诫我们，现在的堆龙比以往任何时候都更加需要高度警醒，必须坚持问题导向，趋利避害、主动作为，在思维观念、工作方法等各方面识变、应变、求变。

——“新”，新的方向、新的目标、新的机遇。在庆祝西藏和平解放70周年之际，习近平总书记历史性视察西藏并作出“八大任务”的重要指示，亲自题词“建设美丽幸福西藏、共圆伟大复兴梦想”。自治区党委提出以“四个创建”落实“四件大事”、以“四个走在前列”实现“四个确保”的方向路径。拉萨市委明确“在全区示范先行，建设‘两城三区’”的历史方位，并围绕“四个迈进”“五个走在前、作表率”提出具体要求。这些既是我们思考谋划今后工作的根本遵循，更是堆龙未来的方向所指。前不久，严金海书记在拉萨市第十次党代会堆龙和尼木代表团讨论时强调，“堆龙德庆区要立足新发展阶段，自我加压，充分发挥各方面优势，在推动产业升级、项目建设、城镇提档、乡村振兴、生态环保、社保就业、科教文卫等各个领域高质量发展，建设宜居、宜业、宜学、宜游的高品质‘堆龙新城’，奋力打造全市乡村振兴和共同富裕示范区，在实现共同富裕上作样板”。这些既是对我们过去的充分认可，更是堆龙发展的目标所向。2021年11月，“拉萨陆港型国家物流枢纽”成功入选“十四五”首批国家物流枢纽建设名单。重点推进联动内陆的公铁联运枢纽、服务西藏的分拨配送枢纽、面向南亚的国际物流枢纽、物资应急枢纽“四大枢纽”功能建设。目前，依托拉萨西站、拉萨综合保税区等载体平台建设，已集聚西藏领峰智慧物流园、拉萨城投物流园、航龙钢铁物流园、高原食品冷链中心等大型物流项目，已完成投资超过86亿元。与此同时，各类政策优势叠加增效，我们各领域高质量发展基础很强、人民群众求富思进劲头很足。这些既是我们推动发展的底气所在，更是堆龙在全市乃至整个西藏“人无我有”的机遇所在。以上这些深刻警示我们，机遇稍纵即逝、不要失去以后才懂得珍惜，必须坚持目标导向，切实把上级有什么要求、我们是什么情况，应该提出什么目标、需要采取什么措施，都想明白、说明白、做明白。

——“好”，长期向好、稳中向好、持续向好。坚持辩证思维，反对绝对化、简单化；坚持分类原则，反对一刀切、一阵风。确保“稳定”和“生态”长期向好。习近平总书记指出“反分裂是西藏工作必须长期坚持的重大工作”“保护好西藏生态环境，利在千秋、泽被天下”，站在堆龙视角，这是我们不可逾越的基本前提和刚性约束，必须长期牢牢坚守。确保“发展”和“强边”稳中向好。习近平总书记指出“西藏发展不是单纯的经济问题，而是政治问题、经济问题、社会问题、民生问题的辩证统一”“如果边境出了问题必然影响西藏改革发展稳定，进而传导到我国腹心地带，影响党和国家工作全局”，站在堆龙视角，我们不强求作出超乎能力的贡献，但必须坚持稳中求进、以稳促好，擅于用政治眼光观察和分析经济问题、推动强边工作。确保“民生”和“党建”持续向好。习近平总书记指出“人民对美好生活的向往,就是我们的奋斗目标”“基础非常重要,基础不牢、地动山摇”,站在堆龙视角,“上学难”“看病难”等民生痛点已基本解决,“组织建设”“纪律建设”等制度体系已基本建立,现在缺少的是“有没有”向“好不好”转变,必须立足实际、革故鼎新,实现新起点、新作为、新气象。深刻启迪我们,发展道路上必将遇到这样那样的困难挑战,但只要我们坚持结果导向,保持历史耐心和战略定力,因势而谋、应势而动、顺势而为,一切属于堆龙明天的精彩都将清晰呈现!

同志们,“三字要求”贯穿堆龙的过去、现在、未来。“变”是问题导向,让我们警醒过去成绩背后隐含的差距不足;“新”是目标导向,让我们明晰现在要去哪里,要做什么;“好”是结果导向,让我们判断未来做得怎样,是否达标。在前有标兵、后有追兵的时代,想要走得更远、走得更好,必须审时度势、冷静思考,坚定不移走好新时代“赶考之路”。

2022 年工作总体要求是:坚持以习近平新时代中国特色社会主义思想为指导,全面贯彻党的十九大和十九届历次全会精神,深入贯彻中央经济工作会议和中央第七次西藏工作座谈会精神,认真贯彻习近平总书记关于西藏工作的重要论述、视察西藏时的重要讲话精神和新时代党的治藏方略,捍卫“两个确立”、增强“四个意识”、坚定“四个自信”、做到“两个维护”,按照自治区第十次党代会、自治区党委经济工作会议、拉萨市第十次党代会、拉萨市委十届二次全会部署,以迎接和服务党的二十大胜利召开为主线,弘扬伟大建党精神和“两路”精神、老西藏精神(孔繁森精神),坚持稳中求进工作总基调,完整、准确、全面贯彻新发展理念,服务融入新发展格局,锚定“四件大事”“四个确保”,继续做好“六稳”“六保”工作,着力推进“四个创建”、努力做到“四个走在前列”,认真践行“五个走在前、作表率”,保持平稳健康的经济环境、国泰民安的社会环境、风清气正的政治环境。

2022 年经济社会发展主要预期目标是:地区生产总值增长 8% 以上,一般公共预算收入平稳增长,城乡居民人均可支配收入分别增长 10% 和 13% 以上,全社会固定资产投资增长 11% 以上,规模以上工业增加值增长 10% 以上,社会消费品零售总额增长 10% 以上,居民消费价格涨幅控制在 3% 以内,城镇调查失业率控制在 5% 以内,高校毕业生就业率保持在 95% 以上,空气质量优良率保持在 99% 以上。

三、奋力谱写长治久安和高质量发展新篇章

抓好“四件大事”、实现“四个确保”,是习近平总书记在藏视察期间的殷切嘱托,事关党和国家工作全局,更是我们义不容辞的光荣使命,必须抓紧抓实、抓出成效。

（一）坚定不移维护国家安全和长治久安。树牢总体国家安全观,始终把维护稳定作为第一位的工作任务,多谋长久之策、多行固本之举,不断筑牢国家安全屏障。

牢牢掌握维护国家安全的战略主动权。以党的二十大安保维稳工作为主线,统筹做好各项重大活动安保工作,坚决维护国家安全、社会安定、人民安宁。毫不动摇坚持中央对十四世达赖和达赖集团的定性,毫不动摇坚持中央对达赖集团斗争的方针,聚焦打赢最复杂斗争、迎接最严峻考验、应对最困难局面,主动应对十四世达赖去世转世斗争。健全精准排查、发现、管控、处置风险隐患的常态化机制,完善预案体系和力量布局,经常性开展多层次、全要素、实战化联训联演磨合和应急处突培训。加强反分裂、反渗透、反自焚、反暴恐和扫黑除恶、打非治乱等专项斗争,深化“断血”断勾连及“净网”“靖边”等专项行动。严管严控重点地区、复杂区域,依法严厉打击危害国家安全犯罪、非法组织、非法出入境和达赖集团派遣渗透活动。

稳步提升社会治理水平。充分发挥自治强基、法治保障、德治教化的“乘数效应”,强化村规民约、居民公约、校规生约、寺规僧约的劝德向善作用,全力构建党组织领导的“一核多元”简约高效治理机制。深入推进市域社会治理现代化试点工作,健全平安建设社会协同机制,深化平安创建活动和网格化“双联户”工作成效。坚持和发展新时代“枫桥经验”,把党员干部下访和群众上访结合起来,把矛盾纠纷预防调处化解工作规范起来。加快建设“雪亮工程”“智慧警务”,健全完善立体化、法治化、专业化、智能化的社会治安防控体系。始终保持对刑事犯罪的高压震慑态势，严厉打击网络违法犯罪。深化村（社区）维稳形势、户和谐基础“双评估”结果运用，扎实落实分类整治提升措施。加大全民普法力度，让法治成为社会共识和基本准则。深化应急管理体系建设，健全防灾减灾救灾机制，提升本质安全水平。

牢牢掌握意识形态工作领导权。紧紧围绕迎接、宣传、贯彻党的二十大这条主线，严格落实意识形态工作责任制，高举思想之旗、汇聚奋进之力、培铸强国之魂、夯实安全之基、奏强中国之音。坚持以“五史”教育为重点，持续开展反分裂斗争宣传教育，坚决防范打击“藏独”反宣渗透。坚持以学校为依托的国民教育体系和以村（社区）为重点的社会教育体系相结合，全面加强爱国主义教育。坚持以习近平新时代中国特色社会主义思想为引领，注重用社会主义核心价值观引领各族群众的共同价值追求，深入实施文明创建、公民道德建设、时代新人培育等工程。充分发挥新时代文明实践中心（所、站）、“三微一网一抖”新媒体矩阵等阵地作用，强化传播手段建设和创新。坚持以每月5日新时代文明实践推动日为契机，持续开展“四讲四爱”等群众教育实践活动。大力实施公共文化服务体系和基层综合性公共文化设施建设，扶持壮大基层文艺队伍，积极创作群众喜闻乐见的文艺作品。

铸牢中华民族共同体意识。贯彻落实中央民族工作会议精神特别是习近平总书记关于加强和改进民族工作的重要思想，以铸牢中华民族共同体意识为主线，引导各族群众树牢正确“五观”、增强“五个认同”。坚持把中华文化作为各民族的情感纽带、心灵归属，促进各民族文化交融共生、和谐发展。坚持民族平等、反对民族歧视，继续推动各族群众跨城乡、跨区域有序流动，广泛建立相互嵌入式的社会结构和社区环境。全面推广普及国家通用语言文字，稳妥推动各民族学生混合编班、混合住宿，深化中小学主题教育实践。大力开展民族团结进步宣传教育，持久开展民族团结进步创建“九进”活动，广泛凝聚“共同团结奋斗、共同繁荣发展”的强大动力。依法妥善处理民族问题，坚决防止个体事件扩大为公共风险、社会事件演变为政治问题。

依法加强宗教事务管理。坚持保护合法、制止非法、遏制极端、抵御渗透、打击犯罪的基本原则，不断提高宗教工作法治化水平，持续推动宗教事务由“管得住”向“管得好”转变。坚决抵御达赖集团利用藏传佛教进行渗透，把不受境外势力操控作为寺庙管理底线。严守“三个不增加”政策底线和宗教活动“三项要求”，依法加强寺庙人、财、物及佛事活动管理。持续推进公共服务进寺庙，保障和改善僧尼生活条件。坚持“五个有利于”标准，不断加大“导”的力度。加强对爱国宗教人士的关爱培养，引导藏传佛教界增强变革内生动力，对教规教义作出通俗易懂、与时俱进的阐释。

（二）坚定不移以高质量发展促进共同富裕。坚持把“三个赋予一个有利于”作为推进高质量发展的基本原则，贯彻落实以人民为中心的发展思想，突出“稳字当头、稳中求进”，严禁把长期目标短期化、系统目标碎片化、长久战打成突击战。

发展壮大城乡经济。坚持集聚要素、分类施策，强化产城融合、区域联动、错位发展，构建特色鲜明、优势互补、繁荣兴旺的城乡经济发展新格局。加强城市空间立体性、平面协调性、风貌整体性、文脉延续性规划管控，建立更加精细化规范化管理体系。纵深推进“畅通堆龙”行动计划，规划实施滨河路经开段、乃加桥等重大交通项目，有序推动城市主次干道扩容升级、农村公路提质增效。加强城市补短提质，加快水系、公园、学校、商业综合体等重点项目建设进程，推动老旧小区和城乡公共服务设施改造提升。弘扬脱贫攻坚精神，全面推进乡村振兴，落实政策配套、资金支持、项目支撑、机制保障，坚决守住防止规模性、区域性返贫底线。有序推动产业“到乡进村带户”，加快“一村一品、一乡一业”向“一乡一特”转变，促使各镇（街道）经济总量、增长速度与发展定位协调匹配。加强确权登记、盘活使用、收益分配、处置清算等环节的有效监管，确保扶贫产业和资金良性运转、持续发挥效益。扎实开展“美丽乡村·幸福家园”建设行动，实施好水质净化、清洁能源、设施提升、环境改善和“快递进村”等工程建设，因地制宜抓好“厕所革命”。坚持刚性执法与柔性服务相融互补，依法有序推动资源、管理、服务、执法向基层一线下沉。

发展壮大产业经济。坚持把各类产业园区作为引领产业发展、实现经济高质量发展的主阵地，充分发挥规模效应、聚集效应和发散效应，加快形成“连片成带”“集群成链”的产业经济发展新格局。加强连片成规模的高标准农田建设，推进高水平畜牧业示范点建设，培育农牧业产业化联合体，稳定主要农副产品市场供给。健全落实节约集约用地新机制，加强水电等公共服务改造提升，吸引资本、技术、信息、劳动力等生产要素高度聚集，提升园区综合承载力。深入开展建链补链强链专项行动，积极构建“链主企业＋骨干企业＋高成长企业”的产业生态，毫不动摇推进科技创新和传统产业转型升级，鼓励和引导推动数字产业化、产业数字化。深度挖掘象雄、青稞、藏医药、藏戏等文化优势，以及自然资源、高原景观等生态优势，坚持以“文旅＋”“互联网＋”赋能经济发展和催生新业态、新动能。着力将基础产业向终端产品倾斜，分类打造名优品牌。

发展壮大外向经济。全力推进拉萨陆港型国家物流枢纽建设，配合支持综合物流保税园区运营管理，积极培育和引进现代物流、外向型实体、平台运营企业，着力建设立足拉萨、服务西藏、面向南亚的区域性物流与应急枢纽。充分发挥现有的商贸市场集聚优势作用，贯通生产、分配、流通、消费各环节，形成需求牵引供给、供给创造需求的更高水平动态平衡。紧紧抓住东部发达地区产业转移、西部大开发形成新格局等重大发展战略机遇，主动谋求沿海地区产业外溢、央企二次布局、领军型企业二次创业的合作可能，创新产业链招商、以商招商、人才招商、东西部协作招商等方式，吸引更多名企、名人、名校、名牌以及高精尖和产业链关键项目落户堆龙。完善受援合作机制，深化产业、劳务、人才、经贸、文旅等方面深层次、多领域、全方位协作。

发展壮大民营经济。坚持系统观念，把经济领域改革作为推动各类改革的突破口，开展更多首创式、差异化、集成性制度创新，正确处理政府和市场的关系。全力构建“亲而有度”“清而有为”政商关系，健全标准规范的服务体系、政企沟通的协商机制，推行“一窗受理、受审分离”“信用承诺＋容缺办理”工作模式，做到政企沟通“零距离”、解决问题“零停滞”、政策落实“零障碍”、违纪违法“零容忍”。理清责任链条、创新监管方式，提升事前事中事后全链条全领域监管效能。加大市场主体扶持培育力度，支持帮助实体企业和商户留下来、活下去、发展好。充分发挥财政资金的杠杆作用，撬动更多社会资本助力发展。健全守信联合激励和失信联合惩戒机制，以政府诚信带动企业诚信、社会诚信。

发展壮大民生经济。持续推进全生命周期公共服务优质共享，实现“七个有所”从有到优的目标迈进。落实好初次分配、再分配、三次分配协调配套体制机制，拓宽群众工资性收入和财产性、经营性收入渠道，不断缩小贫富差距。坚持就业优先政策，扎实开展各类职业技能培训，促进多渠道就业创业，切实让每名群众都享有通过勤劳双手实现自身发展的机会。紧盯“办人民满意教育、建人民满意学校”的总体目标，落实立德树人根本任务，优化资源布局，提升教育水平，推动学前教育普及普惠发展、义务教育优质均衡发展。稳步推进“三医”联动改革，加强医共体和医联体建设，确保各族群众能够看得上病、看得起病、看得好病。以“归零”心态、“一失万无”的底线意识，慎终如始抓好常态化疫情防控工作。强化普惠性、基础性、兜底性社会保障体系建设，实现社会保险、社会救助、社会福利有效衔接。强化人口监测研判，落实好三孩政策，促进人口长期均衡发展。大力推行居家和社区日间照料养老服务，探索实施托幼试点建设。坚持房住不炒的定位，完善多层次、广覆盖的住房保障体系。常态化开展“我为群众办实事”活动，力所能及的集中力量再办一批民生实事。

（三）坚定不移筑牢国家生态安全屏障。决不以牺牲生态环境为代价发展经济，坚持以对历史负责、对人民负责、对世界负责的责任担当，保护好生灵草木、万水千山。

加强生态环境体系建设。围绕碳达峰、碳中和目标要求，以实现减污降碳协同增效为总抓手，以改善生态环境质量为核心，以精准治污、科学治污、依法治污为工作方针,协同推进生态环境高水平保护与经济社会高质量发展。深入推进生态文明体制改革,完善生态环境保护领导体制和工作机制,加快构建现代环境治理体系。巩固提升国家生态文明示范县(区)创建成果,持续开展自治区生态文明建设示范创建,稳步推进"两山"实践创新基地建设。加强生物多样性保护和监督,确保重要生态系统、生物物种和生物遗传资源得到全面保护。衔接国土空间规划分区和用途管制要求,加强"三线一单"在政策制定、环境准入、园区管理、执法监管等方面的结果应用。深化领导干部自然资源资产离任(任中)审计,推进生态环境行政执法与刑事司法相衔接,坚决让破坏生态环境行为付出惨重代价。

加强生态环境综合治理。坚持山水林田湖草沙冰一体化保护和系统治理,保持力度、延伸深度、拓宽广度,以更高标准打好蓝天、碧水、净土保卫战。落实河长制、林长制、街长制,提升生态环境网格化管理水平。扎实开展"散、乱、污"企业整治,依法依规淘汰落后产能和落后工艺。加强施工、道路等扬尘管控,加大餐饮油烟污染、恶臭异味治理力度。完成全区河流健康状况评价,强化水质动态监测和堆龙河、小微水体综合整治。扎实推进乡村"四旁"植树、区域造林、城区绿化和滨河景观提升等重点工作,有序实施水土流失、荒漠化和地质灾害综合治理。大力开展化肥农药减量增效和农膜回收行动,统筹推进畜禽粪污资源化利用,严格落实生活垃圾分类、垃圾集中收运和处理工作要求。规划实施东嘎新区污水处理厂、农牧区污水处理设施、新一轮棚户区改造等重点项目,切实解决好群众普遍关心的突出环境问题。

加强生态环境价值转换。在保障能源安全的前提下,加快煤炭减量步伐,稳慎推进可再生能源替代行动。加强工业等重点领域节能改造,提高能源使用效率。落实国家生态综合补偿机制,完善草原生态补偿等惠民政策。鼓励快递包装绿色转型,加强塑料污染全链条防治。强化农业节水增效、工业节水减排、城镇节水降损,加快节水型社会建设。创新"生态+"发展模式,积极培育发展生态利用型、循环高效型、低碳清洁型、环境治理型绿色产业,不断提高经济增长"含绿量"。坚持把生态文明教育纳入国民教育体系,增强全民节约意识、环保意识、生态意识。深入开展绿色生活创建行动,营造绿色低碳生活新时尚。

(四)坚定不移为边防巩固和边境安全作出积极贡献。守卫国土、捍卫主权,不仅是边防官兵和边境县乡干部群众的事,也是堆龙各族干部群众的神圣职责,无论在哪个地区、干着什么样的工作,我们在履行卫国戍边的责任使命上是没有本质区别的。

转变思维观念。坚持把强边工作放在党和国家大局中来思考谋划,坚持屯兵和安民并举、固边和兴边并重,切实担负起支持配合责任,落实好党中央、自治区党委和拉萨市委关于强边工作的决策部署。坚持将强边工作纳入经济社会发展规划,统筹资源配置,强化保障措施。始终把国防教育作为终身教育来抓,广泛宣传卓嘎、央宗等先进模范的爱国守边精神,凝聚起堆龙儿女"不在边境线、始终心系边"的思想认识,认真履行好拱卫祖国西南边陲的政治责任,争做神圣国土守护者、幸福家园建设者。

推动工作落实。坚持把建设好边境一线的"大后方"作为强边工作定位,全力做好战略支援和后勤保障。抓经济不忘顾国防、搞建设不忘兴武装、谋发展不忘强战备,以"临战"的思想抓国防后备力量,以"迎战"的态度抓新质民兵队伍,以"备战"的要求抓后勤服务保障。继续配合开展边境一线地区在拉萨发展"飞地经济",积极为固边兴边富民行动做出力所能及的贡献。

四、坚持全面从严治党

为确保党的事业这棵参天大树不惧风雨、茁壮成长,必须坚持以党的建设为切口破题,把"人"和"做人的工作"贯穿始终,切实为堆龙长治久安和高质量发展提供坚实保障。

(一)扎稳树根,实现稳如磐石、应对风雨。地基固则大厦坚,地基松则大厦倾。政治建设是党的根本性建设。必须坚持和加强党的领导,始终胸怀"两个大局",心系"国之大者",不断提高政治判断力、政治领悟力、政治执行力,切实增强捍卫"两个确立"、做到"两个维护"的政治自觉，从政治大局的高度审视、谋划和推进各项工作。始终强化社会主义民主政治建设，巩固和发展生动活泼、安定团结的政治局面，支持人大、政府、政协、法院、检察院依法依章程履职，完善"大统战"工作格局，凝聚起推动各项事业高质量发展的强大合力。组织建设是党的建设的重要基础。必须坚持以高质量党建引领高质量发展，系统集成推进各领域基层党建工作提质增效，全面整治软弱涣散基层党组织，深入推进党支部标准化建设，确保党的组织覆盖和工作覆盖取得实效。思想建设是党的基础性建设。必须始终把学习贯彻习近平新时代中国特色社会主义思想作为首要政治任务，以中共十九届六中全会精神为重点巩固党史学习教育成果，完善区委常委会会议"第一议题"制度和理论学习中心组学习制度，及时跟进学习习近平总书记重要讲话和自治区党委、拉萨市委各项重大决策部署，切实学以铸魂、学以补钙、学以提能。

（二）挺立树干，实现顶天立地、负重生长。"事"固然重要，但"人"更加关键。选得准。坚持习近平总书记提出的"二十字"好干部标准和民族地区"四个特别"好干部标准，让干得好、走在前、奋力迈步的干部得到重用成为常态，干得差、走在后、徘徊不前的干部退位也成为常态。用得好。更加突出人岗相适，推动岗位和人才相互促进、相得益彰。更加突出成长历练，加强干部多渠道培养、多领域交流、多岗位锻炼。更加突出教育培养，落实党员干部精准提升专业化工作能力和群众工作能力的培养计划。管得住。坚持"三不"一体推进方针方略，纵深推进党风廉政建设和反腐败斗争，锲而不舍落实中央八项规定及其实施细则精神，严厉整治群众身边腐败、民生领域"微腐败"和作风问题，决不以权势大而破规、决不以问题小而姑息、决不以违者众而放任，真正实现因敬畏而不敢、因制度而不能、因觉悟而不想。

（三）修剪树枝，实现节节攀高、重塑形象。行胜于言，质胜于华。重整行装。对内充分发挥考核"指挥棒"作用，纵深推进公务员平时考核试点工作，推行镇（街道）之间、部门之间、干部之间比能力、比作为、比业绩的"大比拼"机制。对外开展横向纵向"大讨论"活动，精准掌握堆龙工作在全市、全区甚至全国的所处位置以及优势、差距和方向。重振旗鼓。常态化推进改进作风、狠抓落实，切实以作风建设新成效，激发堆龙发展新动能、重塑堆龙干部新形象。重新出发。抓好制约、影响、决定全局的主要矛盾和矛盾的主要方面，集中充足的人力、充分的物力、充裕的财力、充沛的精力进行重点解决。抓好牵连大事的"小事"和关系全局的"细节"，真正做到"说一句，是一句，句句算数；干一件，成一件，件件落实"。

（四）繁茂树叶，实现生生不息、基业长青。人民把掌声和信任给了我们，我们不能辜负脚下的这片土地，不能辜负这片土地上的人民。树立时代风尚。强化主流舆论引导，健全完善"一约三会"，挖掘培育"堆龙好人""道德模范"等先进典型，对看似普通却有教育意义的善举进行大肆表彰和广泛宣传，努力在全区上下形成一种官厚德、民厚道，人人当好人、个个做好事的社会风尚。践行为民宗旨。把实现好、发展好、维护好人民群众的根本利益作为堆龙一切工作的出发点和落脚点，坚持财力向民生集中、政策向民生倾斜、服务向民生覆盖，把议定的民生事项干好干实，把许下的承诺事项办妥办成，在有限的时间里，量力而行、尽力而为地做一些让群众说好的民生实事。

同志们，堆龙的发展实践，让我们对这个时代有了更宽厚的理解。或许，观念的改变，不能奏其效于一时；问题的解决，也不能毕其功于一役。但越是在这个时候，越需要坚守方向的"顽强定力"，更需要驾驭现实的"厚实功底"，我们和我们脚下的这片土地，所经历与所收获的"小小水滴"，都将汇入中华民族伟大复兴的"汪洋大海"。让我们更加紧密地团结在以习近平同志为核心的党中央周围，化感恩之心为奋进之志，变豪迈之言为务实之举，铆足干劲、竭尽所能，以优异成绩迎接党的二十大胜利召开。

名词解释（以文中出现先后为序）

1."第二个百年"奋斗目标：党的十九大报告

指出，在全面建成小康社会、实现第一个百年奋斗目标的基础上，乘势而上开启全面建设社会主义现代化国家新征程，向第二个百年奋斗目标进军，再奋斗十五年，在2035年基本实现社会主义现代化；从2035年到本世纪中叶，在基本实现现代化的基础上，再奋斗十五年，把我国建成富强民主文明和谐美丽的社会主义现代化强国。

2.“四讲四爱”：讲党恩爱核心、讲团结爱祖国、讲贡献爱家园、讲文明爱生活。

3.“三更”：习近平总书记在2020年8月28日至29日中央第七次西藏工作座谈会上强调的“在西藏这样特殊的边疆民族地区，政治标准要更高，党性要求要更严，组织纪律性要更强”。

4.“三新”：把握新发展阶段、贯彻新发展理念、构建新发展格局。

5.“三无”“三不出”“三稳定”：无重复上访、无集体上访、无信访积案；大事不出、中事不出、小事不出；社会大局全面稳定、持续稳定、长期稳定。

6.“五史”：党史、新中国史、改革开放史、社会主义发展史、西藏地方和祖国关系史。

7. 民族团结“九进”活动：民族团结进步模范区创建进机关、进乡镇（街道）、进村（社区）、进学校、进宗教活动场所、进连队、进企业、进景区、进家庭。

8.“五个认同”：习近平总书记在2020年8月28日至29日中央第七次西藏工作座谈会上指出的“不断增强各族群众对伟大祖国、中华民族、中华文化、中国共产党、中国特色社会主义的认同”。

9.“三个离不开”：汉族离不开少数民族、少数民族离不开汉族、各少数民族之间相互离不开。

10.“遵行四条标准、争做先进僧尼”：政治上靠得住、宗教上有造诣、品德上能服众、关键时起作用，争做“旗帜鲜明立场坚定、精进学识勤学苦修、遵纪守法道德高尚、积极作为发挥作用”的先进僧尼。

11.“八大任务”：习近平总书记在2021年7月23日听取西藏自治区党委和政府工作汇报时提出的“维护社会大局稳定、推动高质量发展、切实保障和改善民生、加强生态文明建设、铸牢中华民族共同体意识、推进藏传佛教中国化、加快边境地区建设、在党史学习教育中做到学史力行”八个方面的任务。

12.“四个创建”“四个走在前列”：王君正同志在2021年11月27日西藏自治区第十次党代会上所作九届区党委工作报告中提出的“着力创建全国民族团结进步模范区，努力做到民族团结进步走在全国前列；着力创建高原经济高质量发展先行区，努力做到高原经济高质量发展走在全国前列；着力创建国家生态文明高地，努力做到生态文明建设走在全国前列；着力创建国家固边兴边富民行动示范区，努力做到固边兴边富民行动走在全国前列”。

13.“四件大事”：习近平总书记在2020年8月28日至29日中央第七次西藏工作座谈会上提出的“稳定、发展、生态、强边”。

14.“四个确保”：习近平总书记在2020年8月28日至29日中央第七次西藏工作座谈会上提出的“确保国家安全和长治久安，确保人民生活水平不断提高，确保生态环境良好，确保边防巩固和边境安全”。

15.“两城三区”：严金海同志在2021年11月20日拉萨市第十次党代会上所作九届市委工作报告中提出的“建设历史文化名城、高原宜居新城、民族团结示范区、生态文明优先区、开放发展先行区”。

16.“四个迈进”：严金海同志在2021年11月20日拉萨市第十次党代会上所作九届市委工作报告中提出的“今后5年，必须坚定不移维护国家安全，从持续长期全面稳定向长治久安的新阶段迈进。必须坚定不移推动高质量发展，从探索具有高原特点的发展模式向走出一条具有高原特色的高质量发展之路的新阶段迈进。必须坚定不移保护生态环境，从守护好‘世界上最后一方净土’向建设‘国际生态文明高地’的新阶段迈进。必须坚定不移抓好强边工作，从‘国防战备区’向‘强边大后方’的新阶段迈进”。

17.“五个走在前、作表率”：严金海同志在2021年11月20日拉萨市第十次党代会上所作九届市委工作报告中提出的“坚持把维护稳定作为第一位的任务,努力在确保和谐稳定、推进长治久安上走在前、作表率;坚持以人民为中心的发展思想,努力在推动高质量发展上走在前、作表率;坚定不移走生态优先、绿色发展之路,努力在建设国际生态文明高地上走在前、作表率;坚持屯兵与安民并举、固边与兴边并重,努力在建设强边大后方上走在前、作表率;落实新时代党的建设总要求,推进全面从严治党,努力在巩固和加强党的全面领导上走在前、作表率”。

18.“两个确立”:《中共中央关于党的百年奋斗重大成就和历史经验的决议》中指出“党确立习近平同志党中央的核心、全党的核心地位,确立习近平新时代中国特色社会主义思想的指导地位”。

19.“四个意识”:政治意识、大局意识、核心意识、看齐意识。

20.“四个自信”:道路自信、理论自信、制度自信和文化自信;“两个维护”:坚决维护习近平总书记在党中央和全党的核心地位,坚决维护党中央权威和集中统一领导。

21.“两路”精神:习近平总书记在2014年就川藏、青藏公路通车60周年作出的重要批示中提出的“60年来,在建设和养护公路的过程中,形成和发扬了一不怕苦、二不怕死,顽强拼搏、甘当路石,军民一家、民族团结的‘两路’精神”。

22.老西藏精神(孔繁森精神):习近平总书记在2013年3月9日参加十二届全国人大一次会议西藏代表团审议时强调的“大力弘扬老西藏精神”,在2015年8月24日至25日中央第六次西藏工作座谈会上强调的“不断为老西藏精神注入新的时代内涵”,在2020年8月28日至29日中央第七次西藏工作座谈会上强调的“广大干部特别是西藏干部要发扬老西藏精神”,在2021年7月23日在听取西藏自治区党委和政府工作汇报时强调的“在西藏大地上诞生的老西藏精神、‘两路’精神,是党史学习教育的生动教材”。2021年9月29日,党中央批准了中央宣传部梳理的第一批纳入中国共产党人精神谱系的伟大精神,其中包括老西藏精神(孔繁森精神),具体内涵为“特别能吃苦、特别能战斗、特别能忍耐、特别能团结、特别能奉献”。

23.“六稳”“六保”:稳就业、稳金融、稳外贸、稳外资、稳投资、稳预期;保居民就业、保基本民生、保市场主体、保粮食能源安全、保产业链供应链安全、保基层运转任务。

24.“断血”:像断掉血脉一样斩断分裂势力资金链。

25.“净网”:净化网络环境专项行动。

26.“靖边”:打击边境地区违法犯罪行为,维护边境安全的专项行动。

27.“雪亮工程”:“全域覆盖、全网共享、全时可用、全程可控”的公共安全视频监控建设联网应用,让“群众的眼睛”保持“雪亮”,保障人民群众的安全。

28.“智慧警务”:利用现代信息技术手段,实现警务资源高度融合、治安管控高效有力、公安服务更加便捷。

29.“五观”:国家观、历史观、民族观、文化观、宗教观。

30.“三个不增加”:寺庙数量和规模不增加、僧尼定员数不增加、宗教活动不增加。

31.宗教活动“三项要求”:以前没有的坚决不增加、以前有的加强教育引导、以前有且规模小的规范管理。

32.“五个有利于”:习近平总书记在2020年8月28日至29日中央第七次西藏工作座谈会上指出的“以有利于维护祖国统一和社会稳定、有利于增进‘五个认同’、有利于团结宗教界人士和信教群众、有利于藏传佛教健康传承、有利于减轻信教群众负担为标准,积极引导藏传佛教与社会主义社会相适应,不断推进藏传佛教中国化”。

33.“三个赋予、一个有利于”:习近平总书记在2020年8月28日至29日中央第七次西藏工作座谈会上指出的“所有发展都要赋予民族团结进步的意义,都要赋予维护统一、反对分裂的意义,都要赋予改善民生、凝聚人心的意义,都要有利于提升各族群众获得感、幸福感、安全感”。

34.“美丽乡村·幸福家园”建设行动:采取“整村推进”模式,系统提升农房建设、基础设施、村容村貌、产业发展、乡风文明水平。

35.“快递进村”:快递服务通达建制村,既包括快递企业直接设立站点的模式，也包括与其他商业组织合作提供快递服务等多种模式。

36.“厕所革命”：习近平总书记在2015年7月16日吉林省延边州光东村视察时指出的“随着农业现代化步伐加快，新农村建设也要不断推进，要来个‘厕所革命’，让农村群众用上卫生的厕所”。

37.“七个有所”：幼有所育、学有所教、劳有所得、病有所医、老有所养、住有所居、弱有所扶。

38.“三医”：医疗、医保、医药。

39.碳达峰、碳中和：碳达峰指二氧化碳排放量“收支相抵”；碳中和指温室气体排放总量通过植树造林、节能减排等形式抵消，实现“零排放”。

40.“两山”实践创新基地：2018年6月16日出台的《中共中央 国务院关于全面加强生态环境保护坚决打好污染防治攻坚战的意见》中明确要求的“推行生态文明示范创建、绿水青山就是金山银山实践创新基地建设活动”。

41.“三线一单”：生态保护红线、环境质量底线、资源利用上线和生态环境准入清单。

42.“四旁”植树：路旁、沟旁、渠旁和宅旁进行植树。

43.“飞地经济”：打破行政区划限制，通过园区共建实现互利共赢的区域经济发展模式。

44.“三属”：烈士遗属、因公牺牲军人遗属、病故军人遗属。

45.“两个大局”：中华民族伟大复兴的战略全局，世界百年未有之大变局。

46.“三会一课”：定期召开支部党员大会、支委会、党小组会和按时上好党课。

47.“三不”：不敢腐、不能腐、不想腐。

48.“一约三会”：村规民约、红白理事会、村民议事会、道德评议会。

政府工作报告

——在堆龙德庆区第三届人民代表大会第三次会议上

堆龙德庆区人民政府区长 米玛次仁

（2022 年 2 月 10 日）

一、2021 年工作回顾

2021 年是堆龙发展史上具有里程碑意义的一年。这一年，我们与全国一道实现了第一个百年奋斗目标、全面建成小康社会，开启了全面建设社会主义现代化新堆龙的第二个百年奋斗目标新征程。这一年，习近平总书记历史性亲临西藏视察指导，擘画了全面贯彻新时代党的治藏方略、谱写雪域高原长治久安和高质量发展新篇章的奋进蓝图。这一年，我们共祝党的百年华诞、同庆西藏和平解放 70 周年，凝聚了堆龙各族干部群众坚定不移感党恩、听党话、跟党走的信心决心。

一年来，我们沿着习近平总书记指引的方向，在党中央、国务院特殊关怀下，在区市党委、政府和区委坚强领导下，集中精力办好自己的事，实现了“十四五”良好开局。

——经济发展态势良好。我们统筹疫情防控和经济社会发展，积极应对经济下行压力，经济发展保持“总体稳定、持续向好”态势，较好完成了全年各项目标任务。实现地区生产总值 67.58 亿元，同比增长 6.6%；三次产业结构由 4∶54∶42 调整为 4∶46∶50，首次实现由“二三一”到“三二一”的历史性转变，经济发展进入了第三产业为主导的新阶段；全社会固定资产投资同比增长 7.8%；社会消费品零售总额 20.8 亿元、同比增长 7.2%；农村居民人均可支配收入 22876 元、同比增长 15.9%。严格规范政府举债融资，2021 年债务转贷收入 5.34 亿元，保持政府债务风险总体可控。

——特色产业壮大发展。我们聚焦区位、产业、资源比较优势，理清发展思路、夯实发展基础、汇聚发展优势。实现粮食产量 1.08 万吨，肉、奶和蔬菜产量分别达到 0.21 万吨、0.51 万吨和 3.62 万吨，新增国家级“一村一品”示范村镇 2 家。“象雄美朵”文旅小镇建成运营，象雄美朵生态旅游文化园区获评 AAAA 级景区，楚布沟、宇妥沟等沟域旅游和乡村民俗游多点开花，全年旅游接待人次、收入分别增长 21.2% 和 20.4%，成功创建自治区“全域旅游示范区”。完成规上工业增加值 9.23 亿元，新培育规上工业企业 1 家。新增商贸领域限额以上企业 7 家，初步完成物流产业发展规划编制，领峰智慧物流园、高原食品冷链中心等重大项目建成投用；培育发展西藏迅德物流，设立区级揽收中心 1 个、镇（街道）驿站 3 个，打通了快递服务“最后一公里”。

——城乡融合加快推进。我们坚持城乡区域协调发展一体推进，规划、建设、管理协同发力。加快编制国土空间总体规划，基本完成 5 个专项规划、3 个镇域规划和城市规划区外 20 个村庄规划编制。新城 9 条市政道路实现通车，建成滨河体育公园和 2 个街旁公园，完成 3 个棚户区改造，拆除 82 处、近 10 万平方米“两违”建筑，城市交通秩序、市容市貌明显改善。巩固拓展脱贫成果同乡村振兴有效衔接，实施产业项目 26 个，消除致贫返贫风险户 46 户 159 人。扎实推进“美丽乡村 · 幸福家园”建设，完成 8 个市级示范村人居环境整治，推进 4 个本级示范村人居环境整治，实施户卫生厕所改造 948 户，农村户卫生厕所改造率达 80%。

——民生福祉显著改善。我们坚持以人民为中心,全力推进“十大民生实事”,涵盖具体事项 57 件、已办结 49 件。新建学校 6 所,适龄儿童入学(入园)率 100%,已建成学校供暖实现全覆盖。城镇新增就业 1015 人,农牧民转移就业 1.1 万人,应届高校毕业生就业率 100%。新冠肺炎疫情零输入、零感染,新冠疫苗免费接种 22 万余剂次。区人民医院二甲综合楼加快推进,完成东嘎卫生院、2 个搬迁点卫生室新建和 2 个村卫生室提升建设。跨省异地就医直接结算,农村低保、特困供养、临时救助深入开展。建成 3 个老年人日间照料中心、1 个留守儿童快乐之家。完善三级公共文化服务阵地,村级文艺队伍实现全覆盖,完成 459 套户户通第四代卫星接收设备连线安装调试。

——生态环境保持良好。我们坚持生态优先、绿色发展,中央环保督察反馈问题及自治区挂牌督办问题全部整改销号,完成 23 处采石采砂场和 4 处砂石料加工厂地质环境恢复治理,划定 4 个农村集中式饮用水水源保护区,城区水系连通和堆龙河两岸综合治理工程加快推进,国土绿化以及乡村四旁植树行动大力开展,新增植树造林 1700 余亩,空气质量优良率、河湖水质达标率均为 100%,成功创建“第五批国家生态文明建设示范区”。

——改革开放持续深化。我们保持改革攻坚力度,持续转变政府职能,依法公开 31 家单位权责清单,政务服务平均承诺时限压缩 83.9%。落实减税降费 2.26 亿元,新增市场主体 4000 余户。招商引资实际到位资金 28.86 亿元、同比增长 5.28%。推进国企改革重组,夯实净土公司注册资金 2 亿元、龙腾公司注册资金 1.6 亿元,清理“空壳公司、僵尸企业”子公司 47 家,国企经营管理不断规范、经营范围更加明晰。

——社会大局和谐稳定。我们统筹发展和安全,坚持把稳定作为第一位任务,严密防范、坚决打击各类分裂破坏活动和违法犯罪行为,切实强化实战演练和应急处突。反分裂斗争各项准备更加充分,社会治安治理能力持续提升,政法队伍教育整顿扎实推进,扫黑除恶打非治乱专项斗争常态开展,安全生产形势总体平稳,矛盾纠纷和信访案件妥善调处,中华民族共同体意识不断铸牢,宗教事务法治化管理水平明显提升。全年妥善化解各类历史遗留问题、群众关心关注热点难点问题和复杂疑难信访问题 70 余项,涉及资金 5.02 亿元。

过去一年,我们大力支持国防和边境建设,推动国防动员、退役军人服务保障等工作取得新进展;统计、编译、档案、工青妇等工作取得新成绩;落实援藏资金 5150 万元,实施援藏项目 5 个,对口支援工作取得新成效。过去一年,我们深入开展党史学习教育、“三更”专题教育和“三新”大学习大讨论,坚持在区委领导下开展政府工作,自觉接受人大法律监督和政协民主监督,征求并办理代表委员意见建议 360 余件,办复率 100%、满意率 97%。我们狠抓作风转变,对重点工作实行清单式管理、跟踪式推动、销号式落实,坚决整治形式主义、官僚主义,加强政府系统党风廉政和反腐败建设,政府效能、政府形象、政府公信力显著提升。

各位代表,过去一年的成绩,根本在于习近平总书记的掌舵领航,根本在于党中央、国务院的亲切关怀,根本在于习近平新时代中国特色社会主义思想、特别是新时代党的治藏方略的科学指引,是区市党委、政府和区委坚强领导的结果,是区人大、区政协监督支持和广大干部群众同心奋斗的结果,凝聚着全区上下的心血和汗水,汇聚了社会各界的智慧和力量。在此,我代表区人民政府,向各位人大代表、政协委员和各族干部群众,向援藏单位、离退休老同志、驻区部队、武警官兵、政法干警、各人民团体和社会各界朋友,表示衷心的感谢并致以崇高的敬意!

在肯定成绩的同时,我们也清醒地看到:当前反分裂斗争进入关键期,社会大局进入实现长治久安的推进期,维护稳定风险挑战复杂尖锐,多元矛盾纠纷易发多发,统筹发展和安全任务艰巨;经济社会进入高质量发展转型期,财政收支矛盾突出,投资消费拉动不足,生产要素制约加剧,特色优势产业支撑不强,城市建设管理水平粗放,乡村振兴任务繁重,民生保障与群众期盼还有差距;生态保护进入生态文明建设的深化期,资源高效集约利用率不高，城乡污水收集处理等基础设施建设滞后，生态保护任重道远。同时，政府系统干部队伍能力作风还不够过硬，少数干部能力不够、担当不足、作风不实、宗旨意识不强等问题不同程度存在。我们必须狠下功夫、着力加以解决。

二、2022 年总体要求

2022 年是深入贯彻落实区市第十次党代会和堆龙第三次党代会精神的开局之年，是全面实施“十四五”规划的关键之年，更是党的二十大召开之年，节点关键、意义重大、影响深远。我们必须把握方向、锚定目标、找准路径、坚定信心，在真抓实干中争先进位、在加压奋进中开创新局。

今年政府工作的总体要求是：坚持以习近平新时代中国特色社会主义思想为指导，全面贯彻党的十九大和十九届历次全会精神，全面贯彻中央经济工作会议和中央第七次西藏工作座谈会精神，全面贯彻习近平总书记关于西藏工作的重要论述和新时代党的治藏方略，按照区市第十次党代会和经济工作会、堆龙德庆区第三次党代会和区委三届三次全会部署要求，准确把握新发展阶段，完整、准确、全面贯彻新发展理念，服务和融入新发展格局，坚持稳字当头、稳中求进工作总基调，以推动高质量发展为主题，以深化供给侧结构性改革为主线，以改革开放创新为根本动力，以满足人民日益增长的美好生活需要为根本目的，统筹发展和安全，统筹疫情防控和经济社会发展，聚焦习近平总书记明确的“四件大事”“四个确保”“八大任务”，对标自治区党委“着力推进‘四个创建’、努力做到‘四个走在前列’”和拉萨市委“五个走在前、作表率”的部署要求，加快建设高品质城市副中心，奋力打造全市乡村振兴和共同富裕示范区，在实现共同富裕上作样板，全面推动堆龙经济社会开创新局面、再创新优势、铸就新辉煌，奋力建设团结富裕文明和谐美丽的社会主义现代化新堆龙。

今年经济社会发展的主要预期目标是：地区生产总值增长 8% 以上；一般公共预算收入平稳增长；社会消费品零售总额增长 10% 以上；规模以上工业增加值增长 10% 以上；全社会固定资产投资增长 11% 以上；城镇调查失业率控制在 5% 以内；城乡居民人均可支配收入分别增长 10% 和 13% 以上；居民消费价格涨幅控制在 3% 以内；能耗、碳排放强度和污染减排指标控制在国家核定范围内。

三、2022 年重点任务

贯彻总体要求，实现预期目标，我们要重点抓好以下工作。

（一）坚定不移推进城乡统筹，全面提速城乡融合步伐。

一是高标准强化规划引领。高质量完成国土空间总体规划，以及镇域规划、村庄规划等编制，推进“多规合一”，实现“一张蓝图绘到底”。系统提升堆龙新城功能，放大城市经济规模效应、聚集效应和扩散效应。加大土地调控和监管力度，继续深化“两违”治理，推行严格统一的城乡建设用地和建设活动管理。

二是高品质打造堆龙新城。深入实施城市“四化”“三增一调”，完成城区水系连通工程建设，加快民族团结主题公园和中心公园建设，推进拉贡路景观工程、滨河景观市政工程建设，全力打造沿堆龙河休闲、娱乐、健身、景观活力带。加强城市精细化管理，推进城市治理数字化，实施货运车辆限行，根治车辆乱停、交通乱行、违章乱搭、绿化乱毁等顽症。深化城市更新行动，加快中心城区有机更新和老旧空间治理，在完成去年 3 个棚户区改造的基础上，启动新一轮的棚户区和老旧小区改造。全面落实城镇落户“零门槛”制度。稳健推进房地产发展，完成祥和御府等续建项目建设，加快康达大厦和南嘎社区欧西党支部就业安置用地等新建项目进度。

三是高质量推进乡村振兴。巩固拓展脱贫成果同乡村振兴有效衔接，严格落实“四个不摘”要求，常态化监测、动态化帮扶易返贫致贫风险户，坚决守住不发生规模性返贫致贫的底线。持续做好易地搬迁后续帮扶，加强扶贫产业项目和资金资产管理。深化“美丽乡村·幸福家园”建设，全面完成去年 12 个产业项目建设，启动实施今年 13 个乡村产业项目。巩固提升 8 个市级示范村人居环境整治成果，今年实现城市规划区外所有村庄人居环境整治全覆盖，打造一批城乡协同共进样板村和美丽宜居村庄。

四是高效率畅通城乡路网。纵深推进“畅通堆龙”行动计划，加快完成滨河路柳东段、经开段，乃加二路（北段）和桑木二路等重点项目建设，力争实施乃加三路、乃加桥、桑木大桥、羊加路等重点项目，加快推进北环西延线建设，完善城市规划区主次干道系统和立体交通体系。完成德庆镇昂嘎村三组、古荣镇嘎冲村五组公路，古荣镇古那桥，以及措麦村4组至5组村道改扩建工程建设。

（二）坚定不移推进产业强区，壮大发展特色优势产业。

一是加快净土健康产业提质增效。坚持在“八个一”上，持续发力、久久为功。在守好“一条线”上，落实粮食安全行政首长责任制，守牢耕地红线和粮食安全底线，加快推进1.4万亩高标准农田建设，确保粮食产量保持稳定；在管好“一块地”上，完成4个温室大棚建设项目，建设蔬菜瓜果基地、培育藏中药材基地，实现蔬菜瓜果产量增长15%以上；在用好“一粒粮”上，实施有机青稞试验田2000亩，完成青色麦田系列产品生产加工厂建设；在养好“一头牛”上，完成净土奶牛养殖中心和乳制品加工厂建设，实现奶产量和乳制品产量增长10%以上；在做好“一瓶水”上，实现天然饮用水厂建成投产，并全面拓展市场份额；在酿好“一罐酒”上，完成藏泉白酒改扩建项目，实现藏泉白酒在西藏市场占有率达10%以上；在打好“一张牌”上，实施农产品“三品一标”提升行动，整合优势产品，打造“净土·上谷名优”品牌；在布好“一张网”上，加快补齐产业链条，实现净土健康产业总产值达2亿元以上。

二是加快绿色工业转型升级。完善园区基础设施，改善提升工业园区水、电、气、路等要素配套，加快推进综合保税区—工业园区基础设施内联外通重点项目建设，科学布局园区产业空间，积极引进配套企业、上下游企业、关联企业，拉长产业链条，提升园区产业集聚化水平。完善工业园区企业土地、规划等手续，有效解决土地低效利用等遗留问题。年内推动吉祥哈达、金谷农业等3家续建企业建成投产；堆龙正达电缆桥架、西藏高业工贸等5家新建企业开工建设，培育新增规上工业企业1—2家。

三是加快现代物流业壮大发展。牢牢抓住拉萨国家陆港型物流枢纽建设机遇，充分发挥区位和产业基础优势，完成物流产业发展规划编制，依托拉萨西货站、综合保税区等平台，发挥领峰智慧物流园、拉萨城投物流园、航龙钢铁物流园、高原食品冷链中心等重大物流项目作用，启动色玛振通仓储物流、通嘎仓储及物流中心等重点项目建设，完善枢纽引领、干支衔接、覆盖城乡的物流网络体系，构建支撑全市3小时经济圈的物流配送网络。

四是加快文化旅游业融合发展。提升象雄美朵生态旅游文化园的运营管理和公共服务水平，加快AAAAA级景区创建，扩大园区品牌影响力和知名度。建立文化产业项目库，加快药王谷景区、楚布沟景区旅游基础设施，邱桑村乡村旅游民俗、雄巴拉曲休闲康养度假林卡等文旅项目建设。大力发展民俗体验游、沟域生态游、温泉康养游、徒步自驾游、乡村观光游，打造一批乡村旅游示范村。持续办好“玉妥文化旅游节”等文旅推介活动，协助办好西藏首届户外运动博览会，全面提升堆龙城郊休闲娱乐旅游竞争力和吸引力，实现全年旅游人数和收入增长15%以上。

（三）坚定不移以人民为中心，持续保障和改善民生福祉。

一是优先发展教育事业。全面推进国家义务教育优质均衡发展示范区创建，强化人大附中拉萨幸福学校建设保障，新建第二中学、第三小学、第七幼儿园（祥和苑幼儿园）等4所学校，解决上学难、入园难等问题。着力在提高教育教学质量上下功夫，在增强教师内功上做文章，大力选拔和培养一批教育体育方面的骨干教师，集中表彰一批教育体育上有突出贡献的教师，充分调动教师的积极性、主动性、创造性。加大校长教师交流轮岗力度，深化校际交流，推行城乡学校结对共建。加强校车安全管理，着力解决学生接送“最后一公里”问题。推进教育与体育融合发展，探索成立区体育发展协会，推动体育事业规范化和高质量发展。

二是千方百计扩大就业。大力推动政府投资项目、对口援建项目、区属国有企业尽量吸纳当地劳动力就业，深化“订单式”技能培训、转移就业、创业帮扶、就业安置等精准措施，实现农牧民转移就业1万人以上，城镇新增就业1000人以上。重点抓好高校毕业生就业，积极引导堆龙籍高校毕业生到内地就业，确保高校毕业生就业率保持在95%以上。坚持政府投资项目使用当地劳动力和机械达80%以上，400万元以下项目全部交由当地农牧民施工队实施。

三是完善社会保障体系。深入实施全民参保计划，完善覆盖城乡的基本养老、基本医疗、失业、工伤、生育等保险制度，实现各险种参保率达100%。提升医保经办服务水平，落实低收入群体救助政策，实施特困人员、低保对象和返贫致贫人口大病保险倾斜保障。全力保障妇女儿童及老年人合法权益，健全扶残助残服务体系，完成德庆镇小康安居点老幼日间照料中心建设，力争实施3个农村幸福苑建设。加快建立多主体供给、多渠道保障、租购并举的住房制度，加大周转房、公租房供给和管理。

四是推进健康堆龙建设。加大优质医疗卫生资源供给，保障自治区医院年内建成投用，完成区人民医院综合楼建设，做好申报“二级甲等”综合医院评审。加快实施区疾控中心能力提升，区人民医院传染病房楼建设、综合楼能力提升等重点医疗卫生项目。深化“三医”联动改革，加快“医共体”建设，研究制定急需紧缺医疗人才招引政策。提升“上三镇”基层医疗集约化水平，加快推进马镇区域医疗中心建设，深化家庭医生签约服务，实现家庭医生签约率达98%以上、服务率达70%以上，重点做好老人、孕妇、儿童、慢性病等重点人群签约服务。积极推进藏医药事业发展，不断提升藏医药传统理疗能力。

五是优化公共文化服务。加大城乡文体设施建设力度，持续扩大公共文化服务活动场所开放率、覆盖率。发挥人民群众主体作用，壮大基层文艺队伍，常态化开展群众性文艺文化活动。注重传统文化的挖掘、保护和传承，发挥好藏戏传习基地作用，延伸拓展藏戏传习基地建设，加大传承人才培养力度。完善文艺

创作扶持政策，大力创作和推出群众喜闻乐见的文艺作品，增强先进文化供给能力和引领水平，丰富群众业余文化生活。

（四）坚定不移推进改革创新，大力激活高质量发展动能。

一是以改革促动发展。深化“放管服”改革，落实政务服务“好差评”制度，深化工程建设项目审批制度改革，推动企业开办、不动产登记办理时限再压缩。深化国企改革，优化国有资本结构和布局，促进国企壮大、国资增值，实现总体营业收入、利润总额增长10%以上。深化财税体制改革，坚持花钱必问效、无效必问责，做到政府过紧日子、老百姓过好日子。深化政府决策机制改革，建立健全重大行政决策专家咨询论证制度，持续提升政府决策科学化、民主化、法治化水平。

二是以创新驱动发展。落实市委、市政府关于建设“全区科技创新中心”的部署，以促进科技成果转化为方向，加快推进龙腾创业创新工程建设，充分发挥双创产业孵化园区等平台作用，实施创业创新主体增量提质计划，培育和引进一批高新技术企业落地堆龙；以壮大人才队伍为路径，大力引进教育、科技、产业、金融、医疗卫生、文化创意等领域高层次、高技能人才和团队，制定出台更加开放、更具吸引力的人才政策，壮大各类专业技能人才队伍，加快推进创新型城市建设。

三是以开放带动发展。深化援藏工作内涵，进一步拓展在人才、教育、医疗、产业等领域的合作交流，加大援藏资金争取力度，强化援藏项目储备，为经济社会发展注入新动能。加强与周边县区交流合作，注重优势互补、错位发展、产业联动、设施联通、人文联系，在服务和融入新发展格局上取得新进展。

（五）坚定不移狠抓投资消费，着力打造经济增长新引擎。

一是扩大有效投资。深入开展项目建设攻坚年活动，强力推进今年计划安排的140个重点项目建设。按照前期项目抓开工、在建项目抓进度、竣工项目抓投产、问题项目抓整改、投产项目抓效益的要求，扎实做好项目规划、论证、可研、环评等项目建设条件保障，保障落实建设用地、配套资金、劳

动力、运输、建材等项目建设必要条件，确保完成73亿元的年度投资计划。紧紧围绕“十四五”时期国家和自治区、拉萨市的战略布局、产业政策、资金投入方向，加大“争、抢、快、跑”力度。鼓励支持社会资本参与，激发民间投资活力。

二是精准招商引资。把招商引资作为“一号工程”来抓，加强全产业链招商和“保姆式”服务，定向精准大招商、招大商，重点引进一批物流龙头、品牌餐饮、知名商业综合体以及特色景区打造的企业和市场主体。把握政策、结合实际研究制定招商引资政策，创新采取政府招商、以商招商、委托招商等多种方式，推动招商引资取得量的突破和质的提升。严格落实一个项目、一个专班、全程代办、联审联批，提高签约项目履约率、资金到位率和项目建设成功率，力争招商引资实际到位资金增长10%以上。

三是释放消费潜力。发挥好城市商圈、重点市场主体的消费集聚引领作用，加快推进万达广场、东嘎时代广场等重点项目建设，开发建设一批多功能、综合性商业综合体。放大国有资本功能，加快龙腾和净土商业地块规划建设，吸引和带动更多社会资本拉动消费增长。依托区市关于打造“西藏味道”美食街的部署，着力规划打造1—2个“西藏味道·堆龙美食”地标景点。充分发挥“五一”“十一”等节庆假日促进消费作用，举办丰富多彩的文体活动、特色优势产品展销活动，鼓励支持夜间经济、电商直播、在线服务等新业态有序发展，制定出台“首店经济”政策，引进更多品牌连锁店落户堆龙，着力提升城乡居民消费意愿、挖掘释放消费潜力。

（六）坚定不移加强生态建设，坚决筑牢生态安全屏障。

一是坚持生产和生活两头入手，净化生态源头。巩固“第五批国家生态文明建设示范区”创建成果，正确处理好保护和开发的关系，充分运用“三调”成果，坚持宜林则林、宜草则草、宜农则农、宜游则游，把好项目准入关口，落实高耗能、高排放项目零审批、零引进，加快发展清洁能源等新兴产业。加强生态保护宣传教育，开展绿色机关、绿色家庭、绿色社区等创建行动。

二是坚持整治和创建两手齐抓，打造生态家园。紧盯交通运输、建筑工地等关键领域，深化扬尘治理管控，确保空气质量优良率保持在98%以上。深化河湖长制，加大饮用水源地保护，积极协调东嘎污水处理厂建设，提升城乡污水收集处理能力，以及城市黑臭水体整治，确保各类水质达标率保持在100%。强化农业面源污染整治，完善垃圾分类收集处理体系。推进“两山”实践创新基地创建，完成全区3.5万亩草原生态修复治理，加快堆龙河两岸综合治理工程建设。深化国土绿化行动，持续提高森林覆盖率和绿化覆盖率。

三是坚持管理和执法两端发力，强化生态监管。推动“三线一单”成果落地应用，落实最严格的生态环境保护制度，做好第二轮中央环保督察迎检工作。建立健全网格化环境监管机制，构建多部门协调联动、有效衔接的环境监督执法合力，实现环境监管横向到边、纵向到底，严厉精准打击各类环境违法行为。

（七）坚定不移维护社会稳定，全面营造安全发展环境。

一是深入开展反分裂斗争。以党的二十大安保维稳工作为主线，统筹做好全年各项重大活动安保工作。积极主动应对反分裂斗争新形势新变化，层层落实落细各项维稳措施，深入开展反分裂斗争宣传教育。加强风险研判预警、危机管控机制和能力建设，常态化、多样性开展应急处突和实战演练，保持对各类分裂破坏活动的高压严打态势。

二是全面铸牢中华民族共同体意识。把中华民族共同体意识纳入国民教育、干部教育和社会教育全过程、各方面，引导各族群众树牢正确的“五观”、不断增进“五个认同”。巩固深化全国民族团结示范区创建成果，纵深推进民族团结进步创建活动，力争6个镇（街道）建成自治区级民族团结进步模范镇（街道），80%以上的村（居）建成市级民族团结进步示范村。大力促进各民族交往交流交融，推广普及使用好国家通用语言文字，提升民族事务治理法治化水平。

三是依法管理宗教事务。坚持以“五个有利于”为标准，旗帜鲜明地亮明国大于教、国法大于教规、公民大于教民的原则。严格执行"三个不增加"规定,着力加强寺庙财税监管。常态化开展"遵行四条标准、争做先进僧尼"教育实践活动,继续做好藏传佛教教规教义阐释,积极引导藏传佛教与社会主义社会相适应。持续推进公共服务进寺庙,让广大僧尼共建共享发展成果。

四是深化平安堆龙建设。加快"雪亮工程"建设,健全完善立体化、信息化社会治安防控体系。严格压实安全生产责任,坚决遏制重特大公共安全事故发生。健全矛盾纠纷多元化解机制,切实将各类矛盾解决在基层、消除在萌芽状态。加强防灾减灾工作,强化重点区域地质灾害危险性评估,加强应急物资保障体系建设,推动区、镇(街道)、村(居)三级应急管理能力标准化提升。坚持"外防输入"不动摇,精准扎实抓好常态化疫情防控。扎实落实拥军优属政策,持续巩固军政军民大团结,大力支持边境一线地区发展。

各位代表,为人民谋幸福始终是我们的初心和使命。我们将在继续办好去年"十大民生实事"基础上,量力而行、尽力而为,启动实施2022年群众急难愁盼的"十大民生实事"。一是完成顶嘎村、岗吉村等8个村人居环境整治,实现城市规划区外村庄环境整治全覆盖;持续推进农村户用卫生厕所改造,实现户用卫生厕所改造率达85%以上。二是加快新市民服务中心建设,推进三级政务服务体系标准化、规范化、便利化建设,实现所有政府行政审批部门"进厅上网"。三是实施岗德林社区4、5组,羊达社区达江组等3个棚户区改造;完成供庆小区、东嘎小区、第六安居苑3个老旧小区改造;完成东嘎社区和平路小区、东嘎安置小区不动产登记颁证。四是开工建设堆龙滨河路柳东段、经开段,实现与拉萨滨河路全线贯通、顺利通车。五是对辖区49所中小学、幼儿园全覆盖安装"一键式"报警系统,按要求配备校医和安保人员;完成村级幼儿园安全净水工程,着力解决村级幼儿园季节性缺水问题。六是实施工业园区B区燃气管网供暖入户工程;完成色玛安置点燃气管网、排污管网建设;完成祥和苑搬迁点消防基础设施建设,配备消防设施器材。七是完成偏嘎水库及配套灌区工程,以及上三镇灌区节水改造工程建设。八是加快区客运公交总站建设,完成23个新建公交站台建设和区内64个公交站台数字化改建。九是多措并举解决停车难、停车乱问题,力争城区新增停车位2000个以上。十是设立"民生微实事"专项资金7200万元下达镇(街道),研究制定资金管理和使用办法,由镇(街道)统筹安排,及时回应解决群众身边的小事、急事、难事,让群众切实感受到改进作风、狠抓落实带来的新气象。

各位代表,千斤重担众人挑,打铁还需自身硬。2022年,我们将持续全面加强政府自身建设,努力不负时代、不负韶华、不负人民。我们将把牢政治航向。坚决把捍卫"两个确立"、增强"四个意识"、坚定"四个自信"、做到"两个维护"贯穿落实到政府工作的全过程、各方面,不断提高政治判断力、政治领悟力、政治执行力,不折不扣贯彻落实中央、区市和区委各项决策部署。我们将勇于担当作为。在大是大非面前敢于亮剑,烫手山芋面前敢于接招,风险危机面前敢于斗争,临难不避、攻坚克难,以干字当先、实字为要,凝心聚力抓发展、促改革、保稳定、惠民生,一心一意把堆龙的事情办好,用工作实效接受历史和人民的检验。我们将增强履职能力。坚持问题导向、目标导向、效果导向,切实增强"八大本领",提高解决实际问题"七种能力",做到成事不出事、遇事不怕事。全面加强法治政府建设,进一步提高政府工作人员依法行政能力,确保政府各项工作始终在法治轨道上运行。我们将大力改进作风。严格落实中央八项规定及其实施细则精神,全面贯彻区市和区委关于改进作风、狠抓落实的部署,对标对表"六个表率"要求,持之以恒纠治"四风",为担当者担当,让履职者尽责。纵深推进政府系统党风廉政建设,严查严控风险点、风险源,坚持刀刃向内、正风肃纪,锲而不舍营造风清气正的政治生态。

各位代表,历史总是在继往开来中谱写,梦想总是在创新实干中成真。建设团结富裕文明和谐美丽的社会主义现代化新堆龙,责任重大、必须牢记使命,任重道远、更需砥砺奋进。让我们更加紧密团结在以习近平同志为核心的党中央周围,在区市党委、政府和区委坚强领导下，始终保持奋斗之志、奋发之力、奋进之势，着力谱写堆龙长治久安和高质量发展的新篇章，以优异成绩迎接党的二十大胜利召开！

名词解释（以文中出现先后为序）

1. “美丽乡村·幸福家园”：采取“整村推进”模式，系统提升农房建设、基础设施、村容村貌、产业发展、乡风文明水平。

2. 乡村“四旁”植树：路旁、沟旁、渠旁、宅旁进行植树。

3. “三更”：习近平总书记在中央第七次西藏工作座谈会上强调的“政治标准要更高，党性要求要更严，组织纪律性要更强”。

4. “三新”：立足新发展阶段，完整、准确、全面贯彻新发展理念、服务和融入新发展格局。

5. “四件大事”：习近平总书记在中央第七次西藏工作座谈会上提出的“稳定、发展、生态、强边”四件大事。

6. “四个确保”：习近平总书记在中央第七次西藏工作座谈会上提出的“确保国家长治久安、确保人民生活水平不断提高、确保生态环境良好、确保边防巩固和边境安全”。

7. “八大任务”：习近平总书记在2021年7月23日听取西藏自治区党委和政府工作汇报时提出的“维护社会大局稳定、推动高质量发展、切实保障和改善民生、加强生态文明建设、铸牢中华民族共同体意识、推进藏传佛教中国化、加快边境地区建设、在党史学习教育中做到学史力行”八个方面的任务。

8. “推进‘四个创建’、做到‘四个走在前列’”：王君正同志在西藏自治区第十次党代会上所作九届区党委工作报告中提出的“着力创建全国民族团结进步模范区，努力做到民族团结进步走在全国前列；着力创建高原经济高质量发展先行区，努力做到高原经济高质量发展走在全国前列；着力创建国家生态文明高地，努力做到生态文明建设走在全国前列；着力创建国家固边兴边富民行动示范区，努力做到固边兴边富民行动走在全国前列”。

9. “五个走在前、作表率”：严金海同志在拉萨市第十次党代会上所作九届市委工作报告中提出的“坚持把维护稳定作为第一位的任务，努力在确保和谐稳定、推进长治久安上走在前、作表率；坚持以人民为中心的发展思想，努力在推动高质量发展上走在前、作表率；坚定不移走生态优先、绿色发展之路，努力在建设国际生态文明高地上走在前、作表率；坚持屯兵与安民并举、固边与兴边并重，努力在建设强边大后方上走在前、作表率；落实新时代党的建设要求，推进全面从严治党，努力在巩固和加强党的全面领导上走在前、作表率”。

10. “两违”：违法占地和违法建设。

11. 城市“四化”：开展城市绿化、亮化、净化、美化专项整治。

12. “三增一调”：增绿地、增公园、增水面，调控第五立面。

13.“四个不摘”：摘帽不摘责任、摘帽不摘政策、摘帽不摘帮扶、摘帽不摘监管。

14. “三品一标”：无公害产品、绿色产品、有机农产品和农产品地理标志。

15. “三医”：医疗、医保、医药。

16. “医共体”：在同一县域内由县医院牵头，将基层医疗卫生机构进行联合，搭建起“基层首诊、双向转诊、急慢分诊、上下联动”的合理就医秩序，实现“首诊在基层、救治在医院、康复回社区”的分级诊疗目标。

17. “首店经济”：一个区域利用特有的资源优势，吸引国内外品牌在区域首次开设门店，使品牌价值与区域资源实现最优耦合，以及由此对该区域经济发展产生积极影响的一种经济形态。

18. “三调”：第三次全国土地调查。

19. “两山”实践创新基地：绿水青山就是金山银山实践创新基地建设。

20.“三线一单”：生态保护红线、环境质量底线、资源利用上线和生态环境准入清单。

21. 正确的“五观”，增进“五个认同”：习近平总书记在中央第七次西藏工作座谈会上指出的“引导各族群众树立正确的国家观、历史观、民族观、文化观、宗教观”“不断增强各族群众对伟大祖国、中华民族、中华文化、中国共产党、中国特色社会主义的认同”。

22.“五个有利于”：习近平总书记在中央第七次西藏工作座谈会上指出的“以有利于维护祖国统一和社会稳定、有利于增进‘五个认同’、有利于团结宗教界人士和信教群众、有利于藏传佛教健康传承、有利于减轻信教群众负担为标准，积极引导藏传佛教与社会主义相适应，不断推进藏传佛教中国化”。

23.“三个不增加”：寺庙数量和规模不增加、僧尼定员数不增加、宗教活动场所不增加。

24.“遵行四条标准、争做先进僧尼”：政治上靠得住、宗教上有造诣、品德上能服众、关键时起作用，争做旗帜鲜明立场坚定、精进学识勤学苦修、遵纪守法道德高尚、积极作为发挥作用的先进僧尼。

25.“雪亮工程”：“全域覆盖、全网共享、全时可用、全程可控”的公共安全食品监控建设联网应用，让“群众的眼睛”保持“雪亮”，保障人民群众的安全。

26.“两个确立”：确立习近平同志党中央的核心、全党的核心地位，确立习近平新时代中国特色社会主义思想的指导地位。

27.“四个意识”：政治意识、大局意识、核心意识、看齐意识。

28.“四个自信”：道路自信、理论自信、制度自信、文化自信。

29.“两个维护”：坚决维护习近平总书记党中央的核心、全党的核心地位，坚决维护党中央权威和集中统一领导。

30.“八大本领”：十九大报告中提出的“学习本领、政治领导本领、改革创新本领、科学发展本领、依法执政本领、群众工作本领、狠抓落实本领、驾驭风险本领”。

31.“七种能力”：政治能力、调查研究能力、科学决策能力、改革攻坚能力、应急处突能力、群众工作能力、抓落实能力。

32.“六个表率”：王君正书记指出，全区党员领导干部要坚持对党忠诚，带头做坚定践行“两个维护”的表率；要坚持群众路线，带头做勤政为民的表率；要坚持求真务实，带头做勇于担当的表率；要坚持民主集中制，带头做团结干事的表率；要坚持怀德自重，带头做清正廉洁的表率；要坚持从严治党，带头做管党治党的表率。

33.“四风”：形式主义、官僚主义、享乐主义和奢靡之风。

堆龙德庆区人民代表大会常务委员会工作报告

——在堆龙德庆区第三届人民代表大会第三次会议上

堆龙德庆区人大常委会主任 赵长胜

（2022 年 2 月 10 日）

过去一年主要工作

过去的一年，堆龙德庆区人大常委会坚持以习近平新时代中国特色社会主义思想为指导，深入学习贯彻党的十九大和十九届历次全会精神，学习贯彻习近平总书记关于坚持和完善人民代表大会制度的重要思想，学习贯彻中央人大工作会议和区党委人大工作会议精神，紧扣“四件大事”，聚焦民生民意，理思路、建制度、抓落实，人民代表大会制度得到有效发展，各级人民代表履职能力得到显著提升。

一、坚持用习近平新时代中国特色社会主义思想统领人大工作，党对人大工作的领导显著增强

常委会坚持把学习贯彻习近平新时代中国特色社会主义思想作为首要政治任务，作为贯穿人大工作的主线，着力推动学习贯彻习近平新时代中国特色社会主义思想特别是总书记关于坚持和完善人民代表大会制度重要思想往深里走、往心里走、往实里走。全年共召开区人大常委会党组会议、常委会会议、区人大常委会机关支部会议等 20 余次，召开“人大代表话党史”座谈会等各类座谈会 10 余次，及时传达中央、自治区和市区重要会议及指示精神，确保人大代表思想和人大代表工作始终同各级党委的决策部署保持高度一致。

常委会始终坚持党对人大工作的全面领导，自觉把党的领导贯穿于人大工作全过程、落实到依法履职各方面。严格执行请示报告制度，对人大工作中的重大问题、重要事项、重要情况，及时主动向区委请示报告，一年来书面请示报告 15 次，其他方式请示报告 30 余次，确保人大的一切工作、一切决策部署始终与区委同频共振、同标同向，确保各级人大代表始终与区委和政府同心同德、一心同体。一年来，区委高度重视和支持人大工作，坚持把人大工作纳入总体布局，支持和保障人大常委会依法行使权力，区委常委会经常听取人大常委会党组工作汇报，讨论研究和协调解决人大实际问题，石运本书记亲自到人大常委会机关调研指导工作，对人大工作提出意见。

二、坚持问题导向，依法监督实效性显著提高

常委会坚持区委的中心工作在哪里，人大的监督就跟进到哪里；人民群众的关心关切在哪里，人大的监督就跟进到哪里。全年组织 70 多名人大代表开展专项监督 10 余次，有力推动了区委决策部署落地落实。

*聚焦宪法和法律法规实施开展监督。*严格督查宪法宣誓制度实施情况，组织开展宪法宣誓 3 次，委托“两院”开展宪法宣誓 2 次，通过宪法宣誓，不断增进了人大任命干部的宪法意识和尊崇宪法的自觉性。积极开展“12・4”国家宪法日活动，配合自治区人大常委会开展了《中华人民共和国旅游法》《西藏自治区旅游条例》和《中华人民共和国固体废物污染环境防治法》等法律法规检查，确保宪

法和法律法规在我区有效落地、有效实施。

聚焦生态文明建设开展监督。全年听取和审议生态环保议题2次，对《拉萨市堆龙德庆区人民政府关于2021年生态环境状况和环境保护目标完成情况的报告》和《拉萨市堆龙德庆区生态文明建设示范县规划(2020—2025年)》进行了深入研究和认真审议，并及时对相关问题作出决议，有力保障了我区生态环保工作开展的法律性和实效性。

聚焦促进司法公正开展监督。组织代表实地调研法院、检察院工作，听取法检两院工作、政法队伍教育整顿等情况汇报，并就贯彻落实宪法宣誓制度、人民陪审员制度、流动法庭工作等情况提出意见建议，有力推动了司法机关在人民代表的监督下进行阳光司法的进程。

聚焦保障和改善民生开展监督。一年来，先后就我区文明城市创建工作、人居环境整治和棚户区改造项目建设、十大民生实事、人民满意教育"六个提升"目标执行完成工作、流浪犬管理等民生热点问题，多次组织人大代表开展专项监督和视察，面对面听取人大代表、城镇居民和农牧民群众的意见建议，及时将有关情况和建议反馈给相关部门。

聚焦预决算执行情况开展监督。常委会及时召开会议，认真审查批准预算执行、预算调整、财政决算等报告，督促政府及相关部门针对调整支出项目，加强资金使用管理和绩效考核，确保有限资金用在刀刃上。稳步推进预算联网监督平台建设，预算联网监督前期工作进展顺利。

三、坚持建制度强措施，人大代表主体作用发挥显著提升

一年来，常委会适应新形势新要求，及时调整工作思路，提出要把人大代表作用发挥作为人大工作的出发点和落脚点，采取有效措施，不断提升人大代表主体作用发挥的能动性和有效性。

一是"人大代表之家"建设不断推进。我们认真落实自治区和市人大决策部署，认真开展"人大代表之家"提档升级工作，成立了领导小组和工作专班，制定了工作方案，先后30余次深入各镇(街道)督导指导，按照"五个统一"的要求对各镇(街道)"人大代表之家"进行了重新打造，"人大代表之家"从形式到内容得到了全方位提升。去年12月，全区地(市)、县(区)人大主任培训会暨人大代表工作推进会在我区乃琼街道进行现场考察，对我区"人大代表之家"工作给予了高度肯定。为充分调动各镇(街道)"人大代表之家"工作的能动性，我们创新开展"人大代表之家"星级评定工作，去年评出五星级"人大代表之家"2个、四星级"人大代表之家"2个、三星级"人大代表之家"4个，在全区形成了"人大代表之家"建设比学赶超的良好氛围。

二是人大代表培训工作不断加强。常委会换届后，及时举办人大代表培训班，组织50多名新任人大代表进行集中培训，同时，先后组织2批60余名人大代表参加自治区和市人大培训班，通过集中授课与现场考察等方式，有效提高了基层人大代表法律法规知识和依法履职能力。

三是常委会与人大代表的联系不断密切。常委会坚持"请上来"和"走下去"相结合，组织常委会组成人员经常性走访联系基层人大代表，定期邀请人大代表列席常委会会议，制作发放人大代表便民联系卡19000余份，人大代表与常委会、人大代表与基层群众的联系明显增强。同时，我们不断加强区市两级代表纵向联动，不断密切兄弟县(区)之间横向联动，去年联合城关区和曲水县人大一同开展了区市两级人大代表集中视察活动，这在堆龙德庆区人大历史上尚属首次，在代表中引发了良好反响。

四是人大代表履职渠道不断拓宽。继续强化代表建议办理"三公开两见面"制度落实工作，从交办、办理、督办三个环节同时发力，推动人大代表建议有效落实。常委会梳理出二届历次人民代表大会期间人大代表"年年提、反复提"的意见建议15项，与人大代表、承办单位三方对案，核实了解相关情况，找准问题症结所在，有针对性地提出了切实可行的办理意见。制定和落实人大常委会副主任分包督办议案建议制度，确保每项建议有人跟、有人管、有人落实。设立人大代表办实事经费，为闭会期间人大代表履职提供有力保障。

四、坚持指导督导并重，圆满完成换届工作

认真落实中央和各级党委关于县乡人大换届

选举工作的安排部署,按照“区委领导、人大指导”的原则以及换届工作要求,于去年3月至6月有序开展区、镇(街道)两级人大换届工作,全区70个选区、4万余名选民共选举产生新一届堆龙德庆区人大代表145名,三镇13599名选民选举产生镇级新一届人大代表143名,选举产生区、镇(街道)两级人大、政府领导班子及“一府两院”主要负责人,圆满完成区镇两级换届工作。去年11月,我们又按照市委决策部署及时召开三届二次会议,123名区级代表选举产生我区出席拉萨市第十二届人民代表大会代表32名,有力保障了市人大会议的如期召开。

五、坚持推进自身建设,提高依法履职水平

持续加强思想政治建设。常委会始终坚定正确政治方向,严守政治纪律和政治规矩,始终在思想上政治上行动上与以习近平同志为核心的党中央保持高度一致。严格落实从严治党要求和党风廉政主体责任,不断筑牢拒腐防变制度防线和思想防线。

持续健全人大工作制度。一年来,我们在深入调研、充分酝酿的基础上,研究制定了《堆龙德庆区人大常委会组成人员联系人大代表制度》《堆龙德庆区人大代表联系群众制度》《人大代表履职活动经费管理使用办法》《人大常委会关于“人大代表之家”星级评定办法》等一系列规章制度,有力规范了人大各项工作的开展,有效提高了各级人大代表履职尽责的积极性。

持续强化基层人大工作指导。常委会坚持区乡两级人大工作“一盘棋”,制定出台《堆龙德庆区人大常委会主任分包指导制度》,明确人大常委会主任、副主任分包指导各镇(街道)人大工作,从代表活动、法定会议、阵地建设、代表培训队伍建设等各方面对镇(街道)人大工作进行全面指导,基层人大工作得到显著增强。

各位代表,过去一年,人大常委会工作在继承中发展、在发展中创新,取得了一些成绩,这些成绩的取得离不开区委的有力领导,离不开区政府的大力支持,离不开全区各级各部门的积极配合,离不开各级人大代表的辛勤付出,在此,我代表区人大常委会向大家致以崇高的敬意,表示衷心的感谢!

回顾过去一年的工作,我们也清醒地认识到,常委会工作与党中央和各级党委提出的新要求新任务还有不相适应、不到位的地方,与各族人民群众的期待还有一定差距。主要是:监督的重点需进一步聚焦,跟踪检查力度需进一步加大;代表作用发挥得还不够充分,代表履职服务保障水平还有待提升;代表议案建议办理质量仍需提高,解决“重答复、轻办理”问题还需持续用力;自身建设需进一步加强。今后的工作中,我们将高度重视,认真加以解决。

2022年主要工作

2022年区人大常委会工作总体要求是:以习近平新时代中国特色社会主义思想为指导,全面贯彻落实党的十九大和十九届历次全会精神以及中央第七次西藏工作座谈会精神,深入贯彻落实习近平总书记关于坚持和完善人民代表大会制度的重要思想,贯彻落实自治区、拉萨市第十次党代会、区第三次党代会、区委三届三次全会精神,坚持党的领导、人民当家作主、依法治国有机统一,坚持以人民为中心的思想,紧紧围绕坚持和完善人民代表大会制度这一根本政治制度,按照中央人大工作会议“四个机关”的定位和要求,聚焦“四件大事”,着力推进“四个创建”,努力做到“四个走在前列”,为建设团结富裕文明和谐美丽的社会主义现代化新堆龙贡献力量。

一、坚持在提高政治站位中坚定正确方向

深入学习贯彻习近平新时代中国特色社会主义思想,深入学习贯彻习近平总书记关于坚持和完善人民代表大会制度的重要思想,不断增强坚持和完善人民代表大会制度的自觉性和坚定性。始终坚持党的全面领导,坚决捍卫“两个确立”,切实增强“四个意识”、坚定“四个自信”、做到“两个维护”,保证党的理论路线和方针政策得到全面贯彻和有效执行,紧扣区委决策部署,服从区委安排,将区委重大事项通过法定程序转化为地方性发挥或决议决定,推动区委重大决策部署的贯彻落实。

二、坚持在增强监督实效中凝聚发展合力

充分发挥人民代表大会制度的优越性，依法行使好宪法和法律赋予人大的立法权、监督权、重大事项决定权，紧紧围绕区委中心工作，突出重点，增强实效，加强和改进监督工作，创新执法检查方式，加大专题询问力度，不断提高人大监督的准度和力度，不断提高人大监督发现问题、解决问题、改进工作的效能。

三、坚持在发挥主体作用中体现责任担当

注重履职培训和专题培训相结合，加强改进代表培训工作，提高培训质量，提升履职能力。深入落实“双联系”制度，通过多种方式增进同代表的交流，进一步密切代表同群众的联系，拓宽代表履职渠道，组织更多熟悉相关业务的代表参与常委会的执法检查、专题调研、重点督办等活动。用好代表工作平台，推动“人大代表之家”建设，做好群众意见的处理反馈，推动解决实际问题。加强代表小组建设，有主题、有计划地组织代表开展闭会期间活动。改进议案建议办理工作，加大督办力度，完善评价机制，提高办理质量。加强代表思想作风建设和监督管理，健全代表履职档案，落实履职登记制度，保障代表依法执行职务。

四、坚持在加强自身建设中增强履职实效

按照中央人大工作会议关于人大常委会“四个机关”建设的要求，积极探索加强和改进依法履职的新途径新方式，不断加强两级人大思想政治建设、组织建设、纪律作风建设、制度建设，不断强化工作力量，强化人大理论研究和舆论宣传，努力创造更多具有堆龙辨识度的人大工作新素材新经验，把人大努力打造成让区委放心、让人民满意的政治机关、国家权力机关、工作机关、代表机关。

各位代表！新使命凝心聚力，新时代继往开来。让我们更加紧密地团结在以习近平同志为核心的党中央周围，高举习近平新时代中国特色社会主义思想伟大旗帜，坚持和完善人民代表大会制度这一根本政治制度，在区委的坚强领导下，自觉担负起新时代赋予人大的历史使命，推动新时代堆龙人大工作高质量发展，以优异的成绩迎接党的二十大胜利召开。

政协拉萨市堆龙德庆区委员会常务委员会工作报告

——在政协第三届拉萨市堆龙德庆区委员会第二次会议上

堆龙德庆区政协主席 洛桑强巴

（2022 年 2 月 10 日）

2021 年工作回顾

2021 年是中国共产党成立 100 周年，是“十四五”规划开局之年，是西藏和平解放 70 周年，更是我国实现全面脱贫、迈向现代化进程中具有特殊重要性的一年。一年来，区政协常委会在区委的坚强领导下，始终坚持以习近平新时代中国特色社会主义思想为指导，深入学习党的十九大、十九届历次全会精神及习近平总书记关于加强和改进人民政协工作的重要思想，全面贯彻新时代党的治藏方略，不折不扣落实区委三届一次、二次全会精神，切实发挥政协优势，主动担当，勇于作为，努力践行人民政协职责使命，为奋力谱写堆龙长治久安和高质量发展新篇章贡献了政协智慧和力量。

一、坚持党的领导，以高标准政治站位把牢正确政治方向

常委会始终恪守党对政协工作全面领导的根本政治原则，更加自觉地把党的领导高标准落实到政协工作各方面和全过程。

持续夯实党的领导。一是毫不动摇坚持和加强党对政协工作的全面领导，按照区委对政协工作的各项部署要求，定期向区委汇报政协党组及常委会工作情况，始终把政协工作置于区委的坚强领导之下；二是紧紧围绕区委、区政府中心工作制定年度工作要点，确保政协履职与党政工作同频共振，同时结合区委、区政府重点工作制定协商、视察调研、民主监督计划，不断完善协商于决策之前和决策实施之中的落实机制；三是充分发挥政协党组在政协工作中的领导核心作用，切实担负起把区委的决策部署和对政协工作的要求落实下去，把全区广大政协委员和各族各界人士的智慧和力量凝聚起来的政治责任。

持续加强党的建设。一是持续完善政协委员个人履职档案，进一步建立健全政协党组对委员履职评价、激励和约束机制，切实激发和充分调动新一届委员履职的主动性和积极性。出台《中共政协堆龙德庆区委员会党组关于党员委员联系党外委员的意见》，着力加强党员委员与党外委员的联系交流，着力推动党的工作对政协委员全覆盖。二是高度重视党建、党风廉政建设、意识形态和保密工作等，定期召开专题会议听取政协机关党组工作汇报，并有针对性地进行安排部署、调研分析和归纳总结。三是深入学习、准确把握全国政协系统党的建设工作经验交流会和全国政协宣传思想工作座谈会精神，并及时开展专题交流研讨。参加自治区政协系统党的建设工作经验交流会暨宣传思想工作座谈会，现场作了交流发言，分享了堆龙政协党建工作经验。

持续强化理论武装。一是认真学习、深刻领会十九届六中全会精神、习近平总书记“七一”重要

讲话和视察西藏重要讲话精神、汪洋主席在西藏和平解放70周年庆祝大会上的讲话精神、中央民族工作会议及区市第十次党代会精神，不断增强“四个意识”、坚定“四个自信”、做到“两个维护”；二是高度重视党史学习教育，成立党史学习教育领导小组，制订实施方案和学习计划，认真学习习近平总书记在中央党史学习教育动员大会上的重要讲话精神和相关文件精神，并通过集中学习、实地参观、观看影片和书记讲党课等形式，着力推动学习教育入脑入心；三是坚持党组理论学习中心组学习制度，通过交流研讨、个人发言、主题党日等多样性形式，运用“学习强国”“视频会议”“机关微党课”等多元化平台，推动理论学习走深走实，不断提高政治判断力、政治领悟力、政治执行力。一年来，共召开理论学习中心组学习研讨（扩大）会12次，组织研讨交流发言30余人次。

二、坚持主责主业，以高质量协商建言贡献政协智慧

常委会始终围绕区委、区政府中心工作，聚焦高质量发展要求，发挥专门协商机构作用，以“高言值”展现政协担当作为。

开展全会整体协商。召开2次政协全委会，圆满完成换届选举等各项工作。全会期间，全体委员以高度的历史使命感和饱满的政治热情，紧紧围绕区委的决策部署，认真讨论“一府两院”工作报告、国民经济发展计划、财政工作报告，提出高质量提案71件、意见建议50条。其中，三届一次全会上提出提案36件、意见建议24条。

开展专题议政协商。认真制定《政协堆龙德庆区委员会2021年协商计划》，召开专题议政性协商会议，专题听取“一府两院”上半年工作情况通报，认真听取区生态环境分局和创城办上半年工作开展情况报告，详细了解全区经济社会发展、重点项目建设、法治平安建设及生态环境保护等重点工作推进情况，找准双向发力的切入点和融合点，不断增强履职建言的深度和精度。

开展提案办理协商。区政协三届一次全会结束后，及时召开提案、意见建议交办会，将全会上委员们书面提出提案、意见建议和委员分组讨论口头提出的意见建议一并交办给区政府，同时，就如何高质量做好提案办理工作进行交流协商，以达到统一思想、强化责任、督促落实的目的，从而不断凝聚办理共识，切实提高办理实效。

开展专项座谈协商。组织召开“国家通用语言文字推广使用”协商座谈会，马镇、区中学等5个部门结合“国家通用语言文字推广使用”工作开展情况作了交流发言，其他参会人员围绕主题进行了互动交流。通过协商座谈会进一步加强了各单位之间的沟通协作，形成了更加统一的思想共识，为我区更好推广使用国家通用语言文字工作提供了互动平台。

三、坚持人民至上，以高境界为民情怀厚植群众获得感

常委会始终恪守为民宗旨，坚持言为民所建、策为民所献、力为民所出，不断助推提升人民群众的幸福感、获得感和满意度。

助推社会和谐稳定。竭力维护稳定，政协党组成员根据区委统一安排，在国安指挥部履行带班值班职责，并在重点时期深入包村点督促指导维稳工作有序开展；党外副主席牢固树立“维稳没有局外人”的意识，全面贯彻党的民族政策和宗教政策，深入开展与宗教界人士谈心、走访、交友活动，积极引导宗教与社会主义社会相适应。广大政协委员充分发挥各自界别优势，团结引领界别群众坚定不移听党话、矢志不移跟党走，以实际行动自觉维护祖国统一和加强民族团结。

助推民生福祉改善。着眼民生关切，认真开展“下基层大接访办实事”调研工作，党组成员深入各自包村点，详细了解包村新一届“两委”班子运行、经济发展等主要工作开展情况，就农牧民群众交通出行、安全饮水和日常用电等基础设施方面存在的问题深入实地调研，并竭尽全力解决农牧民群众最困难最急迫的实际需求。一年来，共落实为民办实事12件。

助推实事落地见效。坚持履职为民，组织政协常委、委员代表以及区直相关部门，分别于7月和9月两次专题视察全区2021年度“十大民生实事”项目落实情况，并形成《堆龙德庆区政协开展“十大民

生实事”落实情况视察报告》,石运本书记作出重要批示,对政协工作给予了充分的肯定。组织政协委员对“乡村物流建设”情况开展专题调研,就“乡村物流网络体系最后一公里建设”提出合理建议,通过政协有效建言,切实让农牧民群众的获得感成色更足、幸福感更可持续、安全感更有保障。

助推生态持续向好。倾力生态保护,牢固树立“绿水青山就是金山银山、冰天雪地也是金山银山”理念,将“禁白”、河长制督查工作列为重点,主动肩负全区巩固“禁白”成果主体责任,扎实落实河长工作督查责任,持续发力将“禁白”和河长制工作向纵深推进。一年来,共组织政协委员及相关行业部门对全区“禁白”和河长制工作开展督导检查、专项视察4次。

助推提案高效办理。高度重视提案,召开二届五次会议提案办理工作推进会,推动提案得到高质量办理。组织委员代表、提案承办、协办单位及相关区直部门,先后对10件重点提案办理情况进行视察,详细了解提案总体规划、办理进度、存在问题及下步思路,提办双方就如何高质量做好提案办理进行现场沟通交流、交换意见建议,确保办理结果符合委员要求、让群众满意。

四、坚持交流交往,以高品质团结协作彰显独特优势

常委会始终把牢人民政协大团结大联合独特优势,注重拓展团结面、画大同心圆,切实扛实凝聚共识、联谊交往的政治责任。

不断加强对外交流。积极协助自治区、拉萨市政协开展“城乡生活垃圾和污水处理的现状”等专题调研4次,通过加强纵向联动,着力推动我区相关工作高质量发展。接待区内外政协委员赴我区开展学习考察13批次160人,广泛推介我区在巩固拓展脱贫攻坚成果同乡村振兴有效衔接、提案工作和委员之家建设等工作的主要做法和经验,通过密切横向交流,积极讲好堆龙故事,不断扩大堆龙影响。

不断凝聚思想共识。首次召开我区离任政协委员座谈会,认真回顾和全面总结了二届以来全体政协委员所作出的积极贡献,离任委员分享各自履职感悟,并就如何继续做好政协工作提出宝贵的意见建议。隆重召开庆祝中国共产党成立100周年、西藏和平解放70周年座谈会,20名委员代表结合自身学习工作以及所见所闻、所思所感,围绕习近平总书记在西藏考察时的重要讲话和西藏和平解放70年来的发展变化,谈感想、讲体会,真诚抒发了对总书记和党中央的感恩之情以及对伟大祖国的热爱之情。

五、坚持强基固本,以高水平自身建设强化使命担当

常委会始终坚持抓学习固根本、抓平台拓舞台,深入推进“两支队伍”建设,不断提高“两支队伍”能力和水平。

聚焦新任委员培训。紧密结合政协换届实际,认真组织开展新任委员履职培训。组织80名委员于7月和11月在区内举办了两期履职培训班;组织30名政协委员及镇(街)政协工作联络员赴成都大学举办为期15天的履职能力提升专题培训班,三期培训内容系统全面,培训形式丰富多样,参训委员整体素质进一步提升、履职意识进一步增强,为更好参政履职奠定坚实基础。

聚焦委员学习考察。组织9名政协委员赴广西壮族自治区百色市和防城港市紧紧围绕“乡村振兴与巩固脱贫攻坚成果有效衔接”主题开展为期10天的学习考察,详细了解百色市和防城港市在产业发展、促进就业、带动增收等工作中的先进经验,并就考察主题与当地相关部门及工作人员进行深入交流、认真探讨。考察结束后,结合实际形成考察报告,呈送至区政府,得到米玛次仁区长的肯定和批示。

聚焦机关日常管理。鲜明树立新时代政协机关正确价值导向,大力倡导实干之风,强化干部担当意识。严格执行机关干部考勤、绩效考核评价、公务员平时考核等制度,强化制度监督落实,确保各项规章制度执行到位。定期集中学习各类典型案例通报,时刻提醒全体党员保持清醒头脑,筑牢拒腐防变的思想防线,营造良好政治生态。

各位委员、同志们,一年来取得的主要成绩,是区委高度重视、坚强领导的结果,是拉萨市政协精心指导的结果，是区人大、区政府和社会各界鼎力支持的结果，凝结着区政协各参加单位、广大政协委员、全体政协机关干部团结协作、用心履职，主动作为、扎实工作的辛勤汗水。在此，我代表堆龙德庆区政协常委会，向大家表示崇高敬意和衷心感谢！

在肯定成绩的同时，我们也清醒地认识到，对照新时代政协工作面临的新形势和新要求，还有一些工作有待加强，主要表现在：委员的履职能力有待进一步提升；履行民主监督职能有待进一步深化；发挥界别作用有待进一步加强，等等。这些问题和不足，需要在今后的工作中认真研究，加以改进。

2022 年工作建议

2022 年区政协工作的总体思路是：坚持以习近平新时代中国特色社会主义思想为指导，以迎接和服务党的二十大胜利召开为主线，深入贯彻党的十九大和十九届历次全会及中央第七次西藏工作座谈会精神、中央民族工作会议精神，贯彻落实习近平总书记关于西藏工作的重要论述和新时代党的治藏方略，贯彻落实自治区、拉萨市第十次党代会、堆龙德庆区委三届三次全会精神，坚决捍卫“两个确立”，增强“四个意识”、坚定“四个自信”、做到“两个维护”，立足新发展阶段、完整准确全面贯彻新发展理念、服务和融入新发展格局，聚焦区委中心工作，坚持建言资政和凝聚共识双向发力，为奋力谱写堆龙长治久安和高质量发展新篇章凝聚强大正能量。

一、加强理论武装，在政治站位上再提高

要坚持把学习贯彻习近平新时代中国特色社会主义思想作为统揽政协工作的总纲，深入学习贯彻十九届六中全会精神，使之成为推动政协工作不断前进的强大精神动力。要认真领会区委三届三次全会精神，把广大委员的智力和热情汇聚到谋发展上来，把干劲和力量汇聚到抓落实上来，确保区委决策部署在政协不折不扣得到落实。要完善学习制度，丰富学习内容，创新学习方法，持续深化以政协党组理论学习为引领，主席会议集中学、常委会会议专题学、支部会议定期学和委员培训全员学，不断强化全员覆盖、整体提升的学习格局，切实夯实政治理论基础。

二、积极献计出力，在服务大局上再发力

要进一步发挥专门协商机构作用，有效开展全会协商、专题协商、提案办理协商，更好释放专门协商机构的潜能效能。要把主动服从和服务于全区发展大局作为履职的重点任务，聚焦区委、区政府中心工作，围绕助推“四件大事”“十四五”规划实施，坚持把农牧民群众普遍关心的教育、医疗、就业、住房等重大民生问题作为政治协商的重点议题、参政议政的重要领域。要强化政协民主监督作用，从党政所思、群众所盼、政协所能出发，紧盯全区重大决策部署落实和社会关注热点开展民主监督。要持续改进政协民主监督方法，拓宽民主监督渠道，找准民主监督重点，切实做到敢监督、善监督、真监督、实监督。

三、广泛凝聚共识，在团结合作上再加强

要坚持把加强思想政治引领、广泛凝聚共识作为履职中心环节，在思想引领中深化共识，在民主协商中达成共识，在联系群众中广聚共识。要积极引导动员广大政协委员发挥自身优势，主动担当作为，为全区经济社会高质量发展凝聚智慧、汇聚力量。要定期召开委员座谈会，了解委员思想动态，听取委员意见建议，做好思想引领工作。要鼓励和支持委员深入基层、深入界别群众，及时反映群众意见和建议，协助党委政府做好协调关系、理顺情绪、化解矛盾等工作。要探索和加强与新社会阶层的接触合作，最大限度扩大团结面、画好同心圆、广交新朋友。

四、加强自身建设，在履职能力上再提升

要认真学习领会《关于加强和改进新时代市县政协工作的意见》，结合自身实际抓好贯彻落实、做到守正创新，不断推动政协各项工作提质增效。要持续加强政协党组建设，全面落实从严管党治党主体责任，真正把责任放在心上、扛在肩上、抓在手上。要持续加强政协常委会建设，健全工作机制，提升议事质量，提高新形势下领导政协工作的能力。要按照“懂政协、会协商、善议政,守纪律、讲规矩、重品行”的要求,加强委员队伍建设,拓展委员知情渠道,激发委员履职热情,使委员愿进政协门、乐做政协人、爱干政协事。要持续加强政协机关干部队伍建设,增强一线意识,展现一线作为,把敢担当、善作为体现在政协机关工作的各方面、全过程。要认真开展改进作风、狠抓落实活动,切实以更高政治标准、更严党性要求、更强组织纪律推动政协各项工作落实落地。

各位委员、同志们,团结汇聚力量,实干成就伟业。让我们更加紧密地团结在以习近平同志为核心的党中央周围,在堆龙德庆区委的坚强领导下,围绕中心、服务大局,务实工作、接续奋斗,为奋力谱写堆龙长治久安和高质量发展新篇章作出新的更大贡献,以优异成绩迎接党的二十大胜利召开!

大事记

1月

4日　堆龙德庆区第二届委员会第七次全体会议暨区委经济工作会议顺利召开。区委委员、候补委员出席会议。会议由区委副书记、区政府党组书记、代理区长石运本对2021年全区经济工作作具体具体部署，全区中共十九大代表，不是区委委员、候补委员的县级干部，区纪委委员，各镇（街道）党（工）委书记、镇长（主任）、纪（工）委书记，区（中）直单位、区属国有企业主要负责人，村（居）党组织第一书记、书记，驻村工作队队长，寺管会主要负责人等列席会议。会议审议通过《中共拉萨市堆龙德庆区委员会关于制定国民经济和社会发展第十四个五年规划2035年远景目标的建议》《中共拉萨市堆龙德庆区二届委员会第七次全体会议决定》。

同日　西藏自治区生态环境厅厅长罗杰、拉萨市人民政府副市长陆从福及拉萨市生态环境分局局长格桑巴珠一行到堆龙德庆区检查指导“散、乱、污”企业整治推进情况以及国道沿线环境综合整治情况。堆龙德庆区委副书记、代理区长石运本，区委常委、副区长刘春涛，堆龙德庆区法院、拉萨市生态环境局堆龙德庆区分局、乃琼街道岗德林村委会等相关单位负责人陪同。

5日　中国人民政治协商会议第二届拉萨市堆龙德庆区委员会第五次会议预备会议顺利召开。会议由区政协党组书记、主席洛桑强巴主持，会议应出席委员88名，因事、因病请假10名，实到78名，符合《中国人民政治协商会议章程》。会议听取了政协第二届拉萨市堆龙德庆区委员会第四次会议以来委员变动情况说明，审议通过政协第二届拉萨市堆龙德庆区委员会第五次会议议程、政协第二届拉萨市堆龙德庆区委员会第五次会议提案审查小组建议名单，宣读政协第二届拉萨市堆龙德庆区委员会第五次会议列席人员名单。

同日　拉萨市人大常委会副主任、市村（社区）“两委”换届工作领导小组办公室副主任达瓦带队市换届办工作人员深入堆龙德庆区6个镇（街道）、7个村（社区）指导检查村（社区）“两委”换届工作开展情况。

6日　政协第二届拉萨市堆龙德庆区委员会第五次会议开幕。大会应出席委员88人，因事、因病假10人，实到委员78人，符合《中国人民政治协商会议章程》规定。区委副书记、代理区长石运本，区人大党组书记、主任武保林以及其他在岗县级领导应邀出席会议。区政协党组书记、主席洛桑强巴代表政协第二届拉萨市堆龙德庆区委员会常务委员会向大会作报告，区政协党组成员、副主席尼玛主持会议。

同日　堆龙德庆区第二届人民代表大会会议举行预备会议。会议由堆龙德庆区人大常委会副主任次仁主持，区人大常委会党组书记、主任武保林出席会议并讲话，参加区二届人大五次会议的全体代表和列席人员出席会议。会议表决通过了本次大会议程（草案）、大会主席团和秘书长名单（草案）、大会议案审查委员会名单（草案）、大会代表资格审查委员会名单和大会财经审查委员会名单（草案）。

同日 堆龙德庆区召开“两会”党员大会。全体人大代表、政协委员、列席人员中的党员参加会议。会议由区委副书记、代理区长石运本主持。

7日 堆龙德庆区第二届人民代表大会第五次会议开幕。拉萨市人大常委会党组副书记、副主任达瓦应邀出席指导会议，楚布寺管委会党组书记、主任巴桑次仁受邀在主席台前排就座。大会应到代表108人，实到代表100人，符合法定人数。大会由人大常委会党组书记、主任武保林主持。大会列席人员及参加政协二届五次会议的政协委员、列席人员一同参加会议，会议还听取了区人民政府副区长达娃卓玛作关于二届人大四次会议代表议案建议批评意见办理情况的报告。

8日 堆龙德庆区召开迎接拉萨市民营经济工作领导小组考核会议，拉萨市工商联党组成员、二级调研员陈小兵、拉萨市税务局法制科科长米玛曲热、拉萨市工商联经联科科长张蕾、拉萨市工商联工作人员苟兴源一行考核组到堆龙德庆区进行考核及工作指导。

同日 政协第二届萨市堆龙德庆区委员会第五次会议，经与会委员和工作人员的共同努力，圆满完成大会各项议程闭幕。大会应出席委员88人，因事、因病假请假10人，实到委员78人，符合《中国人民政治协商会议章程》规定。堆龙德庆区委副书记、代理区长石运本，区人大党组书记、主任武保林及其他在岗县级领导出席会议。

同日 堆龙德庆区第二届人民代表大会第五次会议召开第三次全体会议，本次会议应到代表108人，实到代表98人，符合法定人数。

11日 堆龙德庆区召开2020年度各镇（街道）党（工）委书记、各行业系统党工书记抓基层党建工作述职会议，130余人参加会议。

13日 堆龙德庆区召开2020年度区（中）直机关党组织书记抓基层党建工作述职评议会，会议由堆龙德庆区委副书记、组织部部长、机关工委书记王满春主持召开，全体在家区直机关工委副书记、区（中）直机关组织书记、熟悉机关党建工作的“两代表一委员”代表、普通党员代表和群众代表共50余人参加会议。

15日 堆龙德庆区召开疫情联防联控工作专题部署会，区委副书记、区长石运本及全体在岗县级领导、各镇（街道）党政主要负责人、区疫情联防联控成员单位主要负责人参加会议。

同日 堆龙德庆区四大班子领导集体到区疾控中心接种新冠疫苗，为全区重点人群疫苗接种做表率。

25日 堆龙德庆区召开村（社区）“两委”换届工作第二次推进会。

29日 堆龙德庆区召开2021年度“三大节日”（元旦、春节、藏历新年）节前慰问退休干部职工座谈会。会议由区委副书记、区长石运本主持。区人大党组书记、主任武保林，区政协党组书记、主席洛桑强巴，区委副书记、组织部部长王满春出席会议。

同日 堆龙德庆区委常委班子召开2020年度民主生活会。拉萨市纪委常委旦增塔杰，拉萨市老干部局副局长、三级调研员普布旺堆，拉萨市纪委监委第二监察检查室干部哈有成到会指导并进行点评，为高质量开展好民主生活会提供坚强保障。

2月

1日 堆龙德庆区召开“政治标准要更高，党性要求更严，组织纪律性要更强”专题教育动员部署会。区委、区人大、区政府、区政协主要领导和各镇（街道）党政正职参加会议。

8日 堆龙德庆区召开区委理论学习中心组暨“政治标准要更高，党性要求要更严，组织纪律性要更强”专题教育第一次学习研讨会。

12日 堆龙德庆区党政领导慰问春节和藏历新年期间，仍然坚守岗位、无私奉献的区直各部门和单位的值班工作人员。

20日 拉萨市堆龙德庆区获评国家级2020年村庄清洁行动先进县。

26日 堆龙德庆区召开第二届纪律检查委员会第五次全体会议，堆龙德庆区纪委委员8人出席，列席129人。

3月

1日 堆龙德庆区委副书记、区政府党组书记、区长石运本主持召开拉萨市堆龙德庆区人民政府2021年第一次全体会议暨政府系统廉政工作会议。在岗的全体政府班子成员，各镇人民政府、街道办事处，以及政府系统组成部门、区属国有企业、部分政府派出机构主要负责人参加会议。同时，还特别邀请了区人大常委会副主任次仁，区政协副主席、乃琼街道党工委书记尼玛参加会议。区委办、人大办、政协办、纪委监委、组织部、宣传部、统战部、政法委、国安办主要负责人列席会议。

4日 堆龙德庆区委理论学习中心组举办以"学党史，坚定'四个自信'"为主题的专题讲座。

同日 堆龙德庆区召开政法队伍教育整顿动员部署会。区委副书记、区长、区政法队伍教育整顿领导小组副组长石运本主持会议。

10日 拉萨市堆龙德庆区羊达街道通嘎社区被司法部、民政部列入第八批"全国民主法治示范村（社区）"。

11日 堆龙德庆区召开全区党史学习教育动员部署会，区委副书记、组织部部长王满春主持会议。

24日 拉萨市政协党组副书记、副主席张勤，市政协社会科教文卫体委员会副主任旦巴达杰，市教育局副局长陈渠汇，市疾控中心部分医卫界、教育界委员等在堆龙德庆区就校园疫情防控和开学情况进行视察。堆龙德庆区委常委、副区长李晓强，区教育局、区疾控中心、区疫情办等部门主要负责人陪同。

28日 堆龙德庆区隆重举行纪念西藏百万农奴解放62周年"升国旗 唱国歌"活动。全体在岗县级领导、农牧民群众代表、学生代表、离退休干部代表、政法干警代表、卫生系统代表、环卫工人和城管代表、教育系统代表、志愿者代表及区直机关全体干部职工等700余人参加活动。区委副书记、区长石运本作讲话。区委常委副书记、常务副区长赵岩主持活动。

4月

1日 堆龙德庆区召开2021年党建暨意识形态工作会议。会议由区委副书记、区长石运本出席并讲话，区委副书记、组织部部长王满春主持会议。在岗县级领导、区委党的建设（基层组织建设）工作领导小组、区委意识形态工作领导小组成员，区（中）直各单位及区属国有企业党组织主要负责人，各镇（街道）党（工）委书记、专职副书记、组织委员和宣传委员，各行业系统党（工）委负责人，各村（社区）党组织第一书记，区委组织部、区委宣传部全体干部等共120余人参加会议。

同日 堆龙德庆区正式启动大规模新冠疫苗接种工作，为辖区年龄18周岁以上符合疫苗接种条件的居民进行全民免费接种，在各族干部群众配合下，2天内累计接种3900人次。

同日 堆龙德庆区委副书记、区长石运本主持召开区委理论学习中心组第五次学习研讨暨"把握新发展阶段、贯彻新发展理念、构建新发展格局"第二次大学习大讨论会议，围绕"学习百年党史，把握新发展阶段、贯彻新发展理念、构建新发展格局，推动长治久安和高质量发展"主题进行学习研讨。在岗县级领导干部、各镇（街道）和区直各单位主要负责人参加会议。

6日 堆龙德庆区委巡察工作领导小组组织召开二届区委第十一轮巡察工作动员部署会议。区委副书记、组织部部长、巡察工作领导小组副组长王满春主持会议并作动员讲话，区委常委、区委办主任、巡察工作领导小组副组长德吉央宗及区委巡察工作领导小组成员出席会议，各镇（街道）纪（工）委书记，区纪委监委、政法委、审计局、财政局、信访局主要负责人，第十一轮被巡察单位党组织全体班子成员，区委巡察办、巡察组全体干部参加会议。

同日　堆龙德庆区“6512345”区长热线正式开通启动。

7日　堆龙德庆区委副书记、区长、区政法队伍教育整顿领导小组常务副组长石运本到堆龙德庆区政法系统各单位督导调研政法队伍教育整顿工作开展情况。区委常委、政法委书记、公安分局局长、区政法队伍教育整顿领导小组副组长蒋学忠陪同调研。

9日　堆龙德庆区召开脱贫攻坚档案培训会。区档案馆负责人针对国家、自治区和拉萨市关于做好脱贫攻坚档案工作的实施意见进行了详细讲解，并就堆龙德庆区脱贫攻坚档案收集、整理等工作，为与会人员上了一堂生动的档案业务培训课。

20日　堆龙德庆区委常委会班子召开中央第十巡视组反馈意见整改专题民主生活会，对标对表中央第十巡视组反馈意见和自查问题整改责任清单，聚焦会议主题，紧密结合党史学习教育、“三更”专题教育和“三新”大学习大讨论活动，从增强“四个意识”、坚定“四个自信”、做到“两个维护”的高度，深刻检视了区委常委会班子和班子成员巡视整改责任7个方面存在的突出问题，深入开展了批评和自我批评。区委副书记、区政府党组书记、区长石运本主持会议。市委组织部干部监督科科长、四级调研员蒋宏亮，市纪委监委第二监督检查室副主任才旺到会指导并进行点评。

同日　堆龙德庆区召开关于“违法用地和违法建设”治理工作动员部署会，就堆龙德庆区“两违”治理工作进行专项动员部署。区委副书记、区长石运本出席会议并讲话，政府副区长达娃卓玛主持会议。各镇（街道）以及相关部门主要负责人参加会议。

22日　堆龙德庆区委理论学习中心组“学习习近平新时代中国特色社会主义思想·建现代化堆龙”专题学习2021年第6次集中学习研讨（扩大）会暨“三更”专题教育第三次学习研讨会，围绕“严守党的政治纪律和政治规矩以及反分裂斗争纪律”主题进行学习研讨。区委副书记、区政府党组书记、区长石运本主持会议。在岗县级领导干部、各镇（街道）、部分区直单位主要负责人参加会议。

26日　二届堆龙德庆区委巡察工作领导小组召开第23次会议，专题听取第十一轮巡察情况阶段汇报。区委常委、区委办主任、巡察工作领导小组副组长德吉央宗及区委巡察工作领导小组成员出席，第十一轮巡察组组长、副组长参加会议。会议由区委副书记、组织部部长、巡察工作领导小组副组长王满春主持。

30日　堆龙德庆区委副书记、区长石运本主持召开区委理论学习中心组“学习习近平新时代中国特色社会主义思想·建现代化堆龙”专题学习2021年第7次集中学习研讨（扩大）会暨“三更”专题教育第四次学习研讨会，围绕“坚决反对‘四风’、廉洁从业从政”主题进行学习研讨。在岗县级领导干部、各镇（街道）、部分区直单位主要负责人参加会议。

同日　堆龙德庆区委组织召开堆龙德庆区落实中央、自治区巡视反馈意见和自查问题整改工作推进会，各专项整改组及相关责任单位负责人参加会议。区委副书记、区长石运本主持会议。

截至30日　堆龙德庆区3个乡镇全部完成换届任务，共依法依规选举产生党代表167名、人大代表143名、领导班子36名。所有换届人选均全票当选，其中党代会平均参选率为94.5%，人代会平均参选率为87.5%，实现了“绘出好蓝图、选出好干部、配出好班子、树立好导向、形成好气象”的换届目标。

5月

11日　堆龙德庆区委巡察工作领导小组召开第二十四次会议，听取二届区委第十一轮巡察情况汇报。会议由区委常委、纪委书记、监委主任、区委巡察工作领导小组常务副组长尚志清主持，区委副书记、组织部部长、区委巡察工作领导小组副组长王满春，区委常委、区委办主任、巡察工作领导小组副组长德吉央宗及区委巡察工作领导小组成员出席。

13日　堆龙德庆区有声“百年党史墙”正式成立。

17日 堆龙德庆区委书记石运本深入楚布寺开展“次曲”佛事活动现场调研指导安防工作，详细了解沿线交通管控、安全检查、现场安保、人员疏导等活动各项安保措施，实地前往活动重点部位、重点区域查看安保部署情况，听取寺管会和寺庙派出所工作汇报，了解寺庙及僧人日常生活情况。

18日 堆龙德庆区委书记石运本主持召开区委理论学习中心组“学习习近平新时代中国特色社会主义思想·建现代化堆龙”专题学习2021年第8次集中学习研讨（扩大）会，围绕“中国共产党为什么能、马克思主义为什么行、中国特色社会主义为什么好”主题进行学习研讨。在岗县级领导干部及各镇（街道）、区直各单位、区属国有企业、区中学主要负责人参加会议。

20日 堆龙德庆区获全区“七五”普法依法治理先进县区荣誉称号。

21日 堆龙德庆区委理论学习中心组成员在“两路”精神纪念馆开展党史学习教育。

25日 堆龙德庆区委书记石运本一行实地调研堆龙德庆区民兵训练基地建设和运营管理情况。区委常委孙振立、区政府副区长王考昌陪同调研。

同日 堆龙德庆区组织召开2021年预防青少年违法犯罪工作推进会。区政府副区长罗俊峰出席会议。各镇（街道）、区委宣传部、区公安分局、区检察院、区法院等20家预青领导小组成员单位负责人参加会议。

26日 堆龙德庆区召开2021年文明城市创建工作推进会，深入分析研判当前形势，安排部署近期创城工作，区委常委、宣传部部长、区创城指挥部办公室主任普旦出席会议，各镇（街道）、区直机关工委、团委、住建、交警大队、城管局等28家单位相关负责人参加会议，会上普旦就结合各行业部门创城工作职能，进行了再部署再安排。

27日 拉萨市妇联“绿色家庭”授牌仪式在堆龙德庆区东嘎街道东嘎社区举行。拉萨市妇联党组书记、副主席赵金花，市发改委副主任、粮食和物资储备局局长严峻峰，市妇联党组成员、三级调研员达珍，堆龙德庆区委常委、宣传部部长普旦，市农业农村局四级调研员彭乐琳，东嘎街道党工委书记贺进，区发改、区农业农村局相关负责人，八县（区）及四个功能园区妇联主席出席揭牌仪式。此外，参加揭牌仪式的还有4名堆龙德庆区“绿色家庭”选树典型代表及80余名群众代表。

31日 堆龙德庆区委召开书记专题会议听取二届区委第十一轮巡察情况汇报。区委书记石运本主持会议。

同日 堆龙德庆区乡村振兴局正式挂牌成立。堆龙德庆区委常委、副区长李晓强出席并为乡村振兴局揭牌。经西藏自治区、市委市政府批准，堆龙德庆区扶贫开发办公室重组为拉萨市堆龙德庆区乡村振兴局，为区政府直属机构，规格为正科级，主要负责巩固拓展脱贫攻坚成果、统筹推进实施乡村振兴战略有关具体工作。

6月

2日 堆龙德庆区委书记石运本到拉萨市公安局堆龙分局调研指导公安队伍教育整顿工作，区委常委、政法委书记、公安分局局长赵宏忠陪同调研。

8日 堆龙德庆区政法队伍教育整顿区委书记专题讲党课在区公安局举行，区委书记、区政法队伍教育整顿领导小组组长石运本为全区政法干警讲授专题党课，全区政法干警200余人现场聆听党课。

10日 堆龙德庆区组织各镇（街道）党（工）委班子成员代表、村（居）“两委”班子成员代表、区直单位党员代表等50余人到山南市克松村“西藏民主改革第一村”和山南市革命烈士陵园参观瞻仰学习，接受党的优良传统教育，感受红色洗礼，进一步推动党史学习教育走深走实。

11日 堆龙德庆区委书记、区政法队伍教育整顿领导小组组长石运本主持召开了政法各单位教育整顿查纠整改环节专题汇报会，听取了区教整办、区委政法委、公安分局、区人民法院、区人民检察院和区司法局政法队伍教育整顿查纠整改环节工作具体开展情况。

16日 堆龙德庆区第七次全国人口普查主要数据公报：全区常住人口为91065人，与2010年第六次全国人口普查的46222人相比，增加44843人，增长97.02%，年平均增长率为7.02%。第七次人口普查共有家庭户26396户，家庭户人口为65333人，平均每个家庭户的人口为2.48人，比2010年第六次全国人口普查的3.32人，减少0.84人。

17日 拉萨市委常委、纪委书记、监委主任王洪勇带队到堆龙德庆区检查指导工作。检查组采取召开座谈会、实地查看的方式，对堆龙德庆区纪委监委内设机构改革、日常监督及"四项监督"协调衔接情况进行全面了解，并就发现问题提出意见建议。

同日 堆龙德庆区人社局组织党员干部集中参观了拉萨市廉政警示教育基地。参观中，全体党员干部佩戴党徽，重温了入党誓词。

18日 堆龙德庆区委书记石运本为全区党员干部讲授"三更"专题教育党课。全体在岗县级干部、各镇（街道）和区直单位主要负责人在主会场参加会议，各镇（街道）其他班子成员和部分党员干部代表在分会场参加会议。

同日 堆龙德庆区召开严肃换届纪律集体谈话会，与220名区级党代表集体进行严肃换届纪律谈心谈话。

22日 堆龙德庆区委书记石运本走访看望辖区2名党龄满50年的老党员代表，并为其颁发"光荣在党50年"纪念章。

24日 西藏自治区党委党史学习教育第一巡回指导组赴堆龙德庆区督导检查党史学习教育工作。堆龙德庆区委书记、党史学习教育领导小组组长石运本出席会议，区委常委、宣传部部长主持会议，区直相关部门负责人参加会议。

同日 由西藏自治区党委宣传部主办的"永远跟党走——庆祝中国共产党成立100周年"歌咏比赛在自治区藏戏艺术中心举行，堆龙德庆区委宣传部、区文旅局组织的城镇居民代表队经过初赛、复赛层层评审选拔，最终进入决赛，与来自全区各行各业的19支代表队同台竞技，堆龙德庆区获西藏自治区歌咏比赛二等奖。

25日 中国共产党拉萨市堆龙德庆区委第三次代表大会开幕。

同日 堆龙德庆区召开"两会"党员大会。会议由区委副书记、代理区长米玛次仁主持。区委书记石运本出席会议，全体人大代表、政协委员、列席人员中的党员参加会议。

27日 中国共产党拉萨市堆龙德庆区第三次代表大会闭幕，大会应到代表220人，因事因病请假15人。实际到会代表205人，符合法定人数。

同日 中国共产党拉萨市堆龙德庆区第三届纪律检查委员会第一次全体会议召开。出席此次会议的纪委委员11名。

28日 堆龙德庆区第三届人民代表大会第一次会议举行预备会。区人大常委会党组书记、主任候选人赵长胜出席会议并讲话。参加区三届人大一次会议的全体代表和列席人员出席会议。会议由堆龙德庆区人大常委会副主任马勇主持。

同日 中国人民政治协商会议第三届拉萨市堆龙德庆区委员会第一次会议在区财政三楼会议室隆重开幕。来自全区各族各界、各条战线的政协委员汇聚一堂，认真履行政治协商、民主监督、参政议政职能，为建设团结富裕文明和谐美丽的社会主义现代化新堆龙积极建言献策。大会应出席委员125人，因事、因病请假12人，实到委员113人，符合政协章程规定。

同日 在北京援藏指挥部、拉萨市统战部、西藏民政厅社会组织管理局及拉萨市工商联的指导下，由西藏自治区人民医院、北京大学医学部第六批援藏医疗队、西藏北京商会、北京大学西藏校友会共同主办，西藏星光社会工作服务中心具体组织和安排，在堆龙德庆区祥和苑社区开展2021年"京藏连心"爱心义诊系列活动。参与义诊的10位专家均来自北京大学第一医院、北京大学第三医院的呼吸与危重症医学科、神经内科、消化内科、胸外科、儿科、妇产科等不同的科室，为社区居民详细问诊、分析病情，并给出诊疗建议。此次义诊活动共计看诊社区群众100余人次。

30日 堆龙德庆区第三届人民代表大会第一次会议召开第四次全体会议。会议由大会执行主席、区人大常委会副主任巴桑罗布主持。本次会议应到代表145人,实到代表140人,符合法定人数。拉萨市人大常委会党组副书记、副主任达瓦到会指导。

同日 政协第三届拉萨市堆龙德庆区委员会第一次会议,经与会委员和全体工作人员的共同努力,圆满完成大会各项议程,胜利闭幕。大会应出席委员125人,因事、因病请假23人,实到委员102人,符合政协章程规定。区委书记石运本,区委副书记、代理区长米玛次仁,区人大党组书记、主任候选人赵长胜出席会议。会议由政协党组成员、副主席王考昌主持。

7月

1日 堆龙德庆区隆重举行庆祝中国共产党成立100周年“永远跟党走”·升国旗、唱国歌仪式。全体在家县级领导、社区党员代表、新入党党员代表、离退休干部代表、政法干警代表、城市管理执法系统代表、市场监督管理系统代表、卫生系统代表、环卫工人代表以及区直机关党员干部职工代表等500余人参加活动。区委常委、组织部部长孙玲主持活动。

2日 堆龙德庆区委书记石运本调研指导政法队伍教育整顿工作,详细了解队伍建设过程中存在问题和不足,对下一步政法队伍教育整顿工作中法官队伍建设方面提出具体要求。

同日 堆龙德庆区委副书记、区长米玛次仁走访慰问堆龙德庆区部分优秀党员代表,并向党龄满50年的老党员代表颁发“光荣在党50年”纪念章。

同日 堆龙德庆区委宣传部(广电局)在楚布寺广场举行电视机置换启动仪式暨第一批置换发放仪式。仪式由区委常委、统战部部长达瓦次仁主持,楚布寺管委会党组书记巴桑次仁,区委常委、宣传部部长杨丽出席发放仪式。堆龙区总工会、楚布寺管委会、古荣镇、雄巴拉曲工作人员及楚布寺僧尼共计70余人参加活动。此次活动向100名僧侣发放了价值16万元的32寸液晶长虹电视机。

5日 堆龙德庆区委书记石运本到其美龙寺、顶嘎寺、邱桑寺检查指导加强和创新寺庙管理工作,看望坚守岗位一线工作人员。

6日 堆龙德庆区龙创空间被认定为“2021年度西藏自治区小型微型企业创业创新示范基地”。

7日 堆龙德庆区召开“两优一先”表彰大会,表彰先进集体和先进个人,进一步激励全区各级党组织和广大党员干部砥砺初心、牢记使命,在全面建设社会主义现代化新堆龙的伟大征程中不懈奋斗。区委副书记巴珠宣读《中共拉萨市堆龙德庆区委员会关于表彰堆龙德庆区优秀共产党员、优秀党务工作者和先进基层党组织的决定》。大会由区委副书记李晓强主持。

8日 堆龙德庆区委书记石运本主持召开区委理论学习中心组会议,围绕习近平总书记在庆祝中国共产党成立100周年大会上的重要讲话精神开展专题学习研讨。

同日 堆龙德庆区举行庆祝中国共产党成立100周年、西藏和平解放70周年“永远跟党走”歌咏比赛。区委书记石运本及全体在岗县级领导出席活动,区直各部门负责人、各镇(街道)干部职工等共计1000余人参加。

14日 堆龙德庆区召开三届区委第1次常委会会议,会议由区委书记石运本主持。会议传达学习习近平总书记在庆祝中国共产党成立100周年大会上的重要讲话精神,研究部署区委常委会班子自身建设、党的建设、党风廉政建设和反腐败、精神文明建设和意识形态、安全生产、生态文明建设等方面工作。

15日 区藏语委办召开2019—2020年度藏语文工作总结会暨社会用字规范工作表彰大会。区政府常务副区长杨蕾出席会议并讲话,各镇(街道)党(工)委副职、各村(居)党组织第一书记、各中小学、区直各单位、区属国有企业及寺管会(寺管小组)主要负责人,以及受表彰的先进单位和个人代表参加会议。

21日 堆龙德庆区委书记石运本带队深入一线考察大庆“四化”和创城工作开展情况。区委副书记、区长米玛次仁,区委副书记李晓强,区委常委、办公室主任尚栓斌，区政府副区长杨开颜，区政府副区长扎西拉旺以及区直相关部门主要负责人陪同考察。

同日 堆龙德庆区委书记石运本主持召开区四大班子联席会议。会议的主要任务是：调度、安排、研究、处理当前急需抓好的重点工作；会议的总体要求是：确保四大班子一个目标、一种声音、一抓到底。区委副书记、区政府党组书记、区长米玛次仁，区人大常委会党组书记、主任赵长胜，区政协党组书记、主席洛桑强巴，以及其他在岗的四大班子成员出席会议，法院院长、检察院检察长以及相关单位主要负责人列席会议。

同日 堆龙德庆区人民医院完成首例胃镜检查。

27日 由共青团堆龙德庆区委员会、堆龙德庆区"两创示范"办公室及堆龙德庆区龙创空间主办的"龙创空间杯"堆龙德庆区第二届大学生足球赛开幕式在堆龙德庆区中学举行。来自堆龙德庆区6个镇（街道）的6支大学生代表队参加比赛。

28日 堆龙德庆区全体在岗县级领导到驻区部队进行慰问，向长期驻守在堆龙德庆区的部队官兵们送去节日慰问。

29日 西藏自治区区直机关工委常务副书记、区党委党史学习教育第一巡回指导组副组长郝斌带队到堆龙德庆区督导检查党史学习教育工作。堆龙德庆区委书记、区党史学习教育领导小组组长石运本就堆龙德庆区党史学习教育工作开展情况作专题汇报。区委常委、宣传部部长杨丽及区党史学习教育领导小组成员单位主要负责人参加。

30日 堆龙德庆区委书记石运本主持召开区委议军会议，会议传达学习习近平总书记关于党管武装工作的重要指示要求及区市党委相关工作部署精神，听取了镇（街道）党（工）委书记党管武装工作述职情况和区人武部工作汇报。

同日 由拉萨市堆龙德庆区人民政府主办，堆龙德庆区人力资源和社会保障局承办的拉萨市堆龙德庆区2021年高校毕业生专场招聘会在堆龙德庆区人社局院内举办。区委常委、副区长达娃卓玛出席此次招聘会。此次专场招聘会经过前期的广泛宣传和认真筹备，共有40家各类企业和机关事业单位参加，提供有效就业岗位1057个，进场求职人员达200余人，共收到简历96份。

8月

2日 西藏自治区党委政法委副秘书长陈文强到堆龙德庆区开展"习近平总书记'七一'重要讲话精神"专题宣讲报告会。

同日 堆龙德庆区召开三届区委第2次常委会会议，会议由区委书记石运本主持。

3日 堆龙德庆区举办"学习贯彻习近平总书记在西藏视察时的重要讲话精神"专题讲座。

5日 堆龙德庆区委书记石运本到疫情隔离组检查指导疫情防控工作。详细了解全区近期疫情防控工作各项措施落实情况，了解人员力量、物资配备及组织体系建设情况，分析当前面临的问题和形势，对下一步落实疫情防控措施提出具体要求。区委常委、办公室主任尚栓斌及区疫情指挥部等负责人陪同。

6日 堆龙德庆区召开三届区委第3次常委会（扩大）会议，传达学习了自治区党委九届十次全会精神、拉萨市委第130次常委会会议精神，研究部署召开区委三届二次全会、应对疫情防控等工作。会议由区委书记石运本主持。

7日 堆龙德庆区第三届委员会第二次全体会议召开。

9日 堆龙德庆区西藏最大冷链物流港正式投运。西藏高原冷链物流港位于堆龙德庆区工业园B区，项目总投资5亿元，总建筑面积8万平方米，包括2栋4层冷库，5栋食品加工区以及配套的办公室、宿舍、餐厅、设备房，架空连廊，停车场等建筑，设计仓储总量为10万吨。

17日 堆龙德庆区委书记石运本到区公安局一线指挥部、疫情防控指挥部就大庆期间各项维稳安保工作进行详细检查和再次部署。区委副书记巴珠等陪同检查。

20日 堆龙德庆区委书记石运本主持召开"学

习习近平新时代中国特色社会主义思想·建现代化堆龙”专题学习2021年第13次集中学习研讨(扩大)会,围绕习近平总书记在西藏考察时重要讲话精神开展学习研讨。全体在家县级领导、区直各单位和区属国有企业主要负责人参加会议。

23日　堆龙德庆区委书记石运本主持召开堆龙德庆区创先争优强基础惠民生活动领导小组会议,领导小组副组长、各成员单位主要负责人共30余人参加会议。会议研究审议并通过了2021年堆龙德庆区第十批驻村工作队第一批强基惠民项目。

24日　拉萨市委常委、常务副市长毛东军率队到堆龙德庆区检查指导“雪亮工程”建设推进情况,市委政法委副书记付银昌,市委网信办副主任洛桑扎西,堆龙德庆区委副书记、区长米玛次仁陪同。此次督导检查通过听取汇报和座谈交流的方式进行。

同日　堆龙德庆区召开2021年区委反腐败协调小组上半年联席会议。区委书记石运本出席会议,区委反腐败协调小组各成员单位参加会议。

25日　拉萨市人大常委会党组副书记、副主任达瓦率全市“人大代表之家”提档升级工作交叉考察组赴堆龙德庆区考察指导工作。堆龙德庆区人大常委会党组成员、副主任巴桑罗布陪同。

26日　堆龙德庆区政协组织部分政协委员、政协办全体干部职工20人到拉萨参观西藏和平解放70周年成就展。区政协党组书记、主席洛桑强巴,区政协党组成员、副主席尼玛参加。

27日　拉萨市委常委,纪委书记、监委主任王洪勇一行到堆龙德庆区检查指导纪委监委深化内设机构改革试点工作。堆龙德庆区委常委,纪委书记、监委主任边巴索朗及区纪委监委相关工作人员陪同。

同日　由堆龙德庆区卫健委牵头,带领由卫生健康系统藏西医专家组成的志愿服务队开展为期4天的“送医、送药”义诊活动。活动期间,义诊志愿服务队分别到全区31个驻村工作队、13个驻寺管委会、2个护路队,共计46个基层一线工作点,为驻守点免费送去价值20多万元的药品、器械,包含28种常用药品,6类医疗器械;藏西医专家现场对驻点工作人员进行常规体检。

30日　拉萨市“藏语和汉语”社工站启动仪式暨乃琼街道“藏语和汉语”社工站揭牌仪式在乃琼街道办事处举行。拉萨市民政局党组副书记、局长白玛玉珍,堆龙德庆区委副书记、区长米玛次仁,副区长刘静静,各县(区)分管民政副县(区)长、局长,各镇(街)负责人及社会工作者代表参加。

29—31日　团区委在东嘎社区基层党员培训基地组织召开堆龙德庆区2021年第三届青年马克思主义者培训班,全区各镇(街道)、村(社区)及机关单位、国有企业、非公企业等各行各业的优秀青年及团干代表70余人参加此次培训。区委常委、宣传部部长杨丽出席开班仪式。

9月

1日　共青团堆龙德庆区委组织召开棒垒球公益项目启动仪式,将棒垒球公益项目正式引进堆龙德庆区。区中学、堆龙青少年活动中心、北京达阵棒球运动发展有限公司相关负责人及30名棒垒球队员参加启动仪式。

同日　堆龙德庆区政协组织部分政协委员深入东嘎街道、乃琼街道、马镇和古荣镇视察提案办理情况。区政协党组书记、主席洛桑强巴,区政协党组成员、副主席尼玛及区委区政府督查室、区政协办、区住建局、区自然资源局、区水利局、区民宗局和区文旅局负责人参加视察。

2日　由共青团堆龙德庆区委员会、堆龙德庆区“双创办”主办的拉萨市第七届青年创新创业大赛——堆龙德庆区赛区海选赛在堆龙德庆区创新创业中心举办,海选赛得到共青团拉萨市委员会的高度重视和堆龙辖区创业青年的踊跃参加,团市委青年工作发展部部长次吉到现场指导。

5日　“西藏新时代文明实践推动日”启动仪式在拉萨市堆龙德庆区新时代文明实践中心举行,将每月的5日定为西藏新时代文明实践推动日。启动仪式上,自治区新时代文明实践中心建设领导小组向8支自治区理论政策宣讲志愿服务分队授旗,向农牧民宣讲员代表发放便携式扩音器和“习语金句”笔记本等“四讲四爱”宣讲用品。

7日 北京市门头沟区委书记张力兵率门头沟区党政代表团一行到堆龙德庆区对接两地协作助推乡村振兴工作。拉萨市委常委、宣传部部长吴亚松,堆龙德庆区委副书记、区长米玛次仁等陪同。

6月30日至9月8日 堆龙德庆区委政法委、公安分局、设计咨询公司相关人员到北京市门头沟区和贵州省贵阳市考察学习“雪亮工程”建设情况。

12日 国家统计局第6统计督察组与堆龙德庆区委、区政府进行对接沟通,国家统计局财务司司长、督察组常务副组长刘恒通报统计督察事宜,并提出工作要求。堆龙德庆区委副书记、区长米玛次仁参加对接沟通会并代表堆龙德庆区委、区政府作表态发言。区委常务副书记、常务副区长赵岩,区委副书记李晓强及各相关职能部门主要负责人参加会议。

13日 “我们的中国——文化进万家”中央歌剧院慰问演出团赴堆龙德庆区及门堆村开展慰问演出。活动中,来自中央歌剧院、北京市文联的40余名艺术家强强联手共同表演声乐、相声、杂技等。在此期间还开展了声乐大师课、书法笔会交流、书法讲座以及系列基层采风创作交流活动。

14日 国家能源局正式印发《公布整县(市、区)屋顶分布式光伏开发试点名单的通知》,将各地报送的试点县(市、区)名单予以公布。全国共有676个,全部列为整县(市、区)屋顶分布式光伏开发试点,其中西藏9个县(区)入选,堆龙德庆区入选。

同日 北京市门头沟区教委专家赴堆龙德庆区举行2021年教育对口支援工作座谈会,门头沟区教委专家团队成员及堆龙德庆区教体局班子成员、局机关相关科室负责人和各中小学(幼儿园)校(园)长参加。堆龙德庆区委常委、政府副区长达娃卓玛主持会议。

16日 堆龙德庆区开展“9·16”平安西藏宣传日暨政法队伍教育整顿成果展集中宣传活动。各镇(街道)、驻村工作队、寺管会(专职特派员机构)按照就近就便原则在各自辖区内开展宣传工作,区直各部门在团结路两侧开展集中宣传活动。

22日 生态环境部正式公布第五批国家生态文明建设示范区和“绿水青山就是金山银山”实践创新基地拟命名名单。第五批国家生态文明建设示范区拟命名名单共有102个,第五批“绿水青山就是金山银山”实践创新基地拟命名名单49个,其中,西藏3个县(区)入选国家生态文明建设示范区,拉萨市堆龙德庆区入选。

23日 堆龙德庆区委副书记、区长、区审计委员会副主任米玛次仁主持召开区委审计委员会第3次会议。会议传达学习了中央和区市审计委员会有关文件和会议精神,听取2020年全区审计工作开展情况和2021年度审计项目计划,并就下一步工作进行安排部署。

26日 堆龙德庆区召开2021年第14次集中学习研讨(扩大)会,围绕“学习贯彻习近平总书记在中央民族工作会议上的重要讲话精神”主题进行学习研讨。在岗县级领导干部、各镇(街道)、区直各单位、区属国有企业主要负责人参加会议。会议由区委副书记巴珠主持。

28日 由中共拉萨市堆龙德庆区委员会、堆龙德庆区人民政府主办的“嗨,堆龙”2021堆龙玉妥文化旅游节在堆龙德庆区德庆镇邱桑村正式开幕。拉萨市文化局、市旅游局和堆龙德庆区在家县级领导以及各镇(街道)、区直各单位主要负责人参加启动仪式。堆龙德庆区委副书记、区长米玛次仁致辞。此次文化旅游节以“嗨!堆龙”为主题,以打造玉妥·云丹贡布IP为主线,以藏药文化、藏戏文化、农耕文化、象雄文化为依托,将推出帮普沟第五届沐浴文化节、第六届觉木隆派藏戏文化旅游节、第五届古荣糌粑文化节、第六届药王谷养生深度体验游、第七届楚布沟山地自行车体验游和2021林卡音乐节六项独具特色的单体活动,致力打造集传承性、文化性、创新性于一体的生态文化旅游系列活动。

29日 堆龙德庆区总工会联合西藏胜盾安保服务有限公司开展“安康杯”岗位练兵竞赛活动。选手们有组织有纪律地参加单个军人徒手队列动作、警棍盾牌操、脚刹腰刹、单双杠、木马、障碍、综合体能等十几个项目的比赛。活动设立一等奖、二等奖、三等奖、鼓励奖、团队奖,发放奖金 1.22 万元。

30 日 西藏自治区党委政法委副秘书长次仁扎西和拉萨市委政法委副书记付银昌带领拉萨市各县(区)政法委书记和平安建设工作负责人在堆龙德庆区荣玛高海拔生态搬迁点调研市域社会治理样本工作。堆龙德庆区委常委、政法委书记、公安分局局长赵宏忠等陪同。

同日 由堆龙德庆区藏语委办(编译局)主办,堆龙德庆区教育局(体育局)协办的第二届藏文书法比赛暨各中小学"学党史·颂党恩"主题书法比赛圆满结束。此次活动邀请自治区书法协会专家为堆龙德庆区 9 所中小学师生的 710 份书法作品打分。评审组对堆龙德庆区师生藏文书法用笔结构、情感力道表达等予以高度评价。经评审组认真讨论研究,评选出学生组金奖 3 名、一等奖 5 名、二等奖 7 名、三等奖 10 名,鼓励奖 12 名;教师组一等奖 3 名、二等奖 5 名、三等奖 7 名。

28—30 日 堆龙德庆区双创办分别在德庆镇宇托沟、古荣镇楚布沟、堆龙滨河体育公园开展堆龙德庆区 2021 年度创业集市活动,旨在为创业项目搭建产品展示、资源对接的平台,助力创业企业拓宽销售渠道。参展企业共计 54 家,产品包括藏香、藏药、面具、铜雕、藏式家具、糌粑、葡萄酒、奶制品、菜籽油、工艺品、文创产品等。共销售产品 2000 余件,销售额达 7 万余元。

10月

10 日 堆龙德庆区 3 家双创企业成功进入拉萨市创业大赛决赛。

12 日 堆龙德庆区召开落实中央第十巡视组反馈意见和自查问题整改工作调度会。会议由区委副书记李晓强主持,区委常委、办公室主任尚栓斌,区委常委、宣传部部长杨丽,区政府副区长扎西拉旺及各专项组相关单位参加会议。会议听取了全区整改工作进展情况及各专项组整改工作推进情况汇报,肯定了整改工作取得阶段性成效,指出了目前整改工作中存在的突出问题,并对下一步工作进行了安排部署。

13 日 由堆龙德庆区卫健委负责人带队,携 12 名先天性疾病患儿及家属到首都儿科研究所接受"爱心手术"治疗。此次赴京治疗的 12 名堆龙德庆区先天性疾病患儿,最大年龄 8 岁、最小年龄 2 岁,在首都儿科研究所党委和领导的精心安排下,首都儿科研究所医务处、门诊部、护理部联合心胸外科、骨科、眼科等医技科室组成医疗小组,对患儿的治疗方案进行细致部署,通过专家会诊讨论,确定对 6 名先天性心脏病、1 名脊柱侧弯、2 名髋关节脱位患儿进行手术,对 2 名先天性心脏病患儿进行保守治疗,为 1 名先天性白内障患儿配备眼镜矫正视力。

14 日 2020 年联合国生物多样性会议生态文明论坛在云南省昆明市开幕,开幕式由生态环境部部长黄润秋主持,开幕式后生态环境部副部长赵英民主持了第五批国家生态文明建设示范区命名表彰仪式。堆龙德庆区为拉萨市入选第五批国家生态文明建设示范区的两个县(区)之一,且在西藏自治区 74 个县(区)中,名列前茅。堆龙德庆区委常委、副区长罗俊峰代表堆龙德庆区出席,并领取国家生态文明建设示范区奖牌。

同日 堆龙德庆区退役军人事务局组织辖区内年满 60 周岁的农村籍退役士兵在德吉藏家开展了以"老兵永远跟党走 重阳佳节忆往昔话今朝"为主题的庆祝活动,参加活动的有区政府副区长旦增平措、各镇(街道)退役军人服务站负责人和区退役军人事务局全体干部职工等共计 80 余人。

22 日 堆龙德庆区召开三届区委第 6 次常委会会议。会议由区委副书记、区长米玛次仁主持。会议传达学习近期习近平总书记重要讲话和重要指示批示精神,以及自治区、拉萨市重大会议和重要文件精神。会议研究并原则同意《堆龙德庆区道德模范激励和管理办法》,要求持续推进道德文化建设,充分发挥道德的示范引领作用,在全区范围内营造崇尚道德的浓厚氛围,推动堆龙德庆区精神文明建设水平迈上新台阶。

28 日 堆龙德庆区召开公务员平时考核动员部署会议。区委副书记、区公务员平时考核工作领导小组常务副组长李晓强参加会议并作动员讲话，区委常委、组织部部长孙玲主持会议。会议深入学习贯彻习近平总书记关于“干部考核要把功夫下在平时”的重要指示和中央、区市关于平时考核工作的相关文件精神，安排部署全区公务员平时考核工作。

29日 堆龙德庆区召开三届区委第7次常委会（扩大）会议，会议由区委副书记、区长米玛次仁主持。会议通报《中国西藏自治区纪律检查委员会关于格桑平措开除党籍处分的决定》《中共西藏自治区纪律检查委员会关于给予普琼同志党内严重警告处分的决定》，研究《拉萨市堆龙德庆区关于格桑平措违纪违法案件“以案促改”工作实施方案》。

8—30日 堆龙德庆区总工会分两批组织50余名干部职工先后到海南开展“不忘初心跟党走 健康疗养感党恩”疗养休养活动，让他们切实感受到了来自区委、区政府以及工会组织的温暖。此次活动，疗养人员先后参观了母瑞山革命根据地纪念园、南海博物馆、博鳌亚洲论坛、脱贫攻坚胜利村“椰田古寨”等地，畅游在山清水秀的大自然中放松精神、释放压力、调整心态。

11月

2日 堆龙德庆区人民法院法警大队获评全国法院司法警察先进集体。

3日 堆龙德庆区荣获“2021年中国最具安全感百佳县市”称号，系全区唯一入选的县区。

4日 堆龙德庆区召开全区党员干部大会。会议由区委副书记、区长米玛次仁主持并讲话，全体在岗县级领导干部、全区副科级以上党员干部和普通党员干部代表300余人参加会议。会议通报了自治区纪委监委《关于格桑平措开除党籍处分的决定》《关于给予格桑平措开除处分的决定》。

同日 按照西藏自治区教育厅《关于开展2021年主题教研活动的通知》相关活动安排，以“读名著，知党史，赓续红色基因——《红星照耀中国》阅读与教学探讨”为主题的教研活动在堆龙德庆区中学顺利开展。区市县三级教研活动组织者及35名来自拉萨、昌都、日喀则、林芝、山南5个地市的“三科”教研员、中学骨干教师代表、堆龙中学三科教师共计100余人参加活动。自治区教育厅教科院副院长泽旺曲珍参加活动，拉萨市教育局教科所书记常林虎参加会议。堆龙德庆区委常委、副区长达娃卓玛参加活动并为开幕式致辞。

5日 堆龙德庆区人大附中拉萨学校建设项目正式开工，是拉萨市人民政府与中国人民大学附属中学联合学校总校、中国人民大学附属中学合作办学、共建项目，规划用地面积约310亩，总建筑面积158120平方米，概算总投资8.18亿元。学校建成后，学制为15年一贯制，办学规模5040人，其中幼儿园12个班、小学24个班、初中36个班、高中36个班。

同日 堆龙德庆区青少年活动中心两部戏曲作品获得西藏首个国家级荣誉称号。堆龙德庆区青少年活动中心少儿藏戏《天祥地和》和朗玛堆谐《圣地拉萨》两部作品被授予小梅花集体节目荣誉称号。这是全区少儿藏戏人才及节目首获这项全国性、高规格的少儿戏曲艺术活动大奖。

9日 区委副书记、区长米玛次仁主持召开堆龙德庆区2021年度生态环境保护工作专题会，区委常委、副区长罗俊峰，人大常委会副主任、古荣镇党委书记索朗曲珍及各镇（街）、区直部门主要负责人参加。

12日 教育部公布第三批全国中小学中华优秀传统文化传承学校，拟认定1885所学校，西藏共18所学校上榜，其中包括位于拉萨市堆龙德庆区的堆龙德庆区古荣乡中心小学（手绘面具）、堆龙德庆区马乡中心小学（藏戏）、堆龙德庆区乃琼中心小学（藏戏、六弦琴）。

同日 农业农村部官网公布了第十一批全国“一村一品”示范村镇及2021年全国特色产业十亿元镇亿元村名单，拉萨市堆龙德庆区古荣镇加入村（花卉）、拉萨市堆龙德庆区东嘎街道桑木村（罗萨梅朵）入选第十一批全国“一村一品”示范村镇。

同日 堆龙德庆区委巡察工作领导小组组织召开三届区委第一轮巡察工作动员部署会议。拉萨市委巡察三组组长、市委巡察调研指导二组组长索朗一行到会指导，区委副书记、区长米玛次仁出席会议并作动员讲话，区委常委、纪委书记、监委主任、巡察工作领导小组副组长边巴索朗主持会议，区委常委、组织部部长，巡察工作领导小组副组长孙玲及区委巡察工作领导小组成员出席会议，东嘎街道、乃琼街道全体班子成员，区纪委监委、政法委、审计局、财政局、信访局主要负责人，各镇（街道）纪（工）委书记，巡察组全体干部、被巡察单位全体班子成员及区委巡察办全体工作人员参加会议。

15日 堆龙德庆区委副书记、区长米玛次仁一行到各检查点、火车站和疫苗集中接种点看望慰问长期以来奋战在疫情防控一线的工作人员，代表区委区政府向他们表示诚挚的慰问和衷心的感谢。区委常委、副区长达娃卓玛，副区长刘静静陪同。

17日 堆龙德庆区召开三届区委第8次常委会会议，传达学习中国共产党第十九届中央委员会第六次全体会议精神，研究部署相关工作。区委副书记、区长米玛次仁主持会议。

18日 堆龙德庆区召开三届区委第9次常委会会议，传达学习习近平总书记在中央人大工作会议上的重要讲话精神、习近平总书记在参观国家“十三五”科技创新成就展时的重要讲话精神、习近平总书记对老龄工作作出的重要指示精神、习近平总书记致人民出版社成立100周年的贺信精神、王君正书记在拉萨八廓古城区时的重要指示精神等内容，研究部署相关工作。区委副书记、区长米玛次仁主持会议。

同日 堆龙德庆区委副书记、区政府党组书记、区长米玛次仁主持召开拉萨市堆龙德庆区人民政府2021年第二次全体会议暨政府系统廉政工作会议。在家的全体政府班子成员，各镇人民政府、街道办事处，以及政府系统组成部门、区属国有企业主要负责人参加会议。区委办、人大办、政协办、纪委监委、区委组织部、区委宣传部、区委统战部、区委政法委、国安办主要负责人列席会议。会议通报了堆龙德庆区前三季度经济运行情况。

17—18日 堆龙德庆区第三届人民代表大会第二次会议召开，大会应到代表144名，实到代表123名，符合法定人数。

19日 堆龙公安分局举行侦破系列大要案表彰大会。区委常委、政法委书记、公安分局局长赵宏忠，区政府副区长扎西拉旺出席会议，公安分局党委班子成员、各部门负责人，全体民警和辅警参加会议。区公安局持续发扬不怕苦不怕累、顽强拼搏精神，一仗接着一仗打，一事接着一事干，连出重拳，频挥利剑，相继侦破“6·18”公安厅督办案件，成功抓获2名涉嫌电信诈骗案洗钱人员，冻结涉案资金11万余元；24小时成功侦破“8·24”重特大盗窃案，追回现金68万元整；连夜侦办成功侦破“9·26”故意伤害致人死亡案；72小时成功侦破“9·30”肇事逃逸案；连续奋战15日成功侦破“10·31”入户抢劫案。

26日 堆龙德庆区召开三届区委第10次常委会会议，传达学习近期习近平总书记有关重要讲话和重要指示批示精神以及相关重要文件精神，研究部署相关工作。区委副书记、区长米玛次仁主持会议。

同日 堆龙德庆区开展参观“党的光辉照边疆 锦绣高原谱华章——西藏和平解放70周年成就展”展览活动。区委宣传部、区文旅局干部职工30余人参加。此次展览包括“伟大历程”“辉煌成就”两部分，通过丰富的图片、史料等，全面回顾了西藏和平解放、民主改革、自治区成立、社会主义建设、改革开放、进入新时代的历史进程，全景展示了在中国共产党的坚强领导下西藏经济社会发展取得的伟大成就。

30日 拉萨市藏语委办（编译局）党组副书记、主任（局长）达瓦次仁带队的调研组一行到堆龙德庆区开展藏语文指导工作。堆龙德庆区教育局教研室负责人、藏语委办（编译局）负责人参加会议。区政府副区长刘静静陪同调研。

12月

2日 堆龙德庆区召开区委理论学习中心组“学习习近平新时代中国特色社会主义思想·建现代化堆龙”专题学习2021年第16次集中学习研讨（扩大）会暨学习贯彻中共十九届六中全会精神专

题讲座，邀请西藏社会主义学院教务处处长、副教授周洪军进行授课。全体在岗县级领导，各镇（街道）、区直各单位、区属国有企业主要负责人参加会议。

3日　堆龙德庆区在荣玛高海拔生态搬迁安置点举办西藏新时代文明实践推动日暨“堆龙德庆区2021年农闲时节新时代文明实践十项活动”启动仪式。拉萨市委宣传部副部长、市文明办主任王忠九到场指导，各镇（街道）宣传委员，各镇（街道）文艺骨干、群众代表以及全区志愿服务队代表等共计300余人参加活动。

6日　堆龙德庆区接种完第一针新冠疫苗满21天的3—11岁儿童在堆龙中学礼堂接种点集中开展第二剂次接种。在卫生、教育、公安等部门的紧密配合下，接种过程进展顺利。区委常委、副区长达娃卓玛现场调度接种工作。

10日　西藏自治区纪委监委政研室副主任李洪刚一行到堆龙德庆区检查指导深化内设机构改革试点工作。堆龙德庆区委常委、纪委书记、监委主任边巴索朗，拉萨市纪委监委有关科室主要负责人陪同。

11日　参加全区地（市）、县（区）人大常委会主任培训会暨人大代表工作推进会的人大常委会组成人员以及相关人员一行60余人，在堆龙德庆区乃琼街道实地考察人大工作。堆龙德庆区委副书记、区长米玛次仁以及相关领导陪同考察。

14日　西藏自治区宣讲团成员、西藏大学马克思主义学院教授曾燕到堆龙德庆区作中共十九届六中全会和自治区第十次党代会精神专题宣讲报告，报告会在财政局三楼会议室举行。宣讲报告会由堆龙德庆区委副书记巴珠主持。

15日　西藏自治区统计局召开2021年度统计工作先进集体和先进个人表彰会议。堆龙德庆区统计局荣获“西藏自治区统计工作先进集体”称号。

同日　堆龙德庆区总工会举行“助学救助”金兑现仪式，为11名困难职工子女发放“助学救助”资金82000元。区总工会主席拉珍主持兑现仪式，相关受助学生家长参加仪式。

16日　拉萨市政协副主席亚古带领部分市政协常委、委员以及市直政法各部门主要领导到堆龙德庆区古荣镇荣玛高海拔生态搬迁点和羊达街道综治中心、羊达派出法庭诉调中心，针对开展社会治理工作情况进行专题调研。堆龙德庆区委政法委、区人民法院、羊达街道综治办、荣玛搬迁点警务室以及荣玛乡政府主要负责人陪同。

同日　中共十九届六中全会精神、自治区第十次党代会精神、拉萨市第十次党代会精神堆龙德庆区基层宣讲员专题培训会在区新时代文明实践中心（东嘎街道东嘎社区三楼会议室）举行。

16—20日　堆龙德庆区人大联合城关区和曲水县人大开展为期3天的区、市两级人大代表会前集中视察活动。县区联动开展集中视察，这在堆龙德庆区人大历史上尚属首次。视察期间，代表们严格遵守疫情防控规定，深入堆龙、城关、曲水三地的企业、学校、社区、合作社等基层单位，紧扣稳定、发展、生态、强边“四件大事”，通过实地察看、听取汇报、座谈交流等形式，全面了解乡村振兴、产业发展、大学生就业、生态文明建设、基层社会治理等各行各业有关情况。

17日　堆龙德庆区教育局语委办组织开展全区中小幼国家通用语言文字应用汇报演出。拉萨市教育局语委办主任拉庆应邀出席指导，各镇（街道）负责人，中小学、幼儿园校（园）长，会演学生家长、指导老师及各校语委工作人员等239人参加活动。

18日　堆龙德庆区民政局联合区卫健委、区人民医院上门为居住在特困人员集中供养中心的老年人开展新冠疫苗接种工作，现场医务人员再次对老年人的健康状况做进一步的筛查，当天集中为92名老人接种新冠疫苗。

21日　堆龙德庆区委常委、纪委书记、监委主任、区委巡察工作领导小组副组长边巴索朗主持召开区委巡察工作领导小组第二次会议，听取三届区委第一轮巡察情况汇报。拉萨市委巡察三组组长、市委巡察调研指导二组组长索朗一行到会指导。区委常委、组织部部长、区委巡察工作领导小组副组长孙玲及区委巡察工作领导小组成员出席会议，第一轮巡察组组长、副组长参加会议。

24日 西藏自治区精神文明建设指导委员会印发《关于表彰西藏自治区第五届文明城市、第六届文明单位和文明村镇、第三届文明家庭、第二届文明校园和首届未成年人思想道德建设工作先进的决定》。堆龙德庆区古荣镇巴热村获得“第六届西藏自治区文明村镇”荣誉称号,堆龙德庆区中学获得“第二届西藏自治区文明校园”荣誉称号。

同日 堆龙德庆区召开三届区委第13次常委会(扩大)会议,传达学习近期习近平总书记有关重要讲话和重要指示批示精神;传达学习王君正书记相关讲话精神和自治区相关会议精神。区人大、政府、政协党组成员和各级各部门主要负责人参加会议。区委副书记、区长米玛次仁主持会议。

同日 堆龙德庆区召开全区党员干部警示教育大会,传达学习《中共堆龙德庆区纪委关于七起共产党员和公职人员酒驾醉驾问题典型案例的通报》《中共西藏自治区纪委关于五起共产党员和国家工作人员参与网络赌博典型案例的通报》等内容。全区在岗县级领导、各级各部门主要负责人参加会议。

同日 堆龙德庆区委副书记、区长米玛次仁在堆龙中心公园建设项目现场主持召开堆龙德庆区重点项目推进会。四套班子县级领导,各镇(街)、区直行业部门、区属国有企业主要负责人及部分施工代表等50余人参加会议。会议通过展板介绍了全区冬季集中开工的堆龙新城市政道路滨河路经开段、柳东段、乃加二路、桑木二路以及堆龙德庆区滨河路景观市政工程、拉贡路景观工程、中心公园、第二初级中学、偏嘎水库配套灌区工程、堆龙德庆区综合整治项目、净土便民服务中心建设项目、龙腾创业创新工程、南嘎社区欧西党支部就业安置用地建设等13个重点项目的基本情况。

29日 拉萨市宣讲团到堆龙德庆区开展中共十九届六中全会和区市第十次党代会精神集中宣讲培训,培训会在区委党校会议室举行,区委宣传部副部长杜军毅主持会议。各镇(街道)、区直各单位党员干部职工,区工商联会员企业代表、基层农牧民宣讲员共计200余人参加。

30日 堆龙德庆区委副书记、区长米玛次仁主持召开堆龙德庆区第二次重点项目推进会。对13个重点项目建设工作进行再安排、再部署,进一步压实责任、排除万难、真抓实干,推动项目早开工、早见效、早受益,为完成2022年目标任务、促进全区经济社会高质量发展打下坚实基础。区政府副区长扎西拉旺,区直有关部门、各项目业主单位、施工单位、监理单位主要负责人参加会议。

同日 堆龙德庆区委副书记、区长、区保障农民工工资支付工作领导小组组长米玛次仁主持召开堆龙德庆区根治拖欠农民工工资专项行动推进会议,并部署下一阶段全区根治欠薪各项工作。

区情概览

【概况】 堆龙德庆区藏语意为“上谷神地”,位于拉萨市西北部,拉萨河下游。是拉萨“一心两翼”发展格局的“西翼”。主要以农业为主,有青稞、小麦、蚕豆、油菜籽等农作物,牧畜业以饲养牦牛、山羊、绵羊为主。国家级野生保护动物有白唇鹿、马麝、藏原羚、黑颈鹤、胡兀鹫等,已经探明的矿产资源有石灰石、红土、煤、铁、铅、锌等。主要旅游景点有以楚布寺为龙头的楚布沟风景区,还有小气候的柳梧尼玛塘自然保护区“邱桑温泉”“雄巴拉曲”等景点。下辖3个镇、3个街道,21个行政村、10个社区。2021年,全区总人口9.1万人。

【自身建设】 2021年,堆龙德庆区以“不断线”的理论学习、“不脱档”的主题宣讲、“不冷场”的庆祝活动、“不停步”的工作实践,扎实开展党史学习教育、政法队伍教育整顿,延伸开展“四讲四爱”“三更”“三新”等教育实践活动,有效激发各族干部群众爱党爱国爱家乡的美好情感。加强队伍建设,重点打造全国公务员平时考核示范联系点,新发展党员215人,调整配备干部102人。从严管党治党,纵深推进纪委监委深化内设机构改革试点工作,标本兼治开展以案促改,给予党纪政务处分20人。

【经济发展】 2021年,堆龙德庆区实现地区生产总值67.58亿元,同比增长6.6%;三次产业结构由4∶54∶42调整为4∶46∶50,首次实现由“二三一”到“三二一”的历史性转变,经济发展进入了以第三产业为主导的新阶段;全社会固定资产投资同比增长7.8%;社会消费品零售总额20.8亿元,同比增长7.2%;农村居民人均可支配收入22876元,同比增长15.9%。严格规范政府举债融资,2021年债务转贷收入5.34亿元,保持政府债务风险总体可控。

【特色产业】 2021年,堆龙德庆区实现粮食产量1.08万吨,肉、奶和蔬菜产量分别达到0.21万吨、0.51万吨和3.62万吨,新增国家级“一村一品”示范村镇2家。“象雄美朵”文旅小镇建成运营,象雄美朵生态旅游文化园区获评AAAA级景区,楚布沟、宇妥沟等沟域旅游和乡村民俗游多点开花,全年旅游接待人次、收入分别同比增长21.2%和20.4%,成功创建自治区“全域旅游示范区”。完成规上工业增加值9.23亿元,新培育规上工业企业1家。新增商贸领域限额以上企业7家,初步完成物流产业发展规划编制,领峰智慧物流园、高原食品冷链中心等重大项目建成投用;培育发展西藏迅德物流,设立区级揽收中心1个、镇(街道)驿站3个,打通了快递服务“最后一公里”。

【城乡建设】 2021年,堆龙德庆区加快编制国土空间总体规划,基本完成5个专项规划、3个镇域规划和城市规划区外20个村庄规划编制。新城9条市政道路实现通车,建成滨河体育公园和2个街旁公园,完成3个棚户区改造,拆除82处、近10万平方米“两违”建筑,城市交通秩序、市容市貌明显改善。

巩固拓展脱贫成果同乡村振兴有效衔接,实施产业项目26个,消除致贫返贫风险户46户、159人。扎实推进"美丽乡村·幸福家园"建设,完成8个市级示范村人居环境整治,推进4个本级示范村人居环境整治,实施户卫生厕所改造948户,农村户卫生厕所改造率达80%。

【民生保障】 2021年,堆龙德庆区践诺"坚持每年力所能及的集中力量办好一批民生实事",用80%以上的财政支出书写民生"账本",农村居民人均可支配收入达到22806元,同比增长15.5%。涵盖具体事项57件、已办结49件。新建学校6所,新增学前和义务教育阶段学位2070个,适龄儿童入学(入园)率100%,已建成学校供暖实现全覆盖。城镇新增就业1015人,农牧民转移就业1.1万人,应届高校毕业生就业率100%。新冠疫情零输入、零感染,新冠疫苗免费接种22万余剂次。区人民医院二甲综合楼加快推进,完成东嘎卫生院、2个搬迁点卫生室新建和2个村卫生室提升建设,区域内就诊率保持90%以上。跨省异地就医直接结算,农村低保、特困供养、临时救助深入开展。精准帮扶46户易返贫致贫户,足额兑现各类社会救助资金512.68万元。建成3个老年人日间照料中心、1个留守儿童快乐之家。完善三级公共文化服务阵地,村级文艺队伍实现全覆盖,完成459套户户通第四代卫星接收设备连线安装调试。

【生态环境】 2021年,堆龙德庆区中央环保督察反馈问题及自治区挂牌督办问题全部整改销号,完成23处采石采砂场和4处砂石料加工厂地质环境恢复治理,划定4个农村集中式饮用水水源保护区,城区水系连通和堆龙河两岸综合治理工程加快推进,城市水系连通等重点项目落地实施,大力开展国土绿化以及乡村四旁植树行动,新增植树造林1700余亩,空气质量优良率、河湖水质达标率均为100%,成功创建"第五批国家生态文明建设示范区"。

【深化改革开放】 2021年,堆龙德庆区保持改革攻坚力度,持续转变政府职能,依法公开31家单位权责清单,政务服务平均承诺时限压缩83.9%。落实减税降费2.26亿元,新增市场主体4000余户。招商引资实际到位资金28.86亿元,同比增长5.28%。推进国企改革重组,夯实净土公司注册资金2亿元、龙腾公司注册资金1.6亿元,清理"空壳公司、僵尸企业"子公司47家,国企经营管理不断规范、经营范围更加明晰。

【社会大局】 2021年,堆龙德庆区统筹发展和安全,坚持把稳定作为第一位任务,严密防范、坚决打击各类分裂破坏活动和违法犯罪行为,切实强化实战演练和应急处突,圆满完成"两个大庆"维稳安保攻坚战。反分裂斗争各项准备更加充分,社会治安治理能力持续提升,政法队伍教育整顿扎实推进,扫黑除恶打非治乱专项斗争常态开展,实现信访案件调处化解"零搁置"、治安案件和刑事案件"双下降"、较大以上安全事故"零发生"。"五史"宣传教育深入开展,民族团结"九进"活动扎实推进,民族团结主题公园等中华民族视觉形象工程落地建设,选树表彰了一批民族团结进步模范,"五个认同""三个离不开"思想深入人心。全年妥善化解各类历史遗留问题、群众关心关注热点难点问题和复杂疑难信访问题70余项,涉及资金5.02亿元。

(雷 凤)

中共拉萨市堆龙德庆区委员会

综 述

【概况】 2021年，是具有里程碑意义、必将载入史册的特殊一年。区委坚持以习近平新时代中国特色社会主义思想为指导，深入学习贯彻中共十九大及十九届二中、三中、四中、五中全会精神，贯彻落实中央第七次西藏工作座谈会精神以及中央经济工作会议精神，贯彻落实区党委九届九次全会暨区党委经济工作会议精神，贯彻落实市委九届七次全会暨市委经济工作会议精神，以习近平总书记关于西藏工作的重要论述和新时代党的治藏方略为根本遵循，增强“四个意识”、坚定“四个自信”、做到“两个维护”，坚持稳中求进工作总基调，抓好稳定、发展、生态、强边“四件大事”，坚持以人民为中心的发展思想，以维护稳定为首要任务，以推动高质量发展为主题，以满足人民日益增长的美好生活需要为目的，以发挥首府城市副中心引领辐射带动作用为重点，团结带领全区各族干部群众，聚焦“第二个百年”“十四五”“新一届领导班子”的接续奋斗目标，蓄势进发、砥砺前行，开启了建设团结富裕文明和谐美丽的社会主义现代化新堆龙的新征程。

【党的建设】 2021年，堆龙德庆区严把党员发展关，举办入党积极分子、预备党员培训班4期，累计培训395人次，新发展党员215名。扎实开展发展党员违规违纪排查、农牧区党员违规信仰宗教问题排查专项工作，对1名未报备前往宗教场所的农牧民党员通报批评，指定转化联系人，确保转化取得实效。为116名“光荣在党50年”老党员颁发纪念章，并以一封信的形式致以问候。组织500余名党员干部举行升国旗、唱国歌仪式和入党宣誓、重温入党誓词活动。走访慰问350名获得党内功勋荣誉的党员、生活困难党员、老党员、老干部和因公殉职

2021年6月26日，中国共产党拉萨市堆龙德庆区第三次代表大会全体代表合影留念

2021年7月21日，堆龙德庆区委书记石运本（中）在羊达现代设施农业示范园调研指导工作

党员干部家属。压实县乡两级党委主体责任和党委书记第一责任人职责，及时组建机构和专班，建立协调配合机制，牢牢把握换届主动权。成立3个换届风气督导小组，及时跟踪调度、分析研判换届风气，把严肃换届纪律、加强换届风气监督贯穿换届全过程。

【严肃执纪问责】 2021年，堆龙德庆区保持高压态势，狠抓办案措施，规范办案相关流程，整合镇（街道）纪（工）委执纪审查力量，不断增强办案综合效果。特别是完成“拉萨市空港新区西藏空港创业投资有限公司财务部负责人滕睿涉嫌严重违法案”的指定管辖核查任务，实现了堆龙德庆区纪检监察机关移送司法“零突破”。全年各级纪检监察机关受理问题线索45件，立案审查调查11人，给予党纪政务处分20人，诫勉谈话5人。开展政法队伍教育整顿工作，受理涉及政法队伍问题线索9件，立案审查调查3件，给予政法干警党内警告处分1人、党内严重警告处分1人、政务处分1人、开除党籍、开除公职处分1人，其中适用于自查从宽政策1人。抓好执纪审查的“后半篇”文章，对尚在处分影响期内的14名党员、干部开展回访教育。

【意识形态】 2021年，堆龙德庆区深入挖掘和利用各级各类红色资源，积极组织全区党员干部参观西藏百万农奴解放纪念馆、“两路”精神纪念馆、谭冠三纪念园、拉萨市烈士陵园等红色教育基地160余场次，覆盖4000余人次。组织全区75名新任村（社区）干部到井冈山红色基地进行集中培训。组织全区31个村（社区）农牧民宣讲员到山南克松村、山南烈士陵园、林芝“十英雄纪念碑”等红色遗迹和爱国主义教育基地考察学习。组织全区各级党员干部参观西藏和平解放70周年成就展、拉萨市廉政教育基地、拉萨市检察院党史厅等，教育党员干部在党的传统、革命先烈、英雄事迹中汲取蕴含的智慧和力量，始终保持对党绝对忠诚的政治本色。深刻汲取格桑平措、杜江典型案例等“身边人身边事”的惨痛教训，制定警示教育实施方案和参观学习方案，组织全区各级党员干部参观拉萨市廉政教育基地等6批次400余人次，各级党组织观看警示教育片50余场次、2000余人次，为全区干部上好“一堂课”。建立县级干部包村（居）工作机制，变“坐等群众上门”为“带着感情下访”，全区31名县级领导深入基层120余次，接待村居干部群众2000余名，形成有价值的调研报告27篇，梳理“我为群众办实事”事项129件，其中已解决86件。

【民族团结进步】 2021年，堆龙德庆区民族团结工作以“3·28”西藏百万农奴解放纪念日、民族团结宣传月活动为契机，在全区干部群众当中广泛深入开展民族团结各项活动，圆满完成了拉萨市重新申报全国民族团结进步创建示范市的自治区初验及国家终验工作。积极开展民族团结进村居、进学校、进寺庙等活动，广泛开展以“争做民族团结的石榴籽”为主题的群众性摄影、书法、美术比赛和知识竞赛，开展“老西藏”口述民族团结历史活动，各镇（街道）结合自身实际，开展参观村史馆、寄语签名、文艺演出等形式多样的民族团结活动。特别是在“民族团结宣传月”期间，开展书信手拉手交流活动、“百首爱国歌曲大家唱”主题歌唱比赛、说民族团结典型故事等36项活动。

【维护社会稳定】 2021年，堆龙德庆区有效维护社会面和谐稳定，以市域社会治理现代化试点为抓手，完善党建引领基层社会治理体系，常态化开展扫黑除恶专项斗争和公共安全隐患排查治理，圆满完成“两个大庆”维稳安保攻坚战，实现信访案件调处化解“零搁置”、治安案件和刑事案件“双下降”、较大以上安全事故“零发生”。中华民族共同体意识不断铸牢，“五史”宣传教育深入开展，民族团结“九进”活动扎实推进，民族团结主题公园等中华民族视觉形象工程落地，选树表彰了一批民族团结进步模范，“五个认同”“三个离不开”思想深入人心。依法加强宗教事务管理。寺庙管理“五方责任”落实落细，“遵行四条标准、争做先进僧尼”教育实践活动成效显著，寺庙财税监管、社会涉宗人员管理工作进展顺利，理性对待宗教、过好今生幸福生活成为更多信教群众的思想自觉。

【经济发展】 2021年，全区实现地区生产总值67.58亿元，同比增长6.6%。其中，第一产业2.53亿元，同比增长9.5%；第二产业31.35亿元，同比增长-3.1%；第三产业33.70亿元，同比增长11.6%。全区规模以上工业累计完成增加值92255.9万元，增速为-23.4%，较2020年减少64480.5万元，增速下降了20.7个百分点。全年固定资产投资增速为7.8%，较2020年增速16.7%下降了8.9个百分点。全年社会消费品零售总额为208028.5万元，增速为7.2%，较2020年增量为72663.1万元，增速11.9%。农村居民人均可支配收入为22876元，较2020年增量3130元，同比增长15.9%。较拉萨市（21198元）高1678元，增速比拉萨市（16.0%）低0.1个百分点。2021年一般公共预算收入为81788万元，同比上年104647万元减少22859万元，下降21.84%。

【民生实事】 2021年，堆龙德庆区梳理确定的“十大民生实事”，涉及具体事项57件，已推动落实49件。认真践诺“坚持每年力所能及的集中力量办好一批民生实事”，用80%以上的财政支出书写民生“账本”，完成造林绿化1700余亩，堆龙河两岸综合治理工程（下游）、城市水系连通等重点项目落地，空气质量优良率、河流及饮用水源地水质达标率均达100%。新增学前和义务教育阶段学位2070个，农牧民转移就业11028人，应届高校毕业生就业率达100%，区域内就诊率保持90%以上，各类社会保险实现全覆盖。精准帮扶46户易返贫致贫户，足额兑现各类社会救助资金512.68万元，扎实开展送教上门和老人儿童关爱行动。

（郭　龙）

2021年6月25日，中国共产党堆龙德庆区第三次代表大会预备会议召开

【机构领导】

区委书记

格桑平措（藏族，3月免职）

石运本（4月任职）

区委副书记、区长

石运本（4月免职）

米玛次仁（6月任职）

区委常务副书记、常务副区长

赵　岩（北京援藏）

区委副书记

边　旦（藏族，1月免职）

王满春（6月免职）

巴　珠（藏族，5月任职）

2021年7月21日，堆龙德庆区召开四大班子联席会议

李晓强（6月任职）

区委常委、区人武部政委

孙振立

区委常委，政府副区长

杨　蕾（北京援藏）

区委常委、政法委书记、市公安局堆龙分局党委书记、局长

蒋学忠（5月免职）

赵宏忠（5月任职）

区委常委、区纪委书记、监委主任

尚志清（5月免职）

边巴索朗（5月任职）

区委常委、政府副区长

达娃卓玛（藏族，6月任职）

罗俊峰（6月任职）

区委常委、统战部部长

普布斯曲（藏族，5月免职）

达瓦次仁（藏族，6月任职）

区委常委、办公室主任

德吉央宗（女，藏族，5月免职）

尚栓斌（5月任职）

区委组织部部长

王满春（6月免职）

区委常委、组织部部长

孙　玲（6月任职）

区委常委、宣传部部长

普　旦（藏族，5月免职）

杨　丽（女，5月任职）

办公室工作

【概况】 2021年，在区委的坚强领导下，区委办公室团结带领干部职工紧紧围绕区委中心工作和年初工作计划，始终坚持以“建一流队伍、树一流形象、干一流工作、创一流业绩”为目标，以“五个坚持”为引领，立足“三提升”，做好“三服务”，积极发挥参谋助手、综合协调、督查落实等职能作用，较好地完成了各项工作任务，为区委各项决策落实和各项工作开展打下良好基础。

【党的建设】 压紧压实工作责任。2021年，区委办坚持把党建工作与办公室业务工作同安排、同部署、同落实，研究制定年度党建工作计划和责任清单，及时完成支部班子成员调整、补选工作，对支部委员工作职责进一步完善，做到既有分工又互相协作，推动形成齐抓共管的工作格局。

持续强化理论武装。坚持读原著学原文悟原理，“三会一课”“两学一做”“主题党日”同步发力，组织党员干部深入学习《习近平谈治国理政》第一、二、三卷，及时跟进学习习近平总书记最新重要讲话精神。坚持高质量高标准开展党史学习教育，“三更”专题教育，通过专题研讨、专题培训、红色教育和实践活动等方式，引导党员干部认真学习党的奋斗历程、光荣传统。

着力提升“两个功能”。围绕提升政治功能和服务功能，认真开展党史学习教育专题组织生活活动，召开党员大会20次，支委会5次，集中学习20次，主题党日活动12次，支部书记讲党课2次。深入包村点开展党建工作指导交流，积极参加村级党组织“三会一课”、党员活动日等重要活动。全年到乃琼社区调研党员政治教育培训工作1次，指导党建工作4次，慰问乃琼社区贫困老党员3次。

【协调服务】 2021年，区委办坚持原则性与灵活性相结合，扎实做好区委领导的协调服务等工作，建立健全区领导每日活动、每周工作安排，保障提升了工作的科学化、规范化水平。不断加强与人大办、政府办、政协办之间协调沟通，建立完善四大办公室重点工作会商制度，形成以区委办牵头、区四大办公室整体联动、互相配合的服务机制。同时，积极抓好上下级之间协调，及时传达区委重大决策部署，及时反映基层意见和建议，特别是在西藏和平解放70周年庆祝活动期间，始终高度重视、严阵以待、精心组织，保证了所有活动和工作任务无一纰漏，确保政令畅通。

【办文办会】 2021年，区委办坚持"精简、规范、优质"标准，严把报备、收发、阅办、归档等环节，进一步健全完善各项公文办理制度和流程，及时掌握文件去向，及时催办、督办，确保公文快速有序流转。根据《堆龙德庆区关于解决形式主义突出问题为基层减负的十项举措》，持续抓好会议精简、督查整合、改进作风等各项工作。严格控制发文数量、规格和范围。2021年收到各级来文983件，传阅文件1736余次，下发公文177件，同比减少13.75%。在办会上，以开短会、开小会、开有用的会议为原则，进一步压减会议数量、精简会议议程、缩短会议时间，2021年，高水平完成区委组织召开的47次会议的服务保障工作，其中区委常委会27次、区委专题会2次、书记专题会18次。筹备全区综合性会议87次，同比减少19.25%。组织筹备领导调研18次，对确定召开的重要会议，坚持做到提前准备、分工负责、层层把关，会前认真制定会务方案和工作流程，认真检查会务细节，力求不留空当死角，确保会场布置整洁庄严、会风会纪严肃认真、会议材料齐无差错，切实保障区委各项工作及会议的质量和效率。

【机要保密】 2021年，区委办积极推进机要密码及保密工作标准化、规范化建设，完善各项制度台账，规范文电运转程序，不断提高文电办理效率，共收发办理密码电报145份、1318页，通过电子政务内网为全区各单位收发文件2400份，完成12次全区应急密码通信演练。同时，坚持规范办事，实行24小时值班、车辆管理等各项制度，坚持用制度管人、靠制度管事，确保各项工作运转协调高效。严格执行党政密码管理规定，确保密码设备绝对安全，密码通信绝对畅通。做好"十四五"时期保密事业发展规划分解及制定落实措施，确保实现"形成基本防控能力"阶段性目标。制作建党百年保密宣传作品《基层保密人员的一天》，荣获国家级二等奖。加强保密执法检查，强化保密"两识"教育，每季度对全区6个镇(街道)、47家区直各单位进行保密常规检查，全年未发生一起失密泄密事件。

2021年7月1日，堆龙德庆区委办组织党员干部开展庆祝中国共产党成立100周年暨"七一"主题党日——重温入党誓词活动

【党史、档案工作】 2021年，区委办深入贯彻落实中央、自治区、市有关党史工作的决策部署，坚持正确方向，强化依法治志，认真做好全区地方党史资料收集整理工作，不断推进修志编纂工作规范化、制度化、标准化建设。全力做好全区档案工作，全面推进数字化档案馆建设，不断健全完善档案保密、管理、查阅、移交等制度，先后深入各镇(街道)、各单位开展形式多样的档案业务指导工作98次；共接收进馆文书档案8482件，实物档案95件，照片档案1255张，利用242人次，借阅档案1102件，一户一档320卷。

【督促检查】 2021年，区委办围绕重点，推动工作落到实处，根据不同阶段区委中心工作，认真开展三月维稳防控督导，督促行业部门做好企业、项目复工复产准备；积极落实文明城市创建有关工作，全力以赴保障自治区成立70周年庆祝活动项目建设进度；紧盯“民生十大实事”落实情况，定期统计全委会、经济工作会议目标任务进展，为全区各项重点工作有序推进作出应有贡献。先后下发《领导批示》72期、《督查通知》28期，上报《督查专报》13期，下发催办单、《督查通报》各1次，实现对重大事项实时督办、跟踪问效。

【突出文稿服务，做好决策参谋】抓文稿当好“参谋手”。2021年，区委办坚持把以文辅政作为第一要务，主动贴近领导思路、紧跟领导节奏，坚持把群众的需要作为第一信号、把区委的工作作为第一选择、把领导的要求作为第一标准，充分发挥参谋助手作用，先后完成党代会、区委全会、纪委全会、党建暨意识形态工作会、考核汇报会、区委理论学习、民主生活会、书记讲党课等领导讲话、汇报、主持、报告、致辞等综合性文稿230余篇。

抓信息当好“千里眼”。坚持把信息工作摆在重要位置，改变以往习惯做法，跳出信息抓信息，积极采取约稿和调研相结合的办法，把捕捉信息的视角放在落实中央和区市党委及区委决策部署上，拓展到学习兄弟县区经验做法上，延伸到县域经济社会发展的方方面面上来，为区委决策部署提供参考，做到了把准上情，吃透下情。深入推进14个[1个街道、6个村（社区）、7个寺管会]自治区信息直报点试点工作，共上报1308条信息，采用100余条，其中日常信息1100条、约稿信息56条、紧急信息28条、专报124条，在全市8个县（区）信息计分中排名第三。

抓调研当好“实触角”。健全完善贯穿调查研究、方案审核、试点管理、成效评估、健全机制、经验推广等环节的“全链条”工作机制，研究制定和印发镇政府（街道办）权责“三项清单”、双联户和网格化基层社会治理工作实施方案等改革文件，全面梳理和深入挖掘全区各领域改革工作的典型做法和成熟经验，先后撰写《高质量推进脱贫攻坚成效巩固工作》《坚持党建引领推动基层社会治理》《不负人民重托 无愧伟大时代 奋力谱写社会主义现代化新堆龙建设新篇章》等文稿，分别在《拉萨工作》《拉萨改革动态》等刊物发表；研究起草《拉萨市堆龙德庆区打造乡村振兴和共同富裕示范区样板行动方案（征求意见稿）》，着力打造具有“半城半乡”鲜明特征的乡村振兴和共同富裕先行示范区。

（次仁德吉）

2021年11月11日，堆龙德庆区委办党支部与乃琼社区党委联合开展主题党日活动暨农闲时期十项活动之趣味运动会

【机构领导】

区委常委、办公室主任

德吉央宗（女，藏族，5月免职）

尚 栓 斌（5月任职）

区委办常务副主任

陈 俊 宇

区委办副主任

索朗扎西（藏族）

张 顺 滔

区委机要局局长

樊 晓 瑞

区委机要局副局长

唐 晓 颖（女，藏族）

区档案馆馆长

张 毅（女）

区党史办负责人

巴 桑（女，藏族）

组织工作

【概况】 年内,在堆龙德庆区委的坚强领导下,在拉萨市委组织部的大力指导下,堆龙德庆区委组织部始终坚持以习近平新时代中国特色社会主义思想为指导,忠实践行新时代党的建设总要求和组织路线,全面落实新时代党的治藏方略,认真贯彻全国、全自治区、全市组织部部长会议精神,扎实推进各项工作向纵深发展。2021年,堆龙德庆区委组织部行政编制7名,实有人员9名,其中副县级1名,正科级2名,副科级1名。下设组织部编制信息中心,有事业编制3名,实有人员4名。

【持续深化理论武装】 2021年,堆龙德庆区委组织部坚持读原著学原文悟原理,县、乡两级理论学习中心组,组织党员干部深入学习《习近平谈治国理政》第一、二、三卷,及时跟进学习习近平总书记最新重要讲话精神,"三会一课""两学一做""主题党日"同步发力。坚持高质量高标准开展党史学习教育,通过专题研讨、专题培训、红色教育和实践活动等方式,引导党员干部认真学习党的奋斗历程、光荣传统。推动领导干部示范带动学,依托党校举办党员政治教育培训班5期,累计培训科级干部339人次,实现了科级干部培训全覆盖。2021年,"流动党校"下乡宣讲突出中央第七次西藏工作座谈会精神,宣讲覆盖农牧民党员和普通群众2.2万余人次。

2021年5月17日,堆龙德庆区召开干部大会

【政治建设】 严肃党内政治生活。2021年,堆龙德庆区委组织部紧盯巡视反馈意见整改,高质量召开巡视反馈意见整改专题民主生活会。年初,联合纪检监察部门抽调30余名干部组建6个监督指导组,对各镇(街道)、各机关单位党组(党委)民主生活全程进行监督指导,切实压实责任,取得实效。

"三更"专题教育。坚持把深入学习研讨贯穿始终。围绕"加强党的建设、全面从严治党"等4个主题开展学习研讨4次,县级干部围绕主题研讨全覆盖,镇(街道)跟进研讨320余人次。推动教育对象实地参训和线上教学相融相促,学习效果明显增强。坚持把加强警示教育贯穿始终。把警示教育作为专题教育的重要方式,400余名党员领导干部和60余名新任职干部参与接受警示教育,坚定理想信念,警钟长鸣。围绕"高站位准确把握'三更'要求""低落点深入贯彻'三更'要求",区委书记开展题为《顶天立地做人,无愧于己;踏踏实实做事,不枉为人》的专题党课,助推专题教育掀起"小高潮"。坚持把认真检视问题贯穿始终。坚持问题导向,12个党委(党组)班子、24名县处级干部、12名镇(街道)党政正职查摆问题246条,均已整改完成或阶段见效。

干部政治素质考察。在36名新一届乡镇领导班子、13名新任村(社区)党组织第一书记、18名任职试用期满考核对象的政治素质考察方面,"政治筛查"作用充分突显。

【全面夯实基层基础】 持续推进抓党建促基层治理。2021年,堆龙德庆区委组织部健全党组织领导的以镇(街道)为核心、村(社区)为主体、网格为单元、双联户为基础的四级联动基层治理模式,联合职能部门细化社区网格

178个，推动基层治理基础单元更加精细。2021年年底，已创建东嘎社区等4个党组织引领的基层社会治理示范点。完善31个村（社区）村规民约（居民公约），引导基层群众积极参与基层治理。持续深化党员"三包"与社情民意搜集、疫情防控、文明创城等有机结合，全区5500余名党员实现"一对一"联系帮扶，全年累计收集和协调解决社情民意105件。在全市试点推进村（社区）社会工作者职业体系建设，依托"校地合作"，建立首个社工人才培育与创新研究基地。通过招聘、转聘、考聘，组建涵盖高校毕业生、优秀村（社区）干部等在内的168名社会工作者队伍，其中114名通过换届进入村（社区）"两委"班子，村干部和社工融合率达51.6%。

持续推进抓党建促乡村振兴。健全完善县级乡村振兴工作机构，优化乡村振兴力量，精准选派69名熟悉乡村振兴、基层治理等工作的干部驻村，调整充实13名村（社区）党组织第一书记。探索村集体经济多样化发展模式，大力推行强村强企带弱村模式，逐步健全完善产业项目利益联结机制，推进集体经济高质量发展。2021年，31个村（社区）集体经济收入均已超过100万元，其中5个村（社区）集体经济收入超过1000万元。

统筹推进各领域基层党组织建设。年初，召开党建工作会议，分领域制定工作要点和责任清单。围绕"六个基本"，扎实开展"支部规范建设年"活动，全年共排查整顿软弱涣散党组织4个。继续实施"两个覆盖"攻坚行动，扎实开展"两新"组织排查摸底，新成立6个"两新"党组织，143家"三有"非公企业中党组织覆盖93个，党组织覆盖率达65%，群团组织覆盖率明显提升。制定《堆龙德庆区"两新"党建指导员考核管理办法》，对90名指导员集中培训，压实责任。采取"清、管、用"的方式，切实提升村（社区）组织活动场所功能，让宣传内容新颖起来，场所设置规范起来，党员活动经常起来。制定《堆龙德庆区关于加强城市基层党建十六条措施任务分解表》，发挥"大工委""大支委"的社区管理服务作用，逐步推动社企联合、居商融合。

党员队伍建设。严把党员发展关，举办入党积极分子、预备党员培训班4期，累计培训395人次，新发展党员215名。

开展中国共产党成立100周年庆祝活动。为116名"光荣在党50年"老党员颁发纪念章，并以一封信的形式致以问候。组织500余名党员干部举行升国旗、唱国歌仪式和入党宣誓、重温入党誓词活动。走访慰问350名获得党内功勋荣誉的党员、生活困难党员、老党员、老干部和因公殉职党员干部家属。组织召开全区"两优一先"表彰大会，表彰优秀共产党员36名、优秀党务工作者36名、先进基层党组织20个。

2021年7月7日，堆龙德庆区召开"两优一先"表彰大会，表彰先进集体和先进个人

【精心抓好换届工作】 压实换届工作责任。2021年，堆龙德庆区委组织部压实县乡两级党委主体责任和党委书记第一责任人职责，及时组建机构和专班，建立协调配合机制，牢牢把握换届主动权。切实提升业务骨干能力水平，将高标准、严要求压实到各个阶段，每个环节。严肃换届纪律，按照"四必谈""六必签""七必看"等纪律要求，成立3个换届风气督导小组，及时跟踪调度、分析研判换届风气，把严肃换届纪

律、加强换届风气监督贯穿换届全过程。

选优配强乡村领导班子。村（社区）“两委”班子年龄和学历结构更加优化。新一届“两委”班子的年龄和学历较上届实现“一降一升”，平均年龄较上届减小5岁，初中以上学历221名，占97.36%，其中大专及以上学历37名，切实把一批能力素质高的优秀年轻人才充实到“两委”班子。选人用人视野更加宽广。严格按照自治区、市党委关于选拔“五类人员”进入乡镇领导班子的要求，选拔1名女性干部担任乡镇党政正职，选拔1名事业编制人员、1名优秀村党组织书记、1名村党组织第一书记、1名驻村工作队员、2名专招大学生进入领导班子。树立鲜明的用人导向。新一届乡镇领导班子成员，大学及以上学历的25名，占75.8%，2年以上乡镇工作经历的31名，占93.9%，35岁以下的22名，占64.5%，较上一届提高18.2%，35岁以下党政正职达16.6%，30岁以下干部6名，占18.2%，较上一届提高12.1%，树立起了大力选拔优秀年轻干部的用人导向，持续跟进村（社区）“两委”换届后续工作。举办新一届村（社区）“两委”班子履职培训班7期，推动村（社区）“两委”班子履职培训全覆盖。统筹“1+3”专干、乡村振兴专干、驻村工作队力量，通过结对帮扶机制、专题培训、农牧民夜校、巾帼夜校等，扎实开展国家通用语言能力提升工作。2021年年底，村（社区）主干国家通用语言使用达标率达72.6%，“两委”班子使用达标率达68.4%。

2021年10月28日，堆龙德庆区举办公务员平时考核动员部署会暨业务培训会，图为培训活动现场

【培养干部队伍】 选好用好干部。2021年，堆龙德庆区委组织部严格新时期好干部标准和民族地区“三个特别”要求，大力选拔在“稳定、发展、生态、强边”四件大事和疫情防控、乡村振兴领域敢于负责、勇于担当、善于作为、实绩突出的干部。全年提拔使用和晋升职级的43名干部，来自综治维稳领域和基层一线干部占62.8%。加大区直机关和基层单位干部交流，对19名长期在区直部门和乡镇工作的干部进行了轮岗交流，促进干部健康成长。

干部监督管理。扎实开展选人用人、干部人事档案核查、干部“泡病号”、违规违纪发展党员“四个”专项整治，自查出了选人用人程序不够规范等问题10个，其中7个整改完成或阶段见效，3个正在整改中。核查2200余名干部人事档案，逐份补充完善。排查出长期请病假人员41名，其中12人已督促返岗，其余人员严格执行病假工资和月审批制度，切实提升干部监督管理效率。

激励干部担当作为。统筹实施干部素质提升工程，从严落实干部教育培训计划，依托区内外优质教育培训资源，组织举办优秀年轻干部履职能力提升培训班、新任村（社区）“两委”班子履职能力培训班等20个专题培训班，培训基层党员干部1400余人次，共计投入经费350余万元。谈心谈话常态化开展，全年累计对30余名部门一把手、重点岗位干部等进行谈心谈话。

公务员队伍建设。紧紧围绕打造全国高质量示范联系点的目标组建机构，制定实施《拉萨市堆龙德庆区公务员平时考核实施方案（试行）》，重点打造“每日一考勤、每月一小结、每季一考核”公务员平时考核体系，细化考核指标，精准施策、分类施策，逐级分解、责任到人，推动公务员平时考核走深走实。

【强化机构编制保障】 2021年，堆龙德庆区委组织部坚持党管机构编制工作原则，强化刚性约束，严格遵循“编制审批在先”“超编单位只出不进、满编单位先出后进、空编单位在编制限额内按需进人”等工作原则，严把进人关。扎实开展区党委第三巡视组反馈意见整改，全年对55名退休、辞职和调出人员进行下编，相比较巡视和选人用人专项检查，超编总量整体下降了150余名。

（高振鑫）

【机构领导】

区委副书记、组织部部长

王满春（6月离任）

区委常委、组织部部长

孙　玲（女，6月任职）

常务副部长

平　旺（藏族）

副部长、编办主任

邱弋桓

副部长、老干部局局长

杨　莉（女）

宣传工作

【概况】 2021年，堆龙德庆区精神文明建设和意识形态工作坚持以习近平新时代中国特色社会主义思想为指导，以庆祝中国共产党成立100周年和西藏和平解放70周年为主线，以开展党史学习教育为重点，深入学习贯彻落实习近平总书记关于精神文明建设和意识形态工作的重要论述，贯彻落实中央、自治区、市党委以及区委对意识形态工作的决策部署，坚持围绕中心、服务大局，着眼举旗帜、聚民心、育新人、兴文化、展形象的使命任务，切实加强党对意识形态工作的统一领导，严格落实意识形态工作责任制、思想政治工作责任制，把精神文明建设和意识形态工作、思想政治工作与经济建设和其他各项工作结合起来，牢牢掌握意识形态工作领导权、管理权、话语权，为全区中心工作提供坚强政治和思想保障。2021年，中共堆龙德庆区委宣传部行政编制6名。其中，副县级1名，正科1名、副科2名，普通干部2名。机关事业编制1名。下属事业单位精神文明委办公室、互联网评论中心（编制3名），广播电视局和新闻出版局、电影管理站（编制8名）、新华书店（编制2名）、融媒体中心（事业编制13名，实有人员11名）。

【提高政治站位】 2021年，区委宣传部为确保“大庆之年”意识形态领域绝对安全，制定印发《堆龙德庆区2021年度意识形态工作要点》《堆龙德庆区2021年度意识形态目标管理考核细则》，组织全区各级党委（党组）认真贯彻落实中央和自治区、市党委《党委（党组）意识形态工作责任制实施办法》及《党委（党组）网络意识形态工作责任制实施细则》《中国共产党宣传工作条例》《中共中央国务院关于新时代加强和改进思想政治工作的意见》等文件，切实压紧压实各级党委（党组）加强和改进思想政治工作、开展主题教育、举办庆祝活动以及应对防范化解意识形态领域重大风险等各项工作政治责任，形成区委书记牵头总抓、分管领导具体负责、专班推动执行，统筹协调、齐抓共管的工作格局。全年区委常委会专题听取意识形态工作汇报2次，先后召开文明城市创建工作安排部署会4次，区委、区政府主要领

2021年4月1日，堆龙德庆区召开党建暨意识形态工作会议

导多次带队围绕文明城市创建开展专项督导。组织全区宣传委员、宣传专干以及宣传文化系统干部职工召开意识形态工作例会3次，开展意识形态工作逐级述职。8月4日至6日，组织举办意识形态工作责任制专题培训班，强化第一责任人、班子成员、分管领导和各级党委（党组）的责任，按照谁主管谁负责原则，层层落实责任分工，牢牢把握意识形态工作领导权和主动权。

2021年3月29日，堆龙德庆区召开2021年全国文明城市创建工作动员部署会

【强化理论武装】推动思想政治工作走深走实。2021年，区委宣传部将加强和改进思想政治工作作为一项重大政治任务和经常性、基础性工作抓紧抓好，扎实推进党史学习教育、“两学一做”学习教育制度化常态化，发挥理论学习中心组示范带动作用，不断丰富学习资源和形式，确保全区思想统一、行动一致。

抓住关键少数，发挥区委理论学习中心组的示范带动作用。制定印发《堆龙德庆区各级党委（党组）理论学习中心组2021年专题学习重点内容安排》，统筹安排全区理论学习中心组。采取专题授课、重点辅导、交流研讨、集中测试、现场学习交流等方式，围绕党史学习教育、“三更”专题教育和“三新”大学习大讨论活动等主题开展专题学习16次，邀请专家领导授课4次，县级领导作交流发言40人次，各镇（街道）、区直各部门作交流发言17人次。通过查阅台账、现场点评、应知应会内容测试等形式，完成对羊达街道、乃琼街道、古荣镇、德庆镇、区纪委、区医保局的理论学习中心组巡听旁听工作。

利用红色教育，不断丰富学习资源和形式。深入挖掘和利用各级各类红色资源，积极组织全区党员干部参观西藏百万农奴解放纪念馆、“两路”精神纪念馆、谭冠三纪念园、拉萨市烈士陵园等红色教育基地160余场次，覆盖4000余人次。组织全区75名新任村（居）干部到井冈山红色基地进行集中培训。组织全区31个村（居）农牧民宣讲员到山南克松村、山南烈士陵园、林芝“十英雄纪念碑”等红色遗迹和爱国主义教育基地考察学习。组织全区各级党员干部参观西藏和平解放70周年成就展、拉萨市廉政教育基地、拉萨市检察院党史厅等，教育党员干部在党的传统、革命先烈、英雄事迹中汲取蕴含的智慧和力量，始终保持对党绝对忠诚的政治本色。依托新时代文明实践中心打造有声“百年党史墙”教育阵地，自治区、市两级有关单位和国有企业慕名前来参观学习2000余人次。

加强“学习强国”学习平台推广使用力度，扩大使用覆盖面。制定下发《关于开展“学习强国”学习平台再普及再推广工作的通知》，加大全区各级党员干部“学习强国”学习平台使用力度，全区共建立57个学习党组织，2367名党员干部群众下载注册并常态化开展学习，党员覆盖率100%，平均每天有70%的党员干部利用“学习强国”开展自主学习。

【深化群众教育】切实筑牢共同团结奋斗的思想基础。2021年，堆龙德庆区按照自治区、市党委关于党史学习的安排部署，着眼“学史明理、学史增信、学史崇德、学史力行”的目标，突出“学党史、悟思想、办实事、开新局”的效果导向。

规定动作落实到位。深入挖掘整理党在堆龙执政的光辉历史，编撰《堆龙党的大事记》这一本书。区委书记石运本结合个人成长经历，带头作题为“顶天立地做人，无愧于己；踏踏实实做事，不枉为人”的党课，全区各县级领导、各级党支部书记结合党史、习近平总书记“七一”重要讲话精神、习近平总书记在西藏视察时的讲话精神等内容开展讲党课活动90场次。将“增强党的团结统一”作为党史学习教育的第一堂课，举办党史专题培训班7期，覆盖党员干部群众450余人。深刻汲取格桑平措、杜江典型案例等“身边人身边事”的惨痛教训，制定警示教育实施方案和参观学习方案，组织全区各级党员干部参观拉萨市廉政教育基地等6批次400余人次，各级党组织观看警示教育片50余场次2000余人次，为全区干部上好“一堂课”。购买《习近平论中国共产党历史》《习近平新时代中国特色社会主义思想学习问答》《中国共产党简史》等学习教材5000余本，面向全区党员干部发放。各级党组织利用理论学习中心组学习、“三会一课”“主题党日”活动等载体，开展专题学习研讨、交流讨论1300余次，撰写心得体会2500余篇。各镇（街道）聚焦基层群众怎样当好贡献新发展的“加油站”，开展“谈新变化、说新机遇、讲新发展·我为乡村振兴积极建言献策”专题讨论活动31次，覆盖农牧民群众1000余人，议好“一个课题”在全区深入开展。建立县级干部包村（居）工作机制，变“坐等群众上门”为“带着感情下访”，全区31名县级领导深入基层120余次，接待村居干部群众2000余名，形成有价值的调研报告27篇，梳理“我为群众办实事”事项129件，其中已解决86件。聚焦百姓关切的民生热点问题，重点规划解决“十大民生实事”，共涉及35个项目，已开工复工25个项目。聚焦百姓反映的重点难点问题，规划解决147件民生实事。办好“一件实事”成为全区党史学习教育的生动实践。

活动载体丰富多彩。全区上下以党支部为单位，组织党员开展“重温入党誓词”活动160余场，覆盖党员干部群众5000余人次。扎实开展集中宣讲活动，新时代文明实践中心挂牌成立“自治区基层理论宣讲示范基地”，创新“宣讲+阵地”模式，以新时代文明实践中心、村史馆、新时代讲习所、农家夜校等作为阵地，以“四讲四爱”群众教育实践活动为抓手，结合“五史”学习教育内容，采取领导干部带头讲、思政教师课堂讲、党校教师巡回讲、农牧民宣讲员灵活讲等形式开展各类宣讲700余场次，覆盖5万余人次，切实推动党的创新理论进机关、进企业、进村（居）、进校园。研究制定《堆龙德庆区学习宣传贯彻习近平总书记在西藏考察时的重要指示重要讲话精神“五个一”专题宣讲活动方案》，县级领导示范宣讲、农牧民宣讲员灵活宣讲、各系统开展行业宣讲、各村（居）开展座谈宣讲、文旅局开展文艺宣讲，累计开展“五个一”（一本学习教材、一次短片展播、一场理论宣讲、一场知识问答、一篇心得体会）专题宣讲60余场次，覆盖500余人。修改完善《堆龙德庆区关于基层宣讲员激励奖励实施办法（试行）》，以制度化建设激发宣讲队伍活力，兑现2021年上半年农牧民宣讲员奖励激励资金3.79万元。开展争创党员先锋岗活动，充分发挥党员先锋模范作用，结合“两优一先”评选工作，在全区

2021年4月29日，堆龙德庆区举办2021年全国文明城市创建培训会

范围内评选“党员先锋岗”70余处。区政务服务中心开展“服务之星”评选表彰活动，激励先进、树立榜样，营造创先争优、比学赶超的工作氛围。开展“党旗在一线高高飘扬·优秀共产党员先进事迹展播”活动，选树各行各业100名优秀共产党员，深入挖掘他们的先进事迹，并在“堆龙发布”等媒体上进行刊播，已刊登稿件97篇。开展党史学习教育专题组织生活会，围绕“学党史、悟思想、办实事、开新局”主题，以党支部为单位，区委书记石运本，区委副书记、区长米玛次仁及其他县处级领导干部均以普通党员身份参加了所在党支部组织生活会，参与党员达4487人。扎实开展测试评估活动，向全区各级党组织编印发放《堆龙德庆区党史学习教育知识问答》300本，区级层面开展“学党史 铭初心”知识竞赛，利用中心组巡听旁听等机会，组织开展党史知识竞赛和集中测试活动40余场次。

2021年8月2日，西藏自治区宣讲团到堆龙德庆区开展习近平总书记“七一”重要讲话精神专题宣传报告会

自选动作突出亮点。创新性开展庆祝中国共产党成立100周年“永远跟党走”主题“五项比赛”（“革命歌曲我来唱”歌咏比赛、“党史故事我来讲”演讲比赛、“英雄精神我来诵”朗诵比赛、“党史金句我来写”书法比赛、“百年党史我来画”绘画比赛）。在全区范围内征集“党课开讲啦”作品2部，创作排演大庆献礼舞台剧1部，各文艺队自行排演节目10余部。开展“永远跟党走”群众宣传文化进村居巡演活动20余场次。排演西藏首部沉浸式儿童剧《红船引领 童心追梦——光》，在藏域星球天文体验馆正式演出。组织开展“庆祝西藏和平解放70周年暨党史学习教育进景区活动”，活动参与500余人次。推出“红色之夜·党史影院”活动，以集中观看、自行观看、巡回展播等形式，带领干部群众走进电影中的党史，回顾中国共产党的百年征程。2021年，全区各级党组织累计组织观看《1921》《革命者》《长津湖》《布德之路》《我和我的父辈》《永不消逝的电波》等爱国主义影片200余次，观影人数3000余人。区电影放映队进寺庙、进乡村、进学校放映红色电影320余次，观看9000余人次。在对全区各级党员干部开展学习教育的同时，结合未成年人思想道德建设工作，开展“立德树人——永远跟党走”系列活动，举行“红领巾心向党·红色精神代代传”主题升旗仪式、红色主题班会、革命故事会、爱国主义歌唱比赛、手抄报评选等丰富多彩的教育实践活动300余场次。

【突出主题宣传】 做好主题宣传。2021年，区委宣传部依托“三微一网一抖”媒体矩阵（包括“堆龙发布”“网信堆龙”微信公众号，“微堆龙”微博账号，“堆龙政务新闻网”官方网站，“堆龙融媒体”政务抖音账号），围绕大庆、“两会”、党史学习教育、“三更”专题教育、“三新”大学习大讨论、基层换届、疫情防控等重点工作，制作推出《聚焦堆龙两会 人大代表、政协委员有话说》《爆笑四格漫画 堆龙“阿吉拉姆”倡议：就地安心过年》《堆龙人民这样欢庆我们的节日》《党恩记心间 奋进新时代》等形式多样的新媒体产品，累计发布自主创作新媒体产品30余条次，点击阅读量超过200万人次，传播堆龙好声音，提高宣传实效。其中，《堆龙人民这样欢庆我们的节日》在庆祝中国共产党成立100周年、西藏和平解放70周年微视频大赛评选活动中获得专业组优秀作品奖。

做好典型宣传。开展“党旗在一线高高飘扬·优秀共产党员先进事迹展播”活动，在“堆龙发布”开设“党旗在基层一线高高飘扬”专题专栏，选树各行各业100名优秀共产党员，大力营造学习先进典型的浓厚氛围。及时转载刊播国家勋章和国家荣誉称号获得者、时代楷模，一百位杰出革命先烈、一百位杰出建设楷模、一百位杰出时代先锋先进事迹，回望英烈故事、缅怀英雄品质、感受民族历史、感奋民族精神。

2021年4月11日，堆龙德庆区“五下乡”活动在乃琼街道岗德林社区举行，图为文艺会演活动

做好线上宣传。顺应新媒体时代传播规律，不断加强优秀稿件供稿工作，向“学习强国”学习平台等主流媒体平台供稿87篇，平台采用17条。积极对接邀请区市主流媒体对堆龙的重要活动、重点民生工程等内容进行报道，全年累计邀请西藏电视台、《西藏日报》、《西藏商报》、拉萨电视台等主流媒体70余次，在主流媒体上发声300余条次。

做好社会面宣传。统筹文明城市创建和大庆氛围营造工作，充分利用全区各类户外广告资源，刊播中国共产党成立100周年和西藏和平解放70周年宣传标语及社会主义核心价值观公益广告，在全区营造浓厚的庆祝氛围。

【精神文明建设】 不断提升全社会文明程度。2021年，区委宣传部坚持以培育和践行社会主义核心价值观为着力点，以贯彻落实《新时代公民道德建设实施纲要》《新时代爱国主义教育实施纲要》为抓手，深入实施精神文明建设各项工作。

加强新时代公民思想道德建设。成立堆龙德庆区区级文明称号评选表彰工作领导小组，结合实际，因地制宜开展堆龙区级文明村镇、文明单位、文明家庭、文明校园、道德模范、新时代好少年等评选推荐活动，分级分类逐步健全完善堆龙德庆区文明评选储备库。2021年，共评选出县级文明村镇7个、文明单位9家、文明校园3所、文明家庭32户。组织开展首届堆龙德庆区“最美文明家庭”评选表彰工作。制定出台《堆龙德庆区道德模范激励和管理办法》，每年由区财政局拿出一定的费用，对全国、自治区、拉萨市和堆龙德庆区级的道德模范、提名奖和“拉萨好人”称号获得者给予物质奖励，并对生活困难的道德模范给予一定的生活帮扶。

强化志愿者队伍建设。按照区市党委相关要求，堆龙新时代文明实践中心对原有志愿服务队伍进行再梳理、再整合，形成了中心“1+13+5”、实践所“1+12+1”、实践站“1+10+1”的志愿服务队伍组织架构。引入社会组织力量，对全区18支志愿服务分队骨干力量（正副队长）开展志愿服务能力构建及项目孵化培训，实现组织架构的规范化、骨干力量的专业化、服务项目品牌化。

健全志愿服务机制。制定印发《堆龙德庆区新时代文明实践志愿服务积分管理及奖励办法》，推动实施志愿服务积分制管理，通过对志愿服务合理定分、安排专人精准计分、定期公示接受监督、明确流程规范用分等各个环节的详尽规定，每年安排10万元专项资金定向用于志愿者积分兑换，激发广大干部群众参与志愿服务工作的激情。积极探索依托“志愿汇”平台实现志愿者招募、注册，志愿服务项目发布、对接，志愿积分兑现、管理等规范化操作，已完成线下志愿者注册2000余人次，通过“志愿汇”App完成线上注册400余人次。

开展各类志愿服务活动。结合党史学习教育和"我为群众办实事"实践活动，依托每月5日新时代文明实践推动日，各志愿服务分队常态化开展政策理论宣讲、文明引导、邻里互助、帮扶济困、植绿护绿等志愿服务活动680余次，惠及群众3.5万余人次。

深化文明风尚行动。持续推进移风易俗，深化开展农闲时节新时代文明实践十项活动，教育引导群众淡化宗教消极影响，理性对待宗教消费。完成31个村(居)"村规民约"修订工作，持续推进全区各村(居)"村民议事会、道德评议会、红白理事会"的补充完善工作。着眼铸牢中华民族共同体意识这一民族工作主线，举办国家通用语言文字培训100余场次；开展"我们的节日"春节、藏历新年、清明、端午、七夕、重阳等系列活动25场次，开展"五下乡"宣传服务活动7场次，惠及群众达1.7万余人次。

文明城市创建扎实推进。持续开展"文明餐桌""文明交通""文明旅游""文明上网""文明标兵"五大文明行动。广泛利用跨界龙门架、户外LED显示屏等媒介刊播社会主义核心价值观、"文明健康　绿色环保"以及关爱未成年人等公益广告。研究制定《堆龙德庆区2021年全国文明城市创建工作方案》，组织召开文明城市创建工作专题部署会、推进会以及培训会，严格落实"三包"、调度协调、督导检查等5项工作机制，配合拉萨市顺利完成了全国文明城市复牌和2021年全国文明城市年度测评工作。

【巩固阵地建设】2021年，区委宣传部严格执行《堆龙德庆区网络舆情应对处置预案》，增强舆情突发事件应急处置能力，落实舆情月报制度，健全舆情处置联动协作机制，及时稳妥做好舆情搜索、研判、处置、反馈等重点工作。组织召开堆龙德庆区网信办工作会议。开展"网络安全为人民，网络安全靠人民"主题网络安全宣传周系列活动和网络通信活动"二十禁"宣传活动，举办2021年互联网信息从业人员专题培训班。

加大新媒体管理力度。深入贯彻落实拉萨市印发的《关于进一步严格执行〈西藏自治区政务新媒体管理办法〉的通知》《关于进一步规范全市政务新媒体备案管理工作的通知》等文件精神，切实以"三微一网一抖"媒体矩阵为载体，围绕区区政府中心工作，通过"新媒体+网格""互联网+微宣讲""互联网+微音频"等模式全方位、多角度开展网上正面宣传，积极引导和影响网民，努力开创堆龙德庆区网络宣传和管理工作的新局面。

持续开展"扫黄打非"专项行动。组织召开全区"扫黄打非"动员部署会议，深入开展"正道""新风"扫黄打非专项行动，开展以"规范文化市场经验秩序，创造良好社会文化环境"为主题的专项检查行动，对全区内的网吧、娱乐场所、打字复印店、数字影院、书店、寺庙书屋、教育培训机构等进行专项检查。巩固提升祥和苑社区扫黄打非示范点，制作《自觉抵制文化垃圾　共同维护文明环境》扫黄打非动漫宣传片，组织开展"绿书签""扫黄打非"进基层等活动。

推进宣传文化阵地建设。按照《西藏自治区新时代文明实践中心建设指导手册》要求，调整充实堆龙德庆区新时代文明实践中心(所、站)主要展示内容、组织体系、组织架构、志愿服务队架构、每月活动计划等，向辖区各所(站)拨付专项扶持资金84万余元，帮助各所(站)提升阵地建设和服务水平。在原有1个新时代文明实践中心、6个乡级实践所、28个村级实践站基础上，打造文化活动中心、青少年活动中心、羊达社区、波玛村4个新时代文明实践点，构建"中心、所、站、点"四级组织体系，积极探索实施新时代文明实践基地建设。深入实施"户户通"双模地面卫星接收设备(第四代卫星接收设备)试点安装调试工作，已完成459套安装任务。有序推动楚布寺、桑普寺等寺庙"舍舍通"电视机置换工作和"户户通""舍舍通"广播影视维护运行管理工作。

(杨小梅)

【机构领导】

区委常委、宣传部部长

普　　旦(藏族，6月离任)

杨　　丽(女，土家族，6月任职)

常务副部长、网信办主任

米　　玛(藏族)

副部长

杜军毅

王丹丹(女)

网评中心主任

索南央吉(女,藏族)

统战(民宗)工作

2021年7月15日，堆龙德庆区委统战（民宗）党支部组织召开党史学习教育动员部署会

【概况】 2021年,堆龙德庆区委统战部(民宗局)以习近平新时代中国特色社会主义思想为指导,深入学习贯彻落实中共十九大和十九届历次全会精神,中央第七次西藏工作座谈会精神,中央、区市统战民族宗教工作会议精神,牢牢把握统战民族宗教工作正确方向和时代使命,推动统战民族宗教工作创新发展,进一步开创全区统一战线工作新局。

【党支部建设】 突出政治建设。2021年,区委统战部(民宗局)以党的政治建设为统领,深入贯彻落实《中共中央关于加强党的政治建设的意见》,把做好统一战线工作作为践行"两个维护"和治边稳藏的重要实践行动,在政治方向、政治立场、政治原则、政治道路上时刻同以习近平同志为核心的党中央保持高度一致,共开展反分裂斗争宣传教育12场次,涉众1000余人次。

强化理论武装。组织寺管会干部、僧尼跟进学习2021年中央民族会议精神、中共十九届六中全会精神、习近平总书记"七一"重要讲话精神和习近平总书记在西藏调研时的讲话精神等,共开展集中学习25次;向寺管会发放《论中国共产党历史》等学习教材100余本,组织寺管会干部、僧尼集中学习100余场次,开展交流讨论40余次,撰写心得体会200余篇。

建强党组织。深入推进寺庙管理委员会党组织标准化建设工作,突出寺管会党组织的政治功能,规范开展"三会一课",积极开展参观林周农场、警示教育基地、百年党史墙,观看爱国主义影片,参加义务植树等志愿服务活动,充分发挥党员先锋模范作用,积极联系服务僧尼,做到对僧尼思想心中有数、对寺庙稳定心里有底。以"一支部一品牌"建设为载体,提出"加强民族团结 推动大统战格局"的支部品牌理念。全年统战民宗党支部参加党员志愿服务活动10余次,开展重温入党誓词、观看红色电影、签订党员不信仰宗教承诺书、发放政治生日贺卡等系列活动。

注重监督检查。为确保寺管会(专职派员机构)各项工作落地落实,成立3个涉宗教领域联合督导组,对各寺管会(专职派员机构)疫情防控、党建、意识形态、党风廉政等各项工作进行检查,全年督导检查300余次,通报违反工作纪律案例3起,诫勉谈话2人。

党风廉政建设。持续推进党风廉政建设和反腐败斗争,牢牢把住"严"的主基调,紧盯关键少数、关键岗位、关键领域,教育引导党员干部筑牢思想防线。2021年,学习党风廉政相关内容10余次,召开党风廉政会议6次、部务会10次,党支部书记讲廉政党课8次。

【巩固和扩大统战爱国人士队伍】 完善党外干部和党外知识分子数据库工作。2021年,区委统战部(民宗局)组织召开堆龙德庆区新阶层工作领导小组联席会、堆龙德庆区党外干部知识分子数据统计安排部署会,建立健全党外知识分子和新的社会阶层人士工作档案和数据库。2021 年年底，全区共有党外爱国人士 62 名、党外干部 139 名，新的社会阶层代表人士 17 人。

召开各民族、各界代表人士座谈会。向党内外人士通报全区经济社会发展及社会局势稳定情况、区里重大决策事项，让各民族、各界代表人士发表各自想法、看法，引导他们发挥积极作用，强化责任担当，推动统战事业创新发展。

送去党和政府的关心关怀。区委、区政府在“三大节日”（元旦、藏历新年、春节）期间，看望慰问党外爱国人士，并为他们送去了慰问金。此外，及时兑现党外爱国人士生活补贴。

【定居藏胞工作】 2021 年，区委统战部（民宗局）进一步完善国外藏胞及境内亲属的登记造册工作，积极宣传藏胞政策，注重对归国探访藏胞及境内亲属的宣传管理工作。积极开展定居藏胞进行教育、管理工作，宣传藏胞政策，注重对归国探访藏胞及境内亲属的宣传管理工作。在“三大节日”期间，对定居藏胞进行慰问，从正面引导定居藏胞为堆龙德庆区的政治经济社会发展做出积极贡献，充分体现出党和政府对藏胞的关心重视，真正做到政治上严格要求、工作上重视支持、生活上关心照顾，使之真正成为反分裂斗争防线中的坚强堡垒。

【创新寺庙管理】 加强教育引导。2021 年，区委统战部（民宗局）坚持在“导”字上下功夫，坚持宗教中国化方向，积极引导宗教与社会主义社会相适应。将党史学习教育与“遵行四条标准、争做先进僧尼”教育实践活动有机结合起来，重点宣讲中央第七次西藏工作座谈会精神、藏传佛教活佛转世政策等。同时以教育活动为契机，深入开展提升日常寺庙管理服务水平专项工作。2021 年，开展示范宣讲 12 场次，组织广大僧尼及农牧民群众参观藏传佛教活佛转世专题展 1300 余人次、西藏和平解放七十周年成就展 1000 余人次。举办藏传佛教教职人员教育培训、藏传佛教寺庙财税监管工作培训共 4 期，覆盖僧尼 180 余人次。为切实落实好堆龙德庆区藏传佛教寺庙教职人员教育培训规划，开展了为期 8 天的第三期传佛教教职人员培训班，提前完成自治区、拉萨市、堆龙德庆区 5 年培训规划。

2021年6月30日，堆龙德庆区乃朗寺管委会组织僧人开展“庆七一 升国旗”活动

强化组织管理。为确保人民群众生命安全和身体健康，及时组织和动员各寺管委会（专职特派员）全力做好疫情防控工作，及时对重点场所及部位进行消毒，继续做好卫生健康和疫情防控知识的宣传、普及，全面提升广大僧尼的卫生健康和疫情防范意识。2021 年，在编僧尼和勤杂人员第一针接种人数占总人数的 92.6%；第二针接种人数占总人数的 92.1%。扎实推进藏传佛教财税监管工作，按照《堆龙德庆区 2021 年度藏传佛教寺庙财税监管工作方案》要求，积极协调各相关单位开展藏传佛教财税监管工作，完成办理社会统一社会信用代码、法人登记证、组建财务管理机构、资产登记造册、健全规章制度、市场主体登记等各项工作。加强寺庙内外安全隐患的排查工作，联合应急、消防、文物等部门开展安全隐患联合大检查活动，各寺管会（专职特派员）坚持每日不定时对寺庙内外的安全隐患进行排查。

2021年3月28日，堆龙德庆区各寺庙开展文体活动，庆祝西藏百万农奴解放纪念日活动

完善服务保障。按时足额兑现寺管会（专职特派员）僧尼班子成员岗位补贴；根据年初慰问方案，为各寺庙送去慰问金共13万余元；积极申报宗教领域办实事项目，2021年为2座寺庙和1个寺管机构申报了办实事项目，区政府共投入专项资金270万元。

【活佛培养教育管理服务工作】2021年，区委统战部（民宗局）积极开展活佛教育引导管理服务工作，加大经费保障力度，严格执行24小时贴身保卫制度，对所有来访人员进行严格登记和排查，强化与活佛和寺庙高僧大德的联系服务。

【民族团结进步】 2021年，堆龙德庆区民族团结工作以抓学习、求团结、树典型、思稳定、促发展为主题，全面贯彻落实党的民族政策，以"3·28"西藏百万农奴解放纪念日、民族团结宣传月活动为契机，认真组织，精心安排，紧紧围绕"共同团结奋斗，共同繁荣发展"的民族工作主题，突出民族工作"在稳定中求发展、在发展中促进稳定"的理念，在全区干部群众当中广泛深入开展民族团结各项活动，在各镇（街道）、区直各部门、驻地部队、各学校、各寺庙、全区各企事业单位的共同努力下，堆龙德庆区圆满完成了拉萨市重新申报全国民族团结进步创建示范市的自治区初验及国家终验工作。组织干部职工、僧尼深入学习《西藏自治区民族团结进步模范区创建条例》，积极开展民族团结进村居、进学校、进寺庙等活动，开展民族团结大型宣传3次，发放宣传资料500余册，宣传品1500余份，发送宣传短信2万条，涉及群众700余人次，投入资金11万余元，同时制定印发《堆龙德庆区民族团结进步宣传教育活动方案》，充分利用新技术、新媒体、多渠道、全方位开张宣传教育活动，通过在媒体开辟专栏、专题以及横幅、LED屏、手机短信、宣传单等形式宣传民族团结进步知识，充分运用微信群、公众号等新媒体，加快传播力度，积极面向社会、服务群众的思想文化宣传阵地，营造全社会关注和支持创造民族团结进步工作的浓厚氛围。广泛开展以"争做民族团结的石榴籽"为主题的群众性摄影、书法、美术比赛及知识竞赛，开展"老西藏"口述民族团结历史活动，各镇（街道）结合自身实际，开展参观村史馆、寄语签名、文艺演出等形式多样的民族团结活动，特别是在"民族团结宣传月"期间，开展书信手拉手交流活动、"百首爱国歌曲大家唱"主题歌唱比赛、说民族团结典型故事等36项活动。

【信息调研工作】 开展调研工作。2021年，区委统战部（民宗局）为进一步加强统战理论研究，全面提升统战工作水平，充分发挥统一战线工作在促进经济发展、构建和谐社会中的积极作用，抽调精干力量组成课题小组，形成《堆龙德庆区宗教领域民族团结工作调研报告》《堆龙德庆区宗教领域形势现状调研报告》，为区委、区政府及上级部门做好宗教工作提出了具有建设性的意见建议。

信息上报工作。在开展统战各项工作的同时，将具体各项工作开展的情况以工作简报、情况反映等方式及时进行上报。2021年，区委统战部共上报工作专报8期、简报67期、情况反映5期，上报自治区统战部36条信息，自治区统战部微信公众号采纳16条，堆龙发布公众号及堆龙统战部公众号共发布信息42条。

（任姝芳）

【机构领导】

区委常委、统战部部长

普布斯曲（藏族，6月离任）

达瓦次仁（藏族，6月任职）

区委统战部常务副部长

朗杰次成（藏族）

区委统战部副部长

任 姝 芳（女，4月离任）

李 伟 永（4月任职）

区民族宗教事务局局长

米玛次仁（藏族）

巡察工作

【概况】 2021年，区委巡察办以习近平新时代中国特色社会主义思想武装头脑、指导实践、推动工作，在区委巡察工作领导小组的直接领导下，认真贯彻落实十九届中央纪委五次全会和全国巡视巡察工作推进会精神，坚持“发现问题、形成震慑、推动改革、促进发展”工作方针，高质量推进巡察全覆盖。

【强化组织领导，压实责任】 2021年，区委换届完成后，及时调整补充巡察工作领导小组，调整后由区委书记担任巡察工作领导小组组长，纪委书记和组织部部长任副组长，区委办、区纪委、组织部和巡察办为成员，切实压实领导实施责任，夯实巡察工作基础。先后3次召开区委常委会会议、书记专题会议对巡察工作进行安排部署，区委书记坚持巡察部署必听、巡察情况必听，做到重要工作亲自部署、重大问题亲自过问、重点环节亲自协调。领导小组召开2次会议听取巡察情况汇报，巡察办召开组办会议10余次，协调推进巡察工作，学习贯彻全国和自治区市县巡察工作推进会精神，推动巡察工作深入开展。

【巡前统筹部署，夯实基础】 2021年，区委巡察办按照区委巡察五年规划，完成并印发二届区委第十一轮巡察工作方案，明确了巡察单位、巡察人员、巡察内容、巡察方式、具体要求等，保障二届区委巡察全覆盖和“回头看”任务圆满完成，并印发了三届区委第一轮巡察工作方案；严格落实选人用人程序，通过单位推荐、资格审查、办公室考察、巡察工作领导小组和区委审定等方式，按照“忠诚、干净、担当”的标准，在各单位选拔原则性强、素质过硬，熟悉纪检监察、党建、财经工作且具有相应工作经历、善于发现和分析研究问题的党员干部组成巡察干部人才库，切实把好巡察干部政治素质关；注重岗前培训，借助区市巡视巡察业务培训、专家授课、经验交流、速成工具书等方式，既有理论知识的武装，更有方式方法的指导，不断提高巡察干部业务能力和水平；抓后勤保障，巡察办不断加强服务巡察组的力度，巡察期间的所有车辆使用由巡察办统一协调安排，充分保障巡察期间巡察组对公车的灵活调度和巡察人员人身安全，从巡察工作经费中列支参与巡察工作人员的伙食补助和加班补助等，切实解决巡察工作人员的后顾之忧，经常深入巡察组驻地与巡察组人员沟通思想、掌握进度，并派办公室人员参加巡察组工作，办组联动，保证巡察工作顺利开展。

【坚持问题导向，提质增效】 2021年，区委巡察办强化巡察上下联

2021年4月6日，二届堆龙德庆区委第十一轮巡察工作动员部署会召开

2021年11月12日，三届堆龙德庆区委第一轮巡察工作动员部署会召开

动监督体系，在涉粮问题专项巡察中，在自治区党委的统一组织领导下，有效实现巡视巡察板块联动；三届区委第一轮巡察按照市委安排部署，交叉直巡村居，由城关区交叉巡察堆龙德庆区东嘎街道南嘎社区党委和乃琼街道岗德林社区党委，有效解决熟人社会监督难题，打通全面从严治党最后一公里，兄弟（县）区之间相互学习借鉴巡察经验做法，进行工作交流，取长补短，推动全区巡察工作做实做细做到位；拓宽问题发现渠道，巡察组在发现问题上不断探索新渠道，采取信访举报、审计监督发现、走访、谈话、微信平台举报等方式，把人员监督与智能监督相结合，把群众监督与专业监督相结合，二届区委第十一轮巡察派出三个巡察组对一个党组织开展常规巡察，对9家单位党组织开展巡察“回头看”，聚焦重点人、重点领域、重点岗位，聚焦中央和区市党委以及区委重大决策部署落实情况、聚焦中央和上级党委巡视巡察反馈问题整改情况进行监督检查，共发现问题183个，反馈立行立改问题31个，圆满完成了二届区委巡察全覆盖和15%巡察“回头看”任务；深化组办融合，巡察办主任任组长带队进组开展巡察，并与其他巡察组组长、新抽调参加巡察的干部开展座谈，深入交流巡察工作经验，讲解巡察工作流程、切入点和方式方法等，有效发挥传帮带作用，巡察办党支部和各临时党小组深度融合，巡察干部“化整为零”按照分组分别参加各临时党小组学习，各临时党小组“化零为整”集中参加巡察办党支部组织的党史知识竞赛活动，推动巡察工作有序开展的同时丰富党内组织生活。

【深化成果运用，提升实效】 2021年，区委巡察办督促巡察整改，向被巡察单位据实反馈巡察问题，督促按时提交巡察整改方案和整改报告，并经区纪委、区委组织部和巡察办三方审核通过后方可签收，截至11月中旬，被巡察10家单位党组织巡察整改方案、整改报告均已提交签收，反馈的183个问题共整改完成178个，其中长期坚持的178个，5个问题正在整改中，区委巡察办将持续关注整改进度；分类处置问题，对于巡察中发现的问题，根据“具体问题重整改、典型问题重查办、苗头问题早提醒、共性问题建机制”的原则，进行分类“建账”，再详细按照呈报、审批、移交3个程序规范处理。全年先后向区纪委、财政局、国资委等单位移交重要事项5件。

（扎西曲珍）

【机构领导】

区委巡察办主任

唐　　玲（女）

区委巡察一组组长

琼 卓 玛（女，藏族）

区委巡察二组组长

拉巴曲珍（女，藏族，5月任职）

区委巡察办副主任

扎西曲珍（女，藏族）

堆龙德庆区创先争优强基础惠民生活动第十批驻村工作

【概况】 2021年，堆龙德庆区坚持把强基惠民工作作为巩固拓展脱贫攻坚成果、全面推进乡村振兴的重要举措，对标“驻村七项职责”精准选派93名优秀干部进驻31个村（社区）[其中市级派驻2支、市县联合派驻6支、区乡联合派驻22支、堆龙德庆区联合当雄县派驻1支；93名队员中，自治区派驻1名（大学生村官），拉萨市派驻18名（含2名第一书记）、堆龙区直单位派驻26名（含7名第一书记、2名大学生村官），镇街派驻48名（含22名第一书记、6名大学生村官、18名村级组织专干）]，顺利完成第九、十批驻村工作队轮换交接，突出乡村振兴等工作重点打造培训课堂，推行完善包村工作责任制、谈心谈话制度、驻村工作月例会制度等工作机制，结合参观交流、知识竞赛、演讲比赛等形式创新工作方式方法，进一步强化驻村队伍建设，为堆龙驻村工作提供了坚强有力的组织保障和人才保障。

【确保社会和谐稳定】 2021年，各驻村工作队牢固树立忧患意识和风险防范意识，持续深入推进以反分裂斗争应知应会法律知识为主的底线教育、以活佛转世宗教仪轨和网络通信"二十禁"为主的防范教育、以十四世达赖和达赖集团反动本质为主的揭批教育、以"听党话、跟党走"为主的感党恩教育260余场次，受教育群众3.58万余人次，反分裂斗争基层基础不断夯实。协助村（社区）"两委"制定维稳方案和应急预案300余个，组建护村队107个，紧盯重点方向、复杂区域、重要节点、敏感时段、重点人员，投入维稳力量开展巡逻排查2600余次，健全完善矛盾纠纷排查调处化解工作制度，认真排查化解矛盾纠纷70余件，全年实现"三无""三不出"，切实维护社会面和谐稳定。巩固"全国民族团结创建示范区"成果，着力铸牢中华民族共同体意识，针对村（社区）"两委"班子成员开展国家通用语言文字教育培训330余场次、主干达标率72.5%，广泛开展"五史"教育等民族团结进步创建活动300余场次，覆盖3.3万余人次，各族群众共居共学共事共乐的氛围持续加深。

东嘎街道驻桑木社区工作队针对辖区内流动人口较多的现状，开展"拉网式、全方位"的安全隐患大排查大整治行动，清查大型出租房15处，同时宣传《流动人口须知》《务工指南》《中华人民共和国治安管理处罚法》等政令法规，切实提高外来流动人口法律意识，化解不稳定因素。

乃琼街道驻乃琼社区工作队着力深化打造"网格化防护"工作模式，建立完善社区"两委"班子成员、社区工作者排班值班考勤等网格工作机制，不断延伸巡逻防控、安全检查、矛盾纠纷化解等基层工作触角，形成网格长+网格助理、网格助理+党员代表+联户代表的管理格局，有效提升社区治理工作效能，群众安全感、满意度明显大幅度提升。

【稳步推进乡村振兴】 2021年，各驻村工作队协助村（社区）深入实施乡村振兴战略，推动"三农"工作重心从脱贫攻坚向乡村振兴战略性转移。以高质量发展为导向，帮助理清发展思路65条，制定完善经济发展规划51项，吸引39个项目落地建设，涉及资金8600余万元，兴办符合产业政策、市场前景好、就业带动强的集体经济组织30个、专业合作社34个，31个村（社区）集体经济收入均超过100万元，村集体经济发展稳中向好，产业建设进一步提质增效。以"三大革命"为抓手，持续改善村（社区）环境面貌，"美丽乡村·幸福家园"建设行动向纵深推进，12个村（社区）人居环

2021年5月25日，堆龙德庆区委副书记、组织部部长王满春主持召开驻村工作队5月份工作例会

2021年8月23日，堆龙德庆区召开创先争优强基础惠民生活动领导小组会议

境整治项目落地建设,948户厕所改建工作顺利完成。协助落实环境保护“党政同责”“一岗双责”,深入推进“净土、净空、净水、静音”工程,深化“河长制”工作成效,组织党员群众开展河道清理、环境整治等爱国卫生运动500余次,完成“四旁”植树造林3.5万余棵、种草绿化100余亩,实现空气质量优良率、河流及饮用水源地水质达标率均为100%。

拉萨市国税局和德庆镇联合派驻邦村工作队协助开展“阳光龙韵税务蓝 携手抒写山海情”连学共建活动,积极对接江苏省常州市税务局争取帮扶资金4万元。

堆龙德庆区和当雄县联合派驻祥和苑社区工作队积极对接吾拉雅责任有限公司,围绕编织技能开办专向培训班,吸纳15名学员参与。

【民生福祉】 2021年,各驻村工作队始终坚持以人民为中心的发展思想,牢牢把握“改善民生、凝聚人民”作为一切工作的出发点和落脚点。全面巩固脱贫攻坚成果,严格落实“5年过渡期”“四个不摘”等要求,强化监测46户159名易返贫致贫对象,包户结对帮扶精准扶贫户188户607人,联合派驻单位开展结对帮扶活动80余次,帮助解决困难问题62项,协助做好42个扶贫产业项目清产核资工作,进一步加强扶贫项目资产管理和监督。牢牢扭住就业“牛鼻子”,宣传免费教育政策和就业创业优惠政策160余场次、覆盖群众9600余人次,落实技能培训、转移就业、劳务输出、创业帮扶等措施,完成就业技能培训41场次,受益群众1335人次,协助和动员农牧区高校毕业生积极参与大众创业、万众创新530余人,帮助53名毕业大学生解决就业问题。深化“放管服”改革,协助推动区、镇(街道)、村(社区)三级政务服务体系标准化规范化建设,做好“一站式服务”“一门式办理”工作,推动村(居)为民服务全程代办,开展线上线下代缴代办代理等便民服务9000余件。认真开展“我为群众办实事”实践活动,及时发现并协调上级有关部门解决群众“急难愁盼”问题208件,为困难群众捐款捐物折合人民币51万余元,帮助323名群众解决“看病难”问题。

羊达街道驻通嘎社区工作队争取为民办实事资金5万元,为社区每户居民购置并安装水龙头净水器,切实解决社区居民用水安全问题。

拉萨市政协办公厅驻巴热村工作队主动了解群众诉求,争取派驻单位支持,投入18.2万元修建防水挡墙、防洪堤坝262米。

【创建精神文明】 2021年,各驻村工作队抓牢意识形态领域工作主动权,借助“学习强国”、区融媒体中心“三微一网一抖”等平台的影响力,采取集中宣讲、入户宣讲等方式,面向群众宣讲习近平新时代中国特色社会主义思想,习近平总书记系列重要讲话、重要指示批示精神,中共十九大及系列全会精神1000余场次,覆盖群众9.8万余人次,开辟“十八大以来习近平总书记给我们家带来的变化”专栏36个,开展习近平总书记对西藏各族群众的深情牵挂和特殊关爱等相关专题宣讲130余次,群众感党恩听党话跟党走的核心意识进一步增强。结合《中华人民共和国民法典》等内容完善村规民约632条,持续深入开展“四讲四爱”“农闲时节新时代文明实践”等活动实践丰富群众精神文明建设，围绕勤劳致富、移风易俗、卫生健康、法律知识、网络安全等重点领域深入开展宣讲1200余次，健康文明生活方式和高品质生活成为群众的追求。

马镇和区市场监督管理局联合派驻马村工作队在青少年法治教育上狠下功夫，定期组织学生及学生家长开展预防青少年犯罪专题宣讲，针对学生家庭和学生在校情况进行"一对一"心理辅导。

马镇驻措麦村工作队定期召集村"两委"、群众党员围绕"党的十八大以来习近平总书记给我们家带来的变化"主题进行学习讨论，细数党的好政策给生活带来的变化，进一步树牢"两个维护"意识。

【夯实基层基础】 2021年，各驻村工作队坚持把建强党的基层组织摆在首位，着力打造坚强有力的基层战斗堡垒。协助完成村级组织换届工作，班子年龄结构、能力水平进一步优化。不断加强思想建设，坚持把学懂弄通做实习近平新时代中国特色社会主义思想作为首要政治任务，结合党史学习教育推进"两学一做""不忘初心、牢记使命"常态化制度化，组织"三会一课"活动1600余场次，开展各类学习430余次，发放学习资料4400余份。在壮大村（社区）党组织中严把质量关，发展党员95人，签订党员不信仰宗教责任书4500余份。坚持把开展好党群活动作为凝聚群众的重要抓手，开展各类群团活动110余次，参与群众9100余人次。

乃琼街道、区委组织部和区退役军人事务局联合派驻色玛社区工作队严格落实中央八项规定及其实施细则精神，在毕业季及时组织社区党员干部签订不举办升学宴、谢师宴等承诺书，让党员充分发挥先锋模范作用，抵制不良风气在社区蔓延。

拉萨市国税局驻邦村工作队规范政治理论学习制度，重点培养"学习领读人"，练胆、增信，采取"轮流制点评"进一步巩固、深化学习教育成果，以"青年先学+任教补课"保证政治理论学习"一个也不能少"。

（杨　凯）

2021年9月24日，堆龙德庆区强基办组织驻村工作队举办创先争优强基础惠民生活动"学光辉党史 践驻村使命"党史知识竞赛暨演讲比赛

【机构领导】

组　长

李晓强（区委副书记）

副组长

孙　玲（区委常委、组织部部长，女）

赵宏忠（区委常委、政法委书记、市公安局堆龙分局党委书记、局长）

杨　丽（区委常委、宣传部部长）

旦增平措（政府副区长，藏族）

主　任

孙　玲（区委常委、组织部部长，女）

副主任

樊晓瑞（区委机要局局长，女）

（因工作需要，堆龙德庆区创先争优强基础惠民生活动领导小组于2021年10月26日重新调整）

党校

【概况】 年内，区委党校坚持以习近平新时代中国特色社会主义思想为指导，深入落实新时代党的建设总要求，紧紧围绕中心工作，以造就忠诚干净担当的高素质专业化干部队伍为主要目标，坚持严以治校、严以治教、严以治学，发挥干部培训、思想引领、理

论建设、群众教育等功能，逐步扩大教学规模、提高教学水平、创新教学模式，基本实现了培训轮训的全覆盖，在全区进一步夯实基础、统一思想、凝聚人心等方面发挥了积极作用，完成了年初既定目标。2021年，区委党校内设办公室、教研室、学员管理培训科3个部门，共有干部职工16名，其中事业单位管理人员2名，专技人员12名（讲师11名，高级讲师1名），工人编制1名，公益性岗位1名。

【自身建设】 2021年，区委党校坚持“学为人师，行为示范”标准，建立健全教师培养成长考核评价机制，先后确立了党校教师集体备课、校外名师讲课评课、新任教师试讲评估等教研活动，严把教师授课质量关。按照专职为主、专兼职结合的原则，完善进修培养机制，加大教师到区内外高校和其他党校开展业务培训的选派力度，进一步拓宽交流学习渠道，力争每名教师每年至少参加1次上级党校师资培训或轮训，逐步建立起一支素质过硬的师资队伍。全年累计分4批选派了12名教师前往江西井冈山红色教育基地和延安干部学院、广西职业师范学院参加党员教育师资培训班，积极邀请自治区党委党校及拉萨市委党校专家、教授评课5次，推动师资水平显著提升。

【培训工作】 2021年，区委党校紧扣学习贯彻中共十九届五中全会和中央第七次西藏工作座谈会精神以及区委、区政府中心工作和党史学习教育，面向党员领导干部和基层党员组织开展各类主题班次22期，包括党员干部党史教育专题培训班12期、村（居）干部履职能力提升班3期、基层党务骨干培训班1期、预备党员和入党积极分子培训班5期以及新任公务员岗前培训班1期，累计培训学员达1424人次。其中利用区外红色教育基地异地办班3期，累计培训学员达112人次。进一步加大联合办班力度，通过联合办班方式，联合人大、政协、统战、民宗、纪委、妇联等部门举办专题讲座20余场次，累计培训学员达830人次。

通过“党史学习教育”巡回宣讲等，大规模组织开展“流动党校”深入村（社区）一线送教下乡，全年共组织开展基层流动宣讲73场次，覆盖基层党员群众达22350人次，为切实推动全区经济社会发展，提高基层党员干部的理论水平，增强农牧民群众知党情、感党恩、跟党走的决心贡献了党校智慧。同时受邀参与各行业部门和各县区授课场次达44场次，累计培训学员达2490余人次，进一步扩大区委党校的对外影响力。

【课研工作】 2021年，区委党校始终坚持“以学术讲政治”的原则，依托拉萨市“管脑子”工程，紧紧围绕基层党员干部群众思想政治教育研究，认真组织科研攻关，切实以科研成果推动教学水平的提升。建立堆龙德庆区委党校科研工作管理办法，完成调研课题立项申报4项，其中，自治区党委党校课题1项（《西藏建立防止返贫监测和帮扶机制研究》），拉萨市委党校课题2项（《堆龙德庆波玛村产业发展助推乡村振兴实证研究》《堆龙德庆区“三有”非公企业党组织建设研究》），堆龙德庆区委党校课题1项（《新时期基层党员培训工作的现状与思考》）。同时，组织2名骨干教研人员参与拉萨市委党校重点课题

2021年6月3日，堆龙德庆区举办“学党史 铭初心”知识竞赛

2021年4月15日，堆龙德庆区第一期新任村（居）干部履职能力提升班学员合影

调查研究工作，切实营造良好的学术研究氛围，推动党校教学培训、科学研究与决策咨询相互促进、协同发展，有效提升区委党校服务决策水平。

（赵　鑫）

【机构领导】

校　长

朗　珍（女，藏族）

副校长

赵　鑫

支部书记

巴　珠（藏族）

直属机关工作

【概况】 2021年，堆龙德庆区直机关工委以习近平新时代中国特色社会主义思想为指导，全面贯彻落实中共十九届二中、三中、四中、五中、六中全会及中央第七次西藏工作座谈会精神，贯彻落实习近平总书记在中央和国家机关党建工作会议上的重要讲话精神，不断增强“四个意识”、坚定“四个自信”、做到“两个维护”、当好“三个表率”，坚持新时代党的建设总要求，始终坚持党要管党、从严治党的方针，以全面提升机关政治属性和党员干部综合素质为主线，围绕中心、服务大局，切实加强机关党的政治、思想、组织、制度、作风建设，有效提高机关党员的素质和工作效率，增强机关党组织的创造力、凝聚力和战斗力，充分发挥机关党组织推动发展、服务群众、凝聚人心、促进和谐的先锋引领作用，为全区做好改革发展稳定各项工作提供坚强的组织保证。2021年，区直机关工委下属党组织48个，其中党总支3个（法院党总支、政法委党总支、卫健委党总支），党支部45个，中共正式党员共756名。

【压实主体责任】 层层压实责任，细化工作任务。2021年，区直机关工委全面压紧夯实抓机关党建工作主体责任，共召开6次机关工委会书记会议，研究机关党建工作思路、发展党员、支部换届等工作。研究制定年度党建工作要点，针对要点内容逐项制定实施方案、细化工作措施。制定《堆龙德庆区直属机关工作委员会2021年党建工作要点》，将强化理论武装、加强政治建设、加强基层党组织建设、加强作风建设、夯实制度基础、做好庆祝建党100周年和西藏和平解放70周年6项内容分解为31个小项，进一步细化工作目标。机关各级党组织参照责任清单，结合各自党组织工作实际，及时梳理党建工作任务，按照“规定动作不走样，自选动作有创新”的原则，分层分类制定党建工作责任清单，层层传导压力，使机关党建工作有抓手、有目标、有计划，确保各项工作按计划有序推进。

落实调研制度，提升工作质量。对照“责任清单”、季度重点工作内容，对48个机关党组织开展季度党建工作调研，通过采用听取汇报、个别访谈、实地查看、对照记录、查阅资料等形式，全面了解机关党组织党建工作落实情况，特别是调研党的政治建设、党内政治生活、党员政治教育等方面落实情况，着力增强机关执行力，强化政治机关属性。

【思想理论武装】 带头加强思想武装。2021年，区直机关工委把学习贯彻习近平新时代中国特色社会主义思想和中共十九大精神引向深入，以新思想持续武装头脑，采取党组织书记上党课、研讨

2021年5月28日，堆龙德庆区机关工委组织党员干部开展红色运动会，图为获奖选手合影留念

交流、主题宣讲、集中学习及自主学习等方式，教育引导机关党员干部自觉主动学、及时跟进学、联系实际学、笃信笃行学，推动机关党员干部在真学真知、真做真改中学深学透。坚持把“不忘初心、牢记使命”作为加强党的建设的永恒课题和全体党员干部的终身课题，健全长效机制，对主题教育中查摆出的问题，举一反三，逐条逐项、一以贯之抓好整改，做好主题教育“下半篇”文章。

切实增强理想信念。不断丰富活动载体，在建党100周年和西藏和平解放70周年、元旦、“3·28”百万农奴解放纪念日、清明节、“七一”等重要节点，组织党员开展“红色趣味运动会”“党员志愿者创城活动”“庆七一重温入党誓词”“读书会”等活动，组织开展“主题党日”“政治生日”“庆祝建党100周年和西藏和平解放70周年”等活动700余场次，志愿服务活动60余次，将学习教育、为民服务等内容有机结合，广大机关党员干部的政治信仰和理想信念更加坚定，党内政治文化生活更加积极健康。

【党员教育管理】 严把党员发展入口。2021年，区直机关工委按照“控制总量、优化结构、提高质量、发挥作用”的方针，联合区委党校，组织150名学员参加入党理论培训班，引导发展对象和入党积极分子增强党性修养，坚定理想信念。全年共发展党员24人、吸收积极分子70人、按期转正42人。

开展党员档案清查。进一步加强党员管理，开展发展党员违规违纪专项排查，组织人员对机关党员档案进行全面梳理，并向所在支部提出整改要求，确保党员档案材料完整、入党程序规范，审批流程严格、党员条件符合要求，完成了对机关党员档案清查工作，切实增强机关党员队伍的纯洁性、先进性。

【党组织建设】 理顺党组织关系，优化党组织结构。2021年，区直机关工委按照《中国共产党和国家机关基层组织工作条例》有关规定，根据党组织隶属关系，区直机关工委通过工作群、电话通知等形式，对因人事调动、工作需要等原因需要调整支部委员的党支部，严格按照支部提出请示机关工委召开书记办公会审批的程序进行，完成18个党支部委员调整补选工作。推进标准化建设，落实党内基本制度。结合“支部建设规范年”活动，开展软弱涣散基层党组织整顿排查工作，加强党支部标准化建设，下发《堆龙德庆区县级干部规范和落实党员组织双重生活制度的通知》，健全机关党支部组织生活会监督管理办法，完善机关党建工作监督检查、考核评价、结果运用等机制。严格执行“三会一课”、组织生活会、谈心谈话、民主评议党员等基本制度，从严管理党员、严肃组织生活，党组织战斗堡垒作用进一步发挥。

强化基础保障工作。按照《堆龙德庆区(中)直机关各党组织党建活动经费使用办法(试行)》，实现党建活动经费管理规范化，全年共列支党建经费34.7万余元。严格落实党费收缴“四有”工作要求，通过农行App平台，实现党费收缴网络化，全年上缴党费共计13.1万余元。

(苏红星)

【机构领导】

书　记

王 满 春(区委副书记、组织部部长，7月离任)

李晓强(区委副书记,7月任职)

常务副书记

孙　玲(区委常委、组织部部长,女,7月任职)

副书记

边巴索朗(区委常委、纪委书记、监察委员会主任,藏族,7月任职)

达娃卓玛(区委常委、副区长、三级调研员,女,藏族,7月任职)

德吉央宗(区委常委、区委办主任,女,藏族,7月离任)

尚栓斌(区委常委、区委办主任,7月任职)

杨　丽(区委常委、宣传部部长,女,7月任职)

马　勇(区人大常委会党组成员、副主任)

王考昌(区政协党组成员、副主席)

专职副书记

平　旺(区委组织部常务副部长,藏族)

国家安全

【概况】 2021年,区委国安办深入学习贯彻习近平新时代中国特色社会主义思想,深入学习贯彻中共十九大和十九届二中、三中、四中、五中、六中全会精神以及习近平总书记在西藏考察时的重要讲话精神,增强“四个意识”、坚定“四个自信”、做到“两个维护”,牢固树立总体国家安全观,完成各项既定任务,全力确保堆龙德庆区持续和谐稳定。区委国安办于2019年4月正式组建运行,核定行政编制5名,其中科级领导职数3名,2021年实有人数9名。

【党的建设】 2021年,区委国安办党支部以党史学习教育和“三更”专题教育为契机,认真制订支部工作计划和党员学习计划,积极组织全体党员学习,通过集中学习和自学相结合的方式,以专题研讨学习会、主题党日、观看警示教育影片、参观红色革命基地及“三会一课”等活动形式,深入学习习近平新时代中国特色社会主义思想,深入学习宣传贯彻中共十九届六中全会精神和习近平总书记视察西藏时的重要讲话精神,特别是总书记关于治边稳藏重要论述和党的新时代治藏方略,推动好党史学习教育,进一步提高干部对党史的了解掌握,切实做到学史明理、学史增信、学史崇德、学史力行,积极开展“我为群众办实事”活动,从为单位联系点和干部联系户解决困难入手,协调解决联系点历史遗留问题1项,帮扶慰问老党员、结对户4次,投入资金2万余元。全年共召开党建工作专题部署会4次,开展集中学习47次,召开支部大会12次,组织主题党日活动12次,书记讲党课4次,召开组织生活会1次。

党风廉政建设。制定细化廉政风险点,主要负责人履行第一责任人责任,班子履行“一岗双责”,在元旦、春节、藏历新年、“五一”国际劳动节、雪顿节、国庆等重要节点,及时组织召开部署会进行安排部署,组织廉政学习共18次,组织观看警示教育片5次,参观廉政教育基地1次。同时,结合改进作风狠抓落实工作部署要求,召开党支部会议,围绕“八个落实”,认真自查自纠,检视出问题10条,制定整改措施14个。组织干部职工围绕“四查四

2021年3月28日,堆龙德庆区委国安办党支部为村民发放国家安全相关宣传品

问”，深入查找存在的问题，列出个人问题32条，制定整改措施35项，明确整改时限，建立问题查摆及整改落实台账，实行销号管理，确保每一项重点任务落地落实落细，进一步提升党员队伍战斗力，进一步筑牢思想防线。

【维护国家安全和社会稳定】2021年，区委国安办紧紧围绕“两个大庆”安保工作，突出各重要节点防控，制定细化工作方案，组织牵头召开36次工作部署会议，按阶段、分重点研究分析形势，部署工作任务，确保了全年持续安全稳定。强化风险管控，制定细化工作实施方案，实行分级负责，坚持定期梳理、汇总、督办，确保各类风险隐患化解到位。强化防范工作，结合“四讲　四爱”群众教育实践活动和“遵行四条标准、争做先进僧尼”教育实践活动，开展防范教育、感党恩教育，受教育群众达3.58万余人次，切实构建维护稳定的铜墙铁壁。

2021年4月15日，堆龙德庆区开展国家安全宣传日活动

【宣传培训】2021年，区委国安办利用“4·15”国家安全宣传日和11月1日《中华人民共和国反间谍法》颁布实施纪念日等各类宣传节点，制作宣传动漫短片、手册、日历等宣传品，悬挂宣传横幅和展板，大力宣传国家安全法、反间谍法等各类法律法规，覆盖各类群众5.3万人次，有效提高各族干部群众维护国家安全的意识。同时，针对镇（街道）和村（居）干部采取集中培训、业务督导等方式，强化对镇（街道）、重点领域部门业务能力素质的提升，组织培训2场次，参训人员达150人次。

（康拉玉吉）

【机构领导】

主　任

巴　　桑（藏族）

副主任

旦增坚才（藏族）

张 海 堂

堆龙德庆区人民代表大会

综 述

【概况】 年内,堆龙德庆区人大常委会坚持以习近平新时代中国特色社会主义思想为指导,坚决贯彻习近平总书记关于坚持和完善人民代表大会制度的重要思想,深入学习贯彻中共十九大、十九届历次全会和中央第七次西藏工作座谈会精神,在区委的坚强领导下,在市人大常委会的有力指导下,围绕区委中心、服务全区大局,紧扣人民群众重大关切,依法履行职责,积极担当作为。2021年,共召开常委会会议10次,听取和审议专项工作报告5项,开展专项视察5次、执法检查2次、专题询问1次、满意度测评3次,作出决议决定12项,配合上级人大视察调研3批次,接待其他市县区考察3批次,组织依法任免地方国家机关工作人员开展宪法宣誓,较好地完成了区二届人大五次会议、三届人大一次会议和三届人大二次会议确定的各项任务,为促进堆龙经济社会发展和民主法治建设作出了新的贡献。区人大常委会设主任1名、副主任4名、委员22名。堆龙德庆区有自治区级人大代表5名,拉萨市级人大代表20名,堆龙德庆区级人大代表145名。

【坚持党的全面领导】 以政治坚定践行“两个维护”。2021年,区人大常委会坚持把党的领导贯彻落实到人大工作的全过程各方面,保障党的路线方针政策和决策部署在堆龙德龙区得到全面贯彻和有效执行,确保党的主张同人民意志高度统一,以做好人大工作的具体行动和实际成效,体现对习近平总书记和党中央的绝对忠诚。

以行动自觉落实区委决策。始终坚持在区委领导下工作,全年就工作要点、换届选举等重大问题、重要事项及时向区委请示报告,并通过季度汇报的形式保证区委掌握人大工作动态。充分发挥常委会党组把方向、管大局、保落实的作用,紧盯全区工作大

2021年8月31日,堆龙德庆区人大常委会党组书记、主任赵长胜(前排左一)带队一行到区人民法院、检察院调研工作

局，加强与“一府一委两院”的沟通协调，统筹安排人大监督、决定、任免、代表等各项工作，积极参与疫情防控、维护国家安全、促进就业等工作，确保人大工作与区委工作目标同向、行动同步、同频共振。

以理论武装保持政治坚定。召开常委会党组会议9次、理论学习中心组会议12次，组织机关全体党员深入学习习近平总书记关于意识形态、生态文明、安全生产、乡村振兴、民族宗教等工作的重要讲话精神，学习贯彻十九届六中全会和中央第七次西藏工作座谈会精神，深刻认识坚持和完善人民代表大会制度在推进国家治理体系和治理能力现代化中的重要意义，从全局的高度把握形势、谋划工作、忠诚履职，确保机关党员干部始终在思想上、政治上、行动上与党中央保持高度一致。

2021年9月24日，拉萨市各县（区）人大考察组到德庆镇交流学习人大工作

【监督工作】 聚焦宪法和法律法规实施开展监督。2021年，区人大常委会严格督查宪法宣誓制度实施情况，组织开展宪法宣誓3次，委托“两院”开展宪法宣誓2次，通过宪法宣誓，不断增进人大任命干部的宪法意识和尊崇宪法的自觉性。积极开展“12·4”国家宪法日活动，配合自治区人大常委会开展《中华人民共和国旅游法》《西藏自治区旅游条例》和《中华人民共和国固体废物污染环境防治法》等法律法规检查，确保宪法等法律法规在堆龙德庆区有效落地、有效实施。

聚焦生态文明建设开展监督。全年听取和审议生态环保议题2次，对《拉萨市堆龙德庆区人民政府关于2021年生态环境状况和环境保护目标完成情况的报告》和《拉萨市堆龙德庆区生态文明建设示范县规划（2020—2025年）》进行了深入研究和认真审议，并及时对相关问题作出决议，有力保障堆龙德庆区生态环保工作开展的实效性。

聚焦促进司法公正开展监督。组织代表实地调研法院、检察院工作，听取法检两院工作、政法队伍教育整顿等情况汇报，并就贯彻落实宪法宣誓制度、人民陪审员制度、流动法庭工作等情况提出意见建议，有力推进司法机关在人民代表监督下的阳光司法进程。

聚焦保障和改善民生开展监督。2021年，区人大常委会组织70多名人大代表开展专项监督10余次，有力推动区委决策部署落地落实。先后就堆龙德庆区文明城市创建工作、人居环境整治和棚户区改造项目建设、十大民生实事、人民满意教育“六个提升”目标执行完成工作、流浪犬管理等民生热点问题，多次组织人大代表开展专项监督和视察，面对面听取人大代表、城镇居民和农牧民群众的意见建议，及时将有关情况和建议反馈给相关部门。

聚焦预决算执行情况开展监督。常委会及时召开会议，认真审查批准预算执行、预算调整、财政决算等报告，督促政府及相关部门针对调整支出项目，加强资金使用管理和绩效考核，确保有限资金用在刀刃上。稳步推进预算联网监督平台建设，预算联网监督前期工作进展顺利。

【代表工作】 “人大代表之家”建设。2021年，区人大常委会认真落实自治区和市人大决策部署，认真开展“人大代表之家”提档升级工作，成立了领导小组和工作专班，制订了工作方案，先后30余次到各镇（街道）督导指导，按照“五个统一”的要求对各镇（街道）“人大代表之家”进行重新打造，“人大代表之家”从形式到内容得到全方位提升。2021年12月，全区地（市）、县（区）人大常委会主任培训会暨人大代表工作推进会在堆龙德庆区乃琼街道召开，会议对堆龙德庆区“人大代表之家”工作给予高度肯定。为充分调动各镇（街道）“人大代表之家”工作的能动性，区人大常委会创新开展“人大代表之家”星级评定工作，评出五星级“人大代表之家”2个、四星级“人大代表之家”2个、三星级“人大代表之家”4个，在全区形成了“人大代表之家”建设比学赶超的良好氛围。

人大代表培训工作。区人大常委会换届后，及时举办人大代表培训班，组织50多名新任人大代表进行集中培训，同时，先后组织2批60余名人大代表参加自治区和市人大培训班，通过集中授课与现场考察等方式，有效提高基层人大代表法律意识和依法履职能力。

2021年12月13日，堆龙德庆人大常委会举办“人大代表之家”星级评定集中授牌会

常委会与人大代表的联系。坚持“请上来”和“走下去”相结合，组织常委会组成人员经常性走访联系基层人大代表，定期邀请人大代表列席常委会会议，制作发放人大代表便民联系卡19000余份，人大代表与常委会、人大代表与基层群众的联系明显增强。同时，不断加强区市两级代表纵向联动，密切兄弟县（区）之间横向联动，联合城关区和曲水县人大一同开展了区市两级人大代表集中视察活动，这在堆龙德庆区人大历史上尚属首次，在代表中产生良好反响。

拓宽人大代表履职渠道。继续强化代表建议办理“三公开两见面”制度落实工作，从交办、办理、督办三个环节同时发力，推动人大代表建议有效落实。常委会梳理出二届历次人民代表大会期间人大代表“年年提、反复提”的意见建议15项，与人大代表、承办单位三方对案，核实了解相关情况，找准问题症结所在，有针对性地提出了切实可行的办理意见。制定和落实人大常委会副主任分包督办议案建议制度，确保每项建议有人跟、有人管、有人落实。制定《堆龙德庆区人大代表履职活动经费管理使用办法》，设立人大代表办实事经费，为闭会期间人大代表履职提供有力保障。

【换届工作】 按照“区委领导、人大指导”的原则以及换届工作要求，2021年3月至6月有序开展区、镇（街道）两级人大换届工作，全区70个选区、4万余名选民共选举产生新一届堆龙德庆区人大代表145名，三镇13599名选民选举产生镇级新一届人大代表143名，选举产生区、镇两级人大、政府领导班子及“一府两院”主要负责人，圆满完成区镇两级换届工作。2021年11月，按照市委决策部署及时召开三届二次会议，123名区级代表选举产生堆龙德庆区出席拉萨市第十二届人民代表大会代表32名。

【自身建设】 思想政治建设。2021年，区人大常委会始终坚定正确政治方向，严守政治纪律和政治规矩，始终在思想上、政治上、行动上与以习近平同志为核心的党中央保持高度一致。严格落实从严治党要求和党风廉政主体责任，不断筑牢拒腐防变制度防线和思想防线。

健全人大工作制度。在深入调研、充分酝酿的基础上，研究制定了《堆龙德庆区人大常委会组成人员联系人大代表制度》《堆龙德庆区人大代表联系群众制度》《人大代表履职活动经费管理使用办法》《人大常委会关于“人大代表之家”星级评定办法》等一系列规章制度，有力规范人大各项工作的开展，有效提高各级人大代表履职尽责的积极性。

基层人大工作指导。坚持区乡两级人大工作“一盘棋”，制定出台《堆龙德庆区人大常委会主任分包指导制度》，明确人大常委会主任、副主任分包指导各镇（街道）人大工作，从代表活动、法定会议、阵地建设、代表培训队伍建设等各方面对镇（街道）人大工作进行全面指导，基层人大工作得到显著增强。

（杨博奇）

【机构领导】

区人大常委会主任

武保林（6月离任）

赵长胜（6月任职）

区人大常委会副主任

次　仁（藏族，6月离任）

马　勇

罗桑次仁（藏族，6月离任）

刘　军（6月离任）

钦热洛珠（藏族，6月任职）

索朗曲珍（女，藏族，6月任职）

巴桑罗布（藏族，6月任职）

堆龙德庆区出席西藏自治区第十一届人民代表大会代表一览表

表1

姓　名	性别	民族	工作单位及职务
石运本	男	汉族	堆龙德庆区委书记
唐素芳	女	汉族	姜昆希望小学校长
次　珍	女	藏族	区财政局工人
格桑卓嘎	女	藏族	古荣镇南巴村委会主任
罗桑卓嘎	女	藏族	德庆镇德庆村党委书记

堆龙德庆区出席拉萨市第十二届人民代表大会代表一览表

表2

姓　名	性别	民族	工作单位及职务
石运本	男	汉族	区委书记、一级调研员
米玛次仁	男	藏族	区委副书记、区长
赵长胜	男	汉族	区人大常委会党组书记、主任
边巴索朗	男	藏族	区委常委、纪委书记、监委主任
欧阳建川	男	汉族	人民法院党组书记、院长、四级高级法官
次　珍	女	藏族	城投公司工人
索朗央金	女	藏族	德庆镇邱桑村群众
巴　珠	男	藏族	古荣镇嘎冲村党委书记

续表2

姓　名	性别	民族	工作单位及职务
扎　　桑	女	藏族	羊达街道通嘎社区居务监督委员会主任
卓玛次仁	女	藏族	东嘎街道桑木社区群众
巴桑罗布	男	藏族	乃琼街道色玛社区党总支副书记、主任
达瓦桑布	男	藏族	柳梧街道柳梧村党委书记
王 玲 玲	女	汉族	区人民医院工作人员
拉巴次仁	男	藏族	觉木龙派藏戏老师，自治区级非物质文化遗产传承人
拉　　巴	男	藏族	楚布寺管委会副主任（僧人）
次　　仁	男	藏族	拉萨远大建材有限责任公司总经理、党支部书记
旦　　增	男	藏族	马镇二级科员，设兴村党总支第一书记
旦　　增	男	藏族	莫嘎护路队教导员
旦增群培	男	藏族	东嘎街道党工委副书记、办事处主任
周　　文	女	汉族	德庆镇一级科员、邱桑村大学生村官

堆龙德庆区第三届人民代表大会代表一览表

表3

姓　名	性别	民族	工作单位及职务
石 运 本	男	汉族	堆龙德庆区委书记
米玛次仁	男	藏族	堆龙德庆区委副书记、区长
赵 长 胜	男	汉族	堆龙德庆区人大常委会主任
赵　　岩	男	汉族	堆龙德庆区委常务副书记、常务副区长
巴　　珠	男	藏族	堆龙德庆区委副书记
李 晓 强	男	汉族	堆龙德庆区委副书记
孙 振 立	男	汉族	堆龙德庆区委常委、武装部政委
杨　　蕾	男	汉族	堆龙德庆区委常委、副区长
赵 宏 忠	男	汉族	堆龙德庆区委常委、政法委书记、公安分局局长
边巴索朗	男	藏族	堆龙德庆区委常委、纪委书记、监委主任
达娃卓玛	女	藏族	堆龙德庆区委常委、副区长
罗 俊 峰	男	汉族	堆龙德庆区委常委、副区长

续表3

姓 名	性别	民族	工作单位及职务
尚栓斌	男	汉族	堆龙德庆区委常委、办公室主任
孙 玲	女	汉族	堆龙德庆区委常委、组织部部长
杨 丽	女	土家族	堆龙德庆区委常委、宣传部部长
马 勇	男	汉族	堆龙德庆区人大常委会副主任
钦热洛珠	男	藏族	堆龙德庆区人大常委会副主任
索朗曲珍	女	藏族	堆龙德庆区人大常委会副主任、古荣镇党委书记
巴桑罗布	男	藏族	堆龙德庆区人大常委会副主任
欧阳建川	男	汉族	堆龙德庆区人民法院院长
索朗旺庆	男	藏族	堆龙德庆区人民检察院检察长
刘长景	女	汉族	堆龙德庆区人大常委会办公室主任
拉 珍	女	藏族	堆龙德庆区总工会主席
刘 敏	女	汉族	共青团堆龙德庆区委书记
马立玲	女	汉族	堆龙德庆区妇联主席
朗杰次成	男	藏族	堆龙德庆区委统战部常务副部长
林 芸	女	汉族	堆龙德庆区教育局局长
洛 布	男	藏族	堆龙德庆区市场监督管理局局长
王栋栋	男	汉族	堆龙德庆区行政审批和便民服务局局长
巴桑次仁	男	藏族	楚布寺管委会党组书记、主任
强巴卓嘎	女	藏族	堆龙德庆区乃琼中心小学校长
巴 桑	女	藏族	堆龙德庆区人民医院内科主任
玉 措	女	藏族	堆龙德庆区农业农村局兽医站站长
桑 姆	女	藏族	堆龙德庆区圣洁保洁服务中心环卫工人
平措仁吉	男	藏族	堆龙德庆区城市管理和综合执法局协管员
格 桑	男	藏族	堆龙德庆区南嘎退休党支部书记
索朗白吉	女	藏族	西藏雄巴拉曲神水藏药有限公司党支部书记、总经理、副董事长
骆翰墨	男	汉族	堆龙德庆区龙腾国有资产投资运营有限公司总经理
胥国庆	男	汉族	西藏双新科技发展有限公司总经理（堆龙德庆区众创空间运营负责人）
丹增旺堆	男	藏族	堆龙移动公司副总经理

续表3

姓　名	性别	民族	工作单位及职务
平措旺堆	男	藏族	经开区德吉康萨社区书记
洛桑次成	男	藏族	堆龙德庆区委政法委古荣护路大队大队长
扎　多	男	藏族	德庆镇党委书记
谢远晋	男	汉族	德庆镇党委副书记、人大主席
顿珠罗杰	男	藏族	德庆镇中心小学副校长
邓增次来	男	藏族	邱桑寺管委会主任(驻寺干部)
索朗央金	女	藏族	德庆镇邱桑村村医
阿旺晋巴	男	藏族	德庆镇邱桑寺僧人
罗桑卓嘎	女	藏族	德庆镇德庆村党委书记
达　娃	男	藏族	德庆镇德庆村党委副书记、村委会主任
边　巴	男	藏族	德庆镇德庆村二组组长
洛桑旦增	男	藏族	德庆镇德庆村副主任、治保主任
曲　宗	女	藏族	德庆镇邦村妇联主席
尼　玛	男	藏族	德庆镇邱桑村村委会主任
晋美贡布	男	藏族	德庆镇群众
群培次仁	男	藏族	德庆镇门堆村党总支副书记、村主任
阿旺旦增	男	藏族	德庆镇昂嘎村宣传委员、村委会副主任
王定平	男	汉族	马镇党委书记
旦增欧珠	男	藏族	马镇党委副书记、人大主席
达瓦次仁	男	藏族	马镇中心小学书记、校长
多吉曲扎	男	藏族	马镇卫生院院长
旦增曲珍	女	藏族	马镇措麦村党总支书记
桑　珠	男	藏族	马镇措麦村委员会主任
阿旺尼布	男	藏族	马镇措麦寺主任
德　庆	男	藏族	马镇马村党总支书记
格桑顿珠	男	藏族	马镇常木村党总支书记
次仁旺姆	女	藏族	马镇朗巴村妇联主席
次仁扎西	男	藏族	马镇朗巴村委会主任

续表3

姓 名	性别	民族	工作单位及职务
次吉达娃	男	藏族	马镇设兴村党总支书记
尼玛德吉	女	藏族	马镇设兴村委会主任
巴 桑	男	藏族	马镇岗吉村党总支书记
平措朗杰	男	藏族	古荣镇党委副书记、人大主席
拉巴次仁	男	藏族	古荣镇巴热村党委书记
巴桑卓嘎	女	藏族	古荣镇嘎冲村统战委员、妇联主席、会计
格桑次仁	男	藏族	古荣镇嘎冲村藏鸡养殖专业合作社法人
次旦卓玛	女	藏族	古荣镇古荣村妇联主席
嘎 松	男	藏族	古荣镇古荣村委会主任
边 巴	男	藏族	古荣镇加入村党委副书记、村委会主任
旺 堆	男	藏族	古荣镇加入村1组群众
格桑卓嘎	女	藏族	古荣镇南巴村党委副书记、村委会主任
普 布	男	藏族	古荣镇南巴村监督委员会
扎 西	男	藏族	古荣镇那嘎村副主任
嘎玛索朗	男	藏族	古荣镇那嘎村委员、那嘎庄园负责人
嘎玛晋美	男	藏族	楚布寺管委会委员
米 玛	男	藏族	乃朗寺管委会主任
田 德 全	男	汉族	羊达街道党工委书记
达瓦次仁	男	藏族	羊达街道党工委副书记、人大工委主任
米玛次仁	男	藏族	羊达街道羊达社区党总支副书记、居委会主任
达娃曲珍	女	藏族	羊达街道羊达组联户长
旦 增	男	藏族	羊达街道泽巴组支部委员
次仁桑珠	男	藏族	羊达街道朗仲组联户长
普布卓玛	女	藏族	羊达街道朗仲组支部委员
拉巴欧珠	男	藏族	羊达街道羊达社区治保协调委员
仓 卓 玛	女	藏族	羊达街道仁青岗组支部委员
次仁平措	男	藏族	羊达街道达康组支部委员
尼玛旺堆	男	藏族	羊达街道通嘎社区居委会主任

续表3

姓　名	性别	民族	工作单位及职务
米玛次仁	男	藏族	羊达街道通嘎社区居委会副主任
扎　桑	女	藏族	羊达街道通嘎社区居务监督委员会主任
扎　西	男	藏族	羊达街道帮普村党总支副书记、村委会主任
平措卓嘎	女	藏族	羊达街道帮普村组宣委员、妇联主席
贺　进	男	汉族	东嘎街道党工委书记
文　兵	男	汉族	街道党工委副书记、人大工委主任
平　措	男	藏族	东嘎社区党委副书记、居委会主任
边　巴	男	藏族	东嘎社区党委副书记
达　娃	女	藏族	东嘎社区宣传委员、妇联主席
阿　奴	男	藏族	东嘎社区夏果党支部书记
达瓦次仁	男	藏族	南嘎社区党委副书记、居委会主任
旺　啦	男	藏族	南嘎社区纪检委员、监督委员会主任
大尼玛次仁	男	藏族	南嘎社区党委副书记、治保调解委员
卓　嘎	女	藏族	南嘎社区妇联主席、组织委员、文教卫生委员
次仁多杰	男	藏族	桑木社区党委副书记、居委会主任
达　珍	女	藏族	桑木社区监督委员会委员
卓玛次仁	女	藏族	桑木社区村医
杰　阿	男	藏族	祥和苑社区党委副书记、居委会主任
珠　杰	男	藏族	祥和苑社区党委副书记
桑　吉	女	藏族	祥和苑社区妇联主席
任　威	男	汉族	乃琼街道党工委书记
阿　奴	男	藏族	乃琼街道党工委副书记、人大工委主任
德吉玉珍	女	藏族	乃琼街道卫生院医师
旦增罗布	男	藏族	乃琼街道乃琼社区副书记、主任
玉　珍	女	藏族	乃琼社区 一组妇女主任
洛桑加央	男	藏族	乃琼社区 组织委员
扎巴索朗	男	藏族	乃琼街道岗德林社区党委书记
次　松	女	藏族	乃琼街道岗德林社区 群众

续表3

姓 名	性别	民族	工作单位及职务
罗 布	男	藏族	乃琼街道贾热社区党委书记
洛桑克措	男	藏族	乃琼街道贾热社区宣传委员、社会保障委员
拉 巴	男	藏族	乃琼街道觉木龙寺僧人
巴桑罗布	男	藏族	乃琼街道色玛社区副书记、主任
卓 嘎	女	藏族	乃琼街道色玛社区副书记、妇联主席
次仁顿珠	男	藏族	乃琼街道加木村群众
索 朗	男	藏族	乃琼街道波玛村党委书记
巴 加	男	藏族	乃琼街道波玛村群众
王龙龙	男	汉族	柳梧街道党工委书记
洛桑卓玛	女	藏族	柳梧街道党工委副书记、人大工委主任
扎西卓玛	女	藏族	柳梧街道卫生院院长
秦 炜	男	汉族	西藏博炜律师事务所主任
扎 西	男	藏族	康乐社区党支部书记
次旦平措	男	藏族	柳梧村车队工人
扎 桑	女	藏族	柳梧社区“两委”委员
旦增罗布	男	藏族	达东村党总支 副书记、村委会主任
拉 琼	男	藏族	达东村党总支 纪检委员
次仁旦巴	男	藏族	德阳村党委书记
益西克卓	女	藏族	德阳村党委副书记、居委会主任
边巴次仁	男	藏族	桑达村党总支 书记兼主任
索朗旦巴	男	藏族	桑达村会计

办公室工作

【概况】 堆龙德庆区人大常委会办公室以习近平新时代中国特色社会主义思想为指导，在区人大常委会的坚强领导下，紧扣区委中心工作，服务大局，服务基层，紧紧围绕《堆龙德庆区人大常委会2021年度工作要点》，加强组织领导，转变工作作风，提升工作效能，创新工作机制，认真贯彻落实区人大常委会的各项工作部署，通过办公室全体人员的共同努力，积极发挥综合协调服务职能，以奋发有为的精神积极开展各项工作，为常委会全年工作的圆满完成，做出了积极贡献。人大常委会下设1个办公室，办公室有主任1名、副主任2名、工作人员3名。

【做好理论学习工作】 一是学理论，增强看齐意识。深入学习中共十九大和十九届历次全会精神，

2021年3月11日，堆龙德庆区人大办党支部组织党员干部集中观看《党史故事100讲》

坚定不移向党中央看齐，自觉坚持正确的政治方向，自觉贯彻落实中央决策部署，自觉坚持原则严于律己，真正筑牢思想根基，与党组同心同德，同事间同心协力。以党史学习教育为契机，结合人大工作实际，坚持问题导向，讲好专题党课，召开党史学习教育专题组织生活会，开展批评与自我批评；召开“人大代表话党史”座谈会，回顾党的百年历程，回顾自身成长经历，充分展现了基层人大干部、人大代表昂扬向上、奋发有为的精神风貌，进一步明确作为新时代人大系统干部和人大代表肩负的历史使命与责任。二是学法律知识，提高依法履职能力。结合人大工作法律性、规范性、程序性强的实际，狠抓机关干部法律知识学习。购买人大工作实践与理论类书籍57本。在人大常委会开展视察检查活动前，均开展学法活动，增强了法治意识，尊法用法能力得到提高。三是学业务知识，积极性空前高涨。把外出培训、在线学习作为提升业务能力的“第二课堂”来抓。班子成员及科级以上干部根据区委组织部、区委党校的安排，完成年度轮训工作，委派2名机关干部相继参加自治区、拉萨市人大常委会办公室举办的培训班，做到全员学习培训全覆盖。严格按照区委宣传部的要求组织机关干部在“学习强国”平台开展学习，不断吸收学习人员。

【做好办文办会工作】 切实做好“三会”服务，保证常委会工作的正常开展。从文件起草、会议程序策划以及筹备安排等各方面入手，对每一项工作都进行了具体的细化分工，明确责任，力求依法有序，做到细致周到。顺利完成区二届人大四次会议的有关筹备工作，精心筹备常委会会议8次，主任会议13次。根据常委会年度工作重点，拟定了2021年度工作要点和会议议题及视察、调研安排等，为全年各项工作的有效开展夯实了基础。坚持在每次会议召开前及时发出通知，列出会议所需材料清单，认真准备会议材料，在装袋时做到逐一清点，减少会议文件材料出错。在人代会的筹备和服务工作中，按照大会筹备领导小组和大会秘书组的工作安排，先后就大会各项文字材料、会议安排等工作进行了周密筹备和协调，保证了大会各项程序依法顺利进行。办公室还安排专人负责文书档案管理工作，认

2021年6月8日，堆龙德庆区人大党支部参观廉政教育基地

真做好文书资料的收集、整理、归档、立卷，做到资料齐全、目录清楚、装订规范、保管有序。并按照保密制度的要求，认真做好档案借阅、使用工作，全年没有发生文件丢失和泄密事件。

2021年9月22日，堆龙德庆区各镇（街）人大到德庆镇观摩交流习“人大代表之家”工作台账

【做好沟通协调工作】 一是办文质量不断提升。严格执行《国家行政机关公文处理办法实施细则》和《人大机关公文处理办法》，规范了公文处理。认真做好文件的签收、登记、初审、分发、传阅、拟办、批办、承办工作，确保所收每件公文都得到及时有效正确处置。认真做好公文起草、审核、签发、印制、校对、核发工作，确保人大常委会的决策部署通过公文落到实处。加强公文管理，严格执行保密规定，及时做好归档工作。全年累计起草各类文件材料670余件。二是办会井然有序。围绕人大工作安排，严格按照会议议题和常委会领导的要求，及早谋划，精心准备会议材料，认真做好会议通知、议题安排、会场服务、有关材料准备、会议记录、审议意见传达等各项工作。全年圆满完成区二届人大五次会议、区三届人大一次会议、区三届人大二次会议、10次常委会会议、10次主任会议的筹备和服务工作，高标准完成全区地（市）、县（区）人大常委会主任培训会暨人大代表工作推进会有关领导在堆龙实地考察工作，完成拉萨市十一届人大五次会议、十二届人大一次会议堆龙德庆区代表团的服务保障工作，同时积极主动参与协调做好各种调研、视察等活动的前期准备工作，努力为常委会依法履职提供服务保障。

【加强人大宣传工作】 认真组织干部职工撰写新闻稿件，及时向有关单位报送信息，广泛宣传堆龙德庆区人大工作动态和有效做法。全年向各级媒体投发稿件17件。按要求向方志办报送人大材料1万多字。收集基层人大代表先进事迹素材，形成先进事迹材料14份。与宣传部联合拍摄制作5分钟的堆龙人大宣传视频，人大宣传工作不断迈上新台阶。

（杨博奇）

【机构领导】

区人大常委会办公室主任

刘长景（女）

区人大常委会办公室副主任

巴 桑（女，藏族）

程鹏斌

堆龙德庆区人民政府

综 述

【概况】 2021年是堆龙发展史上具有里程碑意义的一年。堆龙德庆区坚持以习近平新时代中国特色社会主义思想为指导，坚持稳中求进的工作总基调，统筹疫情防控和经济社会发展，积极应对经济下行压力，围绕市委、市政府确定的各项重点工作任务，狠抓“四件大事”，扎实做好“六稳”工作、认真落实“六保”任务，经济发展保持“总体稳定、持续向好”态势，较好地完成了全年各项目标任务。全区实现地区生产总值67.58亿元，同比增长6.6%；三次产业结构由4∶54∶42调整为4∶46∶50，首次实现由“二三一”到“三二一”的历史性转变，经济发展进入了第三产业为主导的新阶段；全社会固定资产投资同比增长7.8%；社会消费品零售总额20.8亿元，同比增长7.2%；农村居民人均可支配收入22876元，同比增长15.9%。严格规范政府举债融资，2021年债务转贷收入5.34亿元，保持政府债务风险总体可控。

2021年1月25日，堆龙德庆区委副书记、区长石运本（中）调研辖区物流中心工作

【城乡融合】 2021年，堆龙德庆区坚持城乡区域协调发展一体推进，规划、建设、管理协同发力。加快编制国土空间总体规划，基本完成5个专项规划、3个镇域规划和城市规划区外20个村庄规划编制。新城9条市政道路实现通车，建成滨河体育公园和2个街旁公园，完成3个棚户区改造，拆除82处、近10万平方米“两违”建筑，城市交通秩序、市容市貌明显改善。巩固拓展脱贫成果同乡村振兴有效衔接，实施产业项目26个，消除致贫返贫风险户46户159人。扎实推进“美丽乡村·幸福家园”建设，完成8个市级示范村人居环境整治，推进4个本级示范村人居环境整治，实施户卫生厕所改造948户，农村户卫生厕所改造率达80%。

【产业发展】 2021年，堆龙德庆区聚焦区位、产业、资源比较优势，理清发展思路、夯实发展基础、汇聚发展优势。实现粮食产量1.08万吨，肉、奶和蔬菜产量分别达到0.21万吨、0.51万吨和3.62万吨，新增国家级“一村一品”示范村镇2家。“象雄美朵”文旅小镇建成运营，象雄美朵生态旅游文化园区获评AAAA级景区，楚布沟、宇妥沟等沟域旅游和乡村民俗游多点开花，全年旅游接待人次、收入分别同比增长21.2%和20.4%，成功创建自治区“全域旅游示范区”。完成规上工业增加值9.23亿元，新培育规上工业企业1家。新增商贸领域限额以上企业7家，初步完成物流产业发展规划编制，领峰智慧物流园、高原食品冷链中心等重大项目建成投用；培育发展西藏迅德物流，设立区级揽收中心1个、镇（街道）驿站3个，打通了快递服务“最后一公里”。

2021年6月12日，堆龙德庆区委副书记、区长米玛次仁（前排右三）在古荣镇调研重点项目落实情况

【生态环境】 2021年，堆龙德庆区坚持生态优先、绿色发展，中央环保督察反馈问题及自治区挂牌督办问题全部整改销号，完成23处采石采砂场和4处砂石料加工厂地质环境恢复治理，划定4个农村集中式饮用水水源保护区，城区水系连通和堆龙河两岸综合治理工程加快推进，国土绿化以及乡村四旁植树行动大力开展，新增植树造林1700余亩，空气质量优良率、河湖水质达标率均为100%，成功创建“第五批国家生态文明建设示范区”。

【民生保障】 2021年，堆龙德庆区坚持以人民为中心，全力推进“十大民生实事”，涵盖具体事项57件、已办结49件。新建学校6所，适龄儿童入学（入园）率100%，已建成学校供暖实现全覆盖。城镇新增就业1015人，农牧民转移就业1.1万人，应届高校毕业生就业率100%。新冠疫情零输入、零感染，新冠疫苗免费接种22万余剂次。区人民医院二甲综合楼加快推进，完成东嘎卫生院、2个搬迁点卫生室新建和2个村卫生室提升建设。跨省异地就医直接结算，农村低保、特困供养、临时救助深入开展。建成3个老年人日间照料中心、1个留守儿童快乐之家。完善三级公共文化服务阵地，村级文艺队伍实现全覆盖，完成459套户户通第四代卫星接收设备连线安装调试。

【社会局势和谐稳定】 2021年，堆龙德庆区统筹发展和安全，坚持把稳定作为第一位任务，严密防范、坚决打击各类分裂破坏活动和违法犯罪行为，切实强化实战演练和应急处突。反分裂斗争各项准备更加充分，社会治安治理能力持续提升，政法队伍教育整顿扎实推进，扫黑除恶打非治乱专项斗争常态开展，安全生产形势总体平稳，矛盾纠纷和信访案件妥善调处，中华民族共同体意识不断铸牢，宗教事务法治化管理水平明显提升。全年妥善化解各类历史遗留问题、群众关心关注热点难点问题和复杂疑难信访问题70余项，涉及资金5.02亿元。

【深化改革】 2021年，堆龙德庆区保持改革攻坚力度，持续转变政府职能，依法公开31家单位权责清单，政务服务平均承诺时限压缩83.9%。落实减税降费2.26亿元，新增市场主体4000余户。招商引资实际到位资金28.86亿元，同比增长5.28%。推进国企改革重组，夯实净土公司注册资金2亿元、龙腾公司注册资金1.6亿元，清理“空壳公司、僵尸企业”子公司47家，国企经营管理不断规范、经营范围更加明晰。

【受援合作】 2021年，堆龙德庆区依托北京市优势资源和组团式援藏新机制，深化经济贸易、教育科技、文化旅游、创业创新、卫生健康等各领域的受援合作，推动特色产品进入全国市场。落实援藏资金5150万元，实施援藏项目5个，对口支援工作取得新成效。

【自身建设】 2021年，堆龙德庆区人民政府深入开展党史学习教育、“三更”专题教育和“三新”大学习大讨论，坚持在区委领导下开展政府工作，自觉接受人大法律监督和政协民主监督，征求并办理代表委员意见建议360余件，办复率100%、满意率97%。狠抓作风转变，对重点工作实行清单式管理、跟踪式推动、销号式落实，坚决整治形式主义、官僚主义，加强政府系统党风廉政和反腐败建设，政府效能、政府形象、政府公信力显著提升。

（秦　川）

【机构领导】

区委副书记、政府党组书记、区长

石运本（6月离任）

米玛次仁（6月任职）

区委常务副书记、政府常务副区长

赵　岩（援藏）

区委常委、政府副区长

杨　蕾（援藏）

区委常委、政府党组副书记、副区长

李晓强（6月离任）

刘春涛（6月离任）

达娃卓玛（女，藏族，6月任常委）

罗俊峰（6月任常委）

区政府党组成员、政府副区长

达娃卓玛（女，藏族，6月离任）

罗俊峰（6月离任）

旦巴罗布（藏族，6月离任）

次旦朗杰（藏族，6月离任）

王考昌（6月离任）

王　晋（6月任职）

旦增平措（藏族，6月任职）

杨开颜（6月任职）

扎西拉旺（藏族，6月任职）

刘静静（女，6月任职）

梅　星（6月任职）

办公室工作

【概况】 2021年，区政府办公室在区委、区政府的坚强领导下，认真学习贯彻中共十九大历次会议精神和习近平总书记系列重要讲话精神，紧紧围绕区委、区政府中心工作和重大决策部署，充分发挥“桥梁纽带、参谋助手、协调落实、保障运转”职能作用，全面提升“三服务”能力和水平，有力推动政府各项工作不断向前发展，为全区经济社会高质量发展作出了积极贡献。

【党的建设】 2021年，区政府办把严格落实好“三会一课”作为开展好党史学习教育和“三更”专题教育的重要抓手，及时跟进贯彻区委区政府决策部署，引导党员干部增强“四个意识”、坚定“四个自信”、坚决做到“两个维护”，促进党员加强党性教育和党性锻炼，教育引导党员筑牢信仰之基、补足精神之钙。全年共组织开展书记讲党课3次、支部集中学习23次，召开党组会议21次、专题交流研讨6次，并通过“学习强国”App等渠道开展自学，集中观看了庆祝中国共产党成立100周年直播及《建党伟业》《建国大业》等爱国题材教育片4部，组织

2021年7月1日，堆龙德庆区委副书记、区长米玛次仁（前排右三）参加政府办党支部主题党日活动

党员干部参观党史墙、百万农奴解放纪念馆、廉政教育基地等党性教育基地，将党员干部的日常党性教育往深里走，往实里走，党员干部共撰写学习心得20余篇。围绕提升政治功能和服务功能，坚持每月开展主题党日活动和党员志愿者服务，结合党史学习教育为民办实事活动，深入开展调研走访，积极为包村点解决急难愁盼事情，并协助包村点有序做好村“两委”换届选举工作。严格落实党员“三包”要求，组织支部党员定期走访慰问结对帮扶对象，巩固拓展脱贫攻坚成果。全年共组织党员干部参加全国文明城市创建志愿服务活动6次、主题党日活动24次，深入包村点和结对帮扶群众家中开展结对帮扶活动10余次，帮助解决困难问题20余项。严把党员“入口关”，着重从业务骨干中发展年轻党员干部，培养入党积极分子1名。

【廉政建设】 2021年，区政府办按照党风廉政建设责任制要求和党风廉政建设重点任务分工，严格落实班子成员党风廉政建设和意识形态工作“一岗双责”责任清单。坚持抓早抓小、提前预防，加强对支部党员干部的日常监管，扎实开展理想信念和宗旨教育、党风党纪和廉洁自律、示范警示以及岗位廉政教育，筑牢党员干部拒腐防变思想防线。年内，组织支部党员参观区市廉政教育基地和爱国主义教育基地4次，观看《反腐追逃在西藏》等警示教育片2部，与支部党员全覆盖签订《党员承诺践诺表》和《共产党员不信仰宗教承诺书》。切实加强对干部队伍的制度约束，让每个干部时刻做到自警自省，自觉接受组织和群众的监督，有力筑牢党员干部拒腐防变的思想防线。

【业务工作】 办文、办会。2021年，区政府办坚持办文、办会、办事“精简、规范、优质”的标准和要求，压缩发文数量，规范发文流程。年内，办理传阅件、领导批示件、机要件等各类来文来电1043件，以区政府和区政府办名义印发各类字号文件236件。严格落实中央八项规定及其实施细则精神，严控会议次数和规模，认真做好会前通知、会中服务、会后收集。特别是对区政府常务会议、政府党组会等会议，严格议程、议题审核把关，报区政府领导审定同意后提交会议研究，从源头上确保了会议的权威性和高效性。全年高水平组织完成区政府各类会议47次，起草会议讲话、工作报告和其他综合材料300余篇，高效推动各项工作的顺利开展。

督查联络。围绕区委、区政府工作重心，坚持督办检查和联络协调紧抓不懈，不断提高政府各项工作实效，为领导掌握区情、科学决策提供了有力参考。年内，对主要经济指标、疫情防控、重大项目、环境整治、信访案件等多个方面开展督查事项300余件，形成《督查专报》22期。办理区人大代表建议110件、区政协提案60件，均在规定时间内按要求办理完毕，并回复代表。代表委员的满意、基本满意率达97%，做到了事事有回音、件件有着落。

政务信息。时刻围绕全区的中心工作，增强信息工作的敏锐性，多角度挖掘信息，有效拓展信息源。年内，共上报政务信息1077多条，得分排名位于全市前列。坚持“公开为常态、不公开为例外”的原则，持续深入推进政务公开规范化建设，不断拓展主动公

2021年7月1日，拉萨市堆龙德庆区政府办党支部开展庆祝中国共产党成立100周年主题活动

开内容。年内,通过政府网站向社会公开各类政府信息1296条,政务公开全市各县区排名第一。

（秦 川）

【机构领导】

主 任

巴桑罗布(藏族)

副主任

次仁拉姆(女,藏族)

郭 龙

次 啦(女,藏族)

2021年7月1日，堆龙德庆区行政审批和便民服务局开展庆祝建党100周年主题活动——庆祝党的生日

行政审批和便民服务

【概况】 堆龙德庆区行政审批和便民服务局(以下简称区行政审批和便民服务局)是堆龙德庆区人民政府工作部门,为正科级设置;核定人员编制5名,其中科级领导职数3名。2021年,区行政审批和便民服务局按照守初心、担使命、找差距、抓落实的总要求,紧密结合优化营商环境重点工作,聚焦企业和群众关心关注的痛点难点堵点问题,特别是漠视群众利益问题,下功夫、想办法、出实招,为企业和群众解难题、办实事、促发展,持续擦亮堆龙政务服务品牌。

【党的建设】 2021年,区行政审批和便民服务局组织召开党支部党建安排部署会议,研究制订2021年工作计划,细化党支部委员会职责,完善委员分工,明确2名党员干部为具体负责党建工作。在机关工委的指导下,按照规定程序,选举产生了中共堆龙德庆区行政审批和便民服务局党支部委员会委员、书记、副书记。积极开展发展党员工作,召开党员大会研究确定白珍等11名同志为入党积极分子。

自党史学习教育开展以来,局党组从群众关注的热点和难点问题入手,通过选拔“服务之星”和“党员示范岗”挂牌上岗等方式,在大厅“导办台”实行党员轮流执勤制度,通过帮助群众填写表格、整理申报材料等,承诺并践行“不让群众带着怨气离开,不让群众带着疑惑离开”的服务承诺。2021年,区政务服务中心受理政务服务和公共服务事项56606件,办结56343件,办结率为99.5%。由志愿者组成的咨询导办队伍共服务群众3000余人次,为群众帮办代办事项1000余件。

【推动简政放权向纵深发展】 推动乡镇三项清单落实。2021年1月,堆龙德庆区全面深化改革委员会办公室下发《堆龙德庆区镇政府(街道办)三项清单》,清单内容涵盖了全区各镇(街道)法定行政权力和责任事项60项、法定公共事项97项、属地管理责任事项97项。3月,区委组织部、区行政审批和便民服务局对各镇(街道)贯彻落实情况进行实地调研,各镇(街道)在贯彻落实三项清单上已经具备了一定工作基础和人员力量,但是依然存在对“三项清单”具体内容了解掌握不够全面、上下沟通交流不够到位、各镇(街道)执法水平差距较大等一些亟待解决的问题。根据《关于贯彻落实〈堆龙德庆区镇政府(街道办)“三项清单”〉的实施方案》,区直各职能部门将以政策解读、业务实操为主,对镇(街道)开展业务培训和双向交流探讨,对各镇(街道)工作人员业务能力进行全面培训,切实提高各镇(街道)行政人员业务工作能力,为三项清单执行工作提供有力的业务支撑。

权责清单合法性审查。根据《西藏自治区行政权力和责任清单管理办法(试行)》规定,按照“职权法定”原则,通过“初审、联审、终审”三个环节,动态调整区级权责清单,权责清单涉及31个部门(单位)行政职权10类,共计2942项。2021年,全面开展区级权责清单合法性审查工作,对各部门权责清单认真审查,落实落细每条权力事项的实施主体、设定依据、责任事项和追责情形。针对审查过程中发现的权责事项名称与设定依据不相符不规范、引用的法律法规规章不准确、条款引用不恰当等问题,累计提出合法性审查意见1546条。

开展“减证便民”专项行动。2021年8月,开展“减时限、减材料、减跑动”专项行动,对实施清单中涉及的证明事项,先后书面征求意见4次,完成了“证明事项清理申报表”及其合法性审查,形成了《证明事项保留清单》和《证明事项取消清单》。对27家单位权责清单中涉及的306个政务服务事项,逐事项、逐环节认真梳理,确定办理该事项的过程中需要企业和群众提供的证明事项,逐一列明设定依据、索要部门、证明用途和保留理由,减少证明材料231项。

落实证明事项告知承诺制。明确专人负责,各相关单位积极配合协调,全力开展梳理筛选工作,组织26家单位进一步梳理可实现告知承诺事项,对具备条件的证明事项实行告知承诺制。经过梳理,共梳理出告知承诺事项15个,涉及司法局、教体局2个部门。同时,针对证明事项、设定依据、材料要求、承诺方式、不实承诺的责任等方面作出明确规定,并制作证明事项告知承诺书。

【创新政府监管理念方式】 开展互联网+政务服务。2021年,区行政审批和便民服务局持续开展“一网通办”专项行动,根据“应上尽上,全程网办”的原则,认领政务服务事项总数共831项,其中网上办理二级以上标准占比达到100%、三级以上标准达到100%、四级以上标准占比达到80%。持续开展证照签发,加大监管数据录入,全年共签发电子证照275671件,监管数据录入125896件,网上办件数据232132件。

提升网上政务服务。根据《拉萨市进一步提升网上政务服务能力工作方案》的通知要求,26家单位聚焦办事指南精准度和事项标准化等“短板弱项”进行核查、整改。参照市直部门进一步精简服务环节和优化办理流程,持续优化行政审批手续,将事项的承诺时限进一步压缩,加强事项规范化管理,全面开展政务服务平台办事指南规范梳理工作。重点针对办理时限、地点、咨询、投诉和电话等要素排查网上政务服务事项办事指南存在的问题。2021年全区831个事项中,行政许可事项四级深度占比80.75%,平均跑动次数压减至0.25次,即办件占比60.6%,行政许可事项即办件占比58.9%。

加强事中事后监管。按照自治区、拉萨市业务主管部门的各项工作要求,做好商事制度的改革,扎实开展质量提升行动,全面加强食品、药品、特种设备、工业产品安全监管,着力提升市场监管领域执法能力和水平,全区市场环境、营商环境、消费环境持续改善优化。进一步做好常态化疫情防控和食品安全保障工作,防范冷链食品新冠病毒风险。加强食品药品日常监管,营造良好的安全环境,根据食品安全日常及专项检查、食品投诉举报情况,依照法律法规,严格落实食品行政处罚程序。有序开展“双随机、一公开”工作,深入贯彻落实国务院《优化营商环境条例》,进一步做好堆龙德庆区市场监管部门“双随机、一公开”监管工作。2021年“双随机、一公开”工作拟抽查194户,已完成137家。

【优化政府服务,激发市场活力】 推进“最多跑一次”事项梳理公布。2021年,区行政审批和便民服务局积极贯彻落实自治区、拉萨市关于加快推进“最多跑一次”改革的决策部署,认真贯彻以人民为中心的发展思想,按照群众和企业到政府办事“最多跑一次”的理念和目标,从与群众和企业生产生活关系最紧密的领域和事项做起,充分运用“互联网+政务服务”模式,全面推进政府自身改革,倒逼各地各部门简政放权、放管结合、优化服务,促进体制机制创新,使群众和企业对改革的获得感明显增强、政府办事效率明显提升、发展环境进一步改善,不断增强经济社会发展活力。根据《关于公布拉萨市本级"最多跑一次"政务服务事项清单(第一批)的通知》精神,积极开展"最多跑一次"事项梳理相关工作,事项清单中共涉及20家单位408项政务服务和公共服务事项(其中:跑零次事项125个,跑一次事项283个;其他类223项,公共服务77项,行政许可56项,行政确认23项,行政奖励19项,行政给付9项,行政裁决1项)。

推进三级政务服务体系建设情况。全区三级政务服务大厅已全部覆盖,并按照各自认领事项开展相关工作。区政务服务大厅按照"两集中、两到位"的要求,利用政务服务中心现有条件,进一步优化窗口设置、人员配备及工作机制,争取更多事项进驻中心办理,增加咨询引导服务人员,并践行"群众事情没办好不下班,不让群众带着怨气离开,不让群众带着疑惑离开"的服务承诺,切实解决群众办事难的问题,避免群众"多头跑"。严格按照政务大厅标准化、规范化建设要求,设置前台咨询、免费寄存、预约窗口办件服务等,为群众提供填报表格、复印、自助饮水、充电、针线包、医疗箱等便民措施。2021年年底,已有卫健委、民政局、公安分局、市场监督管理局等22个部门进驻政务服务大厅,与2020年相比增加3个部门。全年共受理行政审批事项84055件,办结83500件,办结率99.34%;受理便民服务事项22289件,办结22289件,办结率100%。

完善帮办教办代办制度。明确了29个帮办代办事项,制定了受理通知书、登记表等文书,设置了帮办教办代办窗口,推动帮办教办代办工作在规范化、制度化、程序化的轨道上运行。咨询导办队伍通过提前介入、预审资料、全程跟踪、及时协调相关问题等方式,最大限度地压缩办理时间,有效缩减群众在窗口停留时间及跑动次数。特别是办理个体工商户登记注册业务,群众在窗口停留时间由30分钟缩减至5分钟,大大提高办事效率,提升群众服务体验感。2021年,咨询导办队伍共服务群众1300余人次,为群众帮办代办事项3060余件。

推动落实"好差评"制度。针对办事群众反映的个别窗口工作人员态度不热情、服务不到位的问题。在政务服务大厅、各窗口单位及各镇(街道)便民服务中心设置了评价仪31台,摆放"好差评"二维码96个,引导办件群众对服务情况进行评价。通过强化窗口作风建设,进一步提升办事群众的体验感和获得感。2021年,共录入好差评数据189259件。

【做好接诉即处工作】2021年,区行政审批和便民服务局按照"群众利益无小事"的工作原则,充分发挥"12345"热线办理工作贴近民生、体察民意、解决难题的服务功能,全面规范办理程序、不断完善考核机制,逐步提高办理时效,不断提高工作的主动性、服务性和实效性,有效化解各类矛盾纠纷,减轻信访压力。特别是对未按照办结期限反馈办理结果的单位及时督促,对派发的工单提到的群众诉求,经一次催办仍超过办理时限且不报告说明正当理由的,通过《政务服务中心工作月报》在全区范围内进行通报。2021年,共受理"12345"政府服务热线2897件,办结2872件,投诉0件,满意率达99%以上。

(李倩倩)

【机构领导】

局　长

王栋栋

副局长

拉　珍(女,藏族)

张楠楠(女)

应急管理

【概况】年内,堆龙德庆区应急管理局认真贯彻落实习近平总书记系列重要讲话精神,全面落实国务院、自治区、拉萨市对应急管理工作的部署,以落实安全生产"党政同责、一岗双责"和企业主体责任为抓手,以预防和减少事故为核心,深化安全生产工作改革创新,严格安全生产监管措施,为全区经济社会持续快速发展提供安全的生产环境。2021年,区应急管理局编制人员共5名,实有工作人员11名,其中行政编制4名,事业编制1名,工人4名,公益性1名,政府购买人员1名,没有分科室。

【组织领导】2021年,区委、区

2021年11月18日，西藏自治区经济和信息化厅副厅长赵亚（前排左二）带队督导组在堆龙德庆区督导检查安全生产三年专项整治工作开展情况

政府高度重视安全生产工作，把保障人民群众的生命财产安全作为一切工作的出发点，严格落实党中央、国务院和自治区、拉萨市领导关于安全生产工作的指示精神，推动安全生产工作。组织重点企业负责人集中观看《责任重于泰山》，深入体会了社会可持续发展离不开安全的保障，而安全围绕着每一个人，围绕着每一个单位和组织，应当做到安全第一，安全是一切的保障，安全重于一切。召开防震减灾暨"两节""两会"前安全生产工作、上半年安全生产工作总结暨下半年安全生产工作、第四季度安全生产工作、城镇燃气安全排查整治动员等部署会议共5次，明确各阶段安全生产总体目标和工作重点。

【安全生产监督检查】 2021年，区应急管理局对全区寺庙、学校、物流仓储、危化储存经营企业、人员密集场所、建筑施工、道路交通安全隐患进行全面排查治理，聘请第三方有资质的安评机构对辖区非煤矿山、工矿商贸、仓储物流、危化等68家企业开展安全生产大检查活动，进一步促进各企业的安全发展；以"全覆盖、零容忍、严执法、重实效"为原则，扎实有效开展隐患排查，累计检查单位（企业）600家次，发现隐患720余处，停业整顿24家，打掉1处非法储存经营危险化学品窝点，上缴行政罚款62万元，其中，建筑施工领域发生一起一般生产安全事故，处罚45万元；南嘎社区龙合源仓库内发现多种非法储存的危险化学品，重量达2.5万千克，区应急管理局组织人员已在西藏自治区危废处置中心销毁所有危废品，消除安全隐患；联合区民宗局、消防救援大队、楚布寺管委会对楚布寺后山线路进行安全检查，发现部分线路不能正常使用，整体线路老化，各修行点主线拉线不规范，存在较大安全隐患，区应急管理局出资28.6万元，聘请三方技术人员对楚布寺后山修行点整体线路进行改造，消除火灾隐患；为切实抓好辖区建筑领域安全生产工作，提高施工现场工作人员的安全防范意识，消除施工现场的安全隐患，共排查重点施工项目40余个，现场检查200余次，下发责令整改单103份、停工整改单30份。根据《国务院办公厅关于开展第一次全国自然灾害风险普查的通知》要求，制订《堆龙德庆区第一次全国自然灾害风险普查工作方案》，细化各成员单位职责，明确工作任务，及时成立堆龙德庆区自然灾害风险普查办，组建由区直涉灾部门、各镇（街道）和社区指定人员组成的普查队伍，先后组织召开7次专题部署会议，开展18次业务培训，入户宣传800余人次，共收集1609条调查数据，其中自然灾害承灾体120条，综合减灾能力783条，历史灾害706条。

【发挥宣传作用】 2021年，区应急管理局以综治宣传月、安全生产月、"119"宣传月、"5·12"全国防灾减灾日等重要节点和宣传活动为契机，充分利用网络、手机等新媒体进行安全生产宣传，在"堆龙发布"等公众平台刊发安全生产信息，并开展安全生产"七进"（进企业、进社区、进校园、进机关、进农村、进家庭、进公共场所）活动，发放宣传资料5万余册，各类宣传物品2万余套，受教育群众2万余人次，开展各类应急演练180余次，切实营造人人参与、人人关心安全生产的社会氛围。为各村（居）发放了防地震、防溺水、道路交通安全等各类安全影视宣传资料，并在“堆龙发布”信息平台播放相关宣传视频。

（益西卓玛）

【机构领导】

局　长

唐　靓

副局长

马玉华（女，回族）

邱宝良

消防救援

【概况】 年内，堆龙德庆区消防救援大队不断增强“四个意识”、坚定“四个自信”、做到“两个维护”，把“对党忠诚、纪律严明、赴汤蹈火、竭诚为民”十六字镌刻于心，奋勇争先、攻坚克难。以实现队伍高度稳定、确保火灾形势稳定、维护社会局势稳定为目标，坚持“两严两准”和“五个不动摇”队伍建设总要求，不断提升队伍防范化解重大消防安全风险和及时应对处置各类灾害事故的能力和水平，推动消防工作和队伍建设科学持续发展，确保辖区火灾形势持续平稳。2021年，大队（救援站）有救援人员共计39人，党员干部12人，消防员27人（党员21人、团员6人）。

【班子建设】 2021年，区消防救援大队党委始终把班子建设置于突出位置，以习近平总书记重要训词精神为指引，教育引导全体指战员自觉增强“四个意识”、坚定“四个自信”、做到“两个维护”，不断提高政治判断力、政治领悟力、政治执行力，始终在思想上政治上行动上同以习近平同志为核心的党中央保持高度一致，以党的建设为基础，紧抓班子建设、队伍建设、党风廉政建设，充分发挥党组织战斗堡垒和党员先锋模范作用。2021年，大队在总队、支队两级党委深入推进党风廉政建设，严格落实廉政建设责任制，结合人员变动情况，及时对大队党委、金珠西路消防救援站党支部进行调整充实，为遂行好各项任务奠定坚实的组织保障。结合党史学习教育、常态化疫情防控等中心工作，突出抓好重点环节、重点时段的管控，将安全工作纳入经常性管理之中，形成了秩序正规的队伍管理格局，队伍风气明显改进，指战员拒腐防变意识明显增强，队伍战斗力明显提升。

【灭火及抢险救援】 2021年，区消防救援大队对标“全灾种、大应急”应急救援新形势，深入开展高速公路交通事故处置，文物古建筑火灾扑救，远距离供水，高层建筑、大型综合体、隧道事故处置，水域灾害救援，易燃易爆危险化学品处置等各类操法训练，切实提升队伍应急救援综合能力。圆满完成了庆祝中国共产党成立100周年活动、庆祝西藏和平解放70周年活动、习近平总书记调研西藏、自治区“两会”等重大勤务消防安保工作，堆龙德庆区楚布寺“次曲”、达扎寺“跳绳”“入行论”等各类重大活动期间社会面消防勤务工作，以及多起急难险重的灭火救援任务。全年共完成火灾扑救21起，出动车辆45台次，出动警力221人次，疏散被困人员10人，抢救财产价值90余万元；抢险救援12起，出动车辆17辆，出动警力73人；共开展社会单位“六熟悉演练”64次；公务执勤225起，出动车辆256台次，出动警力917人次，切实提升队伍应急救援综合能力。

2021年4月30日，堆龙德庆区消防救援大队开展夜间闻警出动训练

2021年5月21日，堆龙德庆区消防救援大队开展日常队列训练

【火灾防控】 2021年，区消防救援大队加强与住建、文旅、民宗、应急、市场监管、公安等部门的联防联治，坚持专项检查、随机抽查、“零点”夜查相结合，根据“消防安全专项整治三年行动”方案，深入开展冬春火灾防控、消防车通道专项整治、夏季消防安全检查等专项整治行动，全面加强对易燃易爆场所、人员密集场所、文物保护单位、旅游行业、居民社区、建设工程施工工地、仓储物流场所、商业综合体、“三合一”场所的火灾隐患综合治理。协调应急管理局邀请第三方机构对辖区易燃易爆、危化品场所进行全面风险评估和落实隐患整改工作。按照总队、支队部署要求，坚持“预防为主，防消结合”的方针，持续排查整治火灾隐患，成立专项整治领导小组，先后开展仓储物流、寺庙文物建筑、高层建筑、学校等多次专项检查。2021年，大队共检查社会单位701家，发现火灾隐患或违法行为826处，督促整改隐患或违法行为768处，下发责令改正通知书106份，下发行政处罚决定书13份，罚款72500元，下发公众聚集场所使用投入营业前消防安全检查合格证36份，受理举报投诉17起。

【宣传教育】 2021年，区消防救援大队认真谋划、精心组织，以“防灾减灾日”“科普宣传日”“五下乡”“开学第一课”“六月安全生产月”“复工复产”“119消防宣传月”为契机，先后深入家庭、乡镇、企业、仓库、学校、农牧区开展有针对性的消防安全宣传活动。同时，依托辖区电子显示屏、横幅、微信公众号等媒介平台拓展宣传阵地，刊播消防知识，在社会面营造了“全民参与、防治火灾”的良好局面。大队上门为机关、团体、企事业单位开展培训86次，分阶段、分层次组织村支两委、派出所民警、消防安全责任人和管理人、高层建筑物业人员和寺庙僧尼等不同群体集中培训30余次，累计培训32000余人，发放宣传资料6万余份，接受咨询3400余次。

【约谈评议】 2021年，区消防救援大队2次召开消防安全重点单位约谈会，并结合辖区重点难点工作，邀请支队、政府领导分别召开仓储物流、寺庙文物建筑等专题约谈会，督促重点单位落实消防安全主体责任，牢固筑立社会面火灾防护网。

（诺布旺堆）

【机构领导】

大队长

洛桑朗卡（藏族）

代理政治教导员

罗布桑珠（藏族）

信访工作

【概况】 堆龙德庆区信访局位于堆龙德庆区行政服务中心，设局长办公室、副局长办公室（群众接待室）、会议室（党员活动室）、办公室（群众工作部）、接访大厅、区长热线“接诉即办”指挥中心。2021年，堆龙德庆区信访局共有干部8名、信访专干7名。

【信访案件受理】 2021年，全区共接待受理来信来访事项136批（件）730人次，化解136批（件），办结率100%。信访总量较上年同期上升35.3%，受理集体访3件、个体访133件。受理国家、自治区和拉萨市（转）交办事项67

件，已化解67件；受理中央第十巡视组转交信访事项15件，中央第十四巡视组转交信访事项2件，均已全部化解。

【“6512345”区长热线“接诉即办”受理办理】 2021年，区信访局受理群众反映的各类问题54件（其中解答群众咨询问题19件），全部办结。

【矛盾纠纷化解】 2021年，区信访局结合“领导干部下基层大接访办实事”“三月信访走出家门”等活动，深入矛盾纠纷多发频发地，运用定点接访、重点约访、带案下访等有效方式，“拉网式”排查矛盾纠纷及风险隐患，有效化解矛盾纠纷，维护社会稳定。

【领导重视】 2021年，区信访局共组织召开信访工作联席会议3次、专题会议4次，政府党组集中学习会1次、区委常委会听取信访工作汇报1次，多次对信访工作作出批示及听取疑难信访案件处理情况汇报，区政府主要领导多次到区信访局调研并现场接访。

【履行主体责任】 2021年，区信访局坚持“一岗双责”，严格落实领导坐班接访和包案走访下访制度，认真抓好分管领域的信访问题，分管县级领导包案信访件35件，化解突出信访问题35件。

【区信访联席会议充分发挥工作职能】 堆龙德庆区信访工作联席会议充分发挥统筹、协调、调度、督办等职能，积极推动信访问题有效解决。2021年，区信访工作联席会议办公室共下发信访事项督办函32件、县级领导温馨提示函7件，有效推动信访事项的案结事了。

2021年5月28日，堆龙德庆区信访局工作人员到羊达街道开展实地接访办实事活动

【发挥“顶梁柱”作用】 2021年，区堆龙德庆区镇（街）以综治中心为载体，整合司法、综治、信访、派出所力量，对辖区内的矛盾纠纷事项组织联合接访、联合调处。班子成员坚持守土尽责，坚持定期排查矛盾纠纷，主动办理信访积案，真正实现了大事不出镇（街）、矛盾不上交，推动了一大批信访矛盾在镇（街）一级有效化解，减少了矛盾上行。

【信访基层基础得到提升】 2021年，区信访局深入开展“三无、三不出”创建活动，切实把源头和基层作为全区信访工作着力点和工作重心。以党建引领为统领，坚持问题导向和多元化解，推动信访形势进一步好转。结合拉萨市“七化”“四函”等工作机制，加强和创新了定期接待群众来访、领导干部接访下访、区长接待日等诸多措施和制度，为全区信访工作制度化、规范化奠定良好的基础。

【重大活动服务保障】 2021年，区信访局全力做好疫情防控期间和“两个大庆”等重点节点信访服务保障工作，坚持最高标准、最严要求、最大力度、最实作风，层层明确责任。按照拉萨市信访局统一部署，健全信访工作长效机制。

【增强人民群众的法治观念】 2021年，区信访局加强信访法治宣传教育，结合“五下乡”“综治宣传月”“综治宣传周”“平安西藏宣传日”“宪法宣传周”等各类宣传活动，通过采取悬挂横幅，LED显示屏和宣传片、发放宣传册和宣传物品等方式，紧紧围绕

2021年4月15日，堆龙德庆区信访局开展国家安全宣传教育活动

《中华人民共和国宪法》《中华人民共和国民法典》《信访条例》等与广大干部群众息息相关的政策法规开展宣传，宣传内容丰富多彩，宣传形式灵活多样，进一步增强宣传工作的针对性、实效性。全年共发放各类宣传资料及宣传物品1万余份，切实增强群众法治意识，营造尊法学法、守法用法的浓厚社会氛围。

【队伍建设】 2021年，区信访局为进一步提高信访干部专业能力水平，举办信访干部培训班，围绕“三率”工作提升、信访基层基础规范化建设、“6512345”区长热线接诉即办网上系统操作等方面进行系统培训，不断提高全区信访干部业务水平和工作能力，促进及时就地解决群众合理诉求，切实推动全区信访工作再上新台阶。

【增强民族团结意识】 2021年，区信访局积极开展民族团结进步工作，本着“属地管理、分级负责”的原则，把来访群众当作家人以礼相待，紧紧围绕服务态度好、工作质量好、干部素质好、服务环境好、服务评价好的“五好”工作要求，加强少数民族群众信访工作的高质量办理，积极探索和推广让群众“最多访一次”做法，严格落实首接首办责任制，及时就地解决群众合理诉求，不断提升各族群众对本局业务工作的满意率。

（唐 菲）

【机构领导】

局 长

旦增群培（藏族，5月离任）

强 勇（藏族，5月任）

藏语言及编译工作

【概况】 年内，堆龙德庆区藏语文编译工作把学习使用和发展藏语文规定和推进藏语文编译工作作为促进经济社会发展的重要事宜，深入开展藏语文编译、宣传、服务、规范等一系列工作，为堆龙经济社会长治久安和高质量发展作出积极贡献。2021年12月底，区藏语委办（编译局）实有人员8名，在编在岗8名，行政编制4名，事业编制4名。其中，科级领导职数2名，中共党员5名。

【主要职责】 区藏语委办（编译局）承担宣传、贯彻、执行党和国家新时代少数民族语言文字工作方针、政策和法律，拟定全区藏语文编译工作规划、年度计划并组织实施。负责指导、督查全区学习、使用和发展藏语文工作及社会使用藏语言文字的规范化工作。负责上级有关政策性、法规性、政令性文件和区内各类重要文件、材料藏语文翻译校审工作。指导区内藏语文翻译业务，承担藏语文翻译业务人员的培训和藏语文新词术语推广工作。承办拉萨市堆龙德庆区委、人大、政府、政协和藏语文工作委员会交办的其他事项。

【编译工作】 2021年，区藏语委办（编译局）围绕区委、区政府中心工作，切实扛起全区各类重要文件、会议材料等翻译任务，特别是“两会”政府工作报告、人大政协议案、提案办理情况报告的翻译工作，有力推动党委政府决策和工作落实情况向基层传播。全年共翻译各类文件120份、会议材料86份，翻译量达到43万字，其中“两会”翻译量达4.3万多字，翻译准确率达99.45%。受理个体工商户、各行业系统广告、标语翻译共51条，翻译准确率达100%。表彰2019—2020年度藏语文工作总结暨社会用字规范工作表彰大会。邀请区内外相关领域知名专家学者及自治区藏语委办人员授课，举办全区藏语和汉语人才队伍建设藏语汉语第四期翻译专题培训班，发放常用藏语汉语词汇100句等培训材料269册。

【创新载体】 2021年，区藏语委办（编译局）结合党史学习教育活动，举办第二届藏文书法比赛暨各中小学"学党史·颂党恩"主题书法比赛，累计征集作品710余件，评选出52件优秀作品，并给予嘉奖。自堆龙藏语文微信公众号开通以来，提供准确、鲜活、全面的新闻生活资讯，及时把党和政府的工作方针及相关政策进行编译发布，架起党和人民的沟通桥梁，打通服务群众最后一公里。2021年年底堆龙藏文平台关注人数升至1910人，累计点击率达56544人次，其中，头条新闻阅读率达5050人次，单篇文章最高点击率达516人次。

【规范用字】 2021年年12月1日，拉萨市藏语委办（编译局）调研组到堆龙德庆区开展藏语文指导工作，从围绕职责职能、编译系统内部工作运行情况、藏语文社会用字工作开展情况、堆龙地名历史文化编纂完成情况方面进行了调研；考察各学校开设的双语书法教育培训基地、马镇学校"双师"课、藏汉阅读进课表、藏文基础教学申报课题等双语教育工作。2021年，为庆祝中国共产党成立100周年和西藏和平解放70周年，区藏语委办（编译局）联合各职能部门，对辖区范围内各类商铺门牌、公共服务设施名称、标语横幅等社会用字情况开展专项督查整治活动，检查各类指示牌、企事业单位、商铺门牌、横条幅、广告牌等共310处，其中存在问题16处，整治无汉、藏文5处，比例失调2处、错字漏字9处，下发整改通知单16份，整改率达97.6%。为堆龙区营造了规范、整洁、优美的语言文字环境。

2021年12月1日，拉萨市藏语委办副主任达瓦次仁（右二）到堆龙德庆区调研藏语言文字工作

【注重挖掘】 2021年，区藏语委办（编译局）按照地名规范编纂工作要求，把收集地名规范工作作为一项长期落实的重要任务，坚持总体安排、统筹指导、分类推进的原则，对统计和整理后的地名收集资料，采用域名和属地对应、名词和释义对应、一村一表、统一造册的方式，推进地名收集规范工作持续化。已完成辖区内31个行政村（居）、160个自然组、49座寺庙（拉康、日追）、330多处名胜古迹和旅游景点的藏语汉语地名规范工作。召开3次专家审查会议，藏文版《堆龙自然村名称与文化历史》已出版。

（央吉拉姆）

【机构领导】

局　长

普央卓嘎（女，藏族）

副局长

央吉拉姆（女，藏族）

地方志工作

【概况】 年内，堆龙德庆区地方志办公室坚持以"资政、存史、育人"为根本任务，贴近中心，服务现实，开拓创新，注重时效，充分发挥部门职能作用，不断拓展党史、史志工作领域，较好地完成了年度目标工作。2021年，办公室共有工作人员4名。

【政治学习】 2021年,区地方志办公室积极参加区委办党支部组织的集中学习和主题党日活动,认真领会学习党的路线方针政策、习近平总书记系列讲话精神和中共十九届六中全会精神及自治区、市和区委、政府重要文件精神,努力提高自身的理论素质,保持清醒的政治头脑。结合办公室的业务性质和工作实际,积极组织全体人员深入学习宣传贯彻《地方志工作条例》,切实提高全体编修人员的业务理论素质。

【《拉萨堆龙德庆年鉴(2021)》编纂工作】 2021年3月,《拉萨堆龙德庆年鉴(2021)》启动编纂,区地方志办公室积极收集各单位供稿资料,进行纲目设计、细分条目、任务分解,认真抓好供稿、反馈征求意见、验收定稿、排版校对、印刷质量等关键事项和环节,坚持三审三校,严把政治关和篇目框架逻辑关,按照类目、分目、条目的框架结构,最终完成了14个类目77个分目843个条目、241张图片及60万余字的《堆龙德庆年鉴(2021)》终稿编纂工作。同时,完成了《西藏年鉴(2021)》《拉萨年鉴(2021)》堆龙篇的组稿上报工作。

2021年6月19日，堆龙德庆区地方志办公室开展“依法修志编鉴，传承历史文化”宣传活动

【《党史大事记(1951—2020)》编纂工作】 2021年4月,区地方志办公室根据《堆龙德庆区开展党史学习教育实施方案》的通知,按照出好“一本书”的工作安排及编写大事记的原则和要求,着手对大事记资料进行初步筛选整理,确定条目,进行摘录。截至10月,几经数稿形成了7万余字的《堆龙德庆党史大事记(1951—2020)》,较好地完成了此项工作。

【推进志鉴开发利用】 2021年6月19日,区地方志办公室通过发放宣传册、制作宣传栏等方式,积极向广大群众介绍年鉴、志书的作用,加大地方志工作的宣传力度,从而使社会各界对地方志工作重要意义的认知度逐步加深。

(胡 玺)

【机构领导】

负责人

巴 桑(女,藏族)

中国人民政治协商会议堆龙德庆区委员会

综 述

2021年6月29日，政协第三届拉萨市堆龙德庆区委员会第一次会议选举会召开

【概况】 2021年,区政协常委会始终坚持以习近平新时代中国特色社会主义思想为指导,深入学习中共十九大、十九届历次全会精神及习近平总书记关于加强和改进人民政协工作的重要思想,全面贯彻新时代党的治藏方略,不折不扣落实区委三届一次、二次全会精神,切实发挥政协优势,主动担当,勇于作为,努力践行人民政协职责使命,为奋力谱写堆龙长治久安和高质量发展新篇章贡献了政协智慧和力量。政协第三届拉萨市堆龙德庆区委员会共有委员125人,其中常务委员19人,共设8个界别。

【全体委员会议】 二届五次会议 中国人民政治协商会议第二届拉萨市堆龙德庆区委员会第五次会议于2021年1月6日召开。大会应出席委员88人,因事、因病请假10人,实到委员78人,符合政协章程规定。区委主要领导以及其他在岗县级领导应邀出席会议。区政协党组成员、副主席尼玛主持会议。区政协党组书记、主席洛桑强巴代表政协第二届拉萨市堆龙德庆区委员会常务委员会向大会作报告。会议主要议程:听取和审议《政协第二届拉萨市堆龙德庆区委员会常务委员会工作报告》;听取和审议《堆龙德庆区人民政府关于政协二届四次会议以来提案办理情况的报告》;党内委员参加“两会”党员大会;审议通过《政协第二届拉萨市堆龙德庆区委员会常务委员会工作报告决议》;审议通过《堆龙德庆区人民政府关于政协二届四次会议以来提案办理情况报告的决议》;审议通过《政协第二届拉萨市堆龙德庆区委员会第五次会议政治决议》;听取《政协第二届拉萨市堆龙德庆区委员会第五次会议提案审查情况的报告》;其他有关事项。

三届一次会议 中国人民政治协商会议第三届拉萨市堆龙德庆区委员会第一次会议于2021

年6月28日召开。大会应出席委员125人,因事、因病请假12人,实到委员113人,符合政协章程规定。拉萨市政协党组成员、副主席孙文斌,副秘书长格桑罗布到会指导,堆龙德庆区委书记石运本,区委副书记、代理区长米玛次仁,区人大常委会党组书记、主任候选人赵长胜应邀出席会议。会议由大会执行主席尼玛主持,区政协党组书记、主席洛桑强巴代表政协拉萨市堆龙德庆区委员会常务委员会向大会作报告。会议主要议程:听取和审议政协第二届拉萨市堆龙德庆区委员会常务委员会工作报告;听取和审议堆龙德庆区人民政府关于政协二届会议以来提案办理情况的报告;委员大会交流发言;党内委员参加“两会”党员大会;列席堆龙德庆区第三届人民代表大会第一次会议第一次全体会议及第二次全体会议;选举政协第三届拉萨市堆龙德庆区委员会主席、副主席和常务委员;审议通过《政协第三届拉萨市堆龙德庆区委员会第一次会议政治决议(草案)》《政协第三届拉萨市堆龙德庆区委员会第一次会议关于政协二届常务委员会工作报告决议(草案)》《政协第三届拉萨市堆龙德庆区委员会第一次会议提案审查情况报告》;其他有关事项。

2021年8月18日,堆龙德庆区政协召开庆祝西藏和平解放70周年座谈会

【常务委员会会议】 二届二十三次常委会 2021年1月7日,政协第二届拉萨市堆龙德庆区委员会常务委员会第23次会议召开,区政协主席洛桑强巴主持会议。会议应到常委16名,因事因病请假4人,实到12人,符合政协章程规定。会议听取了各组对政府工作报告、检察院、法院工作报告的讨论情况;审议并通过了《政协第二届堆龙德庆区委员会第五次会议政治决议》《政协第二届堆龙德庆区委员会常务委员会工作报告决议》《堆龙德庆区人民政府关于政协二届三次会议以来提案办理情况报告的决议》《政协第二届堆龙德庆区委员会第五次会议提案审查情况报告》。

二届二十四次常委会 2021年4月7日,政协第二届拉萨市堆龙德庆区委员会常务委员会第24次会议召开,区政协主席洛桑强巴主持会议。会议应到常委16名,因事因病请假6人,实到10人,符合政协章程规定。会议全文传达学习了习近平总书记在看望参加政协会议的医药卫生界教育界委员时重要讲话精神,汪洋主席在政协第十三届全国委员会第四次会议上所作的常委会工作报告,庄严在自治区政协干部大会以及在自治区政协党史学习教育推进会上的讲话精神;审议并通过了政协堆龙德庆区委员会常务委员会2021年工作重点及政协堆龙德庆区委员会2021年度协商计划、政协堆龙德庆区委员会2021年换届工作实施方案。

二届二十五次常委会 2021年6月18日,政协第二届拉萨市堆龙德庆区委员会常务委员会第25次会议召开,政协主席洛桑强巴主持会议。会议应到常委16名,因事因病请假6人,实到10人,符合政协章程规定。会议审议并通过了政协第三届拉萨市堆龙德庆区委员会第一次会议的请示、《中国人民政治协商会议第三届堆龙德庆区委员会委员名单》《中国人民政治协商会议第三届拉萨市堆龙德庆区委员会第一次会议议程》《中国人民政治协商会议第三届拉萨市堆龙德庆区委员会第一次会议日程安排》《中国人民政治协商会议第三届拉萨市堆龙德庆区委员会第一次会议主席团组成人员及大会秘书长建议名单》《中国人民政治协商会议第三届拉萨市堆龙德庆区委员会第一次会议列席人员名单》《中国人民政治协商会议第三届拉萨市堆龙德庆区委员会第一次会议提案审查委员会名单》《中国人民政治协商会议第三届拉萨市堆龙德庆区委员会第一次会议界别委员分组讨论名单》《中国人民政治协商会议第三届拉萨市堆龙德庆区委员会第一次会议主席团成员参加各小组讨论名单》《中国人民政治协商会议第二届拉萨市堆龙德庆区委员会常务委员会工作报告》《中国人民政治协商会议第二届拉萨市堆龙德庆区委员会第一次会议主持人及工作报告人名单》。

三届一次常委会　2021 年 8 月 4 日，政协第三届拉萨市堆龙德庆区委员会常务委员会第 1 次会议召开，区政协主席洛桑强巴主持会议。会议应到常委 19 名，因事因病请假 6 人，实到 13 人，符合政协章程规定。会议全文传达学习了习近平总书记在西藏考察时的重要讲话精神、区党委常委会（扩大）会议专题学习习近平总书记在西藏考察时的重要指示精神；通报了第三届堆龙德庆区委员会主席、副主席工作分工；听取了“一府两院”及区生态环境分局、区创城办 2021 年上半年工作开展情况通报。

三届二次常委会　2021 年 10 月 13 日，政协第三届拉萨市堆龙德庆区委员会常务委员会第 2 次会议召开，区政协主席洛桑强巴主持会议。会议应到常委 19 名，因事因病请假 7 人，实到 12 人，符合政协章程规定。会议传达学习了习近平总书记在中央民族工作会议上的重要讲话精神，自治区政协党组书记庄严在自治区政协庆祝西藏和平解放 70 周年座谈会上的讲话精神，以及自治区网络通信活动“二十禁”的通告内容；审议通过了《中共政协堆龙德庆区委员会党组关于党员委员联系党外委员的实施意见（试行）》《政协堆龙德庆区委员会关于建立政协委员履职档案的工作方案（试行）》。

【坚持党的领导】　持续夯实党的领导。2021 年，区政协常委会毫不动摇坚持和加强党对政协工作的全面领导，按照区委对政协工作的各项部署要求，定期向区委汇报政协党组及常委会工作情况，始终把政协工作置于区委的坚强领导之下。紧紧围绕区委、区政府中心工作制定年度工作要点，确保政协履职与党政工作同频共振，同时结合区委、区政府重点工作制定协商、视察调研、民主监督计划，不断完善协商于决策之前和决策实施之中的落实机制。充分发挥政协党组在政协工作中的领导核心作用，切实担负起把区委的决策部署和对政协工作的要求落实下去，把全区广大政协委员和各族各界人士的智慧和力量凝聚起来的政治责任。

持续加强党的建设。持续完善政协委员个人履职档案，进一步建立健全政协党组对委员履职评价、激励和约束机制，切实激发和充分调动新一届委员履职的主动性和积极性。出台《中共政协堆龙德庆区委员会党组关于党员委员联系党外委员的意见》，着力加强党员委员与党外委员的联系交流，着力推动党的工作对政协委员全覆盖。高度重视党建、党风廉政建设、意识形态和保密工作等，定期召开专题会议听取政协机关党组工作汇报，并有针对

2021年7月7日，政协第三届拉萨市堆龙德庆区委员会第一次会议提案交办会召开

2021年9月10日，堆龙德庆区政协党组组织开展“十大民生实事”第2次专项视察

性地进行安排部署、调研分析和归纳总结。深入学习、准确把握全国政协系统党的建设工作经验交流会和全国政协宣传思想工作座谈会精神，及时开展专题学习研讨，参加自治区政协系统党的建设工作经验交流会暨宣传思想工作座谈会，现场作了交流发言，分享了堆龙政协党建工作经验。

持续强化理论武装。高度重视党史学习教育，成立党史学习教育领导小组，制定实施方案和学习计划，认真学习习近平总书记在中央党史学习教育动员大会上的重要讲话精神和相关文件精神，并通过集中学习、实地参观、观看影片和书记讲党课等形式，着力推动学习教育入脑入心。坚持党组理论学习中心组学习制度，通过交流研讨、个人发言、主题党日等多样性形式，运用“学习强国”“视频会议”“机关微党课”等多元化平台，推动理论学习走深走实，不断提高政治判断力、政治领悟力、政治执行力。2021 年，共召开理论学习中心组学习研讨（扩大）会 12 次，组织研讨交流发言 30 余人次。

【坚持主责主业】 开展全会整体协商。2021 年，区政协召开 2 次政协全委会，圆满完成换届选举等各项工作。全会期间，全体委员以高度的历史使命感和饱满的政治热情，紧紧围绕区委的决策部署，认真讨论“一府两院”工作报告、国民经济发展计划、财政工作报告，提出高质量提案 71 件、意见建议 50 条。其中，三届一次全会上提出提案 36 件、意见建议 24 条。

开展专题议政协商。认真制定《政协堆龙德庆区委员会 2021 年协商计划》，召开专题议政性协商会议，专题听取“一府两院”上半年工作情况通报，认真听取区生态环境分局和创城办上半年工作开展情况报告，详细了解全区经济社会发展、重点项目建设、法治平安建设及生态环境保护等重点工作推进情况，找准双向发力的切入点和融合点，不断增强履职建言的深度和精度。

开展提案办理协商。及时召开提案、意见建议交办会，将全会上委员们书面提出的提案、意见建议和委员分组讨论口头提出的意见建议一并交办给区政府，同时就如何高质量做好提案办理工作进行交流协商，以达到统一思想、强化责任、督促落实的目的，从而不断凝聚办理共识，切实提高办理实效。

开展专项座谈协商。组织召开“国家通用语言文字推广使用”协商座谈会，马镇、区中学等 5 个部门结合“国家通用语言文字推广使用”工作开展情况作了交流发言，其他参会人员围绕主题进行互动交流。通过协商座谈会进一步加强各单位之间的沟通协作，形成更加统一的思想共识，为堆龙德庆区更好推广使用国家通用语言文字工作提供互动平台。

【坚持人民至上】 助推社会和谐稳定。2021 年，区政协党组成员根据区委统一安排，在国安指挥部履行带班值班职责，并在重点时期深入包村点督促指导维稳工作有序开展；党外副主席牢固树立“维稳没有局外人”的意识，全面贯彻党的民族政策和宗教政策，深入开展与宗教界人士谈心、走访、交友活动，积极引导宗教与社会主义社会相适应。广大政协委员充分发挥各自界别优势，团结引领界别群众坚定不移听党话、矢志不移跟党走，以实际行动自觉维护祖国统一和加强民族团结。

助推民生福祉改善。着眼民生关切，认真开展“下基层大接访办实事”调研工作，党组成员深入各自包村点，详细了解包村新一届“两委”班子运行、经济发展、维护社会稳定等主要工作开展情况，就农牧民群众交通出行、安全饮水和日常用电等基础设施方面存在的问题深入实地调研，并竭尽全力解决农牧民群众最困难最急迫的实际需求。2021 年，共落实为民办实事 12 件。

助推实事落地见效。坚持履职为民，组织政协常委、委员代表以及区直相关部门，分别于 7 月和 9 月 2 次专题视察全区 2021 年度“十大民生实事”项目落实情况，并形成《堆龙德庆区政协开展“十大民生实事”落实情况视察报告》，区委书记石运本作出重要批示，对政协工作给予了充分的肯定。组织政协委员对“乡村物流建设”情况开展专题调研，就“乡村物流网络体系最后一公里建设”提出合理建议，通过政协有效建言，切实让农牧民群众的获得感成色更足、幸福感更可持续、安全感更有保障。

助推生态持续向好。倾力生态保护，牢固树立“绿水青山就是金山银山、冰天雪地也是金山银山”理念，将“禁白”、河长制督查工作列为重点，主动肩负全区巩固“禁白”成果主体责任，扎实落实河长工作督查责任，持续发力将“禁白”和河长制工作向纵深推进。2021 年，共组织政协委员及相关行业部门对全区“禁白”和河长制工作开展督导检查、专项视察 4 次。

助推提案高效办理。高度重视提案，召开二届五次会议提案办理工作推进会，推动提案得到高质量办理。组织委员代表和提案承办、协办单位及相关区直部门，先后对 10 件重点提案办理情况进行视察，详细了解提案总体规划、办理进度、存在问题及下步思路，提办双方就如何高质量做好提案办理进行现场沟通交流、交换意见建议，确保办理结果符合委员要求、让群众满意。

【坚持交流交往】 区政协积极协助自治区、拉萨市政协开展“城乡生活垃圾和污水处理的现状”等专题调研 4 次，通过加强纵向联动，着力推动堆龙德庆区相关工作高质量发展。接待区内外政协委员到堆龙德庆区开展学习考察 13 批次 160 人，广泛推介全区在巩固拓展脱贫攻坚成果同乡村振兴有效衔接、提案工作和委员之家建设等工作的主要做法和经验，通过密切横向交流，积极讲好堆龙故事，不断扩大堆龙影响。

【重要文件】 政协第二届拉萨市堆龙德庆区委员会第五次会议政治决议。中国人民政治协商会议第二届拉萨市堆龙德庆区委员会第五次会议于 2021 年 1 月 5 日至 8 日在堆龙德庆区召开。

会议期间，区委主要领导以及全体县级领导出席了会议开幕会和闭幕会，与委员们共商改革大计、共谋发展良策。

会议听取并审议通过区政协主席洛桑强巴代表政协常委会所作的工作报告；审议批准达娃卓玛所作的提案办理情况报告；与会委员列席了堆龙德庆区第二届人民代表大会第五次会议，听取、讨论并赞同石运本所作的政府工作报告，赞同“两院”工作报告及其他报告。全体委员以饱满的政治热情和高度的责任感，就全区

2021年3月26日，堆龙德庆区政协党组组织政协常委、委员代表参观西藏民主改革第一村陈列馆

改革发展中的重点难点问题进行了深入的讨论，并积极踊跃地围绕促进全区高质量发展和长治久安建言献策，展现了人民政协团结民主、参政议政的生动局面。会议圆满完成各项议程，是一次凝聚共识、奋发进取的大会。

会议认为，过去一年，堆龙德庆区委、区政府团结带领全区各族人民，坚持以习近平新时代中国特色社会主义思想为指导，全面贯彻落实中共十九大和十九届二中、三中、四中、五中全会精神及中央第七次西藏工作座谈会精神，始终坚持稳中求进的工作总基调，全面贯彻新时代党的治藏方略，牢牢抓住稳定、发展、生态、强边四件大事，统筹推进新冠肺炎疫情防控和改革发展稳定工作，扎实做好“六稳”工作，全面落实“六保”任务，疫情防控取得阶段性胜利，经济运行稳中向好，生态环境持续改善，民生福祉不断增进，社会大局和谐稳定，如期实现脱贫目标。委员们对过去一年全区各方面取得的成就给予高度评价，对提出的目标任务和重点工作充满信心。

会议认为，2020年区政协及其常委会团结带领全区广大政协委员，坚持围绕中心、服务大局，坚持以人民为中心的履职理念，紧扣区委重大决策部署，聚焦中心任务履职尽责，围绕民生关切建言献策，团结奋斗的共同思想政治基础进一步夯实，党的建设不断加强，专门协商机构的作用更加凸显。委员们对区政协过去一年履职尽责的成效表示肯定，对2021年工作思路和安排部署表示赞同。

会议指出，2021年是建党100周年、西藏和平解放70周年，也是“十四五”规划开局之年，更是全面建成小康社会乘势而上迈向全面建设社会主义现代化国家新征程的起步之年。会议要求，区政协常委会在新的一年，要以党的建设为统领，深入学习贯彻党的十九届五中全会精神和中央第七次西藏工作座谈会精神，牢牢把握新时代人民政协新方位新使命，坚持党的领导，夯实共同思想政治基础；坚持围绕中心，更好助推改革发展稳定；坚持双向发力，更好推进协商民主建设；加强自身建设，着力推动政协工作再上新台阶。

会议号召，区政协各参加单位和全体政协委员，要更加紧密地团结在以习近平同志为核心的党中央周围，高举习近平新时代中国特色社会主义伟大旗帜，全面贯彻落实区委二届七次全会暨区委经济工作会议精神，在区委的坚强领导下，同心同德、奋发进取，凝心聚力、扎实工作，为不断开创政协工作新局面而努力奋斗，以更加优异的成绩向建党100周年和西藏和平解放70周年献礼。

政协第三届拉萨市堆龙德庆区委员会第一次会议政治决议。中国人民政治协商会议第三届拉萨市堆龙德庆区委员会第一次会议，于2021年6月27日至30日在堆龙德庆区召开。

会议听取并审议通过洛桑强巴代表政协拉萨市堆龙德庆区委员会常务委员会所作的工作报告和达娃卓玛代表区人民政府所作的提案办理工作报告。与会委员列席了堆龙德庆区第三届人民代表大会第一次会议，听取讨论并赞同米玛次仁代表区人民政府所作的政府工作报告，协商讨论并赞同国民经济发展计划、财政工作报告和法检两院工作报告。会议依照政协章程选举产生政协第三届拉萨市堆龙德庆区委员会主席1名、副主席4名及常务委员14名，顺利完成了选举任务。

会议认为，二届以来，堆龙德庆区委、区政府紧密团结和紧紧依靠全区各族干部群众，坚持以习近平新时代中国特色社会主义思想为指导，全面贯彻落实中共十九大和十九届二中、三中、四中、五中全会精神及中央第七次西藏工作座谈会精神，牢牢抓住稳定、发展、生态、强边四件大事，实现了堆龙德庆区经济运行稳中向好，生态环境持续改善，民生福祉不断增进，社会大局和谐稳定。委员们对二届以来全区各项工作取得的成绩给予高度评价，对今后五年主要任务和工作举措充满信心。

会议认为，二届区政协及其常务委员会在区委的坚强领导下，全面贯彻习近平总书记关于加强和改进人民政协工作的重要思想和中央、区市党委政协工作会议精神，把准政协工作原则方向，牢牢把握团结和民主两大主题，始终围绕中心、服务大局，积极履行政治协商、民主监督、参政议政、凝聚共识职能，团结动员各族各界人士，齐心协力谋发展，尽心竭力惠民生，凝心聚力促和谐，各项职能得到较好地履行，呈现出生动活泼的新局面。委员们对二届政协的履职成效表示肯定，对今后五年工作建议表示赞同。

会议要求，区政协三届委员会及其常务委员会要继承和发扬人民政协的优良传统，坚持和完善中国共产党领导的多党合作和政治协商制度，进一步增强责任感和使命感，自觉担负起把中央、区市党委和区委的决策部署以及对政协工作的要求落实下去，立足新发展阶段、贯彻新发展理念、融入新发展格局，紧紧围绕区委中心工作，充分发挥主动性和创造性，当好“智囊团”，架好“连心桥”，打好“团结牌”，服务中心展现新担当，双向发力实现新作为。

会议强调，当前正处在“两个一百年”奋斗目标的历史交汇点。中共十九届五中全会擘画了中国“十四五”及未来十五年的发展蓝图，开启了全面建设社会主义现代化国家的新征程。全区广大政协委员要牢牢把握新时代人民政协新方位新使命，以高站位的政治引领，推动思想根基更牢固；以高质量的履职作为，彰显服务大局新担当；以高品质的凝聚共识，汇聚团结奋斗正能量；以高标准的工作创新，推进政协事业新发展；以高水平的自身建设，展现人民政协新样子。

会议号召，区政协各参加单位和全体政协委员，要更加紧密地团结在以习近平同志为核心的党中央周围，增强“四个意识”、坚定“四个自信”、做到“两个维护”，在区委的坚强领导下，同心同德、奋发进取，凝心聚力、扎实工作，为建设团结富裕文明和谐美丽的社会主义现代化新堆龙贡献政协智慧和力量。

（高振鑫）

【机构领导】

主　席

洛桑强巴（藏族）

副主席

巴桑朗杰（藏族）

尹美玲（女，6月任职）

王考昌（6月任职）

尼　玛（藏族）

钦热洛追（藏族，6月离任）

政协第三届拉萨市堆龙德庆区委员会全体委员一览表（截至2021年年底）

表4

姓名	性别	民族	政治面貌	工作单位及职务	界别
洛桑强巴	男	藏族	中共党员	堆龙德庆区政协主席	中共界
尹美玲	女	汉族	中共党员	堆龙德庆区政协副主席	中共界
王考昌	男	汉族	中共党员	堆龙德庆区政协副主席	中共界
尼玛	男	藏族	中共党员	堆龙德庆区政协副主席	中共界
达瓦次仁	男	藏族	中共党员	堆龙德庆区委常委、统战部部长	中共界
黄敏	女	汉族	中共党员	堆龙德庆区政协办主任	中共界
马玉华	女	回族	中共党员	堆龙德庆区应急管理局副局长（正科级）	中共界
杨莉	女	汉族	中共党员	堆龙德庆区委组织部副部长老干局局长	中共界
罗杰	男	藏族	中共党员	堆龙德庆区审计局	中共界
旦增旺堆	男	藏族	中共党员	堆龙德庆区高天大队教导员	中共界
达珍	女	藏族	中共党员	堆龙德庆区检察院副检察长	中共界
普布扎西	男	藏族	中共党员	堆龙德庆区公安分局副局长	中共界

续表4

姓名	性别	民族	政治面貌	工作单位及职务	界别
马　钰	男	回族	中共党员	堆龙德庆区公安分局副局长	中共界
嘎玛伟色	男	藏族	中共党员	堆龙德庆区消防救援大队初级专业二级指挥员	中共界
谭　凯	男	汉族	中共党员	区中队队长	中共界
晓　央	女	藏族	中共党员	堆龙德庆区法院专职审委会委员	中共界
江　白	男	藏族	中共党员	堆龙德庆区东嘎街道东嘎社区党委书记	中共界
嘎　玛	男	藏族	群众	德庆镇门堆村社会工作者	群团界
德吉白珍	女	藏族	中共党员	团区委副书记	群团界
次仁玉珍	女	藏族	中共党员	堆龙德庆区总工会副主席	群团界
旦增贡吉	男	藏族	群众	西藏曼尼玛文化传播有限公司	群团界
边巴次仁	男	藏族	群众	西藏堆龙民泰村镇银行扶贫项目负责人(东嘎)	群团界
旦增它青	男	藏族	群众	马镇马村社工	群团界
占　堆	男	藏族	群众	羊达社区普布其组组长	群团界
朱艳美	女	汉族	中共党员	堆龙德庆区中学副校长	群团界
索朗旺堆	男	藏族	群众	堆龙德庆区柳梧街道康乐居委会党支部副书记、居委会主任	群团界
巴　片	女	藏族	中共党员	堆龙德庆区妇联副主席	群团界
米　玛	男	藏族	群众	西藏米瑞金属工艺雕刻有限公司(乃琼)	群团界
其美伟色	女	藏族	群众	羊达街道羊达社区卫生室医护人员	医卫界
贡觉罗布	男	藏族	群众	古荣镇南巴村卫生室村医	医卫界
索朗德吉	女	藏族	群众	东嘎街道祥和苑卫生室村医	医卫界
索朗久旦	男	藏族	群众	乃琼雄巴拉曲藏药厂生产部经理	医卫界
次仁群培	男	藏族	群众	德庆镇卫生院医护人员	医卫界
张真玮	女	蒙古族	中共党员	乃琼街道卫生院主管药师	医卫界
米　玛	男	藏族	中共党员	堆龙德庆区柳梧街道达东村卫生室负责人	医卫界
白玛曲珍	女	藏族	中共党员	区卫健委副主任	医卫界
王玲玲	女	汉族	中共党员	区医院院感科主任	医卫界
罗林芬	女	彝族	群众	区医院外科护士	医卫界
琼次仁	男	藏族	群众	区医院预防控制中心中级工	医卫界
代艳平	女	汉族	中共党员	区医保局一级科员	医卫界

续表4

姓名	性别	民族	政治面貌	工作单位及职务	界别
旦增卓玛	女	藏族	群众	堆龙德庆区马镇卫生院副院长	医卫界
旦正吉	女	藏族	群众	堆龙德庆区羊达街道卫生院藏医医师	医卫界
扎西央宗	女	藏族	群众	堆龙德庆区疾控防治中心妇保科医生	医卫界
白央	女	藏族	群众	堆龙德庆区古荣镇卫生院医师	医卫界
旦增桑珠	男	藏族	群众	堆龙德庆区羊达乡中心校教师	教育界
次旦多吉	男	藏族	群众	堆龙德庆区古荣镇中心小学教师	教育界
洛桑旦增	男	藏族	中共党员	区一幼副书记、副园长（东嘎）	教育界
穷达	女	藏族	群众	堆龙德庆区姜昆希望小学教师（东嘎）	教育界
嘎珍	女	藏族	群众	乃琼中心幼儿园园长	教育界
边巴	男	藏族	群众	德庆镇中心校教师	教育界
次罗	男	藏族	群众	马镇藏语和汉语幼儿园园长	教育界
拉琼	女	藏族	中共党员	柳梧新区红军小学副校长	教育界
平措扎西	男	藏族	中共党员	堆龙德庆区教体局副局长	教育界
达瓦扎西	男	藏族	中共党员	堆龙德庆区教体局党组成员	教育界
仁增	男	藏族	群众	堆龙德庆区教体局干部	教育界
周峰	男	汉族	中共党员	堆龙德庆区小学教师	教育界
法都玛	女	回族	群众	堆龙德庆区第二幼儿园教师	教育界
翁永平	女	汉族	中共党员	堆龙德庆区第五幼儿园副园长	教育界
拉次	男	藏族	群众	堆龙德庆区羊达设施农业示范园区工人	农牧科技界
张良宏	男	汉族	中共党员	德庆镇党委副书记、镇长	农牧科技界
四郎平措	男	藏族	中共党员	乃琼街道党工委副书记、主任	农牧科技界
达瓦	男	藏族	群众	古荣镇南巴村六组联户代表	农牧科技界
嘎玛米久	男	藏族	中共党员	古荣镇那嘎村当孔农牧产品加工合作社负责人	农牧科技界
多吉旺堆	男	藏族	中共党员	马镇党委副书记、镇长	农牧科技界
达瓦桑布	男	藏族	中共党员	堆龙德庆区柳梧街道柳梧村党支部书记	农牧科技界
普布多吉	男	藏族	中共党员	羊达街道党工委副书记、街道办副主任	农牧科技界
旦增群培	男	藏族	中共党员	东嘎街道党工委副书记、主任	农牧科技界
达瓦扎西	男	藏族	中共党员	堆龙德庆区自然资源局副局长	农牧科技界

续表4

姓名	性别	民族	政治面貌	工作单位及职务	界别
罗布珠扎	男	藏族	中共党员	堆龙德庆区农业农村局副局长	农牧科技界
邓杰	女	汉族	群众	堆龙德庆区农业农村局专技人员	农牧科技界
巴桑	男	藏族	群众	马镇朗巴村二组村民	农牧科技界
次旦	男	藏族	群众	马镇常木村联户代表	农牧科技界
穷达	男	藏族	群众	德庆镇德庆村桑仓组组长科技特派员	农牧科技界
格桑卓玛	女	藏族	群众	马镇措麦村二组村民	农牧科技界
格桑多布杰	男	藏族	中共党员	堆龙德庆区柳梧街道党工委副书记、街道办主任	农牧科技界
次旦	男	藏族	中共党员	乃琼街道贾热社区第一书记	农牧科技界
益西	男	藏族	群众	西藏水磨建筑工程有限公司负责人（羊达）	工商联
嘎次仁	男	藏族	群众	堆龙羊达小康农牧民建筑施工队负责人	工商联
巴桑	男	藏族	群众	古荣巴热糌粑公司总经理	工商联
达瓦次仁	男	藏族	中共党员	堆龙德庆区古荣朗孜糌粑公司总经理	工商联
段凤芝	女	汉族	中共党员	堆龙德庆区工商联主席	工商联
王虎	男	汉族	群众	拉萨拓坤源有限公司董事长（东嘎）	工商联
民珠	男	藏族	中共党员	民众物业管理有限公司总经理（乃琼）	工商联
阿努巴珠	男	藏族	中共党员	堆龙善财福利有限公司总经理（乃琼）	工商联
全栋	男	汉族	群众	西藏高争建材股份有限公司环保部副经理	工商联
格桑桑珠	男	藏族	群众	德庆镇德庆村扎西康萨组个体户	工商联
次多	男	藏族	群众	东嘎水泥有限公司董事长助理	工商联
洛桑赤列	男	藏族	群众	柳梧街道个体经商户	工商联
普布次仁	男	藏族	群众	拉萨远大建材有限公司分公司总经理	工商联
旦增罗布	男	汉族	群众	西藏古传民族手工业有限公司总经理（东嘎社区）	工商联
赤列欧珠	男	藏族	群众	堆龙泰弘农牧民建筑施工队负责人（东嘎）	工商联
旦增克珠	男	藏族	群众	堆龙德庆财康施工农民专业合作社总经理（乃琼）	工商联
格桑央吉	女	藏族	群众	拉萨交安机动驾驶员培训有限公司总经理（东嘎）	工商联
巴桑朗杰	男	藏族	群众	堆龙德庆区政协副主席	宗教界
桑珠	男	藏族	群众	热差寺管小组副主任	宗教界
拉巴	男	藏族	群众	堆龙德庆区楚布寺寺管会副主任	宗教界

续表4

姓名	性别	民族	政治面貌	工作单位及职务	界别
占　　堆	男	藏族	群众	堆龙德庆区乃朗寺副主任	宗教界
米　　玛	男	藏族	群众	堆龙德庆区觉木龙寺寺管会常务副主任	宗教界
落　　桑	男	藏族	群众	堆龙德庆区达扎寺副主任	宗教界
阿旺央宗	女	藏族	群众	德庆镇其美龙寺尼姑	宗教界
拉　　杰	男	藏族	群众	顶嘎寺管会副主任	宗教界
阿旺玉珍	女	藏族	群众	马镇聂尼姑寺管小组常务副组长	宗教界
次仁桑珠	男	藏族	群众	马镇朗巴寺管小组副主任	宗教界
桑　　杰	男	藏族	群众	堆龙德庆区柳梧街道朗杰色康寺管会常务副组长	宗教界
边　　巴	男	藏族	群众	堆龙德庆区柳梧街道白色寺管会常务副组长	宗教界
李伟永	男	汉族	中共党员	堆龙德庆区委统战部副部长	宗教界
拉　　巴	男	藏族	中共党员	乃琼觉木龙寺寺管会主任	宗教界
李鹏辉	男	汉族	中共党员	堆龙德庆区羊达街道人武部长、羊达设施农业示范园区负责人	宗教界
多吉坚才	男	藏族	群众	堆龙德庆区古荣镇楚布寺定居藏胞	民族界
仁　　增	男	藏族	群众	堆龙德庆区东嘎街道东嘎社区二组组长	民族界
阿旺西绕	男	藏族	群众	德庆镇邱桑村仁青雪组村民	民族界
拉巴次仁	男	藏族	群众	马镇岗吉村监督委员会委员	民族界
昂　　群	男	藏族	群众	柳梧街道务农	民族界
央　　宗	女	藏族	群众	政协堆龙德庆区委员会办公室驻会委员	民族界
米　　玛	女	藏族	群众	政协堆龙德庆区委员会办公室驻会委员	民族界
赵荣荣	女	汉族	群众	德庆镇人民政府专技人员	民族界
阿旺旦增	男	藏族	群众	堆龙德庆区马镇马村藏戏艺术团	民族界
边巴卓玛	女	藏族	群众	堆龙德庆区小学	民族界
普布央金	女	藏族	群众	堆龙德庆区乃琼镇加热幼儿园	民族界
多布杰	男	藏族	群众	羊达街道通嘎社区下觉组组长	民族界
阿旺拉姆	女	藏族	群众	东嘎街道南嘎社区7组联户长	民族界
觉　　次	男	藏族	群众	东嘎街道祥和苑社区联户长	民族界
次仁卓玛	女	藏族	群众	堆龙德庆区东嘎街道桑木村五组村民	民族界
汪晓秋	男	藏族	群众	马镇人民政府科员	民族界
罗　　培	男	藏族	群众	堆龙德庆区古荣镇那嘎村村民	民族界

办公室工作

【概况】 年内，堆龙德庆区政协办在政协党组的坚强领导下，坚持以习近平新时代中国特色社会主义思想为指导，深入学习中共十九大和十九届二中、三中、四中、五中、六中全会精神，中央第七次西藏工作座谈会精神及习近平总书记关于加强和改进人民政协工作的重要思想，紧紧围绕政协各项中心工作，充分发挥办公室承上启下、保障、协调、沟通和参谋助手的作用，积极为堆龙德庆区政协履行“三大职能”提供优质服务，圆满完成年度各项工作任务。2021年，区政协办共有工作人员8名，其中四级调研员1名，正科级干部2名，副科级干部2名，科员1名，驻会委员2名。

【政治理论学习】 2021年，区政协办高度重视政治理论学习，结合实际制定《党建工作计划》《主题党日活动计划》，通过集中学习、交流研讨、主题党日等多种形式，组织全体干部职工对《中国共产党章程》《中国人民政治协商会议章程》《习近平谈治国理政》第三卷、习近平总书记在中国共产党成立100周年大会上的讲话精神等进行专题学习，切实增强学习深度和学习效果。高度重视党史学习教育，成立党史学习教育领导小组，制定实施方案和学习教育计划，按要求及时开展各类学习，自觉把开展党史学习教育作为增强“四个意识”、坚定“四个自信”、做到“两个维护”的具体实践，认真学习习近平总书记在中央党史学习教育动员大会上的重要讲话精神和各级党委下发的相关文件精神，不断提高政治判断力、政治领悟力、政治执行力，着力推动学习教育走深走实，共开展支部学习会30次。

【视察调研】 2021年，区政协办组织水电气公司、水利局、交通局、住建局负责人深入包村德庆镇昂嘎村开展“下基层大接访办实事”调研工作，就农牧民群众交通出行、安全饮水和日常用电等基础设施方面存在的问题深入实地进行察看，发现问题不足，提出解决方案，细化解决措施，明确解决时限，共解决为民办实事12件。开展“十大民生实事”项目落实情况专题调研，组织政协常委、委员代表以及区教育局、卫健委、民政局、住建局等相关部门相关人员分2次专题视察堆龙德庆区2021年度“十大民生实事”项目落实情况，在详细了解项目建设进度的基础上，从政协角度、委员角度提出科学合理意见建议，并形成《堆龙德庆区政协开展“十大民生实事”落实情况视察报告》提交至区委、区政府，为助推民生实事高质量落地落实提供参考依据。组织政协委员对“乡村物流建设”情况开展专题调研，就“乡村物流网络体系最后一公里建设”提出合理意见建议，通过政协持续有效建言资政，切实让农牧民群众的获得感成色更足、幸福感更可持续、安全感更有保障。

2021年3月22日，堆龙德庆区政协召开党史学习教育动员部署会

【开展“河长”“禁白”督查】 2021年，区政协办开展“河长制”督查工作，对堆龙河帮普支流、堆龙河波玛段进行现场督导检查，通过听取汇报、实地查看、现场询问等方式详细了解“河长制”工作开展情况、存在问题及下步计划，并针对存在的问题，现场提出整改措施和整改时限，并提出整改存在问题、加强宣传教育、定期开

展"回头看"等要求，以确保问题整改及时到位，从而推动全区河长制各项工作向纵深推进。开展"禁白"督查工作，对东嘎农副产品批发市场和远大菜市场进行现场督导检查，通过听取相关汇报、实地走访查看、询问商家店主等方式详细了解"禁白"工作主要开展情况、政策宣传情况和塑料袋、环保袋使用情况，并提出有针对性的整改要求，确保以扎实的措施，稳步推进全区"禁白"工作迈上新台阶。

2021年9月1日，堆龙德庆区政协组织委员开展提案办理专项视察

【提案督办】 2021年，区政协办组织召开二届五次会议提案办理工作推进会，专题听取提案承办单位关于提案办理工作的总体情况、主要做法、存在的问题以及下一步工作计划，并从深化认识、提升质量、创新方式三个方面下功夫提出具体要求，督促各承办单位和协办单位以高度的政治责任感做好提案办理工作。区政协办组织召开政协第三届拉萨市堆龙德庆区委员会第一次会议提案、意见建议交办会，将政协三届一次会议上政协委员们书面提出的36件提案、24条意见建议和委员分组讨论口头提出的32条意见建议一并交办给区政府。组织部分政协委员对10件重点提案办理情况进行视察，详细了解提案总体规划、办理进度、存在问题以及办理思路，并就如何高质量做好提案办理工作进行现场沟通交流，提出合理意见建议，确保提案办理结果符合委员要求、让群众满意。

【协助上级开展调研】 2021年，区政协办积极协助自治区政协围绕"城乡生活垃圾和污水处理的现状"和"规范小区物业管理，提高社区治理水平"开展2次专题调研，详细了解堆龙德庆区在生活垃圾和污水处理、小区物业管理方面的主要做法、存在不足和下步计划，并针对调研中发现的问题和不足提出有针对性的意见建议，为提高全区社会治理水平和城市生活质量起到促进作用。积极协助拉萨市政协围绕"民营企业和国有企业融合发展、营造良好营商环境"和"县乡村三级政务服务中心运行情况"开展专题调研，详细了解三级便民服务中心在方便群众办理各项工作中的主要做法和存在问题，以及民营企业与国有企业融合发展情况、企业运营情况以及存在的困难和问题，并对反映的问题、提出的建议进行收集和整理。

【接待各地政协考察】 2021年，区政协办先后协助广西壮族自治区百色市隆林各族自治县、防城港市港口区政协、内蒙古自治区呼伦贝尔市政协、宁夏回族自治区政协和湖南省永州市政协等区内外政协委员到堆龙德庆区开展学习考察13批次160人，广泛推介堆龙德庆区在巩固拓展脱贫攻坚成果同乡村振兴有效衔接、民族医药发展、国有企业改革运行和企业体制机制建设、提案工作和民族团结等方面工作的主要做法和优秀经验，既扩大了"朋友圈"，提高了"影响力"，又进一步增强与区内外政协的交流交往、相互学习、相互促进。

【新任委员培训】 2021年，区政协办组织举办了3期政协委员履职能力培训班，共110余人参加培训。培训期间，邀请市政协相关领导、区党校老师作专题授课。此外，为避免培训枯燥单一，采取专题授课和实地参观相结合的形式，进一步增强委员的积极性和主动性。通过学习培训，进一步强化了新任委员的责任担当和主体意识，达到了预期效果。

【内地学习考察】 2021年，区政协办组织9名政协委员及工作人员到广西壮族自治区百色市和防城港市，围绕“乡村振兴与巩固脱贫攻坚有效衔接”主题开展为期10天的学习考察，详细了解两地在产业发展、促进就业、带动增收等工作中的先进经验，并就学习主题与当地相关部门及工作人员进行深入交流、认真探讨。考察结束后，区政协办结合考察实际，认真起草考察报告，并呈报区委、区政府。

【提高会务保障水平】 2021年，区政协办组织召开2次政协委员全体会议，引导政协委员围绕“一府两院”及其他报告开展政治协商，切实把广大委员的智慧和热情汇聚到谋发展上来，把干劲和力量汇聚到抓落实上来，确保区委决策部署在政协不折不扣得到落实。召开堆龙德庆区首次离任政协委员座谈会，认真回顾和全面总结了二届以来全体政协委员在政治协商、民主监督、参政议政等各方面所作出的积极贡献，离任委员在座谈会上分享各自履职感悟，并就如何继续做好政协工作提出宝贵的意见建议。隆重召开庆祝中国共产党成立100周年、西藏和平解放70周年座谈会，20名政协委员代表结合自身学习工作，以及所见所闻、所思所感，围绕习近平总书记在“七一”庆祝大会上讲话、西藏考察时的重要讲话精神和西藏和平解放70年来的发展变化，谈感想、讲体会，真诚抒发了对总书记和党中央的感恩之情以及对伟大祖国的热爱之情。2021年，共召开政协委员全体会议2次，党组会6次，常委会5次，座谈会5次。

2021年11月19日，堆龙德庆区政协组织开展2021年度第三期委员履职能力专题培训班

【办文工作】 2021年，区政协办高度重视办公室文字材料撰写工作，始终树立严谨细致、精益求精、尽善尽美的办文标准，仔细认真地做好各类公文起草、审核和收发工作，确保印发的公文材料格式和内容表述准确无误，不断提高机关公文质量。全年共编报政协信息66期，编报党建信息48期。

【机关日常管理】 2021年，区政协办倡导实干之风，强化担当意识，深入推进“学习型、服务型、创新型”机关建设。严格执行机关干部考勤、绩效考核评价、公务员平时考核等管理制度，强化制度落实，确保各项规章制度执行到位。定期集中学习各类典型案例通报，时刻提醒全体党员一定要保持清醒头脑，自觉用党纪政纪法纪约束自己，用反面典型案例警示自己，自觉筑牢拒腐防变的思想防线。2021年，学习各类案例通报8次。

（高振鑫）

【机构领导】

政协办四级调研员

洛桑索朗（藏族）

主　任

黄　　敏（女）

副主任

央　　宗（女，藏族）

斯朗曲宗（女，藏族，5月离任）

洛桑卓嘎（女，藏族，5月任职）

纪律检查（监察）

综 述

【概况】 年内，堆龙德庆区纪委监委坚持以习近平新时代中国特色社会主义思想为指导，认真贯彻落实中共十九大、十九届历次全会和中央第七次西藏工作座谈会精神、习近平总书记“七一”讲话精神、在西藏视察时讲话精神及新时代党的治藏方略，按照十九届中央纪委五次全会、自治区纪委九届六次全会、拉萨市纪委九届六次全会和区委全会部署要求，坚持稳中求进工作总基调和“严”的主基调，准确把握监督执纪职责定位，突出抓好政治监督，充分发挥监督保障作用，为坚定不移推进全面从严治党向纵深发展提供坚强保障。2021年，区纪委监委有行政编制15名，实有干部21名，其中副县级1名，正科级6名，副科级11名，科员3名。深化纪委监委内设机构改革试点后，区纪委（监委）设4个内设机构，即综合室、第一纪检监察室、第二纪检监察室、第三纪检监察室，各内设机构保持副科级领导职数不变。下设纪检监察信息中心，有事业编制3名，实有干部2名。

【做到“两个维护”】 2021年，区纪委（监委）聚焦各级党组织贯彻落实党中央、区市党委和区委决策部署等情况开展监督检查，确保政令畅通、令行禁止。严明政治纪律和政治规矩，紧盯重要节点累计开展督查16次，对全区宗教活动场所开展专项检查，发现并督促整改问题2个。助推深入开展党史学习教育、“三更”专题教育，开展监督检查发现反馈问题15个，提出整改意见9条。收集四大班子整改报告4份、市管干部“三更”自查整改报告53份，梳理形成领导干部自查整改工作问题清单。分领域对13家单位开展政治生态分析研判工作。

【压实“两个责任”】 2021年，区纪委（监委）组织召开二届区纪委五次、六次全会和堆龙德庆区2020年度现场述责述廉会议，研究制定《2021年堆龙德庆区纪检监察系统重点工作任务分解表》。区委主动担当全面从严治党主体责任，制定印发《堆龙德庆区关于加强对“一把手”和领导班子监督的工作方案》，细化加强对“一把手”、同级领导班子和下级领导班子的监督的实施措施。下发《堆龙德庆区2020年度落实全面从严治党主体责任和监督责任约谈工作方案》，督促实现约谈全覆盖。严把干部选拔任用入口关，全年出具党风廉政意见回复函120期。

【聚焦“监督首责”】 2021年，区纪委（监委）聚焦疫情防控，制定《堆龙德庆区纪委监委疫情防控监督检查方案》《疫情防控监督检查内容清单》，开展疫情防控检查30余次，发现共性问题4类。聚焦乡村振兴，下发《关于开展巩固脱贫攻坚成果同乡村振兴有效衔接相关监督工作的通知》，对全区2016—2020年95个扶贫项目进行梳理汇总，联合乡村振兴局开展监督检查，发现并督促整改问题4个。聚焦群众反映强烈的问题，严肃查处党员干部和公职人员涉黑涉恶问题2起，给予组织处理1人。紧盯乱占耕地建房和“两违”拆除等工作，发挥监督保障作用。创新推行“每月一监督”主题工作，制定《2021年堆龙德庆区镇（街）纪（工）委“每月一监督”主题工作计划》，确定私车公养、城乡居民基本养老保险和医疗保险等6个监督主题，累计发现问题151个，督促整改122个。

【坚持纠治“四风”】 做实做细日常监督。2021年，区纪委（监委）紧盯重要节点，组织召开节前部署会2次，发布廉洁过节通知、提醒函6份，转发学习违反中央八项规定精神问题典型案例通报6起。根据拉萨市纪委监委《关于作风建设专项整治自查、监督检查发现问题处置意见》的要求，督促12家单位完成整改问题31项，清退7家单位津补贴、福利等款项602481.4元；严肃查处违反中央八项规定精神问题1起1人。派出监督检查小组48个，对93家单位、242台（次）车辆、47家（次）餐馆及温泉度假中心、茶园、商场等场所开展监督检查，发现并督促整改问题22个。完成行政事业单位干部职工57人欠款清缴470.72万元和55家单位面积超标整改。牵头开展“私车公养”专项清查2次，现场反馈立行立改问题10个。组织对全区各学校餐饮浪费情况进行督导检查，重点对2所学校餐饮浪费情况持续跟进督查，并督促整改落实到位。

【换届监督】 2021年，区纪委（监委）制定换届风气监督工作实施方案，开展换届风气监督专题培训会，成立3个换届风气督导小组，开展监督检查20余次，提出立行立改意见建议15条。督促集中观看换届警示教育片《镜鉴》《警钟》70余场次1500余人次；联合换届办组织签订严守换届纪律承诺书1640份、发放提醒卡1070张。出具县乡领导班子换届相关廉政审核意见回复25期、795人次。建立限时查结换届问题线索机制，成立县乡领导班子换届快查快办工作领导小组。

2021年10月18日，堆龙德庆区纪委监委举办2021年纪检监察干部能力提升培训班

【严肃执纪问责】 2021年，区纪委（监委）保持高压态势，狠抓办案措施，规范办案相关流程，整合镇（街道）纪（工）委执纪审查力量，不断增强办案综合效果。特别是完成“拉萨市空港新区西藏空港创业投资有限公司财务部负责人滕睿涉嫌严重违法案”的指定管辖核查任务，实现了堆龙德庆区纪检监察机关移送司法零的突破。全年各级纪检监察机关受理问题线索45件，立案审查调查11人，给予党纪政务处分20人，诫勉谈话5人。开展政法队伍教育整顿工作，受理涉及政法队伍问题线索9件，立案审查调查3件，给予政法干警党内警告处分1人、党内严重警告处分1人、政务处分1人及开除党籍、开除公职处分1人，其中适用于自查从宽政策1人。抓好执纪审查的“后半篇”文章，对尚在处分影响期内的14名党员、干部开展回访教育。

【廉政教育】 2021年，区纪委（监委）先后组织2批次160余名党员干部参观拉萨市廉政教育基地，督促各级党组织分16批次组织党员干部参观拉萨市廉政教育基地和林周澎波农场，涉及全区县级领导干部、各镇（街道）党政正职等1000余人次。开展干部任前廉政谈话和换届工作人员谈

2021年6月18日，堆龙德庆区组织党员干部集中观看换届警示教育片《警钟长鸣》

话2场次，涉及130余人次。扎实开展“以案促改”工作，下发《关于在全区范围内开展“身边人身边事”警示教育的通知》《关于在全区范围内开展格桑平措违纪违法案件“以案促改”工作的通知》《关于七起共产党员和公职人员酒驾醉驾问题典型案例的通报》，要求各级党组织和广大党员干部深刻汲取教训，进一步筑牢信仰之基、补足精神之钙、绷紧纪律之弦、落实应尽之责。加强干部“八小时以外”监督，对18名自愿参加家访活动的正科级实职干部开展家访，不断筑牢反腐倡廉家庭防线。

【政治巡察】 2021年，区纪委（监委）扛稳巡视巡察反馈问题整改监督责任，对各领域专项整改组和具体负责单位开展督导检查，现场反馈意见建议并督促整改问题25个。落实巡视反馈问题整改牵头责任，完成负责牵头落实的整改任务8项。制定《2021年堆龙德庆区委巡察工作计划》，完成二届区委第十一轮巡察工作和区检察院党组的常规巡察，对团区委、区民政局等9家单位开展巡察“回头看”。结合市委巡察工作领导小组《对软弱涣散村（社区）党组织开展市县联动巡察试点工作方案》，制订本级巡察工作方案，召开三届区委第一轮巡察工作动员部署会议，并完成进驻。

【自身建设】 2021年，扎实推进内设机构改革试点工作，制定《堆龙德庆区纪委监委深化内设机构改革试点工作方案》《堆龙德庆区纪检监察协作片区工作规则（试行）》，召开协作片区通报会，使协作片区职能更加优化、权责更加协同、监督更加有力、运行更加高效。推行“日总结＋周例会＋月报告”工作模式，及时分析工作中存在的困难，着重提升纪检监察工作质量。注重加强机关干部思想政治建设，开展支部学习33次、集中学习研讨活动6次，组织观看警示教育片、参观烈士陵园、参观党史墙等活动20余次。注重提升纪检监察干部业务能力水平，委派21名纪检监察干部到上级和本级纪检监察部门进行跟案跟班培训，全区纪检监察干部办案跟案率达82.9%。

（尹　丽）

【机构领导】

中共拉萨市堆龙德庆区纪律检查委员会

区委常委、纪委书记

尚志清（6月离任）

边巴索朗（藏族，6月任职）

纪委副书记

尼玛玉珍（女，藏族）

李雅娟（女，6月离任）

李焕妤（女，6月任职）

纪委常委

张峰玮（女，蒙古族，4月离任）

尹　丽（女，4月任职）

强巴扎西（藏族）

拉萨市堆龙德庆区监察委员会

监委主任

尚志清（6月离任）

边巴索朗（藏族，6月任职）

监委副主任

尼玛玉珍（女，藏族）

李雅娟（女，6月离任）

李焕妤（女，6月任职）

监委委员

张峰玮（女，蒙古族，4月离任）

尹　丽（女，4月任职）

达　珍（女，藏族）

人民团体

工 会

【概况】 年内，堆龙德庆区总工会以习近平新时代中国特色社会主义思想为指导，深入学习贯彻中共十九大、十九届历次全会精神及中央第七次西藏工作座谈会精神，紧紧围绕区委、区政府中心工作，紧密联系工会实际，准确把握进入新发展阶段，深入贯彻新发展理念，加快构建新发展格局，以创建“忠诚型、有为型、贴心型、枢纽型、活力型”工会组织为目标，致力精准服务，不断开创工会工作新局面。2021年，区总工会实有工作人员11名，其中主席1名，副主席1名，四级主任科员2名，二级主任科员1名，工人1名，公益性岗位人员2名，社会化工作者3名，下属基层工会组织119个，工会会员达6300人。

【职工思想引领】 强化理论学习。2021年，区总工会系统引导全区广大干部群众学史明理、学史增信、学史崇德、学史力行，不断增强“四个意识”、坚定“四个自信”、做到“两个维护”，在区双创中心开展“永远跟党走”主题五项比赛之“党史金句我来写”书法比赛，来自全区党政、教育、统战、企业系统的95名书法爱好者参赛。

法律宣传。通过设立宣传点、悬挂横幅、发放法律知识宣传资料的形式，扎实开展“4·15”全民国家安全教育宣传、“6月综治宣传周”、“6·26”国际禁毒日、“9·16”平安西藏宣传日、“国家网络安全宣传周”活动，向过往群众及农牧民工提供法律知识咨询服务，解读有关工会维权政策，广泛宣传堆龙德庆区扫黑除恶打非治乱专项斗争、禁毒工作等，深化国家安全宣传教育，增强全民国家安全法治意识，筑牢维护国家安全的人民防线。活动期间，发放《中国工会会员手册》《拉萨市堆龙德庆区总工会关于困难职工帮扶救助管理的办法(试行)》《中央第七次西藏工作座谈会精神》《中华人民共和国劳动合同法》《职业病的危害和预防》《中华人

2021年2月8日，堆龙德庆区总工会开展“三大节日”慰问活动

民共和国反间谍法》《中华人民共和国国家安全法》《女职工劳动保护特别规定》等宣传册1200余份，发放宣传物品600余件。此外，区总工会持续深入开展“五下乡”宣传活动，分别在乃琼街道岗德林村、德庆镇昂嘎村、羊达街道邦普村、东嘎街道东嘎社区、古荣镇那嘎村、古荣镇荣玛村集中开展“五下乡”宣传服务活动，发放《工会知识宣传手册》《农民工进城务工指南》《中央第七次西藏工作座谈会精神》等宣传手册12000余份，发放雨伞、围裙、简便包等宣传物品1900余件，积极倡导职工群众学法、用法、知法、守法。

2021年12月15日，堆龙德庆区总工会举行助学救助金兑现仪式

【建会入会工作】 2021年，区总工会按照“哪里有职工，哪里就要有工会组织”的要求，以扩大工会组织覆盖面为抓手，以“两新组织”和“八大群体”建会入会工作为重点，加强基层工会组织建会入会工作。2021年年底，全区98家“三有”非公企业建立工会组织，覆盖率65%，保安员、房产中介员、护工护理员等“八大群体”建立工会组织3家，社会组织3家已全部完成建会。为规范工会会员会籍管理工作，增强会员归属感，保障会员权利，按照自治区总工会《关于印发〈推进基层工会组织和工会会员实名制管理工作的实施方案〉的通知》要求，为非公企业会员实名制录入工作进行集中统一培训，确保“三有”非公企业工会组织和会员实名制管理工作实行动态管理，并逐步实现会员会籍管理制度化、规范化、信息化。2021年年底，完成6300名会员实名制信息录入工作。

【服务职工群众】 2021年，区总工会坚持以服务基层、服务职工为工作导向，围绕职工群众最关心最直接最现实的利益问题，切实履行维护职工合法权益、竭诚服务职工群众的基本职责。

送温暖活动。及时抓住“三大节日”等重要节点，对坚守岗位的干部职工和劳模、企业困难职工、农牧民工等特定群体进行慰问，共慰问121人，发放慰问金12.1万元；开展“下基层、大接访、办实事”调研，并在包村点开展“五送”活动，共慰问20人，每人1000元；此外将古荣镇古荣村1户和德庆镇邱桑村1户困难农牧民工纳入城市困难职工中，并进行长期帮扶。

工会会员福利发放。按照《西藏自治区基层工会经费收支管理实施办法（试行）的通知》规定，进一步为干部职工谋福利，先后2次为全区职工（会员）发放福利，8月向全区1867名职工发放价值56.44万元的食用油，10月向全区1823名工会会员发放的生日蛋糕券。此外，为35名干部职工送去住院、直系亲属去世等慰问金2.8万元，为10名干部职工送去生育慰问金5000元。

开展疗休养活动。以党史学习教育为主线，先后3次组织80余名干部职工（含30名护路队员）到海南开展疗休养活动，使干部职工切实感受到区委、区政府以及工会组织的温暖。

购买全区职工保险。2021年，为全区机关、事业单位的在编在岗正式干部职工、公益性岗位工作人员、政府购买服务人员、村“两委”班子及村居监督委员会共3682人购买意外伤害保险。共有52名干部职工获得理赔，理赔金额达73.36万元。

金秋助学。2021年，为辖区内的困难职工子女、农牧民工子女共26人发放助学金24.59万元。

2021年4月27日，由区委党史办主办，区总工会承办，区妇联、团区委协办的堆龙德庆区庆祝中国共产党成立100周年“永远跟党走”主题五项比赛活动之“党史金句我来写”书法比赛在区双创中心开赛，图为参赛人员合影留念

【提升基层工会组织活力】 2021年，区总工会围绕发展大局，大力弘扬劳模精神、劳动精神和工匠精神，开展各种劳动技能竞赛，激发职工的创新、创造能力。

产业工人队伍建设。紧紧围绕习近平总书记关于产业工人队伍建设改革重要指示精神，推进产业工人队伍建设，深入企业调研，建设产业工人队伍试点单位，先后在拉萨远大建材有限责任公司、西藏雄巴拉曲神水藏药有限公司、西藏胜盾安保服务有限公司开展“安康杯”知识竞赛、技能竞赛、岗位练兵等活动，共有480余名职工参加活动，投入资金3.6万元。

职工书屋、职工之家建设。为进一步强化基层工会组织建设，区总工会为西藏胜盾安保服务有限公司、包村点巴热村发放职工之家建设款11余万元。为促进干部职工身心健康，改善干部职工业余生活，为护路队员职工之家配备价值10.81万元的运动设备，解决堆龙龙创空间职工活动经费1.3万元。

换届指导。2021年，按照拉萨市总工会《关于在全市村（社区）换届工作期间进一步推进村级工会组织建设的通知》要求，组织人员深入各镇（街道）就村级工会换届相关工作进行检查指导，基层工会换届圆满成功。

【工会自身建设】 2021年，区总工会深入贯彻落实各级党建会议精神，严格落实党风廉政建设主体责任，进一步强化责任意识，班子成员切实履行“一岗双责”，把抓党建作为第一要务，不断强化政治教育、警示教育、法律教育，认真履行全面从严治党主体责任，认真落实“三重一大”等制度，召开党风廉政部署会议5次，开展集中学习19次、专题集中讨论3次、党史学习教育活动20次、主题党日活动13次。支部书记讲党课2次。结合《堆龙德庆区开展党史学习教育实施方案》的要求和全党开展党史教育“我为群众办实事”实践活动精神，深入开展环卫工人、楚布寺僧人送医送药送健康大型义诊、接诊义诊活动，为参加活动的570余人发放价值6万余元的藏药。

（格桑卓嘎）

【机构领导】

主　席

拉　　珍（女，藏族）

副主席

次仁玉珍（女，藏族）

共青团

【概况】 2021年，团区委下辖各类团组织139个，团员1796人，专兼职团干部117人，其中：镇（街）团（工）委6个、镇（街）机关团支部4个、村（社区）团支部31个；区直机关团支部3个；西部计划志愿者团支部1个；教育团工委1个、中学团委1个、学生团员团支部8个、小学教师团支部4个；流动团员团支部6个；两新企业团组织74个，其中团总支1个、团支部17个，青年工作委员会56个。全区区级少先队工作委员会1个，学校少先队工作委员会8个，少先队小队95个，少先队中队77个，少先队大队8个，区总辅导员1人，大队辅导员8人，中队辅导员169人，少先队员4796人。

【党支部自身建设】 2021年，团区委党支部认真贯彻落实十九大和十九届历次全会精神，以习近平新时代中国特色社会主义思想为指导，严格落实《中国共产党党和国家机关基层组织工作条例》和《中国共产党支部工作条例》，建立健全党建工作责任制，全面推进党的政治建设、思想建设、组织建设、作风建设、纪律建设，把制度建设贯穿其中，深入推进反腐败斗争，不断提高党的建设质量。充分发挥领导班子领学促学作用，累计组织召开党建工作专题部署会2次，召开党史专题学习会12次，开展集中学习40余次，开展主题党日活动12次，党支部书记讲党课5次，召开党史学习教育专题组织生活会1次。

【基层团组织标准化建设】 自2020年堆龙德庆区被确定为全国县域共青团改革试点县区以来，始终坚持党的领导对共青团改革的牵引作用，坚持将党的建设贯穿改革工作始终，突出党对共青团工作的政治领导、思想领导、组织领导。

目标责任制。2021年，聘任1名团委兼职副书记，并建立任期内目标责任制；建立基层团组织书记两级述职评议机制，评价结果与评先树优挂钩。11月25日至12月2日，各镇（街道）完成村（社区）团支部述职评议工作，并推选12名优秀村级团支部书记。

健全县域团的组织体系。2021年2月，堆龙德庆区31个村（社区）完成团支部换届工作，选举出新一届团支部书记、副书记、委员101人，平均年龄25.6岁。

推进资源社会化。持续开展“青实践·大手牵小手”寒暑假志愿支教实践活动，共开展2期实践活动，140名大学生参与，支教中小学生1237名；项目化运营堆龙德庆区青少年活动中心，2021年投入预算资金232万元，全年接受系统课程培训学员达3902人次。

党建带团建。5月，建立青年工作联席会议机制并召开第一次联席会；8月，制定出台《堆龙德庆区共青团推优入党实施细则》，并在第三期青年马克思主义者培养工程培训班对基层团组织负责人进行培训；严把团员发展入口关，坚持“十二步法”高质量培养发展新团员70名；11月26日，成立区中学团校，并开办了第一期团员教育培训班；将党建带团建、队建纳入区委巡察内容。

2021年8月29日至31日，共青团区委在东嘎社区基层党员培训基地举办堆龙德庆区第三期青年马克思主义者培养工程培训班，图为参加培训班的学员合影

【青少年思想道德建设】 2021年，团区委在团员和青年队伍中广泛开展“学党史、强信念、跟党走”学习教育活动，各级团组织开展学党史活动82次。组织全区广大青年、团员参与“青年大学习”网上主题团课，覆盖8400余人次。在基层团员青年中广泛开展“五四”讲话、“七一”讲话精神专题学习及“党史故事我来讲”演讲比赛、“英雄精神我来诵”朗诵比赛等学习活动。开展五四表彰活动，授予6个基层团组织为“2020年度共青团工作先进集体”，授予60名同志“2020年度共青团工作优秀个人”称号。8月29日至8月31日，在东嘎社区组织开展第三期青年马克思主义者培养工程，70名学员参加，着力为党培养和输送青年政治骨干。以“三大节日”为契机，深入村（社区）开展为期6天的“五下乡”宣传活动，发放法律维权知识、环境保护、预防青少年违法犯罪、民族团结、共青团知识等方面的宣传资料600余份。加强对志愿者队伍的管理，组织返乡大学生志愿者开展大学生足球赛，对西部计划志愿者开展主题团日、节前慰问及年度表

彰等工作。加强网上青年大学习力度,对落实不力的团支部,下发通报至所在镇(街道)党(工)委。用好团史馆,作为线下青年团员理论学习教育的主阵地,全年接待各级领导及团组织参观学习588人次。

【维护青少年合法权益】 2021年,团区委进一步健全机构,召开全区预防青少年违法犯罪联席会,加强各单位间的联系,不断完善工作机制,齐抓齐管,努力与区委宣传部、法院、检察院、人社局、教体局等部门各司其职,形成社会、学校和家庭共同联动的良好格局。指导各镇(街道)把预防青少年违法犯罪工作放在首要位置,各镇(街道)共开展预青工作17场次。开展"法治进校园"活动,通过"4·15"全民国家安全教育日宣传教育及"儿童自护教育到基层知识宣传讲座""扫黄打非·护苗2021绿书签进校园""家庭教育""防性侵自护教育进校园""反对暴力"等活动,覆盖青少年1800余人。开展法治宣传基层行活动8次,发放《中华人民共和国未成年人保护法》《中华人民共和国预防未成年人犯罪法》等宣传册400余册,开展预防青少年违法犯罪教育共30余次,累计受教育5000余人。开展助学金发放活动,为堆龙德庆区中学40名贫困学生发放2万元"微心愿"助学金。在乃琼社区首创成立未成年人心理辅导室,开创未成年人心理健康发展新局面。投入5万余元,开展"点亮青春·未爱护航"模拟法庭活动,覆盖全区8所学校320名学生。

【少先队工作】 2021年,团区委组织指导全区8所中小学召开中国少年先锋队拉萨市堆龙德庆区各学校第一次代表大会,成立8所学校少工委。组织全区8个中小学,开展"红领巾心向党""请党放心强国有我"主题队课,覆盖学生6400余名。结合志愿支教活动,在各镇(街道)12个支教点组织开展"学党史、做新时代好青年"暑期宣讲活动,覆盖少先队员400余名。加强团教协作,推进学校少先队建设,各学校广泛开展"童心绘党史""红领巾心向党,争做光荣的少先队员"及"请党放心强国有我"建队日等系列活动。在各中小学内开展"红领巾奖章"争章活动,并邀请市少年部工作人员针对学校辅导员开展工作培训,提升少先队员的荣誉感和参与感,弘扬学生道德,培养少先队员的主人翁精神。

(刘　敏)

2021年5月30日,由堆龙德庆区少工委、堆龙德庆区青少年活动中心主办的西藏首部沉浸式儿童剧《光》在藏域星球天文体验馆正式演出

【机构领导】

团区委书记

拉巴曲珍(女,藏族,4月离任)

刘　敏(女,4月任职)

团区委副书记

德吉白珍(女,藏族)

妇　联

【概况】 年内,区妇联以习近平新时代中国特色社会主义思想为指导,正确贯彻落实中共十九大、十九届历次全会精神及中央第七次西藏工作座谈会精神和《堆龙德庆区妇女儿童(2016—2020)年发展规划》,以服务大局、服务基层、服务社会为主题,扎实开展妇女儿童各项工作。2021年,区妇联共有编制3名,实有工作人员8名,其中主席1名、副主席1名、四级主任科员3名、工人1名、

公益性岗位人员1名、西部志愿者1名。

【各类庆祝活动】 2021年,区妇联结合党史学习教育,开展庆祝西藏和平解放70周年和中国共产党建党100周年系列活动暨党史知识宣传活动。在公众号、抖音等平台宣传庆祝西藏和平解放70周年和中国共产党成立100周年系列活动;开展以“巾帼心向党　奋斗新征程”为主题的纪念第111个“三八”国际妇女节活动,全区31个村(社区)和6个镇(街)妇联分别开展“三八”妇女节活动共37场次;开展“学党史、悟思想、懂金融”知识竞赛及“学党史、悟思想、爱健康、保安全”活动;举办永远跟党走——庆祝中国共产党成立100周年暨西藏和平解放70周年歌咏比赛,全区各行各业代表共计1000余人参加;举办“军民鱼水一家情·爱我人民爱我军”等系列庆祝活动,全区广大群众、村村文艺队演职人员、青年女性走进驻训基地,走入营区,与驻地官兵共同庆祝中国共产党成立100周年、西藏和平解放70周年和中国人民解放军建军94周年。

2021年11月10日,堆龙德庆区妇联举办“新时代文明实践活动·公务礼仪进机关”活动,图为妇联工作人员及培训老师与参训人员合影留念

【送温暖关爱行动】 2021年,在“三大”节日前夕,区妇联组织人员到辖区6个镇(街道),为全区31名贫困母亲和30名残疾儿童开展节日慰问活动,送去了慰问金和大米、面粉、清油等慰问品。“六一”儿童节当天,在姜昆希望小学开展“书香传万家　亲子阅读”暨庆祝“六一”儿童节系列活动。发放2021年“格桑花”贫困妇女儿童救助基金,按照病情程度为全区37名贫困妇女儿童进行每人2000元至1万元不等的救助,共计发放救助资金30万元。出资8640元为加入村30名贫困母亲发放了每人288元标准的由母亲日常生活用品组成的爱心包裹“母亲邮包”;出资7040元购置爱心毛线16公斤,为古荣镇加入村幼儿园发放了37件爱心妈妈们编织的毛衣;开展“感党恩　送温暖　党史知识书法比赛”进寺庙暖尼姑活动,在其美龙寺为尼众讲解了常见病预防、妇科两癌预防及“遵循四条标准、争做爱国爱教先进尼姑”相关知识,为辖区3座尼姑寺的83名尼姑送去了价值2.1万余元的保暖衣物和日常用品。

【开展绿色文明实践活动】 2021年,区妇联开展“绿色家庭”“最美文明家庭”创建评选活动和移风易俗教育,东嘎社区和乃琼社区2户家庭被评为市级最美文明家庭。开展以“五美”(庭院美、室内美、厕所美、品行美、村庄美)为主要内容的“美丽家园、幸福人家”创建活动,大力开展爱国卫生运动,定期组织卫生检查评比,绿化、美化、亮化、净化水平明显提高。2021年,堆龙德庆区作为全区“美丽家园、幸福人家”创建工作试点,参加了自治区妇联在日喀则市举办的全区现场推进会,会上堆龙德庆区作为全区先进典型作了交流发言。拉萨市妇联“绿色家庭”授牌仪式在堆龙德庆区东嘎街道东嘎社区举行,东嘎社区仁增家庭等4户家庭受到表彰。

【妇联换届选举】 根据全国、自治区、拉萨市妇联村居、乡镇妇联换届的相关要求,全区31个村(居)妇联换届选举工作从2021年2月7日开始到2月25日全部结束。各村(居)妇联严格按照换届选举工作纪律和程序,开展选举工作,全区31个村(社区)妇联共选举产生了执委 313 名，其中，主席 31 名，副主席 35 名，兼职副主席 40 名。为顺利完成镇（街道）妇联换届选举工作，2021 年 5 月 10 日下午，区妇联召开（镇）街道妇联组织换届选举工作安排部署会议，会上，传达了自治区妇联《关于做好 2021 年乡镇（街道）妇联换届工作的》通知精神，并对换届提出具体要求和希望。为确保换届选举工作的扎实顺利开展，区妇联专门从 6 个镇（街道）妇联专门抽调工作人员，在区妇联统一办公，筹备换届选举相关事宜，在一个多月的精心筹备和认真谋划下，从 6 月 23 日东嘎街道妇联换届选举开始到 7 月 14 日马镇妇联换届结束，全区 6 个镇（街道）妇联换届选举工作圆满完成，共选举产生了妇联执委 205 名，其中，主席 6 名、专职副主席 7 名、兼职副主席 67 名。

2021年10月2日，堆龙德庆区妇联举办“拉萨市堆龙德庆区龙姐维权服务中心”揭牌仪式

【法治宣传活动】 2021 年，区妇联以“五下乡”和“综治宣传月”等各种活动为载体，开展妇女儿童维权宣传活动，发放《中华人民共和国妇女权益保障法》《中华人民共和国婚姻法》《中华人民共和国未成年人保护法》《中华人民共和国反家庭暴力法》等维权知识宣传手册，并提供法律、政策、心理咨询等帮助，共举办维权宣传活动 15 次，发放各种宣传资料 3500 余份。

【妇女维权】 2021 年，区妇联成立拉萨市堆龙德庆区龙姐维权服务中心，同时在 6 个镇（街道）、公检法司及团区委等 11 家单位下设维权站。首发人身安全保护令，2021 年 5 月东嘎街道辖区一名女性多某因男方多次对其家暴申请离婚，由于《中华人民共和国民法典》中规定的离婚冷静期未到而向区妇联求助，在区妇联的帮助下，多某成功申请到区人民法院下达的首份“人身安全保护令”，最终，多某的人身安全得到法律保护。为充分发挥人民法院和妇联组织各自职能优势，建立司法审判与妇女儿童维权有效衔接、协调联动，联合区人民法院成立“家和暖心调解室”，并建立妇女儿童权益保障诉调对接工作的合作备忘录。全年共接待、下访、回访、调处妇女儿童来信来访 13 件，主要涉及婚姻家庭，信访调解率达 100%。

【业务技能培训】 2021 年，为进一步提升基层妇联主席业务能力素质和政治理论水平，加强基层女干部队伍建设，教育引导新一届村（居）妇联主席更新观念、开阔视野、转变角色，不断提升思想政治素质、业务素质和解决实际问题的能力，更好地适应新形势下的基层妇女工作要求，区妇联先后开展了为期 3 天的村（居）妇联主席业务能力提升培训和由各镇（街道）妇联主席、村（居）优秀创业妇联代表、区级妇联执委、两新行业妇委会主任代表组成的为期 10 天的业务能力提升培训。配合西藏卓番林文化股份有限公司、自治区妇联、拉萨市妇联在荣玛乡高海拔生态搬迁点，开展为期 30 天的民族手工艺编织中级技能培训，37 名妇女参训。暖流行动春雨计划——2021 北京门头沟区结对帮扶西藏堆龙德庆区东嘎街道东嘎社区妇联爱莱娃娃项目手工民族服饰制作培训在东嘎社区举行，促进了两地妇女交往交流交融，不断提高全区广大妇女群众健康、维权意识，此次活动北京门头沟区为东嘎社区 100 余名妇女群众开展了女性健康、女性维权、电商知识专题讲座及手工艺培训。

【文明实践活动】2021年，区妇联已成立38个巾帼志愿服务队，志愿者人数达378人。2021年，为包村点古荣镇加入村开展"九九重阳节，浓浓敬老情，巾帼暖夕阳"送关爱入村活动，为加入村30名老人送上了精心准备的母亲邮包，陪老人们闲话家常，为他们送去温馨的节日问候和祝福。开展新时代文明实践"公务礼仪进机关"培训，由西藏赢启职业技术培训学校老师郭芊芊作专题授课，50余名干部职工参加培训。

【两个规划工作】2021年是《堆龙德庆区2016—2020年妇女发展规划》和《堆龙德庆区2016—2020年儿童发展规划》终期评估年，区妇联对规划各项指标完成情况做好自查自纠，迎接并通过了市妇儿工委评估验收，指出了存在的问题和下一步整改措施。同时，为做好新一轮妇女儿童发展规划的编制工作，先后3次组织32家区政府妇儿工委成员单位负责人召开会议，对《堆龙德庆区（2021—2025）年妇女发展规划》和《堆龙德庆区（2021—2025）年儿童发展规划》进行征求意见，确保新一轮规划更加符合堆龙区情和堆龙妇女儿童发展实际。

（巴　片）

【机构领导】

主　席

马立玲（女）

副主席

巴　片（女，藏族）

工商联

【概况】2021年，堆龙德庆区工商联会（商会）会员企业共有66家，其中建筑业12家、食品业6家、特色产业8家、加工业18家、销售业7家、种养殖业8家、运输业3家、信息服务业3家、其他1家，"三有"企业39家，已成立党组织的企业有23家，发展党员28名。区工商联（商会）核定行政人员3名，实有干部5名，公益性岗位2名。

【学习活动】2021年，为庆祝中国共产党成立100周年和西藏和平解放70周年，区工商联（商会）组织非公企业党员、工商联全体干部职工参观西藏自然科学博物馆之西藏百万农奴解放纪念馆，接受革命传统教育；组织会员企业党员、工商联干部职工参观谭冠三纪念馆，重温"特别能吃苦、特别能战斗、特别能忍耐、特别能团结、特别能奉献"的老西藏精神，瞻仰烈士陵园，为革命先烈敬献鲜花；观看中共十六届六中全会新闻发布会，参观拉萨藏游坛城的以党的光辉历程为题材的红色宣传墙，开展庆祝中国共产党成立100周年系列活动；观看红色影片《革命者》《长津湖》《永不消逝的电波》《建党伟业》《榜样》《信仰》等，进一步激励广大党员干部不忘初心、牢记使命、继续前进，坚定理想信念，强化责任担当。

【"两新"党组织建设】2021年，为不断扩大堆龙德庆区"两新"组织党的组织和工作全覆盖，促进"两新"党建工作全面进步、全面过硬，区委组织部组织各"两新"党工委成员单位相关人员在区委常委、组织部部长孙玲的带领下，对下辖3个街道、3个镇和部分民营企业的党建工作、党组织班子队伍建设、"两新"党组织建设及覆盖情况进行为期3天的调研。

2021年7月2日，堆龙德庆区工商联党支部开展主题党日活动——组织非公企业代表到谭冠三纪念碑参观学习，图为合影留念

针对调研中提出的“两新”党组织建设覆盖率未达标的问题，经过后期推进，区工商联（商会）联已完成覆盖率达55%的目标任务。

2021年2月5日，堆龙德庆区工商联开展节前慰问会员企业困难职工活动

【党支部换届】2021年4月23日，根据《关于堆龙德庆区（中）直机关党（总）支部换届选举工作的通知》文件精神，堆龙德庆区工商联党支部召开换届选举大会，全票（4票）通过段凤芝任新一届工商联党支部书记，全票（4票）通过普布次仁任党支部副书记。

【发挥工商联职能作用】2021年2月5日，为让会员企业困难职工过上一个温暖祥和的节日，区工商联（商会）对10名困难职工进行了春节、藏历新年节前慰问，详细询问了企业发展现状和面临的问题，了解企业困难职工的身体和家庭生产、生活等情况，并送去了大米、食用油等价值2810元的慰问品，让困难职工感受到了党和政府的关怀和温暖。3月22日，为切实解决民营企业融资难的问题，助力民营企业提质加速、高质量发展，组织召开了以“宣传信贷政策、推介信贷产品、促进银企合作”为主题的政银企对接座谈会。会上，中国农业银行堆龙支行、中国邮政储蓄银行堆龙支行、堆龙民泰村镇银行等金融部门主要负责人与各企业通过提问——解答——再提问——再解答等形式进行了对接交流，各银行纷纷表示将积极主动上门服务，对有贷款需求的企业做好相关业务对接。

【壮大工商联会员企业】2021年，区工商联（商会）按照巩固老会员、发展新会员的工作要求，共酝酿了6家会员企业，向区委组织部推荐先进基层党组织1个，向区政协推荐工商界党外政协委员3名，向拉萨市工商联积极推荐成长型优选名录企业4家，并报送相关资料。

（德吉白珍）

【机构领导】

主　席

段凤芝（女）

副主席

普布次仁（藏族）

军 事

人民武装

【概况】 2021年,堆龙德庆区人民武装部党委深入学习贯彻“两会”精神和中共十九届六中全会精神,认真贯彻军区和警备区党委扩大会议精神,积极响应上级号召,守住安全稳定底线,大力加强思想作风建设,深入开展好群众工作和双拥工作,扎实打基础,反复抓落实,单位全面建设有序展开,扎实推进。

【坚持聚焦举旗铸魂,夯实信仰根基】 2021年,区人武部坚持用习近平新时代中国特色社会主义思想和强军思想定向统领、凝魂聚力、谋篇抓建,雷打不动落实理论学习制度,紧贴思想实际抓实主题教育,严格组织生活净化思想灵魂,党的创新理论已然成为官兵的精神旗帜、行动指南。

抓好讲话学习。学习宣传贯彻习近平关于强军兴军重要思想,全面更新规范营院和民兵训练基地政治文化环境,通过拉横幅、制作展板、开展知识竞赛等活动,大力营造浓厚氛围。深刻学习领会“两会”精神,特别是习近平主席在党成立100周年和西藏考察时的重要讲话精神以及《军队基层建设纲要》精神,紧盯强军目标、立足结合融合、扭住实践落点,不断强化号令意识、责任意识、作为意识,官兵强军兴军、担当尽责的激情动力持续激发。

贯彻军委主席负责制。始终坚持把全面深入贯彻军委主席负责制作为“最高政治任务、最高政治要求、最高政治纪律”来定位,以“天条铁律”“第一规矩”的政治站位、鲜明的政治态度和坚定的行动自觉,高端摆位、大事大抓、强势推进。认真对表强军思想、对照上级要求、对接使命任务,踩实动员部署、学习辅导、专题教育、形势分析、整改推进等环节,大力推动全面深入贯彻军委主席负责制走深走细走实。

思想政治教育。专题研究部署“传承红色基因、担当强军重任”主题,深化思想政治教育和党

2021年6月4日,堆龙德庆区人武部组织党员干部开展重温入党誓词活动

员政治教育，严密组织专题学习，广泛开展“做新时代雷锋传人、砺能打仗热血尖兵”主题演讲、“模范践行习近平强军思想、做新时代习主席好战士”主题实践，官兵政治信仰更加坚定。针对和平时期容易滋生的“到了人武部、安家又落户”的享乐思想和“身在岗位、激情下岗”的松懈情绪，把弘扬“老西藏精神”作为常抓不懈的课题，教育引导官兵“把荣誉视作生命、把困难踩在脚下、把责任举过头顶”。全年在《西藏日报》、西藏广播电台、拉萨电视台、《拉萨日报》等媒体平台上发稿30余篇。

【军事训练】 加强军事训练。2021年，区人武部依据新的军事训练大纲，严格落实训练制度，狠抓军事训练落实，坚持从实战出发，严抠细训，提升专武干部业务素质。

【弘扬红色教育】 2021年，区人武部深入开展红色教育，先后组织专武干部和民兵到林周爱国主义教育基地、拉萨市烈士陵园、尼木烈士陵园爱国主义教育基地等地参观学习，感受革命先辈英雄事迹，进一步激发广大民兵的爱国热情。加强国防教育，通过开展军事日活动深入校园、企业开展国防教育，进一步增强广大干部和学生拥军热情，提升学生爱国热情，引导广大学生进一步树立正确的人生观和价值观。

【2021年度征兵工作】 2021年3月至9月，区人武部以自治区（市）两级征兵工作会议精神为指导，坚持实事求是、问题导向的原则，严格按照征兵工作计划和征集流程，严把征兵各个关口，积极协调公安、教育、卫生、退役军人事务局等职能部门抽调人员组成征兵办领导小组，筹划安排征兵工作会议；开展预征对象体检、政审、役前训练等具体工作，主动邀请地方纪委和征兵廉洁员监督征兵流程，确保征兵过程公平、公正、公开，为部队输送合格兵员，有效确保兵员质量，圆满完成年度征兵工作。

【组建西藏首个功能园区基层人民武装部】 2021年，区人武部为加强国防动员和后备力量建设，积极适应民兵调整改革新形势，不断在探索中完善国防动员体系，3月12日、12月14日按照拉萨市2020年党委议军会议精神，先后在拉萨经开区和柳梧新区组建基层人武部，标志着西藏首个功能园区基层人武部正式挂牌成立。

（吴应聪 潘振华）

武警堆龙德庆中队

【概况】 2021年，武警堆龙德庆中队坚持以习近平新时代中国特色社会思想为指导，深入学习贯彻习近平强军思想和三级党委扩大会议精神，在上级党委的坚强领导下，在机关业务部门精准指导下，围绕“对照先进牌子，打造先进里子”的思路，确立了“抓经常，打基础，厚底蕴，争先进”的年度建设目标，全体官兵勠力同心、积极进取、奋力拼搏，转变作风、提升标准、狠抓落实，中队建设稳中有进、稳中向好。中队组建于1977年6月，2005年5月原拉萨市支队与第一支队合并为拉萨市支队（旅级）后，命名为拉萨市支队六大队堆龙德庆县中队，主要担负堆龙德庆县看守所看守勤务和各类临时勤务工作。2016年随着堆龙德庆县撤县设区，更名为武警堆龙德庆区中队。2018年1月，依据军委新体制，中队正式更名为武警堆龙德庆中队。

【坚定政治信念】 2021年，中队坚持把搞好团结摆在班子建设的前沿位置来抓，坚持在生活上互管、工作上互帮、作风上互纠、思想上互通，班子成员能够心往一处想，劲往一处使，正副书记互相交心通气，委员互相协调支持，支部战斗堡垒作用有效发挥、“三个能力”有效增强。支部充分发挥两个助手作用，交任务、压担子、定责任、放权力。注重发挥官兵特长，打造“一队一品”，成立兴趣小组，丰富官兵“八小时之外业余生活”，发挥得力助手作用。军人委员会组织开展“武警春蕾计划”捐款、文体骨干培养、民主建队恳谈会等活动，在问卷调查、伙食满意度、入党考学、“争红星”评比等活动中畅通民主渠道，发挥纽带作用，坚持把学习贯彻习近平新时代中国特色社会主义思想和习近平强军思想摆在首位，以“两个纲要”和《军委主席负责制学习读本》等为基本教材，利用板报和“三个半小时”等载体，引导官兵将“四个意识”“四个自信”融入工作实践中，自觉做到“两个维护”，坚决贯彻军委主席负责制。积极营造学思践悟浓厚氛围，使学习党的创新理论成为官兵的行动自觉，广泛开展分享“我最爱习主席一句话”活动，进一步打牢官兵“三个绝对”的政治底色。

【提高训练水平】 2021年，中队牢固树立“练兵备战”理念，不断打牢官兵体能素质基础。落实“日训、周测、月考、季评”制度，建立完善官兵训练档案，树立训练有功、训练有为、训练有位鲜明导向，把军事训练成绩作为立功授奖、入党考学、晋选士官和骨干选拔的重要参考依据，激发官兵参训热情。部队战斗力进一步提升。

【班子建设】 2021年，中队党支部一班人牢固树立“事业第一、集体第一、士兵第一”理念，在“两学一做”学习教育活动中，坚持主官带头、支委示范、党员挂牌宣誓、支部公开承诺，干部每月住一次班、上一次哨、帮一次厨、为战士过一次生日的传统一直在延续，成武县中队“五先四后”的好传统也被及时借鉴开展。党员干部自觉站排头、上一线、打头阵的良好形象，带动和影响了中队全体官兵。

【固定目标执勤】 中队常年担负堆龙德庆区公安局看守所的看守勤务，2021年，始终把固定目标执勤作为经常性执勤工作的重心，坚持以人为本，依靠规范的部署，完善的设施，强化重点，力补弱项，努力实现“正规执勤、确保安全”。坚持防范、约束、处置紧密结合的原则，加大“防逃、制逃、追逃”研究和演练，进一步完善中队各类执勤方案，做到合理布兵，科学组勤，严密组织，坚决把保证固定执勤目标绝对安全、万无一失的要求落到实处。

【临时勤务】 2021年，中队担负了重要节假日期间堆龙德庆区主要路段的武装巡逻任务，为维护堆龙德庆区的安全稳定做出贡献。

【双拥工作】 2021年，中队结合任务实际，广泛开展“共讲党恩跟党走、共促团结反分裂、共建文明树新风、共谋发展惠民生、共抓党建固根基、共创平安保稳定”维稳群众工作“六共”活动，积极配合区委、区政府及区中直相关部门做好拥政爱民教育、国防教育。同时，注重加强对党委、政府、用兵单位、共建单位、友邻单位的走访慰问，进一步密切警政警民关系，不定期举行党政军警民座谈会，邀请地方政府、用兵单位、友邻单位和营区周边普通群众进行座谈，积极汇报部队建设情况，征求对部队建设的意见和建议，形成改进意见和措施，促进拥政爱民工作健康协调发展。

（倪　帅）

法 治

政法委及综治

【概况】 2021年，堆龙德庆区委政法委坚持以习近平新时代中国特色社会主义思想为指导，深入贯彻落实中共十九大和十九届历次全会精神，深入贯彻习近平总书记在中央政法工作会议上的讲话和中央第七次西藏工作座谈会精神，特别是治边稳藏的重要论述和“努力实现西藏持续稳定、长期稳定、全面稳定”的重要指示，拥护“两个确立”、增强“四个意识”、坚定“四个自信”、做到“两个维护”，深入贯彻习近平法治思想和新时代党的治藏方略，以政法维稳为主线，深化平安建设及市域社会治理现代化、网格化、双联户工作，强化政法队伍教育整顿、铁路护路联防、扫黑除恶常态化、禁毒等工作，有力实现了堆龙长治久安和高质量发展。

【党建工作】 2021年，区委政法委坚持以习近平新时代中国特色社会主义思想为指导，全面贯彻落实中共十九大和十九届历次全会精神及西藏第七次工作座谈会精神，坚持党建统领，全面从严治党的工作原则，贯彻落实各项决策部署，重视政治教育，促进各项事业稳步发展。党总支开展主题党日活动30次、集中学习专题会议35次，以及党员政治生日、“七一”党建活动、党员志愿活动等26次；召开支部委员会会议12次、支部大会4次，书记讲党课6次，召开组织生活会2次、民主评议2次，开展交通劝导义务志愿服务187次，严格按照民主集中制原则开展“三重一大”工作；开展党员廉洁自律教育专题会议6次，实地参观拉萨市廉政教育基地1次，观看红色爱国教育影片5次，通过以学促做，不断树立政法委干部正确的世界观、人生观、价值观。

【平安建设】 2021年，区委政法委高度重视平安建设、市域社会治理现代化、网格+双联户、铁路护路联防等工作，及时研究解决

2021年7月2日，堆龙德庆区委常委、政法委书记、公安分局局长赵宏忠（中）在古荣护路大队检查指导铁路护路联防工作并看望慰问了护路队员

工作中的热点、难点问题，将平安堆龙建设工作纳入区委、区政府重要议事日程，主要领导多次听取部署平安建设工作，区委常委会听取平安建设工作汇报2次，区政府常务会研究部署平安建设工作汇报7次，安排平安建设工作经费74.36万元，召开2021年平安建设(综治工作)、铁路护路联防暨政法工作会议。

2021年1月2日，堆龙德庆区召开迎接拉萨市平安建设（综治工作）考评汇报会

【宣传工作】 2021年，区委政法委根据平安建设(综治)宣传工作要求，扎实开展具有针对性、广泛性、深入性，内容丰富且形式多样的宣传活动，共悬挂横幅180余条，制作宣传展板80余幅，发放藏文汉文两种文字的各种宣传单、宣传册50000余份。联合乃琼街道办事处、西藏堆龙强制隔离戒毒所、拉萨市禁毒办举办“全民禁毒宣传月”宣传教育活动，进一步增强群众对平安建设工作的了解，激发群众参与度和知晓率，努力营造和谐稳定的社会治安环境。

【网格化工作】 2021年，区委政法委针对辖区内住宅小区增多，流动人口激增的形势，健全完善“双联户”社会治理模式，按照“综治中心+网格化管理”模式，全面推进综治中心、网格化服务管理标准化、规范化、实体化建设，全区6个镇(街)坚持以打造网格和联户单位这一“最小单元”为着力点，健全完善党建引领网格和基层社会治理机制，划分128个网格、1383个联户单位，加强网格化服务管理建设，深化创新双联户社会治理模式，引导群众参与基层社会治理，推动民心在基层凝聚、问题在基层解决、服务在基层拓展。

【双联户工作】 2021年，区委政法委紧紧围绕共创平安和谐、共同增收致富、共建美丽家园工作职责任务，将网格化管理延伸、拓展，充分把城乡居民组织起来、动员起来，充分调动和发挥农牧民群众主体作用，不断把创建活动引向深入，有力地提升基层社会治理能力、夯实平安创建基础、促进群众增收致富，取得了显著成效。全年共安排专项工作经费50万元，户长补助及绩效奖励426.58万元，同时，对各镇(街道)配套相应工作经费，区级财政对每个镇(街道)下发双联户经费预算10万元。进一步加强对联户长工作保障，下发红马甲帽子套装30套、羽绒执勤服装400套，共投入24.9万元。举办2次培训，180余人次参与，各镇(街道)组织18次培训，1300余人参与，做到了轮训一遍。充分发挥“双联户”在社会治理中的主体作用、在政府联系群众中的纽带作用、在服务中心工作中的基础作用、在维护稳定中的中坚力量作用、在增收致富中的推进作用和在精神文明中的促进作用。

【扫黑工作】 2021年，区委政法委积极开展扫黑除恶常态化各项工作，各镇(街道)、各成员单位主动对接，助推扫黑除恶斗争工作持续发力，切实形成“一盘棋”思想，在实际工作中充分发挥职能优势，扫黑除恶专项斗争各项工作切实形成真抓实干的良好局面。召开常态化扫黑除恶专项斗争和四大行业领域整治推进会各2次，召开领导小组办公联席会议5次。学习中央扫黑办、自治区、市党委、政府重要会议精神以及领导讲话精神6次，组织扫黑除恶专项斗争成员单位召开法律顾问团案件研讨会2次，对收到的案件线索办理等工作进行转办，各镇（街道）、各成员单位召开专项斗争各类会议40余场次。组织开展各类宣传活动36次，发放各类宣传资料12500余份、宣传海报1000余份，张贴大幅通告500余份，现场解答群众疑难问题5000余人次。

【铁路护路联防工作】 2021年，区委、区政府始终把铁路护路联防工作作为“平安堆龙”建设的重要内容，坚持与全区政法维稳工作“四同步”，即同部署、同检查、同考评、同奖惩。各涉铁镇（街道）、村（社区）均成立铁路护路联防机构，大力支持铁路护路联防工作，确保护路工作在全区上下时时有人管、事事有人管。“三大节日”期间，区“四大家”领导慰问每名专职护路队员1000元。实施了护路大队、中队旱厕与浴室改扩建建设，莫嘎护路大队诺路1中队昂嘎班营房建设项目，投入资金303.37万元。解决了专职护路队员社保资金570.3万元，解决了109名减员队员的工资及取暖费448.75万元。仅2021年堆龙本级财政投入资金达2642.69万元。同时，高天护路大队教导员被选为堆龙德庆区第三届政协委员，古荣护路大队大队长洛桑次成被选为堆龙德庆区第三届人大代表，充分体现了区委、区政府对铁路护路联防工作的高度重视和特殊关怀。

【政法队伍教育整顿工作】 2021年，全区政法各部门坚持全面从严管党治警，紧扣政法队伍教育整顿“三个环节”实施步骤，突出教育整顿“四项任务”，聚焦“六大顽瘴痼疾”，共核实整改“六大顽瘴痼疾”168条，落实“自查从宽、被查从严”政策，干警主动交代线索191条。教育整顿各项工作有序推进，全体政法干警在思想纪律、工作作风、服务意识等方面整体有了显著提升，全区政法系统开展“为民办实事”共计500余件。

（旺　姆）

2021年9月16日，堆龙德庆区开展平安西藏宣传日活动

【机构领导】

区委常委、政法委书记、公安分局局长

蒋学忠（5月离任）

赵宏忠（5月任职）

政法委常务副书记

管　兵

政法委副书记

西绕加措（藏族）

格桑曲珍（女，藏族）

公　安

【概况】 年内，拉萨市公安局堆龙德庆分局坚持“稳定压倒一切”的思想，以确保春节、藏历新年、三月综治维稳月、萨嘎达瓦节、中国共产党成立100周年、西藏和平解放70周年、拉萨雪顿节、国庆节等重点时段安全为中心工作，圆满完成各重要节点各项勤务安保工作，进一步建立健全维稳工作机制，严厉打击各类刑事犯罪活动，积极开展疫情防控各项工作，全力以赴防风险、保安全、护稳定，圆满完成全年目标任务。

【完成各项安保工作】 2021年，为扎实有效做好堆龙德庆区各重要节点、疫情期间和宗教活动的安保工作，堆龙德庆公安分局研究制定了10个重要节点期间社会面维稳防控工作方案，12个警务勤务工作方案。

【开展反分裂斗争】 2021年，堆龙德庆公安分局始终以情报信息主导警务工作为理念，建立健全了情报信息研判工作机制，把情报工作的触角延伸到社会各个领域和角落，做到事前预警、事中处置、事后防范，牢牢把握工作主动权。

2021年4月7日，堆龙德庆区委副书记、区长石运本（右一）在区公安局检查指导工作

【开展严打整治斗争】 狠抓多发性侵财犯罪侦破工作。2021年，堆龙德庆公安分局按照“更快的破大案、更多的破小案、更好的控发案”的要求，对辖区社会面进行控制，坚持打防结合，标本兼治，突出重点，重点加大对“两抢”“一盗”等多发性犯罪的防范打击力度，始终保持对刑事犯罪的高压态势，切实打出声势、打出警威。同时，在案件高发时段，加大巡防的密度和频率，采取多种措施，实行对重点地区（地段）、重点时段的有效控制。深入持久地开展严打整治斗争，加大打击力度，维护社会稳定。2021年，堆龙德庆公安分局共立案一般案刑事案件166起，破获刑事案件92起，破案率55.42%，抓获犯罪嫌疑人79名。

开展打击盗抢骗、扫黑除恶、打击电信网络诈骗等专项行动。堆龙德庆公安分局共立案电信网络诈骗案147起，破获23起，破案率15.6%（其中现案督办案件电诈4起，代破外省诈骗案19起）。抓获犯罪嫌疑人6人。冻结涉案账号145个，共冻结资金900万余元；止付银行卡账号84个，共计132万余元；返还涉案账号13个，返还资金共498000元。开展防范电信网络诈骗犯罪宣传、讲座16次，发放宣传单8200余张，张贴海报、警示标语60余张，走访3000余户，出动警力238人次，受益群众3万余人。

开展扫黑除恶打非治乱专项斗争工作。2021年，全区扫黑线索共6条，3条已办结，3条正在办理当中（2021年6月8日，旦某赌博涉黑；2021年7月14日梁某、武某涉黑团伙；2021年7月27日市局扫黑办转办线索，李某举报高某、张某开设倒货场）。

【强化社会面严管严控】 2021年，堆龙德庆公安分局不断加强对旅馆、招待所、娱乐场所、网吧、洗浴中心、流动暂住人口、出租房屋的清查整治工作力度，特别是6月，每晚投入150余名警力，划分10个工作组，以“局领导包面、所队领导包片、责任民警包点”的工作模式，按照“不留盲区、不留空白、不留死角、不留缝隙”的工作要求，对城区开展为期30天的“地毯式”“拉网式”大清理大排查大整治行动，切实掌握辖区“人、地、事、物、情、组织”。共检查易燃易爆使用单位274家次、危险化学品使用单位316次、铁路守护点400余次、宾馆（招待所）1560家次、网吧560家次、娱乐场所520家次、洗浴场所710家次、加油站380余家、仓库700家次、大小出租房12000余间，清查流动人口9万余人，办理临时居住登记卡91850张，办理临时居住证22706个。

【民爆物品安全管理】 2021年，堆龙德庆公安分局治安大队与各派出所严格依照《民爆物品管理规定》，对堆龙辖区所有涉爆单位进行规范管理，专人管理、专人负责，采用追踪卡登记制防止民爆物品的流失。2021年，共审批炸药19.74万余千克，导爆管13.18万余发，混装炸药640吨。

【管制刀具安全管理】 2021年，堆龙德庆公安分局治安大队与各派出所本着“严管、严控、严治”的原则，开展管制刀具、加油加气站等生产、存储、使用单位的清理清查工作，从源头上排查和消除各类安全隐患，坚决防止发生各类安全事故。重点针对东嘎农贸批发市场、大型超市等重点民生领域，不断加大对卖肉商铺、水果商铺等用刀商贩的监管力度，检查涉及用刀商铺1300余家次，收缴管制刀具387把。

2021年11月19日，拉萨市公安局堆龙德庆分局召开侦破系列大要案庆功表彰大会，图为立功民警与局领导合影留念

【加注散装油管理】 2021年，堆龙德庆公安分局为进一步提高辖区散装油品管理工作水平，扎实推进“平安堆龙、和谐堆龙”建设，确保堆龙辖区“三不出”总体目标得以实现，为切实推行实名制加油，加强散装成品油管理，消除治安和消防隐患，严格按照“谁主管、谁负责、谁受益、谁负责、谁登记、谁负责、谁加油、谁负责”的原则，做好实名制登记加油和零散油品销售管理及加油站安全管理工作。治安大队、各派出所共审批柴油150升。

【道路交通整治】 2021年，堆龙德庆公安分局交警大队共接警3795起，其中死亡事故12起、死亡12人，伤人事故60起、受伤71人，财损事故3723起，正在办理41起，其中简易程序案件1054起，立案160起（交通肇事罪立案3起），取保候审159人，调解处理2414起，逮捕1起、移交3起、移送起诉183起。

查处道路交通违法行为。全年处理违法行为17525起，其中非现场处罚12782起、现场处罚4743（简易4267起、一般程序476起），处罚金额5819360元，粘贴违停告知单14100余张。

巡逻检查和夜间设卡检查情况。全年共检查车辆64000余辆，共查处违法行为1578起，其中简易事故1187起、饮酒驾驶89起、醉酒驾驶160起、无证驾驶122起、其他20起，行政拘留64人，出动警力1989人次，出动警车624台次，巡逻920余次，统一行动取得较好成效。

开展道路安全隐患排查工作。组织人员对辖区109、318国道路段及乡镇路段、城区路段开展道路交通安全隐患排查工作，共排查各类安全隐患15处，并上报相关部门，要求限期整改。

【校车及校车驾驶人管理】 2021年，针对中小学放假、开学、校车接送学生频繁这一特点，区交警大队民警深入辖区校车单位，积极开展宣传工作，并对辖区校车和校车驾驶人资质进行再审再查，排查逾期未检验、未报废、驾驶人资质不符等情况，并与其单位签订安全责任书，确保校车行车安全。

【车辆管理所业务】 2021年，堆龙德庆公安分局车管部门办理相关业务6363笔，其中驾驶证补证换证1924条、驾驶证年度体检6条、驾驶证信息变更37条、驾驶人审验1513条，补换牌证合格标志454条、变更登记177条、合法检验标志1876条、受托检验376条。

【公安监管】 2021年，自新冠肺炎疫情发生以来，堆龙德庆区看守所以监管新冠肺炎疫情防控工作为重点，坚决筑牢公安监管场所疫情防控和安全管理屏障，积极开展监管各项工作，确保了看守所全年无安全事故、监所疫情“零感染”。

【案件审核工作】 2021年，堆龙

德庆公安分局始终坚持以事实为依据、以法律为准绳，严把案件事实关、证据关、时限关、程序关、法律适用关和裁量关，严格各项法律审核。2021年1月1日至11月30日，共审核各类案件403起；其中，刑事案件275起，行政案件128起。刑事拘留43人，交警刑事拘留3人。逮捕27件（27人），提请逮捕34起（34人），起诉180件（180人），交警取保候审171件（171人）；刑警取保候审43件（43人），行政处罚204人（行拘并罚款115人，行政拘留72人，罚款17人）。

【法治宣传活动】 2021年，结合“法律八进”“谁执法谁普法”普法要求，堆龙德庆公安分局执法监督大队、刑警、治安、扫黑办、派出所等部门深入辖区各行各业开展宣传活动，深入学校、乡村、人员聚集的地方开展法治宣传，共发放宣传资料1万余册，各类宣传品1万余份，接受法律咨询65余次。

【抓好队伍管理及督导检查】 2021年，堆龙德庆公安分局按照各项工作任务的要求部署，结合工作实际，落实督导检查工作，共开展各类现场督察72次，检查单位104个/次，出动督察警力145人次，其中检查公安基层部门64次，检查过程中共发现各类问题和隐患9处，责令当场整改6处，限期整改3处，提出督察建议5条。开展警容风纪方面检查368次，发现问题7类52个，责令当场整改50个，限期整改2个，提出督察建议2条。

理论学习，促进队伍政治素质提高。上报堆龙德庆区机关工委党员材料200余份，签订队伍管理责任书23份、民警八小时以外行为管理责任书227份、警务辅助人员八小时以外行为管理责任书178份，上报堆龙德庆区及拉萨市公安局材料共78份，召开局党委理论学习中心组学习会11次，组织观看爱国影片4场，组织学习专题讲座6次，实地参观红色基地9次，召开反分裂专题学习会7次，组织召开警示会及警示学习教育6次、英模宣讲会及英模教育3次。

2021年1月10日，拉萨市公安局堆龙德庆区分局组织干警参加升国旗仪式

【队伍教育整顿】 2021年，堆龙德庆公安分局坚持以成果转化确保整改实效，积极开展“普法进军营”“普法进社区”“普法进企业”“普法进寺庙”等法制宣传活动及慰问孤寡老人、帮扶弱势群体活动，为318国道和拉贡路大道岗德林社区路段安装减速带，协调开通那拉高速古荣出口等“我为群众办实事”实践活动50余次；推出本辖区户籍业务办理全额免费、错时延时办理及开通绿色通道、上门采集等户籍便民利民措施13条；全力宣传推行驾驶人交通安全记录网上查询，开通服务咨询电话，开辟“绿色通道”，并针对偏远地区开展上门服务，普及车管知识等便民利民措施6条；解决9处停车点位，可供2000余车辆（小型车辆）停放，有效推动政法队伍教育整顿各项工作落实落细。在严格履行好勤务安检职责的同时，坚持文明用语、加强引导，为行动不便的老人及残疾人员提供代刷证件、开设绿色通道等服务，切实用自己的辛苦指数换取群众的幸福指数，进一步树牢公安队伍为民形象。在开展夜间清理清查工作中经常遇到群众不配合等情况，参战民警坚守岗位，做到多点耐心、细心，做好劝导、解释工作。在疏导校

园周边道路交通时，按照先规范好警车停放再参与执法执勤的纪律要求，不断提升公安队伍良好形象。

【"110"接处警正规化建设】 2021年，堆龙德庆公安分局指挥中心总接警15887起，其中交通类警情4738起、其他警情2233起、举报144起、纠纷6501起、群众求助1785起、行政（治安）警情309起、消防救援6起，刑事警情171起，其中刑事案件中刑事诈骗（包含金融诈骗）74起。

【信息收集反馈】 2021年，堆龙德庆公安分局办公室在局党委的安排部署下，较好地完成了各类大小会议管理、数据统计、日常事务管理、反馈工作等各项职能业务工作。其间，共整理上报公安简报816期，统计上报数据70余次，起草制定各类工作方案199份、勤务方案12份、社会面维稳方案10份。编辑汇报材料10份，阅办文件350份，政治审查2400余人，公章使用900余次（均登记），公安行政平台签收文件900余份、发送信息1200余条。

【强化信息建设及日常维护】 2021年，堆龙德庆公安分局信通科按照局党委和上级业务部门总体部署，扎实开展自身工作，充分发挥信通自身的职能作用，信通科共保障本单位会议180余场次，外单位会议30余场次。共计维修维护问题400余次，参与卫星电话点名6次，会议系统点名及手台点名共计235次。维护系统70余次，安装系统43家。

（林 森）

【机构领导】

区委常委、政法委书记、局党委书记、公安局局长

赵宏忠（汉族）

党委副书记、政委

白玛多吉（藏族）

党委委员、副局长

普布扎西（藏族）

党委委员、副局长

洛 旦（藏族）

马 钰（回族）

公安局党委委员

马 霞（女）

检察

【概况】 年内，堆龙德庆区人民检察院坚持以习近平新时代中国特色社会主义思想为指导，深学笃用习近平法治思想，全面贯彻中共十九大和十九届历次全会精神，认真学习习近平总书记"七一"重要讲话精神、习近平总书记在西藏考察时的重要讲话精神和《中共中央关于加强新时代检察机关法律监督工作的意见》，把捍卫"两个确立"、增强"四个意识"、坚定"四个自信"、做到"两个维护"融入检察履职，以高度的政治自觉、法治自觉、检察自觉担当作为，常态化开展扫黑除恶工作，深入开展政法队伍教育整顿，积极配合新冠肺炎疫情防控工作，为服务保障堆龙长足发展和长治久安作出了积极贡献。2021年，堆龙德庆区人民检察院内设5个部门，设驻堆龙德庆区看守所检察室，共有政法专项编制29个，实有干警35名（含1名工人），其中中共党员32名，男性10名，女性25名，本科及以上学历干警34名（其中研究生11名），员额检察官12名，检察官助理11名，行政人员8名，司法警察3名。全年共办理各类案件761件。其中，办理刑事检察案件394件，同比上升181.4%；办理民事、行政检察案件39件，同比上升71.8%；办理公益诉讼案件156件，同比上升57.7%，其中集中开展无障碍设施建设领域公益诉讼专项活动，被《法治日报》刊登；办理刑事执行检察案件99件、社区矫正及监外执行案件73件；在全市基层院中排名靠前，优于上年同期。

【坚持党对检察工作的绝对领导】 2021年，区检察院始终牢记检察机关首先是政治机关，始终把党的政治建设放在首位。坚持以习近平新时代中国特色社会主义思想为指导，自觉贯彻落实党中央、自治区、市党委、上级院和区委政法委的决策部署，贯彻落实《中共中央关于加强新时代检察机关法律监督工作的意见》，自觉召开党组会议研究部署党风廉政建设和反腐败工作、意识形态工作以及检察工作重大决策、重大事项、重要活动，切实把党的领导落实到各项检察职能的具体行使中。认真落实院党组每年向区委报告工作、"三重一大"集体决策

制度，全年主动向区委和上级院党组请示报告检察工作中的重大事项5项，党组议事、集体决策共30项。召集院党组理论学习中心组学习12次。

【党建与业务深度融合】 2021年，区检察院把学习贯彻习近平新时代中国特色社会主义思想、习近平法治思想和习近平总书记关于西藏工作、政法工作的重要论述作为首要政治责任，配强党务干部，积极开展党员发展工作，发展积极分子10名，接收预备党员2名，正式党员1名，支部开展学习40余次。县级领导干部以普通党员身份参加党支部各项组织活动10余次，检察长讲党课4次。围绕中国共产党成立100周年、西藏和平解放70周年，开展系列庆祝活动。始终坚持讲政治与抓业务有机统一，与对口援藏单位建立“云共建”交流平台，共同开展党建共建活动，同时召开以民事、行政、立案监督、侦查活动监督、刑事执行检察、疑难案件为主题的党建促业务在线交流会、现场交流会等共10余次。

【落实从严治党治检政治责任】 2021年，区检察院深入开展“党史”学习教育、“三更”专题教育、“三新”大学习大讨论、政法队伍教育整顿，增强“四个意识”、坚定“四个自信”、做到“两个维护”，筑牢政治忠诚，强化政治担当，着力打造信得过靠得住能放心的高素质高原检察铁军。一刻也不放松地传导压实从严治党管检“主体责任”，严守党的政治纪律和政治规矩，针对党风廉政建设层级开展谈心谈话60余人次，学习纪委下发相关文件20余次。严格执行中央八项规定及其实施细则精神和自治区实施办法。严格落实中央“三个规定”精神，按时上报“月报告”“季报告”，如实在重大事项录入系统中填写过问案件记录，防止插手具体案件处理，确保司法机关依法独立公正行使职权。自觉主动接受区委巡察组巡察，并按照反馈意见整改突出问题10个。

2021年3月19日，堆龙德庆区人民检察院召开公开听证会

【自觉接受监督】 2021年，区检察院自觉接受人大及其常委会监督，自觉贯彻落实人大法定决议，落实向人大常委会专题报告检察工作制度，向人大报告工作2次。自觉接受人大代表、政协委员、人民监督员、群众代表等各界人士的检视、批评和指导，让司法更公开、更透明，对9起涉嫌危险驾驶罪的案件集中召开“公开送达、公开宣告暨训诫会”，进行公开听证，达到了政治效果、社会效果和法律效果的有机统一。推动建立检律定期会商机制，签署《律师坐班服务协议》，加强检律协作。以公开促公正，自觉接受社会监督，公开发布案件程序性信息和重要案件信息358条、法律文书218件，切实提升检察工作透明度和公信力。

【维护国家安全和社会稳定】 2021年，区检察院牢牢把握维护祖国统一、加强民族团结的着眼点和着力点，牢固树立贯彻总体国家安全观，深入开展反分裂斗争，积极参与社会面稳控工作，参加驻村、驻加油站执勤200余人次，参与楚布“次曲”和达扎寺“入行论”佛事活动执勤100余人次，出动车辆800余车次。加强单位内安保工作，坚持24小时值班备勤750余人次，切实筑牢安全稳定防线。

【服务保障经济社会】 2021年，区检察院全面做好服务“六稳”“六保”工作，实地调研辖区内驰名商标企业，努力为堆龙经济高质量发展营造良好法治环境。以高度政治自觉和强烈法治担当投入检察“战疫”，积极响应防疫政策，严格落实区委和上级院各项防疫部署，认真做好自身防护、社会防控、犯罪防治工作，实时更新防疫二维码，进行常态化消毒，严格执行外来人员登记制度，确保各项防疫措施落地落实。

2021年4月25日，堆龙德庆区人民检察院在驻村点马镇马乡开展“爱心书屋”捐赠书籍活动

【政法队伍教育整顿】 2021年，区检察院扎实开展政法队伍教育整顿，坚决重拳整治，清除害群之马，维护检察队伍肌体健康。结合各类专题教育，开展一系列警示教育、反分裂斗争形势政策教育、英模教育活动15次。召开检察队伍教育整顿“开门纳谏”座谈会，广泛听取意见建议。通过“云共建”直播方式，与对口共建单位北京市石景山区人民检察院共同参观抗日战争纪念馆、清政府驻藏大臣衙门旧址陈列馆等两地特色红色基地7次。利用各平台发布信息50余条，开展集中学习40余次、交流发言30余人次，撰写心得体会400余篇。落实“自查从宽、被查从严”政策，通过“6+1+6”大起底排查，共排查出六大顽瘴痼疾方面违反压案不查3件3人、违反“三个规定”方面7人10件，N类问题3件，对违反相关规定的干警，作出提醒谈话的处理决定，建立了相应的台账，达到整治一个销号一个。把“为民办实事”贯穿于党史学习教育和政法队伍教育整顿工作，始终将学习教育成果转化为思想成果和工作成果，为群众解决实事5件，真正让人民群众对全面小康更有获得感、幸福感、安全感。

【社会治理】 2021年，区检察院加快推进司法便民建设，按照统一标准持续推进“12309”检察服务中心建设。持续抓实司法救助机制，落实办案审查责任，对因案致贫、因案返贫的被害人及其近亲属要做到“应救尽救”，受理国家司法救助案件4件，共发放救助金85000元。充分利用党建“云共建”平台，为驻村点朗巴村捐赠书籍500余册，赠送驻村点朗巴村村委会3台台式电脑。

【刑事检察】 2021年，区检察院主动提升新时代少捕慎诉司法理念，对情节轻微、社会危害性较小的犯罪嫌疑人不批捕56人、不起诉43人，与上年同期相比，分别上升60%、79%，大幅度节约了司法资源、减少社会对抗。持续推进认罪认罚从宽制度，全年办理认罪认罚从宽案件172件，与上年同比上升129%。加强刑事立案和侦查活动监督，监督侦查机关立案1件，纠正漏捕、漏诉1人，提前介入5件。强化监检合作和制约，提前介入并依法起诉2起由监察机关办理的职务犯罪案件，已作出有罪判决。强化刑事执行活动监督，监督执行机关提请暂予监外执行1件1人。运用微信视频、电话等方式开展刑事执行检察工作，谈心谈话20人次，回访社区矫正人员95人次。开展财产刑执行检察监督10次，切实维护刑罚执行权威。积极开展交付执行检察监督，下发检察建议书1份，切实提升监督效果。

【民事检察】 2021年，区检察院始终牢记习近平总书记关于“民事案件同人民群众权益联系最直接最密切”的重要指示，以民法典实施为契机，不断破除“重刑轻民”的思维定式和“结构失衡”

问题，推进民事检察成为新阶段堆龙检察工作高质量发展的新亮点、新支点。依职权监督民事案件32件，其中民事审判程序违法行为监督16件、民事执行活动监督13件，民事生效、裁判、调解书监督案1件，民事支持起诉案件1件，民事检察建议案件1件。通过裁判文书网、调阅卷宗等方式主动审查生效裁判、调解书和卷宗97件，制发检察建议书5份。

【行政检察】 法治的精髓是以法治思维和法治方式严格依法办事，把加强行政检察作为助力依法行政和法治政府建设的重要内容。2021年，区检察院依职权主动发现行政案件7件，制发检察建议书1份。

【公益诉讼检察】 2021年，区检察院着力打造生态公益诉讼检察"新名片"，在区政府办公楼大厅LED屏循环播放藏语汉语公益诉讼宣传片。建立"检察长+河长"协作机制，体现"检察蓝"在服务保障绿色发展中的坚守。依法积极稳妥拓展办理公益诉讼案件，受理行政公益诉讼案件线索156件，立案120件，发出诉前检察建议18份。积极探索发现公益诉讼"等"外领域线索24条。开展野生动物保护领域线索调查、摸排，强化高原生态保护。落实"食品药品四个最严"专项行动，检查堆龙德庆区和柳梧新区餐饮店、商店等个体工商户98家，督促行政机关整改12家，处罚2家。检查诊所、药店30余家，督促行政机关整改处罚2家，督促行政机关扣押过期食品、药品20.28千克，行政处罚合计10万元；督促行政机关清理违法堆放生活垃圾、建筑垃圾7200吨左右。

【未成年人检察】 2021年，区检察院以"零容忍"态度办理侵害未成年人犯罪案件，受理提请批准逮捕侵害未成年人犯罪案件1件1人，批准逮捕1件1人；受理审查起诉侵害未成年人犯罪案件2件3人，依法提起公诉1件1人。受理提请批准逮捕未成年人犯罪案件2件5人，本着"教育为主 惩罚为辅"的办案原则，均作出不批准逮捕决定。进一步预防未成年人犯罪，与堆龙德庆区教育体育局签订《关于进一步加强兼职法治副校长工作的意见》。3名员额检察官担任辖区各小学法治副校长，成立"明·珠"法宣组，开展"法治进校园"活动4次。依托"云共建"开展"检爱同行 共护未来"检察开放日，教育学生1500余人次，发放学习用品价值7000余元。同时，做实青少年法治教育工作，与司法局联合制作"迷途"微视频警示教育片。对本辖区内网吧、娱乐场所进行专项检查，切实保护未成年人权益。

【控告申诉检察】 2021年，区检察院严格落实"7日内程序回复、3个月内办理过程或结果答复"硬性规定，让群众申诉有门路、可期待，做到"民有所呼、我有所应，群众信访件件有复"。受理群众来访20件，检察长带头接访办理信访案件18件。主动担当化解涉法涉诉难点、堵点案件，落实"基层院领导包案"制度。结合政法队伍教育整顿，加强释法说理，做好群众工作，贯彻"领导干部下基层大接访办实事"活动精神，坚决防止因处置不当使涉法涉诉问题演化成风险矛盾。

【检察改革】 2021年，区检察院落实好中央确定的司改政策，积

2021年5月27日，堆龙德庆区人民检察院党支部与援藏单位北京市石景山区人民检察院利用"云共建"平台共同开展"检爱同行 共护未来"检察开放日活动

极上报内设机构改革方案。用好用足检察官员额和择优选升名额，积极做好检察官按期晋升工作和第三批入额检察官遴选工作，调动全体检察人员的工作积极性，切实让一线办案人员更有获得感。完善领导干部办案机制，院领导共办理案件132件，办案量居全市基层院第一名。

【业务数据监督管理】 2021年，区检察院严格按照“全员、全程、同步、规范”的要求，在检察机关统一业务应用系统内流程监控案件10件。完善业务数据分析研判和通报机制，坚持每季度召开业务态势分析会，以数据态势分析为基础，科学引导监督，实现精准内控，推动“四大检察”结构更加优化。站在法治建设全局谋划担当，以“案－件比”指标引领解决司法案件无效供给问题，制定《堆龙德庆区人民检察院“案－件比”管理办法》，2021年刑事检察“案－件比”为1：1.024，同比上年下降0.56个点，有效解决司法程序空转问题。

【基层基础和信息化建设】 2021年，区检察院把基层基础工作作为党在检察领域同人民群众保持血肉联系的重要纽带，落实业务急需的“12309”检察服务中心建设，积极争取建设远程提讯、检察听证室以及未成年人心理辅导室等“科技强检”基层短板项目。在新时代新起点上强力对接谋划检察援藏工作，检察长带队前往北京市检察院、北京市门头沟区和石景山区检察院学习未成年人检察工作、公益诉讼等检察新业务，不断强化自身造血功能。

【干部队伍建设】 2021年，区检察院旗帜鲜明地把政治建设放在首位，努力打造一支党中央放心、人民群众满意的高素质检察队伍，参加检答网、各业务部门线上线下培训90余人次。加强意识形态工作，弄通理论精研业务，领导干部、部门负责人带头宣讲十九届六中全会、自治区、市第十次党代会精神以及自治区作风建设精神，主动参与党支部结合十九届六中全会组织的“请党放心 强国有我”主题演讲比赛，带动干警把素质建设转化为自我提升的高度自觉。

（钟 瑜）

【机构领导】

党组书记、检察长

索朗旺庆（藏族，1月任职）

党组成员、副检察长

达 珍（女，藏族）

党组成员、副检察长

伊金娟（女）

党组成员、副检察长

次仁卓玛（女，藏族）

党组成员

仓 珍（女，藏族）

检察委员会专职委员

热木增（回族）

法 院

【概况】 年内，堆龙德庆区人民法院始终坚持以习近平新时代中国特色社会主义思想为指导，全面贯彻中共十九大和十九届历次全会精神，贯彻习近平法治思想，贯彻中央第七次西藏工作座谈会及自治区、市第十次党代会精神，落实区三届人大一次、二次会议决议，围绕“努力让人民群众在每一个司法案件中感受到公平正义”的目标，聚焦“稳定、发展、生态、强边”四件大事，服务大局、司法为民、公正司法，忠实履行宪法法律赋予的职责，各项工作取得新成效。受理案件7688件、审执结6544件，同比分别上升39%、45%，结案率85.2%，结案标的6.6亿元。2021年，堆龙德庆区人民法院政法专项编制72个，实有干警68名，中共党员62名。正职院长1名（副处级），副院长3名。员额法官26名，司法辅助人员16名，司法行政人员12名，司法警察9名，工勤人员5名，内设10个科室，下设4个人民法庭（柳梧法庭、羊达法庭、德庆法庭、马乡法庭）。

【注重铸魂扬威】 2021年，区法院统筹推进党史学习教育、政法队伍教育整顿、“三更”专题教育、“三新”大学习大讨论，深化“五史”教育，组织党组理论学习中心组学习等120次，开展理论测试、专题讲座研讨18次，撰写学习心得、交流发言材料1000份，政治轮训130人次，政治生态、司法生态持续向好，干警的“政治三力”（政治判断力、政治领悟力、政治执行力）有效提升、政治忠诚不断筑牢。

2021年2月3日，拉萨中级人民法院党组副书记、副院长蒋建平（前排右四）到堆龙德庆区人民法院开展慰问活动时同法院干警合影留念

【坚持党的领导】 2021年，区法院贯彻执行《中国共产党政法工作条例》及区党委实施细则，向区委、政法委请示报告重点工作、重大事项、重要案件23次。深入学习中共十九届六中全会、习近平总书记“七一”重要讲话和在西藏视察时重要讲话指示精神，学习区、市第十次党代会精神，确保党中央、区党委、市委、区委各项决策部署在法院得到不折不扣的贯彻落实。

【落实意识形态工作】 2021年，区法院完善党组抓、管意识形态工作机制，坚决同西方“宪政”“三权鼎立”“司法独立”等错误思潮作斗争，勇当司法审判领域意识形态安全的捍卫者。落实“三同步”（依法处置、舆论引导、社会面管控同步，即政法机关在案件特别是重大敏感案件办理过程中，在坚持依法公正处理的同时，及时发布权威信息回应社会舆论关切，避免引起公众误解甚至被曲解）原则，发布各类信息400条，为人民法院高质量发展提供有力舆论支持。

【建设平安堆龙】 2021年，区法院围绕为“两个大庆”营造良好法治环境，扎实做好维护稳定的源头性、基础性工作，累计出动干警1200人次、车辆200台次，投入经费20万元。盯紧信息网络、自然资源、交通运输、建设工程等重点行业专项整治，推进扫黑除恶专项斗争常态化，荣获“西藏法院扫黑除恶专项斗争先进集体”称号。优化首访即办、领导包案、实质化解信访机制，化解涉诉信访矛盾纠纷16件，妥善审理涉中腾公司系列案。高标准完成“六专四室”（专用囚车、羁押通道、电梯、座椅、车库、卫生间；羁押室、枪弹室、装备室、监控室）建设，办结全区首例司法制裁案件，警务安保能力大幅提升，荣获“全国法院司法警察先进集体”称号。

【惩治刑事犯罪】 2021年，区法院受理各类刑事案件240件，同比增长153%，审结229件，判处235人。审结故意伤害、强奸等暴力犯罪案21件21人，审结盗窃、诈骗等侵犯财产犯罪案34件36人。维护群众出行安全，审结危险驾驶、交通肇事犯罪案169件169人。严厉打击毒品犯罪，审结贩卖毒品、容留他人吸毒等涉毒犯罪案5件5人。保持惩腐高压态势，公开审理付某发、腾某贪污、挪用公款犯罪案。推进认罪认罚改革，判处三年以上有期徒刑15人，对157名罪刑轻微被告人适用缓刑。

【弘扬法治精神】 2021年，区法院发挥司法指引、教育功能，将铸牢中华民族共同体意识、反分裂斗争、践行社会主义核心价值观融入普法教育，通过以案释法、普法讲座、模拟法庭、巡回审判等方式，开展民法典、扫黑除恶、环境保护、防范校园欺凌法治宣传活动168场，巡回办案41件，以“小案件”彰显法治“大道理”。

【优化营商环境】 2021年，区法院受理民商事案件4434件，审结3786件，同比分别上升27%、32%。倡导契约精神，审结买卖、承揽合同案件3543件。加大对公司及股东权利保护，审结股东出资、股权转让案件40件。服务堆龙新城建设，审结房地产、建设工程案件97件。维护市场金融秩序，审结借款、民间借贷案件106件。

【法治政府建设】 2021年，区法院推进行政案件集中管辖，受理堆龙、尼木、曲水行政案件13件、审结9件。其中涉行政确认、行政登记案2件，责令限期拆除、强制拆除房屋案2件，行政处罚、行政赔偿案5件。行政机关副职出庭1件，工作人员代行政首长出庭2件，行政机关运用法治思维、法治方式解决问题的能力有效提高。

【社会治理现代化】 2021年，区法院坚持和发展新时代枫桥经验，建立龙姐维权站、驻院律师工作站、道交一体化平台、导诉工作机制，推动更多法治力量向引导和疏导端发力，诉前调解案件646件、办结司法确认案18件，民商事案件调撤率达45%。强化人民法庭在诉源治理中的桥头堡作用，与镇街党委、综治中心、派出所建立联动机制，有力服务乡村振兴，化解矛盾纠纷692件。柳梧法庭荣获全区法院优秀人民法庭称号，庭长次仁德吉被评为全区巾帼建功标兵，被最高院确定为全国法院经验交流法庭。

【保障民生权益】 2021年，区法院牢牢把握改善民生、凝聚人心的出发点、落脚点，审结涉教育、医疗、住房、劳动就业等民生案件170件，帮群众解难题、为群众增福祉、让群众享公平。审执结“双拖欠”案261件，保障工程款、农民工工资到位8535万元。审结婚姻家庭、抚养赡养、继承案49件，保障家庭和睦、老有所养。为困难群众、当事人缓减免诉讼费3.42万元，捐款捐物3.12万元，彰显司法温暖和关怀。

【保护诚实守信】 2021年，区法院持续加大执行力度，推行“诚信预执行”“分段执行”新模式，执行效率显著提升。执结案件2360件，执行到位3亿元，同比分别上升56%、90%。完善安保执行联动机制，与辖区公安分局、派出所签订合作备忘录，开展联合打击逃避执行专项行动，公安机关协助布控42人，查获21人、拘留1人，协助其他法院布控107人。智慧执行有成效，网络查控系统查询房屋、土地、车辆、存款2万项，智慧系统向400名当事人发放案款8921万元。坚决打击失信行为，公布失信被执行人1314人次，限制高消费1237人次。坚决整治执行领域突出问题，清理超期未发放案款案132件、超期未认领款案156件，集中发放案款631万元。

【提升服务水平】 2021年，区法院诉讼服务大厅接待群众2.3万人次，“12368”诉讼服务热线服务1170人次，网上立案2034件、网上开庭调解25件、跨域立案22件。智慧法院破解“送达难”问题，近80%的案件实现电子送达。深化司法公开，公开裁判文书1547份、审判流程信息4115条、执行信息2472条，庭审直播1082件，点击量达25万人次。

【司法责任体系建设】 2021年，区法院落实“四类案件”监督管理指导意见，出台院庭长监督管理案件星级区分制度，加强对重大重点案件的监管。完善审委会工作规则、专业法官会议规则，解决疑难复杂案件50件，院庭长结案1719件，占比26%。

【提质增效建设】 2021年，区法院研究制定类案裁判、要素审判、繁简分流等增效机制，快审快判轻微刑事案件165件，简易、速裁

2021年4月7日，堆龙德庆区委副书记、区长石运本（右一）在区人民法院检查指导工作

2021年7月2日，拉萨市两级法院法警到堆龙法院参观交流“六专四室”建设工作

程序审结案件4274件，制发简易文书1575份。强化司法责任，健全督办、通报制度，催办150余次、通报21次，平均办案天数较上年缩短20天。完善绩效考核办法，激发干警快办案、办好案，法官人均办案300件，仍居全区法院第一位。

【能力素质建设】 2021年，区法院坚持实战实用实效导向，围绕民法典等法律和司法解释，选派32人次参加各类调训。创新“五个一”学习机制，发挥“法官教法官”“传帮带”作用，举办学习班2期、参训干警150人次、解答疑难问题66次。出台干部平时考核制度及细则，实行积分管理，充分激发干警争先创优积极性。

【廉洁司法建设】 2021年，区法院全面落实从严治党主体责任，彻底肃清李某峰、赵某等流毒影响，营造风清气正政治生态。观看警示教育片、讲廉政党课、参观警示教育基地等320人次。严格落实“三个规定”（《领导干部干预司法活动、插手具体案件处理的记录、通报和责任追究规定》《司法机关内部人员过问案件的记录和责任追究规定》《关于进一步规范司法人员与当事人、律师、特殊关系人、中介组织接触交往行为的若干规定》）、“五必谈”（党委书记与政法委书记、政法单位主要领导必谈；领导班子成员之间必谈；班子成员与中层干部必谈；中层干部与普通干警必谈；班子成员与主动向组织说明问题、曾经接受处理、存在问题苗头、关键岗位干警必谈）、“八谈”（一谈《纪检监察机关处理主动投案问题的规定（试行）》等规定；二谈监督执纪“四种形态”和教育惩处相结合的政策等规定；三谈“自查从宽、被查从严”政策，鼓励干警掌握政策期限，及时向组织坦白，争取从宽处理；四谈自身存在的顽瘴痼疾；五谈有无检举揭发的问题线索；六谈干警个人与岗位的匹配度；七谈本单位党组存在的问题和不足；八谈本单位政治生态存在的问题和不足）和“七查”［举报线索核查、涉黑涉恶案件（线索）倒查、重点案件交叉评查、涉诉信访案件清查、法律监督专项检查、智能化数据排查、队伍建设巡查］要求，谈心谈话130人次，梳理顽瘴痼疾13条，均整改到位，处理干警18人次。对巡察反馈和自查发现的问题，建立

2021年5月8日，堆龙德庆区人民法院召开第一次执行工作专题会议

完善正风肃纪长效机制6项、监督机制7项。

（拉巴穷达）

【机构领导】

党组书记、院长

欧阳建川

党组成员、副院长

洛桑达吉（藏族）

达瓦次仁（藏族）

米玛次仁（藏族）

2021年4月7日，堆龙德庆区委副书记、区长石运本（右三）在区司法局调研指导工作

司法行政

【概况】 年内，堆龙德庆区司法局深入学习贯彻习近平新时代中国特色社会主义思想，贯彻中共十九大和十九届历次全会精神以及中央第七次西藏工作座谈会精神、习近平视察西藏时的重要讲话精神。扎实开展各项业务工作，充分发挥法律保障职能，不断强化各项司法行政工作，继续解放思想，坚持改革创新，在司法行政工作上取得了新进展。2021年，区司法局内设办公室、财务室，下设社区矫正中心、法律援助中心，行政编制10名，三支一扶3名，公益性岗位3名。

【法治政府建设】 2021年，区司法局为进一步提高政府依法决策水平，深入推进依法行政，加快建设法治堆龙。为实现政府法律顾问的逐步覆盖工作，投入35万元经费用于法律援助中心、法院、检察院及便民服务中心等窗口开展律师坐班工作，负责接待群众法律咨询，一定程度上缓解了因各类纠纷引起的上访事件，在普及法律、受理法律诉求、推进依法行政等工作中发挥积极作用。同时制作各类法律文档、校园法治建设公示栏、普法抖音短视频、疫情防控宣传标语等，结合法治宣传月、“12·4”宪法宣传周等开展宣传活动，助力全区法治政府建设工作。全年法治办共审查各类合同41件，提出法律建议1件，办理行政复议2件。

【法治宣传教育】 2021年，区司法局深入学习宣传法律法规。利用法律“七进”活动深入学习宣传法律、法规，结合全区各行业特点，重点解决本地区行业领域存在的法律热点需求，大力推进法制宣传教育进机关、进乡村、进社区、进学校、进企业、进寺庙、进单位，增强全社会的法律意识；不断丰富宣传载体，进一步扩大法律宣传的受众范围，区普法办结合堆龙德庆区广大群众涉及面较多，群众关心关切的法律法规方面的问题，充分利用报刊、网站、微信公众号等新媒体，专门将精心制作的普法动漫视频在堆龙所有区乡线路公交车上进行循环播放，在群众乘坐公交车过程中普及法律知识，共开展各类普法宣传活动334场次，发放各类宣传资料43700余份、受教育人次达75650人次；进一步优化普法宣传队伍人才结构，全面调整充实了学校法治副校长、法治辅导员、“三官”普法讲师团、高僧大德普法讲师团等宣传队伍，并且组织规划各单位各部门的干部职工，采取灵活多样的形式，集中开展法律宣传教育咨询活动，努力提高全社会法治意识。

【人民调解工作】 2021年，堆龙德庆区人民调解工作已形成以镇（街道）司法所为枢纽，村调委会为基础，镇（街道）、村调委会为骨干，其他调委会为补充的人民调解组织网络体系。全区人民调解组织共42个,其中乡级人民调解委员会6个,村一级人民调解委员会31个,专行业性人民调解组织5个,共有人民调解员279人,全部为兼职人民调解员。2021年,共调解各类纠纷59件,其中经济纠纷13件;人身损害纠纷1件;劳动争议36件;邻里纠纷1件;婚姻纠纷6件;其他类2件。

【安置帮教工作】 2021年,全区范围内共有在册社区矫正对象85名,全部为缓刑犯,其中危险驾驶和交通肇事罪50人;破坏经济秩序罪3人;侵犯公民人身权利罪8人;侵犯财产罪16人;妨害社会管理秩序罪8人。

抓基础,建立健全安置帮教工作保障机制。建立健全区、镇(街道)、村三级刑释解教人员安置帮教工作领导组织,调整充实领导小组及其办公室成员,全区镇(街道)安置帮教领导小组组长均由镇(街道)镇长、主任担任,各级安置帮教领导小组定期召开会议,研究解决安置帮教工作中的重点和难点问题,全面提高各成员单位的工作联动机制,更好地开展安置帮教工作;全区6个镇(街道)均已建立了安置帮教工作机构,配有专门工作人员,日常安置帮教工作稳步扎实推进;区刑释解教人员安置帮教领导小组制定相关工作机制,明确公安、司法等部门的职责,各部门紧密配合,资源信息共享,形成了齐抓共管的良好工作局面;组织各镇(街道)司法所就安置帮教工作和档案管理等业务进行培训,提高工作能力和水平。

抓衔接、认真落实安置帮教措施。督促指导各镇(街道)司法所建立《刑释解教人员花名册》和《刑释解教人员安置帮教工作谈话笔录》,确保接收的每名刑释解教人员回归社会后,及时签订《安置帮教协议书》,组建帮教小组,开展帮教活动,建立个人谈话记录,登记个人档案资料,对其跟踪帮教;定期不定期地对辖区内的刑满释放人员进行回访,在回访工作中对其进行法律法规、惠民政策的宣传教育,并补充完善刑释解教人员的档案,切实做到情况明、底数清,数据更新及时;积极探索切实有效的帮教方法,运用爱心感化、心理矫正、典型引导等多种方法,努力增强帮教实效。

【法律援助】 2021年,区司法局法律援助工作以强化法律援助案件质量办理为基础,大力实施法律援助民生工程,着力强化法律援助管理水平,着力提升法律援助质量和群众满意度,为维护困难群众合法权益,保障公平正义,加强和创新社会管理,维护社会和谐稳定作出积极贡献。

2021年,区法律援助中心共受理各类案件355件。其中:劳资纠纷案件189件;交通肇事案件3件;刑事附带民事赔偿案件1件;强制执行案件5件;工伤类案件5件;婚姻类案件2件;邻里纠纷案件2件;刑事案件2件;合同诈骗1件;申请调解案件5件;信访转办案件43件。接受法律咨询275件,代写各类法律文书65余份,审查各类合同14份。在做好法律援助案件办理的基础上,开通了妇女、青少年维权岗,设置了妇女儿童、农民工案件办理快速通道,方便弱势群体第一时间能够得到法律援助;积极配合信访、劳动监察等部门办理信访、劳动转办案件,消除矛盾纠纷,维护社会稳定;为政府重大决策提供法律意见,积极帮助各镇(街道)、各单位审核合同协议。

(益西次旺)

【机构领导】

局 长

庹 超

副局长

米 玛(女,藏族)

仇力晖

经济管理

发展和改革

【概况】 2021年,面对复杂严峻的内外环境和经济下行压力,堆龙德庆区上下坚持以习近平新时代中国特色社会主义思想为指导,深入贯彻落实中共十九大和十九届历次全会精神以及中央第六次、第七次西藏工作座谈会精神,全面贯彻落实区委二届七次全会精神,坚持稳中求进、进中求好、补齐短板工作总基调,坚持以供给侧结构性改革为主线,坚持新发展理念,推动高质量发展,统筹疫情防控和经济社会发展,按照年初区委经济工作会议确立的各项目标任务,奋力拼搏、锐意进取,经济发展取得新成效,发展质量实现新提升,三大攻坚战取得新进展,城乡建设得到新提高,民生福祉达到新水平,"十四五"规划顺利完成。2021年,区发展和改革委员会(粮食和物资储备局)实有工作人员共15名,其中行政编制12名,工人3名。

2021年4月30日,堆龙德庆区发改委召开全区2021年第二季度第三次项目推进会

【经济运行态势良好】 2021年,堆龙德庆区实现地区生产总值67.58亿元,同比增长6.6%;实现规模以上工业增加值9.23亿元;社会消费品零售总额完成20.8亿元,同比增长7.2%;固定资产投资增速7.8%;地方一般预算收入完成8.18亿元;农村居民人均可支配收入22876元,同比增长15.9%。经济持续保持在合理区间运行,呈现出坚韧向好的发展态势。

【投资稳经济】 2021年,堆龙德庆区强化重点项目调度,大力保障项目建设要素,计划实施项目192个,已完工55个,已开复工154个,开复工率80.2%;其中,续建项目79个,开复工率97.47%;新开工77个项目,开工率68.14%。11个市级重点项目全面开工,已完成投资24.72亿元,完成计划投资的70.33%。十大民生实事项目共9项、35个,已开复工22个,开复工率为62.86%。招商引资项目22个,其中续建14个、新建8个,项目实际到位资金

28.85亿元，同比增长5.28%。

【净土健康产业】 2021年，堆龙德庆区按照“八个一”要求，持续推动净土健康产业向全产业链覆盖。大力实施高标准农田0.9万亩，全区播种面积3.7万亩，粮食产量1.08万吨，其中青稞产量0.92万吨。牲畜存栏8.29万头（只、匹）、出栏畜禽1.99万头（只），肉、奶、蔬菜产量分别达0.21万吨、0.51万吨和3.62万吨。净土健康产业园运营管理良好，新建续建日光温室257栋，瓜果、蔬菜、花卉产量同比增长20%以上。朗孜糌粑技改项目建设完成，“古荣糌粑”“堆龙净土”“青色麦田”“冈底斯”“拉萨冰泉”“珠峰牧场”“藏泉”系列产品不断提质增效，新增“极源领鲜”专营商超2家。奶牛养殖中心土建工程已完工，乳制品加工厂、天然饮用水厂项目完成整体工程量均达90%，藏泉实业铺货上市400家，新增专营商超2家。

【工业经济】 2021年，堆龙德庆区认真落实“一企一案、精准施策”，低产低效企业不断清理，土地集约利用率和园区经济贡献率不断提高，园区工业总产值较前三季度收窄2个百分点。以企业为主体、市场为导向、产学研相结合的技术创新体系不断健全，制造业向数字化、网络化、智能化发展持续推动。规模以上工业企业培育力度不断加大，西藏崇达管业有限公司完成升规，重点培育西藏合兴环保科技有限公司和西藏云边藏秘有限公司2家公司。申报自治区中小企业发展专项资金项目的企业10家，自治区经信厅已公示5家。

【美丽乡村建设】 2021年，堆龙德庆区强化村庄规划编制，已完成城市规划区外所有村庄的规划编制工作。“美丽乡村·幸福家园”人居环境整治项目已完工4个，1477户棚户区已完成改造1142户，农村户卫生厕所改造率达80%。脱贫攻坚成果不断巩固，防返贫致贫预警和帮扶工作机制不断完善，识别出“三类”易致贫返贫监测对象46户159人，在月动态监测基础上，通过就业、医疗、产业等帮扶措施降低返贫致贫风险。

【就业创业】 2021年，堆龙德庆区持续深化高校毕业生结对帮扶机制建设，高校毕业生就业率达99.96%，建档立卡户和应届高校毕业生就业率达到100%。规范管理规模化劳务输出组织，全面推进针对性转移就业、多渠道转岗就业，农牧民转移就业1.1万余人，实现收入1.1亿余元。全年开发就业岗位3718个，实现城镇新增就业1015人。深入落实各级各类创业扶持政策，“梦创拉萨·创响堆龙”系列活动顺利开展，龙创空间获批自治区小型微型企业创业创新示范基地。

【教育事业】 2021年，堆龙德庆区教育项目建设顺利推进，第二小学完成总体工程量的95%；第3、4幼儿园已完工并投入使用，第6幼儿园已完工并验收；第二初级中学、第三小学前期工作顺利推进。“六个提升”“五育并举”“五环节教学”“五个100%教育成果”深入实施，教育质量不断提升。与门头沟区学校结对交流成果全面深化，“网络课堂”试点推行，“双减”工作积极推进，全过程全方位的育人体系逐步建立，安置搬迁随迁子女就学共计487名，全区

2021年5月27日，堆龙德庆区发改委召开“我为群众办实事”项目推进会

2021年9月15日，堆龙德庆区发改委组织党员干部观看爱国英雄电影《布德之路》

7—12岁户籍人口入学(园)比例达到100%。

【健康堆龙建设】 2021年,堆龙德庆区人民医院(二级甲等)综合楼建设项目已完成总工程量的85%,色玛卫生服务站、东嘎社区妇幼保健站综合楼、古荣镇高海拔搬迁安置点卫生院、祥和苑社区卫生服务中心等建设项目已完工,实现镇(街道)、搬迁安置点标准化卫生院、村卫生室全覆盖。疫情防控落实到位,新冠疫苗接种工作顺利,全人口覆盖率达到90.7%,第三针加强针、60岁以上老人、3—11岁儿童疫苗接种全面启动。"基层首诊、双向转诊、急慢分治、上下联动"的分级诊疗体制基本建成,区域内就诊率达90%以上,慢病综合防控规范管理率达到100%。与北京市三家医院建立远程医疗合作关系,顺利开通全市第一家远程心电平台、远程影像平台,实现了堆龙老百姓不出门诊疗,有效减轻了群众负担。城乡居民村级就医医保待遇即时联网结算得以实现,确保每一名群众"应保尽保",基本医疗保险参保率达100%。

【文体服务】 2021年,堆龙德庆区爱国主义教育基地、国防教育基地、村史馆等提质扩面不断推进,图书馆项目、邱桑村等6个村(社区)体育场地建设完工,民族团结主题公园完成12%,基层文化惠民工程覆盖面不断扩大。中国共产党成立100周年、西藏和平解放70周年等大型主题宣传活动胜利完成。"五下乡"农闲时节新时代文明实践十项活动、文物保护和非物质文化遗产传承、文化市场监管等各项工作顺利推进。

【社会保障】 2021年,乃琼、古荣、林琼岗等老年人日间照料中心已完工,老年人生活保障力度不断加大。医疗救助、临时救助、残疾人补贴、高龄补贴等政策全面落实,足额兑现各类社会救助资金512.68万元。社会福利和慈善事业,妇女儿童、残疾人、特困群体关爱服务及退役军人服务管理、"双拥"等工作稳步推进。

【生态项目建设】 2021年,滨河公园已完工,中心公园、拉贡路景观工程、滨河景观市政工程等EPC项目前期工作有序推进,堆龙河两岸综合治理工程(下游)完成投资9300万元。聚力打造功能复合型城市"绿肺",全年完成营造林植树22万余株,占地约1700亩,绿化完成率达84.2%,绿色生态空间不断扩大,堆龙德庆区成功创建为第五批国家生态文明建设示范县(区)。深入实施"精准治气""系统治水""科学治土""生态修复",环境监管网格化管理不断强化,生态环境执法力度不断加大,环境监测预警能力不断提升,全年空气质量优良率达到100%,地表水水质达标率100%,土壤环境质量符合《土壤环境质量标准》。

【"放管服"改革纵深推进】 2021年,堆龙德庆区"先照后证"改革、注册资本登记制度改革深入推进,"双告知"职责不断落实,"互联网+政务服务""无纸化、无介质、无费用"流程落地见效,受理办结政务服务和公共服务事项10余件,全年新设立市场主体4000户,注册资金19.3亿余元。

【防范重大风险】 2021年,堆龙德庆区守牢政府债务底线,全区隐性债务全部化解。村镇银行累计投放各类贷款 3.2 亿元，农贷互信贷产品授信 540 户。

【农村集体产权制度改革】 2021 年，堆龙德庆区农村集体资产清产核资全面开展，共清查农村集体资产 15.3 亿余元，圆满完成集体经济组织成员身份界定及确认工作，集体经济组织成员共 3.8 万余人，完成 167 个集体经济组织的登记赋码工作，农村集体资产股权设置、量化管理不断加强，龙德庆区农村集体产权制度改革工作已顺利通过拉萨市级验收。供给侧结构性改革持续深化。要素配置市场化改革稳步推进，资源优化配置有序实施，资金、土地、产业和人口等资源要素向聚集化方向发展加速推动。

【对外开放合作】 2021 年，堆龙德庆区聚焦东西部协作，依托门头沟区优势资源和组团式援藏新机制，经贸、人才、教育、医疗等重点领域的受援合作深入开展。积极承接经开区公共服务与社会治理职能，产城融合示范区建设水平持续提升。市场化法治化营商环境不断优化，"全民招商" 行动深入实施，跟踪服务机制不断健全，投资项目 "信用承诺 + 容缺办理" 模式大力推行，重大项目实现 "一号通办、全程代办"，政府服务水平全面提升。

（德庆曲珍）

【机构领导】

政府副区长、发改委主任

杨开颜（6 月任政府副区长）

副主任

伊　苏（藏族）

陈　晨（援藏干部）

财　政

【概况】 2021 年是中国共产党成立 100 周年、西藏和平解放 70 周年，是深入贯彻落实中央第七次西藏工作座谈会精神的关键一年，也是 "十四五" 规划开局之年。堆龙德庆区财政工作坚持以习近平新时代中国特色社会主义思想为指导，深入贯彻中共十九大和十九届历次全会及中央第七次西藏工作座谈会精神，全面贯彻落实习近平总书记西藏工作重要论述和新时代党的治藏方略，深入学习贯彻习近平总书记视察西藏时的重要讲话精神，紧紧围绕区委、区政府决策部署，贯彻新发展理念，坚持稳中求进总基调，提升公共财政治理能力，保持财政政策连续性、稳定性和可持续性，财政预算执行情况良好，为推进全区经济社会高质量发展奠定坚实基础，确保 "十四五" 规划开好局、起好步。2021 年，财政局核定行政编制 7 名，其中科级领导职数 4 名；核定事业编制 4 名，其中主任 1 名，实有工作人员 14 名。

【财政收支】 2021 年，全区财政总财力达 495512 万元，比上年决算增加 160456 万元，增长 47.89%。其中：一般公共预算财力达 451058 万元，比上年决算增长 40.96%（一般公共预算收入达 81788 万元，比上年决算下降 21.84%；一般公共预算支出完成 301973 万元，比上年决算增长 2.59%）；政府性基金预算财力达到 44012 万元，比上年决算增长 60.40%（政府性基金预算收入达到 13765 万元，比上年决算增长 7721.02%；政府性基金预算支出完成 16749 万元，比上年决算下降 38.96%）；国有资本经营预算财力达到 442 万元，比上年决算

2021年4月22日，堆龙德庆区财政局组织全区预算单位开展财政预算绩效管理培训（第二期）

增长104.63%（国有资本经营预算收入达到613万元，比上年决算增长109.22%；国有资本经营预算支出完成429万元，比上年决算增长98.61%）。

2021年7月1日，堆龙德庆区财政局开展重温入党誓词活动

【财政资金支出】 支持实施乡村振兴战略。2021年，区财政局落实农林水资金64770万元，主要包括巩固拓展脱贫攻坚成果同乡村振兴有效衔接，统筹整合涉农财政资金36490.31万元，实施全区生产发展类、农村基础设施类、生态保护和建设类、扶贫贷款贴息类等26个项目。水利项目投入资金17172.99万元，实施水库、水系连通、寺庙供水、水土保持、防洪堤等项目；总投资73165.99万元实施堆龙河两岸综合治理工程（下游）等5个项目。安排资金16194.38万元，全面实施“美丽乡村·幸福家园”建设和人居环境整治，落实厕所革命资金1254.8万元。发放以补岗位资金510.65万元，发放“一卡通”惠农资金689.45万元。

支持统筹城乡协调发展。落实交通运输资金2441万元，新增公交线路3条，优化客运线路2条，实现区、街道、村、公路养护员四级农村公路管理养护常态化、制度化。投入资金2597.11万元加强市政维护管理，投入资金536.38万元加强环境卫生整治。落实住房保障资金16881万元，投入资金8000万元实施公园类、市政道路类、农村公路类、人居环境类、城市道路和绿化提升类、城市维护类等项目，城乡基础设施建设水平不断提升。投入资金3110万元新建那曲高中南侧、柳东大桥2个城市街旁公园，实施堆龙大道、柳东路、波玛路、柳东桥等11个道路和节点的绿化提升项目，绿化整治工作不断提升。

支持推进生态文明建设。投入生态环保资金10746万元，强化生态安全屏障建设，突出支持大气、水、土壤三大领域的污染防治工作，加强生态文明建设，开展区内企业排查及环境现状评估检查，摸底调查农牧区生活污水治理现状，保障全区环境质量。落实环卫工人工资及保险6122.52万元，落实生活垃圾分类经费486.19万元，投入精准扶贫新增岗位环保监督员及保险54.3万元。落实资金304.95万元开展矿山恢复治理，投入资金296.29万元开展地质灾害排查及防治工作，投入资金612万元实施国土绿化工程建设。

保障经济平稳运行。“以创业带动就业，以创业带动发展”，“双创”资金投入2313.59万元，积极打造创业创新文化，激发市场活力和社会创造力。提高辖区内市场主体注册登记效率，服务实体经济企业高效准入，为企业创立创造便利条件。落实粮油物资储备支出516万元，确保生产生活物资正常有序供应，投入资金196.95万元打通“快递最后一公里”，为居民生活、商业贸易、企业生产提供高效便捷的配送服务。切实加强财政政策资金对疫情防控工作的保障，投入资金791.75万元，以满足疫情防控工作为首要目标，打通疫情采购“绿色通道”。

【持续保障和改善民生】 保障基本民生底线兜牢。2021年，区财政局落实社会保障资金10052万元，落实残疾人事业发展及补助经费708.48万元；落实困难群众生活保障资金833.84万元，投入资金314.26万元为老人等特困人员提供集中供养服务。支持推进医保“一站式”服务，投入保障医疗救助经费19.05万元。落实村“两委”“监委”和村民小组组长工资1266.91万元，落实“三老人员”生活补贴280.4万元、离任村干部生活补贴219.8万元。

保障居民就业稳定向好。落实就业补助资金1104.88万元，实现农牧民劳动力转移就业11027人，开发就业岗位3718个，2021年应届高校毕业生511人，就业率达100%。精准扶贫建档立卡户241人全部就业，落实建档立卡户享受激励补贴254.64万元。

扎实办好“十大民生实事”。落实资金88368.84万元，扎实推进“十大民生实事”涉及的各项目落实落地。其中，投入资金13972.13万元实施4个人居环境整治项目和1477户棚户区改造建设项目。落实资金28215.50万元，建成第二小学及第三、第四、第五、第六幼儿园，推动建设第二初级中学，配合开展人大附中拉萨学校建设。投入资金5472.23万元，保障二级甲等医院综合楼及4个社区（搬迁点）卫生项目建设。落实资金1791万元，推动全区“美丽乡村幸福家园健康饮水”工程以及楚布寺等9座寺庙供水工程建设。投入资金26436.59万元，保障堆龙大道与柳东路人行天桥和堆龙新城市政道路建设。落实资金1498.98万元，完成波玛社区、古荣镇和林琼岗老年人日间照料中心建设。

坚持办好人民满意教育。优先发展教育事业，全年投入资金44641万元，本级投入资金13535.4万元，开展教学科研、师资培养等工作，推动教育高质量发展。落实“三包”经费3468.48万元，落实营养改善专项资金583.04万元，发放非义务教育阶段学生资助金600万元。

卫生健康服务能力不断增强。坚持把人民群众生命安全和身体健康放在第一位，落实卫生健康资金12426万元，推进爱国卫生运动，实施健康筛查干预，确保公共卫生工作有序开展。安排健康堆龙资金3000万元。落实先天性疾病救治资金49.05万元，落实资金284.27万元推行全民健康体检。

公共文化服务体系建设持续加强。落实文化体育与传媒经费2038万元，支持文化和旅游等事业发展。投入资金1477万元，大力发展旅游业，实施楚布沟景区、药王谷景区提升工程，举办玉妥文化旅游节，启动“一元游”旅游专线活动。落实非物质文化遗产保护专项扶持经费92万元，投入资金411.68万元扎实开展文物保护工作。落实资金232万元，免费为全区青少年提供高质量课外服务。投入资金203.38万元开展加强精神文明创建活动。投入资金230.97万元组织大型宣传活动及政策宣传报道。

【夯实基层基础建设，维护社会和谐稳定】 保障基层运转平稳有序。2021年，区财政局落实机关单位人员经费67249万元，落实公用经费6729万元，保障机关工作正常高效运转。

支持基层组织建设。落实党建经费226.59万元，投入资金137.89万元保障乡村领导班子换届顺利完成，安排基层党组织标准化建设经费3.9万元，完善各基层党组织村级便民活动场所。为驻村工作队和下沉干部提供保障经费1287.15万元，进一步提高基层社会管理和服务能力。

全力提升政务服务能力。投入资金316万元，加强政务大厅标准化、规范化建设，为群众提供便民措施。投入380万余元采购诉讼服务大厅智能诉讼终端诉求设备，推进一站式诉讼服务中心建设。落实资金87万元建设信访安检大厅，投入324万元加强智慧法院建设。落实资金35万元强化法律咨询服务。

【扩源增收】 坚持“应减尽减”。2021年，堆龙德庆区全面落实国家减税降费和留抵退税政策，本级“减税降费”22584万元，增值税留抵退税17942万元，切实减轻实体经济的负担。加大税收清欠挖潜工作力度，全年完成全口径税收收入24.58亿元，同比上年减少5.7亿元，同比下降18.82%。

坚持“应收尽收”。精心组织抓好收入，加大非税收入征管，确保形成可支配财力。全年非税收入总计12676万元，同比增加6067万元，同比增长91.8%。其中自然资源局上缴其他罚没收入3089.37万元。

坚持“能争尽争”。准确把握国家政策导向，加强与上级部门的工作对接，积极争取棚户区改造、美丽乡村重点县建设等各类资金共计24.94亿元，有力缓解全区财政支出压力。下达直达资金17711.22万元，落实直达资金管理常态化机制，直达资金直接用于民生领域和基层财力保障，提升资金配置效率。

【提升财政资金质效】 坚持有保有压，强化预算执行。2021年，区财政局牢固树立过“紧日子”思想，加强财政经济运行分析和宏观政策谋划，进一步调结构、压支出、保重点。全区“三公”经费支出51.11万元，同比减少3.77%。通过政府公示栏每月定期公示、国库集中支付中心督导跟进等方式，提高各预算单位预算执行进度，严防发生资金闲置等不良问题。

深挖存量资源，增加可用财力。2021年，存量资金总计142939万元，其中：当年共收回存量资金146241万元，盘活存量资金125765万元。

用好援藏资金，发挥资金效益。2021年，共争取北京市援藏资金5150万元，实施清洁城市管理提升、幼儿园校园文化及校园安全提升、“美丽乡村·幸福家园”健康饮水和“两区两县”基层组织和政权建设等项目。

加大资金监管，保障资金安全。规范政府采购工作，对符合评审条件的采购项目进行价格预审，审减资金2730.77万元，审减率7.05%，有效地节约财政支出。加强重点领域财会监督和资产监管，投入资金272万元扎实开展2021年度藏传佛教寺庙财税监管，落实资金258.46万元对2020年以前部分项目开展财政投资评审和项目竣工验收。

【改革创新】 坚持“全面规范、公开透明”。2021年，全区预算公开单位57家，决算公开单位57家，做到了预决算公开全覆盖。扎实推进预算管理一体化改革，实现应用预算管理一体化系统（2.0版）编制2022年预算，全区预算单位完成预算管理一体化系统上线前期准备工作，确保2022年1月1日正式上线使用。

2021年10月1日，堆龙德庆区财政局组织党员干部观看庆祝中国共产党成立100周年大会实况

坚持“花钱必问效、无效必问责”。牢固树立各预算单位预算绩效意识，对全区预算单位2018年和2019年部门整体支出及2018—2020年200个项目支出进行绩效评价（包括人大、政协提案项目及援藏项目），同时对全区预算部门编制2021年部门预算绩效目标进行指导咨询。督促各预算单位对2021年预算支出开展绩效自评工作，开展2021年区本级部门财政支出绩效运行监控工作。

坚持“平稳改革、有序划转”。根据国有资本的战略定位、发展目标和主营业务范围，将区净土公司划分为商业一类（竞争类）国有企业，区龙腾公司划分为商业二类（功能类）兼公益类（保障类）国有企业。夯实区净土公司注册资金2亿元，补足区龙腾公司14616.67万元注册资金。制定《堆龙德庆区属国有企业重大事项请示报告制度》，完善《拉萨市堆龙德庆区属国有企业“三重一大”事项管理办法（试行）》，制定国有企业内控制度，建立健全监管制度体系。清理“空壳公司”47家。

【防范化解债务风险】 2021年，区财政局债务转贷收入为53353万元，其中，年初地方一般债券资金（建制区）6353万元，专项用于堆龙德庆区精准扶贫易地搬迁，债务发行费用支出6.86万元，债务付息支出145.61万元。拉萨市第二批“美丽乡村·幸福家园”建设行动计划整村推进项目20000万元，债务发行费用支出21.28万元。堆龙河两岸综合治理工程（下游）项目投入资金27000万元，债务发行费用支出28.73万元。债务风险总体可防可控。

（田玉玲 格桑央吉）

【机构领导】

局 长

许 毅

副局长

格桑德吉（女，藏族）

田玉玲（女）

刚组达娃（女，藏族）

审 计

【概况】 年内，拉萨市堆龙德庆区审计局坚持以习近平新时代中国特色社会主义思想为指导，全面贯彻中共十九大和十九届历次全会精神，紧紧围绕区委、区政府中心工作，认真履行审计监督职责，搞好审计服务，确保各项工作进展顺利。2021年，堆龙德庆区审计局行政编制5名，其中科级领导职数3名，实有工作人员6名。

【党风廉政】 2021年，区审计局始终把党风廉政工作列入局党支部重要议事日程，认真研究，精心安排，坚持标本兼治、综合治理、惩防并举、注重预防的工作方针，把纪律挺在前面，把规矩落到实处，努力打造一支“绝对忠诚，敢打必胜，干净自律，充满活力”的审计铁军。

2021年9月23日，中共拉萨市堆龙德庆区审计委员会第3次会议召开

精心安排部署。为深入推进2021年党风廉政建设，结合审计局实际，制定了《拉萨市堆龙德庆区审计局2021年党风廉政工作计划》。对反腐倡廉与作风建设重点工作进行分工，将主体责任和领导班子责任进行分解细化，明确责任领导和工作时限。把从严治党主体责任融入日常业务、制度建设中。

履行管党治党职责。始终牢固树立“抓好党风廉政建设是本职、抓不好是失职、不抓是渎职”的理念，切实担当好第一责任人责任，对党风廉政建设工作亲自研究、亲自部署、亲自协调、亲自督查。2021年党支部书记讲廉政党课4次。

加强警示教育。扎紧全面从严治党的制度笼子。坚持“严”字当头、“实”字着力、“廉”字打底。通过学习强国等平台组织观看相关教育类视频13次，用身边人身边事教育党员干部明纪律守规矩。使从严治党制度化、常态化。

【围绕核心任务，积极打造坚强堡垒】 2021年，区审计局始终自觉地在政治立场、政治方向、政治原则、政治道路上同党中央保持高度一致，突出问题导向和效果导向，把机关党员干部队伍建设成为政治强、业务精、作风优的过硬队伍，把机关党组织建设成为讲政治、有活力、能战斗的坚强堡垒，为全局审计工作健康稳步发展提供有力的思想保证、精神动力。

加强思想政治教育培训工作。以“争创学习型组织、争当学习型干部”为目标，深化全体党员干部思想政治教育学习。深入开展理想信念教育，结合政治机关定位，加强形势政策教育，提高审计干部的政治意识和政治站位。加强专业性教育培训，提高审计人员综合分析研判能力。推进审计文化建设，倡导学习、思考、研究风气。

坚持完善及落实“三会一课”制度。根据审计局工作职责，结合党员干部队伍思想实际，组织开展党员集中学习24次，组织参观廉政警示教育基地1次。

积极开展党员志愿服务活动。为进一步弘扬奉献他人、提升自身的志愿服务理念，更好地服务群众、服务社会，研究制定了《拉萨市堆龙德庆区审计局党支部党员志愿服务活动实施方案》，组建了党员志愿服务队，认真开展党员志愿服务活动。全年共组织开展“践行雷锋精神·志愿者在行动”“文明交通·安全出行”等党员志愿服务活动4次。

认真开展主题党日活动，结合党支部实际，以务实的举措整合现有活动载体，创新党员活动形式，丰富党员活动内容，制定了《拉萨市堆龙德庆区审计局党支部2021年度开展主题党日活动的实施方案》，全年共开展主题党日活动12次，形成活动方案12份。

【结对帮扶】 2021年，区审计局为保持党同人民群众的血肉联系，服务好基层，以春节、藏历新年、国庆节等为契机，为帮扶对象送去慰问品、慰问金。同时，向帮扶对象宣传脱贫政策和措施，并希望他们坚定信心，勇于克服困难，保持积极乐观的生活态度，共组织党员结对帮扶活动4次，组织干部职工到德庆镇顶嘎村开展“下基层送温暖　办实事送真情”活动，为村中60岁以上老人开展看诊送药活动1次。

（林子琦）

【机构领导】

局　长

白玛曲珍（女，藏族）

副局长

李焕好（女，6月离任）

巴　桑（藏族，4月任职）

张梦竹（女）

2021年7月15日，堆龙德庆区审计局开展德庆镇相关干部离任经济责任审计进点会

统　计

【概况】 年内，区统计局坚持“稳中求进、进中求快、快中求好、补齐短板”的经济工作总基调，立足新发展阶段，坚持新发展理念，构建新发展格局，以推动长治久安和高质量发展为主题，牢牢把握供给侧结构性改革这条主线，积极细化落实各项促进经济持续健康发展的优惠扶持政策，坚持做到疫情防控和经济发展两手抓、两不误，扎实做好“六稳”工作，全面落实“六保”任务，经济总量稳步增长、优势产业不断发展、项目建设全力推进、财税金融保障有力、消费市场持续活跃、农村居民生活水平不断提高、民生持续改善，确保了“十四五”规划开局经济平稳健康运行。区统计局下设农林牧渔科、服务贸易科、工业投资科、综合科等科室，行政编制3名，事业编制3名。2021年，实际在岗9名。6个镇（街）统计站各配备1名兼职统计专干。

【党建工作】 保持党员队伍先进性、纯洁性。2021年，区统计局深入推进党史学习教育，干部职工尤其是党员积极参与，认真完成各项规定工作，组织集中学习10余次，专题讨论4次，开展交心谈心10余人次；鼓励和支持党员干部参加上级党委举办的各类培训、读书班活动，5月派专人参加区委组织部和区委党校组织的党史学习教育培训班，通过学习培训，提高党支部和党员的战斗力

2021年9月12日，国家统计局财务司司长、督察组常务副组长刘恒督（中）带队到堆龙德庆区开展统计督察延伸工作

和凝聚力；坚持每月一次党支部主题党日活动，制定活动计划表，注重先进典型对党员干部的教育，使党员干部自觉树立学习先进人物的良好意识。

积极发展新党员。2021年，发展入党积极分子1名，在发展过程中除了注重发展对象的业务素质、工作能力外，还特别注意发展对象的思想道德和政治理论水平，使其一开始就积极接受先进思想的教育，为党培养出工作能力强、思想觉悟高、政治可靠的优秀党员。

党风廉政建设。继续深化巩固“不忘初心、牢记使命”主题教育成果，不断树立干部政治自觉，坚定“四个自信”、增强“两个维护”。继续强化统计数据质量，深入贯彻习近平总书记关于统计工作重要讲话指示批示精神，按照中央意见、办法、规定明确的各项防惩统计造假的重要举措和国家统计局的工作部署，不断强化统计数据质量。进一步推动作风建设，深入贯彻落实中央八项规定和《党政机关厉行节约反对浪费条例》，严格“三重一大”决策制度，进一步改进文风、会风，不断改进工作作风，树立统计为民务实清廉的形象。

【主要经济指标完成情况】 2021年，全区实现地区生产总值67.58亿元，同比增长6.6%，其中：第一产业2.53亿元，同比增长9.5%；第二产业31.35亿元，同比增长-3.1%；第三产业33.70亿元，同比增长11.6%。全区规模以上工业累计完成增加值92255.9万元，增速为-23.4%，较上年减少64480.5万元，增速下降20.7个百分点。固定资产投资增速为7.8%，较上年增速16.7%下降8.9个百分点。全年社会消费品零售总额为208028.5万元，增速为7.2%，较上年增量为72663.1万元，增速为11.9%。全区农村居民人均可支配收入为22876元，较上年增量为3130元，同比增长15.9%，较拉萨市（21198元）高1678元，增速比拉萨市（16.0%）低0.1个百分点。2021年一般公共预算收入为81788万元，同比上年104647万元减少22859万元，下降21.84%。

【提升统计工作】 2021年，区统计局严格执行统计联席会议制，发挥统计服务决策的职能作用，区委、区政府主要领导听取统计部门具体工作汇报4次，及时协调解决统计工作中出现的问题2个，定期不定期召开统计工作联席会议，研究解决统计工作中出现的问题；以统计法律法规进党校为抓手，加大重要经济工作部门党员干部参训人次安排力度，切实抓好重点人群的统计法治宣传教育工作，扩大受训人员范围、提高统计法治知晓度，增强相关人员对新时代统计工作的重要性认识，明确防范和惩治统计造假、弄虚作假的主要领导主体责任、分管领导直接领导责任以及各级人员的法律义务责任。加大统计法治宣传力度，按照“谁执法、谁普法”的要求，纳入普法计划，加大统计法治宣传力度，开展针对全区干部的《中华人民共和国统计法》培训1次，各镇（街）均自行开展统计法宣传、培训活动；依法强化数据收集、整理、开发各环节工作，严格落实《拉萨市统计基层基础规范化建设实施方案》中关于企业统计规范化相关要求，认真执行《按照拉萨市统计数据全程质量管理体系（2018）》，督促企业建立健全统计工作台账，同时加强一线统计人员日常专业培

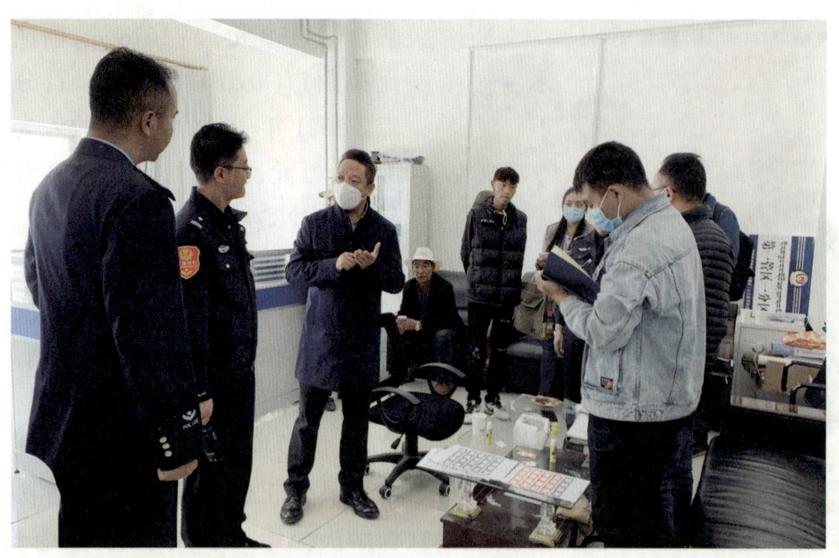

2021年5月8日，堆龙德庆区统计局局长强巴云旦（左三）带队到辖区企业开展入户调查，了解企业复工复产情况

训、指导，不断提高部门、企业统计业务能力，确保数出有源、数出有据，全年针对辖区内企业、个体工商户统计业务的培训6次，一对一指导200余家次；9月12日至14日国家统计局第六统计督察组到堆龙德庆区开展统计督察延伸督察，此次督察是对堆龙德庆区贯彻落实党中央、国务院决策部署的重要检验，也是对全区统计工作的"把脉问诊"，有利于进一步找准问题、补齐短板、改进工作。

（陆丽丽）

【机构领导】

局　长

强巴云旦（藏族）

副局长

陆 丽 丽（女，藏族）

自然资源

【概况】 年内，拉萨市堆龙德庆区自然资源局深入贯彻中共十九大和十九届历次会议、第七次西藏工作座谈会精神及习近平总书记系列讲话精神，把改进工作作风、优化服务环境作为推进自然资源管理工作发展的一个重要落脚点，扎实开展政治教育活动，切实转变工作作风，强化"服务发展，保护资源、维护权益"责任意识，主动担当、克难而进，各项工作取得一定的成效。2021年，区自然资源局共有在编干部职工20名，其中副局长3名，执法大队队长1名，二级主任科员1名，三级主任科员1名，四级主任科员4名，科员3名，事业人员5名（不动产登记中心主任1名），工人2名。

【党建工作】 2021年，区自然资源局以开展"两学一做"学习教育常态化为着力点，认真制定学习计划表、学习考勤表，利用集中学习深化"不忘初心、牢记使命"专题教育、上党课、党员活动日、观看警示教育专题纪录片等，不断强化党员思想政治教育，增强"四个意识"，坚定"四个自信"，组织党员干部开展集中学习34次，召开党员大会4次、党支部会议12次，书记讲党课4次，开展主题党日活动12次、党员志愿服务活动4次，组织镇（街道）自然资源专题培训4次。

积极推行领导干部问责制，建立健全"一把手"负总责、分管领导具体负责、领导班子成员共同抓的工作机制，优化完善重大事项集体决策制度，对建设用地审批，国有建设用地使用权及采矿权招标拍卖挂牌出让、规划编制、国土绿化项目、储备资金列支计划等问题实行集体决策；开展廉政风险防控管理及工程建设领域专项治理工作，确定了包括土地审批、土地出让、土地登记抵押、征地拆迁、土地执法、采矿权审批、思想道德、体制机制、规划审批等9个关键环节共38个廉政风险点及防控措施，制作了《廉政风险防范管理流程图》和《堆龙德庆区自然资源局廉政风险点及防控措施一览表》。在工程建设领域专项治理工作中，着重解决非法批地、低价出让土地，擅自改变土地用途、违规征地拆迁，未批先建以及违法违规审批和出让探矿权、采矿权等问题，切实维护人民群众的根本利益，维护自然资源部门的良好形象，推动反腐倡廉工作走深走实。

【落实最严格耕地保护制度】 2021年，区自然资源局继续开展永久基本农田的划定和核实整改工作，严格项目审核，根据《土地利用总体规划（2006—2020）》，做到涉及耕地（永久基本农田）、天然牧草地、林地等项目一律不予批准，切实保护耕地和粮食安全。

2021年6月25日，拉萨市堆龙德庆区自然资源局开展“6·25”土地宣传日活动。

【土地征收】 为切实做好与新修正《中华人民共和国土地管理法》的有序衔接，进一步加强和改进征地补偿工作，按照自治区自然资源厅和市自然资源局相关要求，于2021年3月23日下发《拉萨市堆龙德庆区人民政府关于公布实施全区征收农用地区片综合地价标准的通知》，确定堆龙德庆区征收农用地区片综合地价自通知之日起实施，2020年1月1日起至本标准公布实施期间，国务院或自治区人民政府受理且批准的土地征收，补偿标准按《西藏自治区实施〈中华人民共和国土地管理法〉办法》规定执行的，按此次公布的征收农用地区片综合地价标准及时补齐差价。为有效衔接征收农用地区片综合地价补偿标准制定工作，进一步规范征地补偿行为，有效保护被征地主体合法权益，根据《拉萨市自然资源局关于开展征收土地青苗和地上附着物补偿标准制定工作的通知》文件要求，开展对征收土地青苗和地上附着物补偿标准制定工作，决定拟向社会力量购买技术服务开展该工作，履行相关采购程序。

【基础业务】 2021年，区自然资源局严格土地登记发证工作，坚持做到“三严”，即严格政策界限、严审用地来源、严格规范操作，不断夯实基础业务，各项业务有序开展。全年共办理不动产各类登记手续7370件，其中办理不动产权证书6196件、不动产权证明1174件。严格审评项目用地手续，2021年，开展审核规划设计条件、私人工程规划许可证5个、私人设计条件3个、办理竣工验收1个。

【矿产管理】 2021年，堆龙德庆区有金属矿权13宗（探矿权12宗、采矿权1宗），其中保留探矿权1宗、正常办理矿权延续（已向自然资源厅提交延续材料）9宗、存在矿权纠纷的1宗（西藏三丰矿业有限公司和日阿窄铅多金属矿）、因过期时间太长延续迟缓的2宗（拉萨普信矿业有限公司和列廷冈铁矿采矿权和探矿权）；全区登记的非金属采矿权共16宗，其中采矿权在有效期内的4宗（邱桑矿泉水、莫嘎采石场、马乡岗吉采石场、加木村大理岩矿）、正在办理延续的5宗、过期未办理延续的7宗（矿业权人自行未办理延续工作）。

【规划工作】 2021年，全区20个村庄规划的编制工作已完成。其中19个村庄规划获得政府审批。德庆镇昂嘎村已通过专家评审会。同时，组织开展的《拉萨市堆龙德庆区中心城区城市设计》《拉萨市堆龙德庆区综合管廊规划》《拉萨市堆龙德庆区综合交通规划》《拉萨市堆龙德庆区加油加气站布点规划》及《拉萨市堆龙德庆区绿地系统布局规划》《堆龙德庆区德庆镇镇域规划》《堆龙德庆区马镇镇域国土空间规划》《堆龙德庆区古荣镇镇域规划》已编制完成阶段性成果，其中《拉萨市堆龙德庆区中心城区城市设计》《拉萨市堆龙德庆区加油加气站布点规划》《拉萨市堆龙德庆区绿地系统布局规划》《堆龙德庆区德庆镇镇

2021年8月27日，堆龙德庆区委副书记、区长米玛次仁主持“两违”治理工作推进会

域规划》《堆龙德庆区马镇镇域国土空间规划》已通过专家评审会。2021年,共办理136件,其中下发规划设计条件40件、办理工程建设用地规划许可证20件、补办工程建设用地规划许可证22件、办理竣工验收16件、办理乡村建设规划许可证38件。根据拉萨市堆龙德庆区人民政府《关于同意拉萨市堆龙德庆区私房建设审批程序的批复》,经2020年9月11日二届区委第82次常委会会议研究同意,于2021年3月开始进行审批(无证),截至2021年年底,共办理83件。2021年,组织召开拉萨市堆龙德庆区2021年规划建设工作领导小组会议共8次。

2021年6月25日,拉萨市堆龙德庆区自然资源局开展"6·25"土地宣传日活动

【执法监察】 2021年,区自然资源局加大土地执法巡查力度,严格落实执法监察责任制,开展存量"两违"摸底调查工作。协调对接、紧密联系各两违领导小组成员单位,扎实开展"两违"相关工作。

2021年8月27日,区长米玛次仁主持"两违"治理工作推进会

共摸排建筑物、构筑物21723宗,各镇(街道)已完成19870宗建筑物、构筑物的摸排调查工作,完成比例为91.47%,其中东嘎街道4646宗,已完成4484宗,完成比例为96.51%;羊达街道2717宗,已完成2400宗,完成比例为88.33%;乃琼街道6659宗,已完成5303宗,完成比例为79.64%;古荣镇2381宗,已完成2381宗,完成比例为100%;马镇2434宗,已完成2434宗,完成比例为100%;德庆镇总数2086宗,已完成2086宗,完成比例为100%。总体来说,存量"两违"摸底调查工,目前古荣镇、马镇、德庆镇完成了所有的摸底调查工作,东嘎街道、乃琼街道、羊达街道中有6个社区还未完成摸底调查工作,处于推进工作中。下一步将对21723宗建筑物、构筑物是否存在"两违"行为开展调查摸底工作。

新增"两违"发生数量比往年虽有减少的趋势,但依旧屡禁不止,尚未形成遏制新增"两违"的形势,镇(街道)和村(社区)的巡查力度不足,或是根本没有建立巡查机制等由于各种问题,与新增"两违"露头就打、动土就拆的工作要求有一定的差距。2021年底,辖区内发现新增"两违"行为共27宗,已拆除新增违建6宗。

重点治理"两违"工作,土地督察成都局反馈144宗工商资本违法租地建厂问题图斑。上报图斑完成拆除46宗,剩余98宗尚未完成拆除。其中东嘎街道总图斑66宗,已上报拆除17宗,剩余49宗,完成比例为25.8%;羊达街道总图斑36宗,已上报拆除14宗,剩余22宗,完成比例为38.9%;乃琼街道总图斑42宗,已上报拆除15宗,剩余27宗,完成比例为35.7%。根据《堆龙德庆区关于治理违法用地和违法建设行为实施方案》,结合奖励机制,正在进行测量和评估造价相关工作,逐步消耗存量违建。2018—2020年土地矿产卫片违法图斑整改工作共涉及523个,分别为德庆镇30个、马镇7个、古荣镇69个、东嘎街道111个、乃琼街道200个、羊达街道106个。根据《堆龙德庆区关于治理违法用地和违法建设行为实施方案》,结合奖励机制,正在消耗存量违法图斑。

【国土绿化工作】 2021年,堆龙德庆区营造林"先造后补"项目规模为人工营造防护林116.61公顷(1749.24亩),总投资3505.773万元,分为德庆镇德庆村、马镇设兴村、羊达街道帮普社区、羊达街

道通嘎社区、乃琼街道岗德林社区、东嘎街道东嘎社区(1)、东嘎街道东嘎社区(2)7个项目点,其中东嘎(1)委托林规院根据项目实施片区地理情况将项目片区划分为四期实施。先造后补项目主要栽植品种为青杨、藏川杨、江孜沙棘、樟子松、油松、榆树、山杏、光核桃、绢毛蔷薇等,栽植总株树为264963株。2021年,堆龙德庆区营造林先造后补项目已完成植树220766株,占地1462.03亩,绿化完成率达84.2%。其中羊达街道通嘎社区、东嘎(一期、二期、三期、四期)、东嘎(2)营造林先造后补项目已全部完工,初验合格,已按合同约定拨付总金额的30%;德庆镇德庆村、马镇设兴村、羊达街道通嘎社区苗木已经全部种植完毕,灌溉系统均未完成施工,树苗因管护不利,导致大量死亡,因季节及气候条件2021年无法补植。乃琼街道岗德林社区已经种植26220余株,已挖树坑5万余个,灌溉工程已完成施工。

【生态补偿岗位工作】 2021年,区自然资源局按照《西藏自治区脱贫攻坚指挥部生态补偿组关于印发进一步规范生态补偿脱贫攻坚岗位管理的工作的通知》和《西藏自治区脱贫攻坚指挥部关于进一步规范生态补偿岗位管理工作的补偿通知》文件精神,全区生态岗位确定人数为1501人,每人每年3500元,全年兑现生态补偿岗位资金525.35万元。

(廖　雍)

【机构领导】

局　长

扎　　多(藏族,4月离任)

副局长

阿旺旦增(藏族,4—12月主持工作)

潘文红

达娃扎西(藏族)

执法大队队长

索朗旺堆(藏族)

不动产登记中心主任

达瓦拉宗(藏族)

经济和信息化

【概况】 年内,区经信局深入贯彻落实堆龙德庆区委、区政府决策部署,坚持稳中求进工作总基调,主动适应和积极引领经济发展新常态,紧盯年度重点工作任务,扎实推进各项工作协调稳健发展。2021年,区经信局内设商务局、招商引资局,共有行政编制5名,其中科级领导职数3名。实有工作人员13名。

【工业经济】 2021年,全区完成规模以上工业总产值245755万元,完成规模以上工业增加值92255.9万元,按照《西藏自治区财政厅西藏自治区经济和信息化厅关于印发〈西藏自治区中小企业发展专项资金管理办法〉的通知》《关于印发〈2020年西藏自治区中小企业发展专项资金项目申报实施细则〉的通知》文件要求,督促指导符合要求的企业开展申报工作,共开展3批申报工作,涉及企业12家。继续做好农牧区碘盐推广工作,共计完成辖区3个街道3镇、42831人、235570.5千克的碘盐配送工作,覆盖率达100%。

【招商引资】 2021年,全区共接待区内外客商约160人,招商引资项目数22个,其中续建14个、新建8个,项目实际到位资金28.86亿元,同比增长5.28%,完成固定

2021年7月16日至30日,由堆龙德庆区委常委、区政府副区长杨蕾带队,区经信局、工业园区、人社局等单位组成的招商小分队,先后赴成都、厦门、北京、天津、上海等地开展招商引资项目洽谈活动。图为到成都开展招商引资洽谈

资产投资25.67亿元，完成年目标任务的101.3%。解决就业562人，其中堆龙户籍农牧民就业95人，其他县区农牧民就业446人，大学生就业21人；解决农牧民劳务收入1570.76万元，大学生劳务收入111.8万元。为帮助企业解决用工难问题，区招商局主动作为，靠前服务，收集统计项目单位的用工需求，真正为企业办实事解难事。不断探索招商引资新渠道，全力构建专业化、市场化、精准化的招商新格局，通过委托招商机构的优质资源及经济发达地区庞大的企业家资源，利用专业的渠道开发优势及招商信息技术服务优势，开展招商引资，并在服务期内协助堆龙引入落地招商项目。围绕堆龙德庆区现代物流产业孵化园定位，利用专业物流招商机构的优势资源及自身运营经验和招商能力，为全区提供招商顾问、人员培训、专题研究等专业顾问服务。开展企业和投资机构的招商引资，不断丰富区域主导产业布局。

2021年4月10日，堆龙德庆区双创办组织14家双创企业到中国拉萨市SOS儿童村举办“创响堆龙·双创力量情暖儿童村”慰问及帮扶活动

【商务工作】 2021年，全区社会消费品零售总额208028.5万元，同比增长7.2%。为构建规模合理、服务优质的物流配送体系，切实打通“快递最后一公里”，为居民生活、商业贸易、企业生产提供高效便捷的配送服务，按照区政府工作安排，经5月11日区政府专题会议研究，此项工作由西藏迅德物流有限公司承接，政府给予3年全额补贴。公司设立县级揽收中心1个，古荣镇、马镇、德庆镇各设置街镇驿站1个，解决本地就业11人，其中大学生5人。公司自7月正式投入运营以来，共派件9043件，揽件313件。

为引导群众形成健康的饮茶习惯，按照自治区落实低氟健康茶推广工作的通知要求，将配送工作作为“我为群众办实事”实践活动的头等大事来落实，积极推进低氟茶配送工作。配送过程中积极做好配送协调对接工作，确保低氟茶配送至每一位群众手中。截至9月24日，完成了45250名群众的低氟茶配送，配送量达135750千克，覆盖辖区三街三镇。

【双创工作】 2021年，区经信局共举办创业集市（销售产品共计2000余件，销售额达7万余元）、创业大赛、创业培训、投融资对接、创业交流、创业360等各类双创活动17场，服务创业者1000余人次；通过多种形式和途径开展创业就业政策宣传10次，发放宣传册2000余册，开展线上宣传和线上直播15期，推送各类双创信息200余次，点击率超过20余万次。开展项目巡诊，组织专家深入企业实地开展创业辅导和巡诊，通过“一对一、一对多”的形式现场辅导100余家次企业，解决商业计划书撰写、营销包装、知识产权、财务税务、人力资源、生产管理等方面的实际问题，为企业发展指引方向，保驾护航。加大资金支持，切实解决问题，深入落实创业扶持政策，为堆龙籍大学生创业公司——西藏迅德物流有限公司拨付扶持补贴资金196.954万元。载体运营完成“3+8”双创载体整合升级，并于6月获得“西藏自治区小型微型企业创业创新示范基地”认定，7月获得堆龙德庆区“高校毕业生就业见习基地”认定，8月全区4家入驻龙创空间的高校毕业生企业获得西藏自治区人社厅认定的“创百店扶千生——示范点”授牌，10月获得“2021年度自治区及众创空间”认定。

【疫情工作】 2021年，区经信局严格按照《商务部办公厅关于印发〈商场、超市疫情防控技术指南(第三版)〉等2个防控指南的通知》要求，组织工作人员对物流快递企业、天天超市、桑木购物中心、东嘎农副产品批发市场、峻轩农贸市场、堆龙农贸市场开展疫情防控工作检查，全面掌握企业疫情防控各项要求落实情况，要求各企业严格做好口罩、一次性手套、消毒产品、测温仪等防疫物资储备，按照从业人员核酸检测的相关要求，积极完成核酸检测，积极对接企业员工疫苗接种事宜。全年组织核酸检测19次，检测人员达510人，组织企业从业人员疫苗接种344人。定期对东嘎农副产品批发市场的蔬菜、肉类供应情况及价格波动情况进行监测，指导市场主体做好生活必需品商品储备，发现价格异常波动情况及时上报。

【机构领导】

局　长

刘　强

副局长

德　吉(女，藏族)

隗合欣

段喜娟(女)

税　务

【概况】 年内，堆龙德庆区税务局始终坚持以习近平新时代中国特色社会主义思想为指导，坚决贯彻落实中共十九大和十九届二中、三中、四中、五中全会精神，按照区市两级税务局党委和堆龙区委区政府相关要求，在统筹推进党史学习教育、疫情防控、综治维稳、党建工作、组织收入、减税降费和助力经济社会发展等方面积极探索工作新思路，不断实践工作的新途径，努力构建工作的新格局，着力开创工作的新局面。2021年，区税务局在编干部27名(1名长期病假、1名产假和2名脱产学习)，劳务派遣工作人员40名，公益性岗位2名。

【风险管控】 2021年，全区个体工商户定期定额核定户数共计1926户，在纳税人填写“双定”调查工作底稿的内容不确定的情况下，下户核定经营状况，开展核定定额工作，及时告知纳税人核定结果，每周在纳税服务大厅展板上进行公示。2021年，增值税专用发票审批户数1627户，审批前期进行实地核查户数121户，注销302户。受理“12366”举报热线10起，受理政府“12345”举报热线10起。

【减税降费】 2021年，区税务局主动落实“提速”优惠政策，及时发现优惠政策应享未享等情况，确保支持疫情防控的税收优惠政策落实落细。确保纳税人、缴费人应知尽知，应享尽享。打通政策精准落地的“最后一公里”，结合2020年下发的7批28项减税降费的落实，截至11月底，享受增值税的纳税人有129777户次，实现减税2亿多元，全区小微企业有1501户，根据企业所得税征前减免相关数据，2021年实现企业所得税减免11465.5万元。

【纳税服务】 2021年，堆龙德庆区纳税人19986户，其中个体工商户12875户，企业7111户。全年代开发票3686份，其中增值税专用发票522份，增值税普通发票3164份，开具外管证(跨区域涉税事项报告)3916份，报验外出经营

2021年6月10日，堆龙税务局组织党员干部参观西藏百万农奴解放纪念馆

活动管理证明373份。全年办税大厅业务服务72299人次，业务办理次数121304笔，新办户3567户（企业1534户，个体2033户），认定一般纳税人511户，发票发售23486户，数量1756635份。其中24小时自助办税服务终端发票发售19218户，发票份数440697份，线上发售发票1150227份。分流等候40800余人次，发放各类宣传视频40次、宣传手册9526册。增值税网络申报数据达45091条，企业所得税申报数据达26061条，印花税网络申报数据8139条，个人所得税网络申报数据75600条。

【疫情防控】 2021年，新冠肺炎疫情来袭，区税务局扩大范围，做好全面摸排工作，重点对返藏人员严格实行14天居家隔离，并严格监控、监测，确保疫情防控刚性要求落实到位。联防联控，做好防疫保障工作对办公区域及食堂进行全面消毒，安排专人每天对办税服务厅、食堂、电梯、会议室、卫生间等公共区域定时消毒，确保不留一处细菌滋生的卫生死角，从源头上杜绝病菌的产生和蔓延，最大程度降低新冠肺炎疫情传播扩散风险。另外，为做好新型冠状病毒肺炎疫情期间的应急应对工作，坚持“涉税事、线上办、非必须、不窗口”的原则，进一步方便纳税人，解决纳税人疫情期间的增值税专用发票的需求，急纳税人所需，办纳税人所急。主动了解分析疫情期间所需增值税专用发票的行业，并筛选纳税等级为A、B级纳税人数据。全面支持物资供应，对疫情期间涉及的行业制定了应急方案，资料可后补，加快批票进程，缩短批票时限。为进一步了解企业疫情期间复工复产的相关情况，以“战疫情促发展，助力企业复工复产”为主题，第一时间深入企业开展走访座谈活动，为疫情期间助力企业复工复产提供强而有力的支持和保障。

2021年7月1日，堆龙税务局举办“庆华诞，唱红歌”活动

【践行初心使命】 2021年，区税务局为进一步巩固脱贫攻坚成效，更好地帮扶贫困户，组织税务干部到古荣乡嘎冲村开展走访慰问活动，为该村困难户送去大米、食用油、棉被及羽绒外套等生活用品，并针对帮扶村民的发展情况提出脱贫措施和建议。

（吴博文）

【机构领导】

局　长

扎西次仁（藏族）

副局长

尊珠江村（藏族）

达娃卓嘎（女，藏族）

纪检组长

朵　　堆（女，藏族）

市场监督管理

【概况】 年内，堆龙德庆区市场监督管理局始终坚持以习近平新时代中国特色社会主义思想和中共十九大精神为指导，按照区委、区政府和拉萨市市场监管局部署要求，以市场消费安全为中心，全面依法履行职责，以强有力的举措抓实抓好“优服务、强监管、守安全、稳队伍”，统筹兼顾、狠抓落实，在困难中进取，在创新中前进，积极主动服务区域经济社会发展。2021年，区市场监督管理局共有干部职工27名，外派人员8名。

【保障市场】 2021年，堆龙德庆区共设立市场主体23302户，注册资本1200.79亿元，分别同比增长37.75%、40.62%，其中企业6644户，注册资本1166.58亿元，分别同比增长53.15%、40.14%；农民专业合作社162户，注册资本3.01亿元，分别同比增长12.5%、52.02%；个体工商户16496户，注册资本25.37亿元，分别同比增长32.66%、36.69%。全年共办理食品经营许可证776家，其中流通323家，餐饮449家，食堂4家。

2021年11月18日，堆龙德庆区市场监督管理局举办特种设备从业人员法律法规宣贯培训班

【食品药品安全监管】 强化冷链食品监管，严格疫情防控工作。2021年，区市场监督管理局制定严格的管控方案。成立以局长为组长，副局长为副组长，其他干部为成员的领导小组。召开冷链食品疫情防控工作专题会议10次，安排部署各阶段冷链食品疫情防控相关工作，进一步压实冷链食品疫情防控各项工作责任。约谈辖区内冷链市场负责人，签订《冷链食品疫情防控责任书》9本，与冷链食品经营商户签订《拉萨市进口冷链食品规范经营承诺书》81本。对辖区内从事冷藏冷冻食品贮存服务提供者进行备案登记工作，建立档案，做到底数清，2021年年底，堆龙辖区内有冷链食品市场主体9家、冷库63家、保鲜库18家，冷藏冷冻食品经营商户81家。对辖区内冷链食品开展监督检查，共检查冷库451家次、保鲜库112家次，下达监督意见书31份，责令改正通知书8份，停业整顿3家。配合疫情办对辖区内冷链食品从业人员、食品药品从业人员开展督促核酸检测及统计工作，共统计3000余人。

加强日常监管，营造良好的食品药品安全环境。对食品生产及药品、医疗器械经营单位，通过日常检查与专项检查相结合的方式，共检查食品生产企业23家次、小作坊90家次，商超750余家次、农贸市场90家次，下达监督意见书260余份，有效整改食品安全问题100余件。对药品经营单位共检查药械经营使用单位100余家，下达监督意见书50份，下达责令改正通知书3份，行政约谈2家，签订药械质量安全承诺书40家。在食品抽检工作中抽查341个食品、粮油类批次，国抽省抽市抽1600个批次，向农贸市场提供快检试剂和设备，全年快检16000个批次，其中不合格3个批次。

食品安全工作违法行为。根据食品安全日常及专项检查、食品投诉举报情况，依照法律法规，严格落实食品行政处罚程序。2021年，全区食品立案12起。其中，无证无照经营食品加工小作坊立案3起，罚没款2.5万元；食品经营企业未按规定建立进货查验制度立案4起，罚没款8万元；销售无核酸检测合格证明及消毒证明进口冷冻肉制品立案1起，罚没款3万元；月饼标注虚假生产日期立案1件，罚没款5万元；经营过期食品立案3起，罚没款0.7万元。

【做好质量安全监管、行使消费维权使命】 开展特种设备及计量认证工作。2021年，区市场监督管理局为确保全区质量安全工作，在日常工作中对辖区企业开展了机动车安全技术检验机构的资质认定上检查工作，从源头保障车辆尾气排放符合标准；对烟花爆竹经营单位及辖区燃气灶产品销售商户开展检查，经检查发现经营者店内有出售过期烟花爆竹现象，涉及3个品种、80余包(个)，要求立即下架，不得进行销售，同时要求没有熄火保护装置的燃气灶全部下架，共下架196台，有效规范燃气灶使用标准；在特种设备安全检查工作中着重检查企业“三落实、两有证、一检验”机制的贯彻落实情况，严格落实企业安全主体责任，坚决遏制特种设备安全事故的发生，全年共出动检查人员290人（次），检查单位386家（次），发现隐患57起，现场整改49起，下达监察指令书6份，立案调查2起，罚款6万元，同时投入19万余元对辖区内特种设备使用单位开展相关知识培训和演练工作，收到良好的效果；加强计量认证工作，配合区计量检定机构对辖区内农贸市场等使用的各类计量器具进行专项检查，共检定计量器具2100多台（支），对持有丢失检验标志的计量器具经营商户要求其限期进行检测，保证量值可靠传递；在“世界标准日”开展以“实施标准化纲要，促进高质量发展”为主题的宣传活动，发放宣传资料600余册。

2021年1月7日，堆龙德庆区市场监督管理局开展“对餐饮服务单位发动疫情资金补贴”活动

【消费维权】 2021年，区市场监督管理局共处理“12345”政府热线26件，办结率100%；共处理“12315”投诉举报513件，其中：投诉358件，举报155件，办结率100%；为消费者挽回经济损失31.2万余元。

【质量强区】 2021年，区市场监督管理局为切实做好质量强区工作，先后2次召集成员单位召开2021年度质量强区工作安排部署会，并投入资金15.8万元对堆龙德庆区“政府质量工作社会公众满意度”进行调查与分析。结合“质量月”活动，开展了对生产销售电线电缆、儿童和学生用品以及肉制品企业的专项整治工作，重点开展工业产品质量排查整治工作。全年实施了非法医用口罩“助企护民保安康”行动、儿童和老年人用品“护苗助老”关爱行动、电线电缆质量安全“联查联打联治”等专项行动，主动担当，将质量强区工作落实到位。此外，投入专项资金18万余元，在全区共抽样60批次涉及10类工业产品，对于检测产品质量不合格的生产经营单位，依法予以处理。

【知识产权保护】 2021年，区市场监督管理局按照“培育一批，申报一批，储备一批”的发展思路，全区商标注册数量达1130件，拥有驰名商标2件，著名商标9件。

【监管执法】 多举措推进年报公示工作。2021年，区市场监督管理局通过新媒体、印发材料、电话、上门走访等方式加大年报工作的宣传，提高企业和个体工商户年报意识，辖区企业年报率达92.2%，农民专业合作社年报率达87.7%，个体工商户年报率达57%。注销连续2年未报送年报的个体工商户165户，吊销企业96户。开展“双随机、一公开”工作，抽查企业194户。

开展各类专项执法行动。开展转供电价格监督检查共56次，下发约谈书共30户（件），受理转供电投诉5件。全面清理规范转供电环节加价行为，进一步优化营商环境，促进实体经济发展。对126个金融类企业开展专项检查，并告知其负责人严格按照审批经营类项目开展业务，严禁从事非法集资活动。对旅游市场专项检查共出动执法人员12人次，执法车辆6台次，对辖区内共367户市场主体进行检查，并对未亮照经营等问题及时予以纠正。对野生动物市场进行专项整治，以查处和取缔违法经营野生动物及其产品行为为检查重点内容。2021年，共出动执法人员41人次，检查集贸市场16个次，检查市场内经营禽畜类摊点34户次，检查商场超市12户次，检查中未发现收购、出售和加工野生动物及其制品等违法行为。查处了一起汽车配件侵权案件，没收汽配件0.35吨，罚款3000元。

【开展扫黑除恶专项斗争】 2021年，区市场监督管理局在辖区农副产品市场、铁器电焊市场、工程机械市场、物流园区、钢材市场、人和汽配市场和沿街商铺粘贴海报、发放宣传单页，营造扫黑除恶人人参与的氛围，共发放宣传单页800份，张贴海报68张，悬挂横幅5幅。全年检查大型市场经营主体127户，未发现不正当经营及垄断行为，同时积极参与“扫黑办”成员单位开展的各项专项检查工作。

（央　吉）

【机构领导】

局　长

洛　布（藏族）

副局长

尼玛江才（藏族）

牛世红

工业园区管理

【概况】 2021年，堆龙德庆区工业园区管委会严格执行“保姆式”企业服务，强化惠企政策宣传贯彻落实，实现工业总产值72868.59万元，完成工业销售产值72563.04万元，完成工业增加值34786.83万元，其中完成规模以上增加值9626.21万元，完成工业税收3031.09万元。实现招商引资实际到位资金48643.01万元，带动就业1037人，其中解决本地区大学生49人，本地区农牧民283人。

【助推复工复产】 2021年，区园区管委会组织党员干部多次对园区物流类企业、冷链企业就产品消毒、产品来源、车辆消毒、疫情防控措施等方面进行全面排查，对存在问题的企业下发整改单，限期整改。同时，指定专人跟踪服务企业，做好企业复产复工和出藏、返藏人员信息登记、摸排及日常检查工作。

【推进重点项目建设进程】 2021年，受新冠肺炎疫情影响，区园区管委会在做好疫情防控的前提下有序推进项目建设，新建续建项目共13个，计划总投资5.69亿元，全年完成投资4.87亿元，完成计划投资85.59%。已开工项目13个，开工率达100%。

【开展“我为群众办实事”】 2021年，区园区管委会结合“我为群众办实事”实践活动，组织人员多次前往园区各企业了解生产经营、产品研发、消防安全、环保、疫情防控、项目建设进度及企业需求与面临的困难等情况。组织召开首届企业家座谈会及银政企对接会，进一步掌握企业经营情况及存在的困难，了解企业发展思路，宣传融资政策，以商招商，进一步壮大实体经济。指定专人负责跟进低产低效企业盘活和闲置土地前置手续办理进程，实时掌握办理过程中存在的困难，及时协调沟通。积极引导、培育园区重点企业开展申报拉萨市级绿色示范点企业工作及西藏自治区中小企业专项扶持资金申报工作。大力推进新冠疫苗接种工作，组织人员到各企业宣讲接种政策，发放宣传海报1000余份，积极动员疫苗接种，及时到相关接种点了解疫苗情况，实时通知疫苗接种时间，为企业员工提供接种便利。帮助企业解决用工需求，积极开展高校毕业生就业政策宣传专题培训，宣讲相关就业政策，统计园区各企业用工需求并上报相关职能部门。利用安全生产月、“6·5”世界环境宣传日、民族团结月、网络安全宣传月等契机，发放安全生产、环保、扫黑除恶、网络安全等宣传册1000余份，开展拉网式大排查20余次，确保园区安全生产万无一失。

【打造“保姆式”服务】 2021年，区园区管委会始终树立服务理念，积极发挥政府与企业间的桥梁纽带作用，鼓励企业积极参与展示活动，借助各类平台打响企业品牌；不定期前往企业调研，及时协调解决企业存在的困难，主动解决涉企信访事件，截至年底，调解信访事件及矛盾纠纷事件10

余次，协调解决拖欠农民工工资100余万元；全面推行办事公开制度，利用园区企业微信群、党务政务公开栏、财务公开栏，对办事流程、服务企业事项的相关政策、文件、法规进行及时公示，接受监督。

【党组织建设】 2021年，区园区管委会加强党务日常管理，严格落实“三会一课”、组织生活会、党员承诺践诺及主题党日活动等党内制度，园区党建工作得到全面加强。共组织集中学习60余次，开展主题党日活动12次、政治教育学习活动14次、党员志愿服务活动12次，书记讲党课4次，开展专题讨论13次，人均记学习笔记8000字以上，撰写调研报告1篇，收集心得体会20篇，开展学习测试3次，全年收缴党费1150.4元。

【“两新”企业党建工作】 2021年，区园区管委会结合党史学习教育，组织园区“两新”党组织开展烈士陵园扫墓、观看红色电影、“七一”系列活动、“我们的节日·中秋节暨感念党恩系列活动”等活动，全面加强“两新”党组织思想和作风建设，切实提升园区全体党员职工队伍素质，增强凝聚力。2021年，指导新成立企业党支部1个，吸纳发展正式党员11名、预备党员16名、入党积极分子18名，切实壮大“两新”党组织队伍，“两新”党组织覆盖率达85.71%。

（欧阳小月）

2021年3月6日，堆龙德庆区委书记石运本（右二）到工业园区调研经济运行工作

【机构领导】

园区管委会主任

次旦罗布（藏族）

园区管委会副主任

顿珠拉久（藏族）

欧阳小月（女）

社会事业

民 政

【概况】2021年是“十四五”规划开局之年，也是推进新时代民政事业高质量发展发力之年，在上级业务部门的关心和指导下以及各街道（镇）党委政府和区直机关单位的积极配合下，区民政局坚持“民政为民、民政爱民”的工作宗旨，以保稳定、促发展为根本目标。狠抓重点，突出亮点，扎实开展了社会救助、基层政权建设、社会福利、勘界地名等工作，充分发挥民政在构建和谐社会中的基础作用，落实民权、改善民生的各项要求。

2021年3月28日，堆龙德庆区副区长王考昌（前排左）参加区民政局开展的庆祝西藏百万农奴解放纪念日活动

【党的建设】强化思想政治教育。2021年，区民政局把学习贯彻习近平新时代中国特色社会主义思想作为首要政治任务，将学习宣传中共十九届六中全会精神、中央第七次西藏工作座谈会精神、西藏自治区第十次党代会会议精神、习近平总书记考察调研西藏重要讲话精神与党史专题学习教育结合起来，从而巩固深化“不忘初心、牢记使命”主题教育成果。坚持和加强党的全面领导，推进全面从严治党向纵深发展，不断提高能力，确保全局党员干部统一意志、统一行动，推动各项工作发展。

全面加强党的领导。深入开展“党建+业务”活动，全面落实党建工作责任，坚持“书记抓、亲自抓”，以模范党组创建活动为抓手，不断增强区民政局党组的凝聚力、号召力和战斗力。在中国共产党成立100周年、西藏和平解放70周年之际，组织全局党员干部开展集中性庆祝宣传活动，同时吸纳1名特困老人加入区民政局党组。

抓好党风廉政建设。认真贯彻落实十九届中央纪委五次全会和区纪委相关精神，落实党风廉政建设责任制。高标准贯彻执行中央八项规定及其实施细则精神，着力纠治形式主义、官僚主义，开展针对性作风效能检查，抓好民主评议意见建议整改落实，推动全局作风持续好转。深入推进清廉民政建设，着力弘扬养老、救助等领域的清廉之风，继续完善内部纪委监督、财务监督，确保用好每一分民生资金。

【社会救助】 2021年，区民政局为保障全区最低生活保障人员的生活质量，强化信息比对，建立防止返贫致贫预警机制与动态监测机制，发放各类社会救助资金512.68万元，保证兜底保障不落一人，实现“应保尽保”。充分发挥农村低保、特困供养、临时救助三项政策的综合作用，将社会救助功能发挥到最大化，切实做到弱有所扶、难有所帮、困有所助、应助尽助。

【社会福利】 提升养老服务质量。2021年，区民政局完成60岁以上老年人摸底统计工作，全区60岁以上老人6518人，特困对象127人，其中集中供养80人，分散特困48人，共发放补贴资金55.39万元；为全面提升堆龙德庆区养老综合服务能力，组织全区各镇（街）、村（居）工作人员及特困集中供养中心负责人到江苏省集中培训，学习借鉴江苏养老工作中的先进经验和做法，为堆龙德庆区养老服务工作的开展奠定坚实的基础。《堆龙德庆区日间照料中心及社区居家养老服务公建民营试运营办法（草案）》《堆龙德庆区老年人能力评估实施办法（暂行）》《堆龙德庆区养老服务行业护理岗位人员入职奖励办法（试行）》及《堆龙德庆区日间照料及社区居家养老服务公建民营养老机构管理办法（暂行）》初稿已形成。堆龙德庆区3处老年人日间照料中心项目主体已全部完工。

提高养老机构管理服务水平。每月定期开展消防演练、工作人员核酸检测等，将各种风险隐患消除在萌芽状态。按照拉萨市民政局关于那曲森布日安置点特困人员异地集中供养工作方案的统一部署，36名那曲森布日搬迁点特困老人顺利入住区特困人员集中供养服务中心。为进一步筑牢全民免疫屏障，提高全区新冠疫苗接种率，积极与区卫健委协调，组织三县及森布日搬迁点特困老人接种新冠疫苗，共有148名老人接种，接种率达68%。

未成年人服务体系建设。成立《堆龙德庆区未成年人保护工作领导小组》，并联合区团委、区中学开展各项未成年人保护活动，营造了良好的社会氛围。2021年，全区事实无人抚养儿童8人，共兑现补助资金5.76万元，留守儿童共有27人；完成留守儿童数据更新，并于“六一”儿童节在德庆村开展“庆六一关爱留守儿童”主题活动及在雪顿节、寒暑假期间邀请当地大学生开展“留守儿童”假期作业辅导活动。

老年人两项补贴发放。完成残疾人两项补贴更新及资金兑现工作，为585名重度护理对象及生活困难残疾人发放补贴资金13.65万元。

流浪乞讨人员排查和救助工作。开展主动救助、流动救助、劝导救助活动，对城区生活无着落的流浪乞讨人员和尚未找到工作的外来人员给予及时、有效的救助。全年共接待和劝导救助人员37人次，安全护送返乡12人次，受助人员都得到了妥善救助，救助率达100%。

婚姻登记工作。2021年，全区结婚登记878对，离婚登记116对，补发结婚证237对，所办证件合格率100%，实现零上访，所有

2021年4月2日，堆龙德庆区党政领导及各界代表开展清明节扫墓活动

档案归档、建档及时。

社会事务领域疫情防控。根据殡葬服务、婚姻登记业务自身特点，采购消毒水、防护服、口罩等必要的防疫物资，分发给婚姻登记处和天葬师，并要求婚姻登记工作人员增强疫情防控意识，上岗期间佩戴口罩，做好场所消毒和工作人员体温检测，对进入登记场所的人员进行体温检测，并提醒登记申请人佩戴口罩。要求天葬师规范使用安全防护用具，及时对天葬台进行消毒，佩戴防护口罩，严格执行防护流程。

2021年8月4日，堆龙德庆区民政局为残障人员发放辅具用品

社会工作服务站挂牌。8月，全市首家镇（街）藏语汉语社会工作服务站在乃琼街道揭牌，其他5个镇（街）社工站已陆续完成挂牌。为引进优秀社工人才提供平台支撑，聚焦民政主责主业，积极开展心理疏导、人文关怀、能力提升、生计发展、关系调适、社会融入等专业化、个性化服务，为社区、家庭、群众等有需求的人群打通民政服务“最后一米”，真正成为社会治理、乡村振兴的强大助力。

【勘界地名工作】 2021年，区民政局圆满完成堆龙德庆区新的行政区划图修订工作，积极与兄弟县区（林周县、贡嘎县）联系，以召开座谈会和实地核实的形式就三（县）区边界线交汇点的补充协议进行协商及签订，作为牵头县区及时带动当雄、林周县开展第6轮联检工作。对城区内地名中“大、洋、怪、重”新建道路名称命名和不符合地名命名原则的名称以及道路指示牌损坏等现象进行清理和排查工作。通过召开“堆龙德庆区城区道路、桥梁命名专家论证及征求意见会”，已完成对东嘎、乃琼羊达街道的18条道路和2座桥梁的初步命名工作。

【基层政权和社区治理】 2021年，区民政局指导村（居）换届后的档案归档工作，相继完成了全区37个行政村（居）基层群众性自治组织特别法人统一社会信用代码证书的更换工作。开展城乡社区民主协商，指导社区广泛开展社区党组织领导的民主协商，建立健全规范完善的城乡社区协商制度，形成协商主体广泛、内容丰富、形式多样、程序科学、制度健全、成效显著的城乡社区协商新局面。开展村（居）民自治，健全各项制度，指导各村（居）委会完成村（居）民自治章程、村规民约、居民公约、村（居）民会议、村（居）民代表会议、村（居）议事会等规章制度的修改制定。

开展村（居）务监督委员会规范工作，加强村（居）干部管理监督工作规范化、制度化、法治化建设，确保在完善服务设施，服务水平等方面得到进一步提升。

为更好地适应城市化发展的需要，进一步优化城乡行政区划布局，加快首府城市城乡一体化建设进程，按照市委关于“重点在易地搬迁、自主搬迁等方面进一步开展区划调整情况调研和风险排查工作，有序分批实施区划调整工作”的要求和拉萨市民政局关于上报成立加玛街道办事处的通知精神，先后2次组织召开了设立加玛街道办事处方案专家论证会议，并提交区委、区政府常务会议研究通过，2021年年底，相关材料已修改完成，经拉萨市民政局审核已上报拉萨市人民政府。

建立健全以社区党组织为核心、以社区自治组织为主体、以社区社会组织为补充、驻社区单位密切配合、群众广泛参与的社区治理结构。加大社区党组织班子成员与社区村(居)委会成员交叉任职的力度,保证社区党建与社区建设的紧密结合。发挥各类组织和社区群众在社区管理和服务中的积极作用,实现政府行政管理与社区自我管理的有效衔接、政府依法行政和社区依法自我管理的良性互动。

【强项目建设】 2021年,堆龙德庆区三处老年人日间照料中心项目(林琼岗、乃琼镇、古荣乡),建设规模及内容均为新建1200平方米房屋,包括老年人生活服务用房、保健康复用房、娱乐用房、辅助用房以及附属设施,以上3个项目主体全部完工并通过竣工验收,处于财政评审阶段。堆龙德庆区慈善超市项目估算总投资480万元(最终以发改委概算批复为准),该项目已竣工并通过验收,处于财政评审阶段。堆龙德庆区五保集中供养服务中心消防改造项目,资金来源于中央专项彩票公益金100万元,本级配套200万元。该项目已完成总工程量的95%。

【社会组织工作】 2021年年底,全区共登记社会组织5家,均已完成年检工作,并按规定递交年度检查报告。根据寺庙宗教活动场所法人登记相关要求,完成了区内14家寺庙宗教活动场所法人登记证书办理工作。

(卓　呷)

【机构领导】

局　长

仓决卓玛(女,藏族)

副局长

拉巴次旦(藏族)

武　雅　文

人力资源和社会保障

【概况】 年内,区人社局始终坚持以习近平新时代中国特色社会主义思想为指导,深入贯彻落实中共十九大和十九届五中全会、六中全会及中央第七次西藏工作座谈会,巩固脱贫攻坚成果与乡村振兴相结合,全方位推进机关业务工作水平,认真对照拉萨市、堆龙德庆区各项目标任务,全面落实惠民政策,不断将各项工作深入推进。2021年,堆龙德庆区劳动就业保障服务中心增加事业编制1名,核定事业编制4名(主任1名),全局干部职工共21名。

【增强劳动者职业技能】 2021年,全区共实现农牧民转移就业11027人,完成年度目标任务11000人的100.2%,实现收入1.1086亿元,完成目标任务1.1亿元的100.8%。其中组织化转移就业6879人,完成年度目标任务6600人的104.2%,实现收入6720万元,完成目标任务5500万元的122.2%;跨地市就业512人,完成年度目标任务500人的102.4%;跨省就业123人,完成年度目标任务120人的102.5%;开发就业岗位3718个,完成年度目标任务1500个的247.9%。城镇新增就业1015人,完成年度目标任务1000人的101.5%。

2021年,全区实名制登记往届高校毕业生2265人,已就业2264人(建档立卡户241人,已实现全部就业),失业1人,就业率达99.96%,其中市场就业1544人,机关事业单位360人,考研20人,区外就业40人,公益性岗位5人,政府购买性人员280人,其他就业15人。2021年应届高校毕业生已完成实名制登记511人(建档立卡户14人),已就业511

2021年7月30日,堆龙德庆区人社局在局大院举办高校毕业生专场招聘会

人，就业率达100%。兑现高校毕业生就业创业补贴资金701.614万元。

【社会保障】 2021年，全区城乡居民养老保险参保人数为24883人，企业新参保单位数为66家，新参保人数为1757人。建筑工程项目企业新参保数为64家，新参保人数为5952人。完成57位参保人员的工伤待遇发放工作、享受长期待遇人员的资格认定及待遇核定工作。采集1070张社保卡，查询办卡进度440多次，修改信息85次，完成待遇领取人员的社保卡制卡、信息核实、修改工作。按时发放60岁以上待遇领取人员的养老金，落实贫困人员应保尽保政策并监督镇（街道）的经办工作。

【工资福利和专技工作】 2021年，全区评聘初级专业技术人员30人，中级26人，高级4人。确认教育系统94人为二级教师资格，并对教育系统32名拟晋升高级职称教师进行考察。完成全区1240名专业技术人才问卷调查工作，完成2021年上半年全区事业单位工作人员600余人的正常晋升、职称晋升及各类工资变动等工作，完成193家企业薪酬调查系统录入审核工作，完成全区事业单位工作人员（含援藏干部）和工人的预发统计表（含退休、辞职、去世人员），涉及金额1109.66万元。兑现下发5名人员抚恤金丧葬费共计1405615.8元。

2021年12月21日，堆龙德庆区人社局开展进村（居）政策宣讲活动

【维护劳动者合法权益】 2021年，区人社局劳动保障监察大队受理投诉举报案件94件，已办结92件，共为411名民工讨回工资620万余元，结案率达98%；“12345”转办案件175件，已办结175件；区长热线转办案件2件，已办结2件；网上欠薪平台转办案件137件，已办结137件；网民留言办理通知31件，已办结31件（共计690余人、1700余万元）；督促收缴74家施工单位缴纳民工工资保证金3.4亿元，涉及民工12000余名，其中保单涉及56家企业（1.6亿元）、保函涉及6家企业（1.7亿元）、现金涉及12家企业（992万元）。督促2个在建项目总包单位通过实名制管理平台及西藏银行农民工工资专用专户，共向1200余名工人发放工资2500余万元，确保劳资关系总体上保持和谐稳定。全年开展各类专项检查6次，检查用人单位170余户次，举办堆龙德庆区保障农民工工资支付工作示范工地现场观摩交流会，强化根治欠薪宣传，不断提升全区保障农民工工资支付工作整体水平。全年开展法律法规宣传15次，发放各类宣传手册2100余册，涉及农民工达7100余人。

（索朗德吉）

【机构领导】

局　长

王保峰

副局长

扎西次仁（藏族，4月任职）

次　吉（藏族）

退役军人事务

【概况】 2021年，堆龙德庆区退役军人事务局（以下简称区退役军人事务局）位于区政府2号楼1楼，下设区退役军人服务中心1个、乡村级退役军人服务站12个。实有编制人数5名（其中服务中心事业编2名）。2021年，在自治区退役军人事务厅、拉萨市退役军人事务局指导下，在区委、区政府领导下，紧紧围绕提升优抚综合保障能力、落实退役士兵安置改革政策、扶持退役士兵就业创业、推进优抚对象数据更新管理、做好退役军人服务保障等职能定位，务实推进各项工作，顺利完成。

2021年7月30日，堆龙德庆区开展国防教育进军营活动

【完善服务保障体系】 2021年，区退役军人事务局按照有机构、有编制、有人员、有经费、有保障的“五有”标准要求，有序推进区、镇（街道）、村（居）服务中心（站）退役军人服务保障体系建设，共投入14万余元为堆龙德庆区各镇（街道）退役军人服务站制作各类宣传展板、文化长廊以及各类引导指示牌，其余村居服务站标准示范建设也在逐步进行。以各镇（街道）、区直部门为单位，明确责任人，做好服务保障工作，向辖区退役军人提供咨询、政策解答和就业创业等更加贴心的服务。

【聚焦主责主业】 2021年，区退役军人事务局完善信息数据，抓好退役军人信息采集，不断完善资料信息和一人一档工作，通过完善和修正退役军人及优抚对象基本信息，为全面摸清堆龙德庆区退役军人情况底数，实施精细化管理、精细化服务奠定了基础。抓好服务保障，以各镇（街道）、区直各部门为单位，明确责任人，做好服务保障工作，部分镇（街道）还主动制作退役军人亲情联系卡，向辖区内退役军人提供咨询、政策解答和就业创业等服务。及时兑现各类资金，发放2021年重点优抚对象定期抚恤金及农村籍60周岁生活补助46余万元，报销重点优抚对象住院费、医药费、护理费4.8余万元。“三大节日”期间区四套班子领导看望慰问重点优抚对象、退役军人，前往驻区武警中队、区消防救援大队和区武装部看望慰问驻区官兵，共发放慰问金和慰问品价值41.31万元。吊唁慰问因病去世的退役军人家属，感谢退役老兵曾经为党、国家、人民做出的贡献，为家属送去组织关怀和温暖，。开展现役军人荣誉宣传表彰，为现役军人家属送去立功受奖喜报和慰问金3000元，让军人家属感到光荣，让官兵感到温暖，提升辖区军人及家属尊崇感、荣誉感，进一步激发广大群众爱国拥军的热情，提高优秀青年参军入伍报效祖国的积极性，营造“一人参军全家光荣”的社会氛围。2021年，堆龙德庆区为转业军人转干部办理相关手续和谈心谈话，让其尽快转变角色投入新的工作岗位；及时提供就业岗位，鼓励退役军人就业创业复学，提高退役军人的就业创业率，组织退役军人参加招聘会5次，达成意愿1名，与西藏红旗4S店共同开展了退役军人专场招聘会，达成就业协议1名。组织退役军人前往西藏圣盾安保服务有限公司参加招聘达成就业协议1人。堆龙德庆区退役军人就业率达到90%以上。

【学习宣传】 2021年，为深入学习宣传中共十九届四中、五中全会、中央第七次西藏工作座谈会精神，区退役军人事务局利用五下乡、宣传日、禁毒宣传日等节点，开展法律知识学习宣传、政策解读。通过悬挂横幅，发放宣传资料、设立政策咨询点等方式，对时代楷模老英雄张富清“退役不退色，转业不转志”的先进典型等进行宣传，通过宣传和发掘，涌现出了疫情防控期间默默奉献的最美退役军人、铁路护路最美退役军人、双拥模范先进个人，体现了退役军人“退役不褪色”的本色。

【双拥工作】 2021年，区退役军人事务局举行2021年应征青年光荣入伍和秋季退役的士兵欢送仪式，向入伍军人送去了11000元慰问金，希望应征青年珍惜服役时光，为堆龙经济发展、社会稳定、民生保障、民族团结、环境保护、扶贫帮困、抢险救灾等做出贡献，展示人民军队为人民的良好形象。投入5万余元为驻区部队购买电脑、打印机、网络电视、警示牌等，解决实际困难10余件。组织召开2021年度军地协调专题会、议军会议，全面提升国防动员建设水平，主动帮助部队排忧解难，巩固军政军民团结，促进经济建设和国防建设同频共振、协调发展。加强军地共建，联系驻区部队在创建文明城市中参与环境卫生治理，脱贫攻坚中结对帮扶困难家庭和村形成帮扶共建，全年开展创建文明城市环境卫生整治10余次，驻区部队为古荣镇加入村捐赠价值5万余元的取暖设备。“八一”建军节期间，花费4万余元在辖区某部队搭建舞台，区四大班子领导联系驻区部队领导和相关部门负责人，分别带队到驻区部队开展慰问演出活动，向驻地送上节日祝福、同时看望慰问烈士遗属、因公牺牲军人遗属、病故军人遗属、伤残军人等重点优抚对象。通过以上活动进一步加强军政、军民团结，加深军地友谊，增进军民关系，开创全区双拥工作新局面。

（才旦曲培）

【机构领导】
局　长
　　次仁吉宗（女，藏族）
副局长
　　陈道明

卫生健康

【概况】 年内，堆龙德庆区全面深化医药卫生体制改革，优化医疗卫生资源配置，改善医疗卫生发展环境，卫生健康事业护航发展的作用明显提高，人民群众健康水平明显提高。2021年，堆龙德庆区卫健委有编制5名，实有工作人员11名；下属机构有区医院、疾病控制中心、6个乡（镇）卫生院、29个村卫生室，全区卫生系统共有工作人员354名。

【疫情防控】 2021年，区卫健委持续做好常态化新冠疫情防控工作，加强重点部位、重点领域防控，坚决落实“外防输入”各项措施，紧盯国内中高风险地区进返堆龙德庆区人员，建立进返堆龙德庆区人员摸底排查工作机制，创新开展“敲门行动”，开展网格化、地毯式、全覆盖的排查和登记，累计开展重点人员摸排4793人，全部落实落地核酸检测、集中隔离等管控措施。持续做好冷链食品、进口果蔬监管工作，狠抓运输、装卸、储存、销售、预防性消杀等全链条环节监管，累计开展市场主体监督检查360余次。持续开展冷链、农贸市场、快递外卖、医务人员等重点人员定期核酸检测工作，累计检测重点行业从业人员6895人次，全面实现“应检尽检”目标。强化那拉高速卡点通道管理，持续开展“两码一卡”、48小时核酸检测报告查验，累计查验过往车辆35713台次，检查入堆人员141705人。健全进返藏人员报备登记制度，利用公众

2021年5月16日，堆龙德庆区卫健委组织召开2021年迎接国家卫生城市复审推进会

2021年9月17日，堆龙德庆区卫健委举行新招聘医护人员入职仪式

号、二维码等信息化手段开展线上报备工作，精准掌握进返堆龙德庆区人员动态，分级分类做好风险人员管控措施。加强疫情防控物资储备和应急能力建设，按照满负荷60天需求量对医用防护物资、核酸检测试剂、消杀药品器械等进行动态存储。建立核酸采样、核酸检测、消毒消杀等专业队伍，基本实现全部医务人员会采样、全部疾控人员会检测、三公队伍会流调的目标。有序推进新冠疫苗接种工作，按照全人群“应接尽接”的工作原则，累计接种新冠疫苗第一剂94716人，第二剂100234人，第三剂44473人，目标人群接种率达93.6%。

【实现共建共享】 2021年，区卫健委深入实施“健康堆龙”17项专项行动，结合深化医药卫生体制改革和基本公共卫生服务项目以及健康促进重大专项，广泛开展健康教育与健康促进活动，提升全区城乡居民健康素养水平，顺利通过全区健康促进县区试点建设国家级评估验收，入选全国第四轮艾滋病综合防治示范区建设和自治区级慢性病综合防控示范区创建名单。深入推进国家卫生城市复审迎检工作，狠抓环境卫生综合治理，环境综合整治工作走在全市前列。健康细胞示范建设成效明显，积极推进市级健康机关、健康家庭、健康社区等创建工作，拥有健康促进学校5所，健康促进机关3家、健康促进村（社区）10家、健康促进家庭120家。不断加大卫生健康事业资金项目投入力度，加速推进重点项目建设，大力开展乡村医疗卫生机构标准化建设“清零行动”，基本实现镇（街道）标准化卫生院、村卫生室全覆盖。2021年，累计总投资1.5亿元，相继实施区人民医院二甲综合楼、荣玛搬迁点卫生服务中心、疾控中心实验室能力提升、HIV快速筛查实验室、移动核酸检测车等项目建设及设备配置。

【深化医疗改革】 2021年，区卫健委积极推进分级诊疗，持续深化医共体建设。坚持把推进医共体建设工作作为党政“一把手”工程来抓，主要领导通过召开区委常委会会议、区政府常务会议和听取卫生健康专题工作汇报等方式，研究医改工作和医共体建设工作中存在的突出问题。牢牢把准医共体建设方向，不断强化一体化的意识、一盘棋的思想和一家人的理念，厘清医共体管委会、卫生主管部门、医共体三方“权责清单”，着力强化协作共享，推动医疗资源整合。成立医共体管委会，实行卫生健康系统人财物统一管理；推动建立医共体中心药库，实现县乡村三级药品耗材集中统一采购、统一配送；实行人员统一调配，推动优质医疗资源下沉，依托基层巡回诊疗、优质服务基层行等工作，组织医院临床科室骨干到各镇街卫生院开展诊疗指导，传授规范化管理经验；积极推进医共体信息化建设，先后实施“健康云”县乡一体化建设、乡村医生远程培训能力提升等项目，推动县乡医疗机构影像信息互通；深入实施远程影像会诊项目，开通与北京门头沟区医院、阜外医院互通的远程心电影像平台，将北京优质影像诊断服务能力向基层乡镇延伸，更多疑难杂症患者在县域内得到救治。

【队伍建设】 2021年，区卫健委扎实做好卫生人才队伍建设，大力实施卫生医学人才培育工程，逐步解决基层医疗卫生人才招聘难问题。争取专项资金165.5万元，面向应往届高校毕业生开发医护专业岗位，为基层卫生院公开招录临床医学、检验、护士、药学等专业技术人员20人。依托北京组团式援藏、住院医师规范化培训等，加强对基层医疗卫生人员的培养工作，先后选派23名医护人员到自治区藏医院、拉萨市人民医院等上级医疗机构培训。深入开展基层巡回诊疗工作，推进优质服务基层行活动，组建全面覆盖6个镇街、32个村居的巡回诊疗责任团队，通过以县（区）带镇（街道）的方式开展诊疗指导、传授规范化管理经验，有力促进了县区、镇街、村居三级医疗卫生机构管理服务水平的提高。

【健全公卫服务】 2021年，区卫健委开展覆盖城乡的疾病预防、医疗救治、卫生监督、妇幼保健等公共卫生服务体系建设，全面推进基本公共卫生服务项目有效供给。农村孕产妇住院分娩、艾滋病、结核病防治等奖补资金均及时足额发放；孕产妇死亡率、5岁以下儿童死亡率控制在标准范围；加强慢病综合防控，65岁以上老年人、慢性病患者、重性精神疾病患者规范管理率均在国家标准以上。组织实施国家免费孕前优生健康检查和出生缺陷干预检查项目，完成孕前优生健康检查夫妇375对、出生缺陷干预检查夫妇240对。开展育龄妇女“两癌”筛查工作，完成10496人筛查，全部落实分类救治。健全完善家庭医生签约服务，累计签约服务4.5万人，不断提升签约服务质量，每年对签约农牧民提供不少于4次的主动健康咨询和分类指导服务。开展先天性疾病儿童救治工作，对9名病情较为复杂、区内无救治条件的患儿，统一带队前往首儿科研究所进行手术治疗，取得了良好的社会效益和影响。

（扎西央宗）

【机构领导】

主　任

李　　宁（6月离任）

副主任

余　　强

白玛曲珍（女，藏族）

堆龙德庆区疾控中心

【概况】 2021年，堆龙德庆区疾病控制中心坚持以习近平新时代中国特色社会主义思想为指引，进一步加强党的作风建设，认真贯彻执行党的路线方针政策，全面落实自治区卫健委疾控工作要点，扎实推进新冠肺炎疫情常态化防控工作，全区无突发公共卫生事件发生，为维护社会安定、保障人民身体健康夯实了基础。

【新冠疫情防控】 加强新冠疫情监测，做好重点人群排查。2021年，区疾控中心严格按照西藏自治区、拉萨市的新冠疫情防控要求，做到24小时值班人员在岗，做好新冠疫情防控监测及上报工作。全年对密接者、中风险人员、次密接者及中风险人群、入境人员、重点人群开展流调及核酸检测等工作，对核酸检测结果进行实时网络录入。

防控点新冠疫情防控指导。2021年，区疾控中心为进一步提高辖区各卡点疫情防控意识，降低感染风险，中心专技人员对拉萨市福利院、那拉高速2个卡点警务执勤人员，现场对防护服的

2021年5月18日，堆龙德庆区召开新冠疫情防控专题推进会议

穿脱、消毒药物的配比、消毒设备的使用及对使用过的防护服和各类防护用品怎样处理等方面进行指导，并协调古荣镇卫生院对那拉2个卡点产生的医废进行回收及转运工作。结合一线警务人员疫情防控工作的实际需求，为2个卡点配备了防护服、医用口罩、脚套、防护面屏、医用垃圾箱及垃圾袋等防护物资。

新冠疫情防控物资储备管理。2021年，区疾控中心为做好堆龙德庆区应急物资储备库的管理及物资发放工作，派专人开展仓库的管理工作，严格按照应急物资保管的相关条例进行储藏，每日做好仓库物资的出入库登记工作，定期更新物资清单，定期巡查及维护，确保有效使用期限，及时对区卫健委上报需补充物资的清单，确保物资充足。

重点场所新冠疫情防控专项督查。个体诊所督导。2021年，区疾控中心监督科结对辖区内各大门诊部、诊所开展传染病和院感防控专项监督检查工作。共出动监督员46人次，车辆26台次，检查门诊部及个体诊所91家，发现问题及停业整顿个体诊所8家，主要存在医疗废物处置不当、消毒制度落实不到位、设置预检分诊台不规范、人员出入登记不详、未按规定扫码等问题，为此出具监督意见书42份，同时要求对提出的问题做到及时整改。

公共场所督导。为做好重大节日、重大活动的新冠疫情防控工作，对辖区公共场所重点岗位的67名从业人员进行卫生培训，提高新冠疫情防控知识和法治意识。强化预防性卫生监督检查，共监督检查221家，发放卫生监督意见书96份，出动车辆60余次，出动人员190余人次。

重点场所消杀。2021年，区疾控中心为有效做好全区各类重点场所集中疫情防控工作，对各重点场所（中小高考考点、宗教活动场所）等开展全方位消杀47次，派出人员94人次、车辆47台次，消杀面积达12500平方米，涉及场所9个，共使用消毒片12盒（100片/盒）。

冷链新冠疫情防控。2021年，区疾控中心做好辖区冷链场所的新冠疫情防控工作，协同区市场监管局对辖区冷链场所开展新冠疫情防控督导12次，对督导中存在的问题要求立行立改，并要求严格按照疫情防控要求开展冷链运输及储藏等工作。对进口食品及高风险地区食品、物品进行辖区日常抽检，共采样4588份，并送至实验室进行检测，确保冷链产品及物品疫情防控落实到位。

落实接种岗位责任。2021年，区疾控中心按照上级部署，派出专技人员20余次对全区各接种点流程设置、工作人员个人防护，受种人员是否戴口罩、是否保持一米线距离、是否足时留观，疫苗的储存及运输等情况进行现场督导。疫苗接种工作平稳、顺利。

【规范管理全区国家基本公共卫生服务】 传染病疫情信息报告管理。2021年，全区以审核日期为准网络直报共报告法定传染病甲、乙两类11种共277例，无甲类传染病报告，无死亡病例。乙类传染病10种277例，发病率为419.67/十万。占前三位的传染病依次为梅毒、肺结核、肝炎，分别占发病总数的32.49%、30.32%、18.05%。

慢性病综合防控。全区65岁以上老年人建档2734人、高血压患者健康管理2235人、2型糖尿病健康管理193人，已按照规

2021年7月21日，堆龙德庆区疾控中心组织全区医护人员开展国家基本公共卫生服务规范培训

范化进行管理。

严重精神障碍疾病管理。进一步健全严重精神障碍患者的防治体系，完善登记造册工作，做到“底数清，情况明”。累计开展随访150人次，完成103名严重精神障碍患者的建档管理工作，同时为提高广大群众对精神疾病的认识，减少社会对精神障碍患者的歧视，每年有针对性地开展一系列的宣传教育活动。

碘缺乏病防治宣传。碘缺乏病日设置5个宣传点，挂5条横幅，宣传日和日常宣传累计发放宣传册1500余册、宣传海报30张，发放宣传小礼品650件，涉及1600余人，咨询100余人，通过此次宣传活动让更多的农牧民群众知道食用合格碘盐的重要意义。

按照《2021年拉萨市地方病防治监测方案》相关要求，开展碘营养监测工作，随机抽检40名8—10周岁儿童（男女各半）进行儿童尿检抽样调查并进行甲状腺触诊。

饮茶型地氟病。开展饮茶型地氟病宣传教育工作，让他们充分认识到抵制高氟茶的重要性，增强相关安全意识，提高自我防控能力，发放宣传海报30份，发放宣传册600余份，宣传小礼品600余份，受教育人数达600余人、咨询人数50余人。为提高青少年对饮茶型地氟病的防治知识，对堆龙德庆区中学、拉萨那曲高级中学及拉萨市第四高级中学学生开展饮茶型地氟病知识讲座，累计受教育2000余名学生，并进行50余份饮茶型地氟病知识知晓率问卷调查。举办“饮茶型地氟病健康教育”循环讲座，累计受益人数达1200余人，发放宣传折页2000余册、宣传礼品1200余份。对农牧民和社区居民开展饮茶型地氟病知识知晓率问卷调查100余份。

2021年11月10日，堆龙德庆区疾控中心工作人员在拉萨市第四高级中学开展健康教育工作

【免疫工作】 常规疫苗。2021年，区疾控中心按照免疫规划工作要求，完成对辖区内适龄儿童开展各类免费疫苗的接种工作，对辖区内适龄儿童完成各类疫苗接种，应种9014针次，实种8989针次，接种率达99.72%。进一步强化冷链建设，确保安全接种。指导各镇、街道社区卫生服务中心建立健全儿童预防接种信息系统，实现适龄儿童预防接种管理信息的全覆盖。加强麻疹、乙肝等监测工作，加大宣传教育力度，不断提高群众对计划免疫工作的认识。

二类疫苗。在全区范围内的托幼机构开展手足口疫苗应急接种，第一轮接种共1179人，第二轮接种共878人，共接种2057人。

流感疫苗。德庆镇接种三价433针次，四价1800针次。马镇接种三价348针次，四价720针次。古荣镇卫生院接种三价360针次，四价1080针次。羊达街道卫生院接种三价394针次，四价498针次。乃琼街道卫生院接种三价807针次，四价720针次，堆龙人民医院接种点接种三价213针次。

脊灰疫苗。在全区范围内开展脊髓灰质炎（脊灰）疫苗补充免疫与查漏补种工作，2021年10月11—17日开展第一轮接种工作：应种人数为288人，实种241人。2021年11月11—17日开展第二轮接种工作，应种人数为247人，实种人数197人。2021年9月，开展了秋季入托、入学儿童接种证查验及补种工作，共查验8所小学及托幼机构33所，查验率100%。

【推进创建省级慢病示范区】 2021年，区疾控中心为贯彻落实好《健康西藏行动（2020—2030年）》，大力推进"健康堆龙"建设，根据《拉萨市四县（区）》创建自治区级慢性病综合防控示范区实施方案》的通知要求，已完成前期启动会及各成员单位的工作部署，并通知各成员单位要求完成相应的各类指标，后期按要求上报。

【艾滋病综合防治】 2021年，堆龙德庆区成立了由区委常委、政府副区长为组长的示范区领导小组，将艾滋病防治与"健康堆龙"考核挂钩，明确制定了相关部门和成员单位的职责和任务。中央补助地方艾滋病专项经费均已及时转账到位，为确保示范区工作顺利开展，项目经费实行专款专用、专账管理，经费和设备不挪作他用，充分发挥资金的综合效益。自2016年开展艾滋病监测工作以来，已发现并报告、转入HIV/AIDS（艾滋病病毒感染者/艾滋病者）34例（含柳梧）。感染者以男性为主，占75%，年龄以25—39岁的青壮年为主，同时以流动人群为主。

实施消除艾滋病母婴传播工程。大力宣传"预防艾滋病母婴传播"知识，发放各种宣传册、画报、宣传单等资料到孕产妇手中，向孕产妇传递艾滋病母婴传播知识和信息。提供自愿咨询与自愿检测服务，2021年产妇中孕期HIV免费咨询283人、检测283人、无HIV阳性患者

实施艾滋病扩大检测工作。为普及艾滋病防控知识和健康理念，有效预防艾滋病的传播、蔓延，最大限度发现HIV感染者和病人，使之能早检测、早发现、早治疗，提高生活质量，以实施包虫病防治项目、心血管病及危险因素监测项目为契机，以"自愿检测、知情不拒绝"为原则，分别对马镇、德庆镇的2500余人免费开展艾滋病筛查及宣传育活动。

【公共卫生监测】 根据《拉萨市2021年度血管病高危人群早期筛查与综合干预项目实施方案》，堆龙德庆区被列为2021年项目点，具体筛查和干预工作由区疾控中心和广升医院共同完成。自2021年12月10日项目实施以来，在古荣镇加入村、荣玛搬迁点完成初筛调查1003人，检查出高危对象345人。为做好全区慢性示范区创建工作，对辖区1200人次进行心血管病及其危险因素监测工作。为做好预防癌症，按照早筛查、早诊治、早治疗的原则，安排辖区100人到上级医院开展筛查工作，并反馈筛查结果。

【农村饮用水监测】 2021年，区疾控中心针对市政供水、农村集中式供水点进行水样的采集及送检，共采集完成64份水样检测，其中城市监测水样14份，理化指标合格14份，理化指标合格率100%，微生物指标合格12份，合格率为85%；农村集中式供水监测水样50份，其中理化指标合格50份，合格率为100%，微生物指标合格23份，合格率为46%。

【农村环境卫生监测】 2021年，区疾控中心对德庆乡、马乡、古荣乡、羊达乡、乃琼镇5个乡（镇）、20个行政村、100户村民、6所中小学校的基本情况、厕所与粪便无害化状况、垃圾情况、污水情况、病媒生物情况进行调查，先后完成20份土壤样品的采集、送检工作，检测土壤重金属均合格。

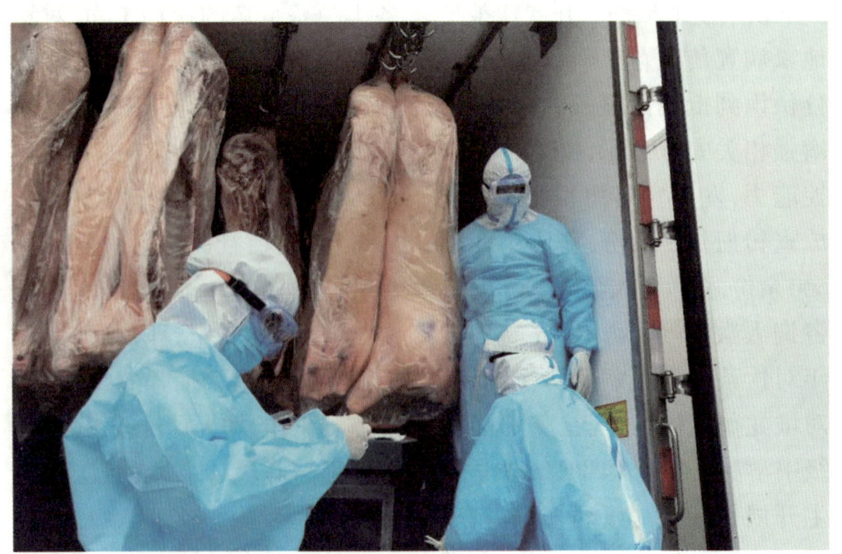

2021年5月29日，堆龙德庆区疾控中心工作人员对高风险地区进入堆龙德庆区市场的重点物品开展核酸采样工作

【包虫病防治】 2021年，区疾控中心为做好《2021年拉萨市包虫病监测工作方案》，监测点马镇共排查2000人次，其中学生500人、居民1500人，排查出血清疑似包虫病13人，后期到拉萨市疾控中心重新复查后确诊6人，其中2人需定期随访复查，1人因年龄无法开展手术，3人因各个原因拒绝复查。

【学生烟草监测项目】 2021年，区疾控中心根据西藏自治区卫生健康委员会办公室下发的《2021年西藏自治区青少年烟草流行监测方案》统一要求，组织4名专业人员对第四高级中学开展了“关于青少年烟草流行知识的问卷调查”。根据每班人数不少于40人的原则，每个年级随机抽取两个班级进行开展调查问卷，高一年级49人，高二年级53人，高三年级53人，共计发放问卷调查表155份，问卷上交至自治区疾控中心进行下一步的分析。

【妇幼保健】 规范农村孕产妇住院分娩补助项目。2021年，区疾控中心动员各乡镇卫生院不断加大对项目的宣传力度，使党的这项惠民政策家喻户晓，努力提高全区项目补助兑现率。2021年1月至12月，市级、自治区级共兑现392人、兑现金额为44.319万元；本级兑现356人、兑现金额为35.74万元，共计兑现补助金额80.059万元。

阻断艾滋病母婴传播。产妇中孕期HIV免费咨询354人，检测354人，无HIV阳性患者。孕期乙肝检测354人，乙肝阳性产妇所生的新生儿在出生后24小时内均已接种了免疫球蛋白。梅毒检测354人，梅毒阳性产妇在孕期均接受治疗。

农村孕产妇增补叶酸预防神经管缺陷项目。为全区446名早孕产妇女发放叶酸片716瓶，同时加强妇幼专干对项目知识培训，并对辖区内的待孕妇女进行摸底造册。

贫困地区儿童营养改善项目开展情况。为辖区6—36个月儿童发放营养包7479盒，受益儿童7479人次。

母婴安全保障项目工作。多措并举，实现高危管理，降低两个死亡率，加强高危妊娠管理，全力做好危重孕产妇急救网络建设。对高危孕产妇按照“早期筛查、跟踪监护、逐级转诊、死看死守、上下联动、无条件救助”的原则，根据母婴安全保障项目“五色”管理要求，履行职责，切实保障母婴生命安全。实行筛查、管理、指导责任追究制，确保做到高危孕产妇住院分娩率达100%，同时高危婴儿及时得到救治。

孕产妇系统管理情况。全区2021年孕产妇总数530人、建卡数530人，建卡率为100%。孕妇数176人，产妇数354人，活产数355人，接受系统管理产妇数340人。接受早检的产妇率为95.77%、产妇住院分娩率为100%，产检5次以上353人，产后访视率为100%，剖宫产活产106人。全区高危产妇筛选出184人，中重度高危孕产妇人数4人，高危产妇住院分娩及管理率为100%。

儿童系统管理情况。全区7岁以下儿童数为3851人，管理率98.6%，0—3岁儿童人数1788人，管理率99.4%，非户籍产妇数119人。0—6岁儿童视力检查人3722人。6岁儿童视力检查人数为279人，6月至5岁儿童血红蛋白检查人数4419人。2021年出生缺陷综合防治工作中：婚前检查及优生优育检查248人次，354名产妇均已做二、三级干预措施，无高危风险人员。

两癌筛查工作。根据2021妇女两癌防治工作通知的要求，该工作的任务数为400名育龄妇女，2021年9月开始对全区35—64岁妇女进行两癌筛查工作，已于2021年完成411名育龄妇女宫颈癌、乳腺癌的检查，其中高危型阳性3人，1名确诊为宫颈癌，已完成手术治疗。

（索朗旺堆）

【机构领导】

主　任

次旦卓嘎（女，藏族）

副主任

格桑平措（藏族）

次仁央金（女，藏族）

堆龙德庆区人民医院

【概况】 2021年，堆龙德庆区人民医院把贯彻落实健康中国战略的医药卫生体制改革作为重点任务，加快“健康堆龙”建设，同时紧抓疫情防控不放松，紧盯医疗质量不松懈，全面形成疫情防控与日常医疗“双线作战”态势，以“两手抓，两不误、两手硬”的工作要求，夯实目标任务，最大限度满足人民群众就医需求和需要。医院占地面积33335平方米，建筑面积5705.17平方米，共有开放床位68张。医院设26个科室，有在职职工160名，其中在编职工87名、外聘人员50名、其他人员9名、援藏人员5名。

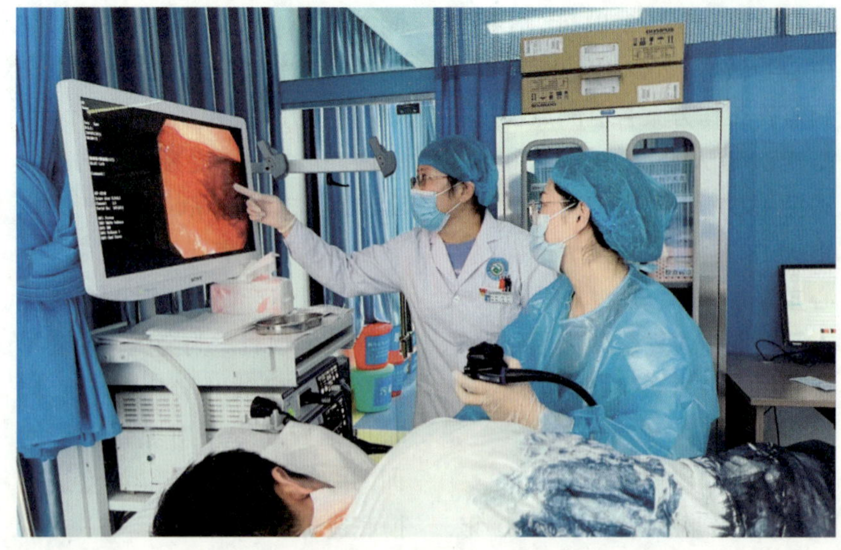

2021年7月20日，在北京援藏专家指导下，堆龙德庆区人民医院完成首例胃镜检查

【新冠病毒感染肺炎疫情防控】

2020年1月23日，堆龙德庆区人民医院被拉萨市指定为新型冠状病毒感染肺炎定点医学留观医院。2021年，为进一步做好市、区疫情防控工作，召开新冠肺炎疫情防控部署会议，进一步完善应急预案，组建医疗专家组、感控消杀组、转运组、核酸采样检测组、后勤医疗物资保障组、药品供应储备组、信息网络组、安全保卫组、对外协调组、预检分诊组等，研究部署医院防治新冠肺炎疫情策略、措施、预案、流程，梳理预检分诊、各科室就诊流程及制度。总结上阶段院感防控工作中的不足，明确下一步新冠疫情防控工作查漏洞、补短板，最大限度降低医院感染发生风险。

为提高医护人员对新型冠状病毒感染肺炎的诊疗能力和防控水平，积极组织新冠肺炎相关知识培训。主要包括国家卫健委发布新冠肺炎诊疗方案1—8版、手卫生规范、医疗废物的处置、密切接触者管理方案、留观病人管理、预检分诊及发热门诊工作的规范、制度、流程等相关内容，集体学习3—12岁《儿童新冠疫苗接种严重不良反应的识别和治疗》。

为更好地完成核酸检测工作，单独设立核酸检测站，配备医护与财务人员专职专岗进行核酸采样工作，再次外派医护人员到那拉高速、火车站开展24小时核酸检测工作。在疫情防控一线坚守岗位，实行核酸检测室24小时值班制度，高速运转进行核酸检测。

为做好新冠病毒肺炎疫情的常态化防控工作，巩固来之不易的防控成果，进一步明确流程、人员、职责，杜绝麻痹松懈和侥幸心理，有效对可能发生新冠疫情扩散的群体开展核酸筛查工作，8月13日及10月29日区医院分别组织开展2021年新冠疫情防控突发事件应急处置演练，医院疫情防控领导小组及相关人员参加演练，并以应急演练的方式对区医院在院工作人员进行核酸采样及检测。通过此次演练，进一步强化医务人员新冠肺炎疫情防范意识，提升应急处置能力，规范新冠肺炎疫情救治流程，为今后疫情防控工作打下坚实基础。预检分诊培训围绕新冠疫情防控流程、流行病学史询问、发热病人与高危病人甄别、消毒隔离、个人防护等方面进行详细讲解，使预检分诊人员进一步明确了解工作职责。对预检分诊处实行一米线距离，严格双码（健康码、行程码）检查、体温检测，公共场所佩戴口罩，严格执行实名制登记。

2020年12月14日起，医院启动了重点人群新冠疫苗接种工作，逐批开展新冠疫苗接种，新冠疫苗第一针剂接种57849针、第二针剂接种59032针、第三针接种3530针，共计120411针。

在医院人力资源紧缺的情况下，继续派驻有资历的医护人员负责全区6个镇（街道）疫苗接种点和医院接种点的医疗保障工作，共派出1200余人次。

【医疗业务工作】2021年，全院门、急诊病人6万余人次；住院人数为300余人次；手术60余例；计免科门诊接种室常规免疫接种共700余剂；检验科共检查10000余人次；B超共接诊5000余人；放射科共接诊患者9000余人；心电图室共接诊患者2000余人；结核病防治门诊接诊出诊患者200余人；2021年8月3日起，启动云平台电子药盒发放及管理，为14人发放了电子药盒。

【完善重点学科建设】2021年，区医院消化内镜中心已完成首例胃镜检查并镜下活检术和首例无痛胃镜检查，同时对口腔中心进行升级改造，新增了口腔CT、牙科椅、拍片机等。核酸检测实验室于2020年11月启用，全年共完成核酸总检测数103090份、其中人检测86323人份、物表检测16767份。

【完成各项民生项目】2021年，全区妇女“两癌”筛查应筛查人数400人，实际筛查人数356人，完成率为98%，其中异常50人。为深入开展送医、送药活动，宣传贯彻落实中共十九大会议精神，以实际行动践行“不忘初心、牢记使命”主题教育，医院组织医务人员和援藏医生以及部分党员干部成立医疗小分队，为全区4个镇2个街道办事处一线执勤点、驻村点、驻寺点、护路点、派出所维稳工作人员及各行政村村民开展医疗巡诊工作（送医、送药、送温暖活动）25次，免费发放药品20多种，为近300人次进行免费诊疗。为解决三县福利院老人们的健康问题，派驻2名医护人员到三县福利院进行会诊4次，诊疗150人次，免费为老人们送医送药，得到了福利院老人们的一致好评。落实医疗救治机制，确保异地搬迁生计保障。积极落实基本药物制度，医院药品执行“零差价”的药品品种为451种，其中西药基本药物339种，藏药基本药物112种，受益人数达4万余人。规范药品采购供应管理，严格按照自治区有关规定，实施药品购销“两票制”，严厉打击“过票洗钱”偷税漏税等药品购销中的违法违规行为，净化药品流通环境，保障人民群众用药安全。

【医疗援藏】2021年，北京市门头沟区医疗援藏专家协助区医院建立健全人事考核制度，使考勤观念和考勤制度深入人心，同时，逐步完善绩效考核制度，调动全院职工的工作积极性，提高全院医务人员的精神风貌。在进一步改进原有科室建设的同时，提议创建儿科、微生物室、病理科、重症监护科等科室，规范科室的诊疗常规以及操作流程，对临床科室进行病历书写基本规范培训，提高全院的病历质量。发热门诊方面，参与隔离病房的设计及相关管理制度的制定，开展院内培训（鼻咽拭子采集、手足口病的防治），并组织线上考核2次，同时制定发热疾病诊疗流程图16个，呼吸系统危急重症抢救流程4个，藏医科诊疗技术操作规范9种。超声科方面，开展了常见病、多发病影像诊断的培训，在影像科援藏专家的指导下开展妇科超声检查115例、产科胎儿筛查21例。消化内科及内镜操作方面，在医疗援藏专家的指导下，开展了首例胃镜检查并完成镜下活检术和第一例无痛胃镜检查术，填补了县域医疗内的又一项医疗技术空白，并制定内科常见病诊疗流程8个，急诊患者就诊流程1个。妇

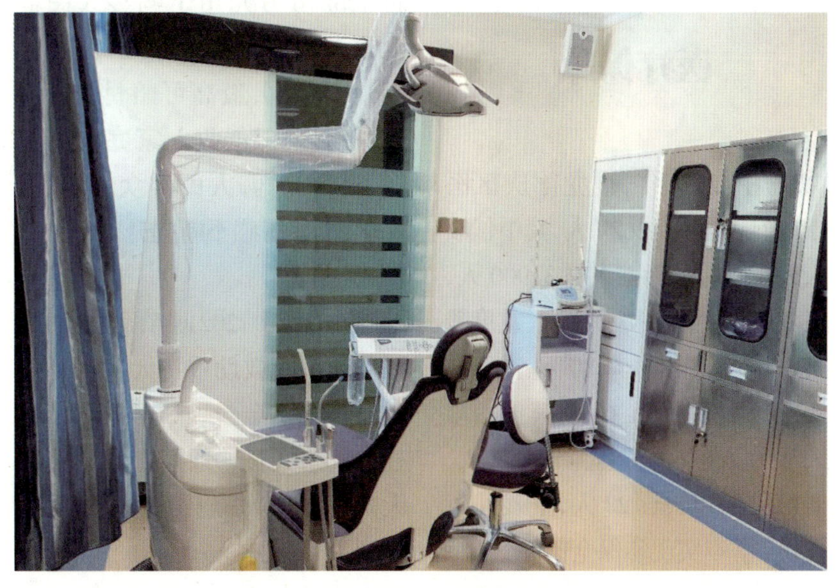

堆龙德庆区医院口腔科改造（摄于2021年2月2日）

产科方面，强化培训妇产科常见病的诊疗常规，严格妇产科手术流程，规范病历书写，实行孕产妇风险评估分类管理，制定了高危孕产妇管理制度5个、常见疾病诊治流程图12个、孕产妇及新生儿抢救流程图8个。护理及院感方面，参与本院隔离病房改造的设计及相关管理制度、流程的制定，制定护理工作流程10个。病历书写方面，按照全国统一的病历书写基本规范要求，针对病历内容、格式、顺序进行逐一整改，规范手术同意书，使科室病历质量有了明显提升。

（边巴曲吉）

【机构领导】

书记、院长

泽　　多（藏族）

副院长

拉巴顿珠（藏族）

毛　　卫

米　　明（女，藏族）

刘　　萍（援藏，8月任职）

医疗保障

【概况】 2021年，堆龙德庆区医疗参保人数共42629人，其中低收入人口46人、标准人群31900人、城乡最低生活保障634人、重度残疾236人、特困供养38人、重点优抚对象2人、孤儿6人、其他困难人员0人、“6065”人员3957人、僧尼（区、市、县）23人、重残儿童12人，基本实现参保全覆盖。

【医保中心成立】 2020年8月12日，堆龙德庆区医疗保障服务中心成立，为区医保局所属事业单位，股级建制，核定事业编制3名（主任1名），编制职数3人。

【城乡医保整合】 2021年，堆龙德庆区开展城乡医保整合工作，由市级统筹建立统一信息平台，全区享受“一站式”结算4863人次，总医疗费用30782572.4万元，统筹基金支付21184419.08万元。大病保险支付154人，支付金额2562461.48万元；医疗救助支付629人，支付金额77759.01万元；建档立卡户结算576人次，总费用283753.74万元，统筹基金支付233375.36万元；大病保险支付8人，支付金额113509.39万元。

【大病补充保险和超大额补充保险】 2021年，在全区参保群众享有医疗保险、大病保险和医疗救助的基础上，区委、区政府预算拨付425270万元用于购买人民群众超大额补充医疗保险资金（10元/人·年），最高可赔付15万/人·年，确保低收入家庭看得起病、吃得起药，人民群众幸福感、安全感、获得感不断提升。

【医疗救助】 2021年，堆龙德庆区普通医疗救助重特大疾病医疗救助年度基金封顶30万元，其中建档立卡人员普通医疗救助重特大疾病医疗救助年度基金封顶提高到15万元。

【贫困人口参保财政补贴】 2021年，根据《拉萨市人民政府关于印发〈拉萨市城乡居民基本医疗保险实施办法（试行）〉的通知》第三章关于基金筹集的要求，区医保局高度关注重点人群医疗保障工作，全区低收入人口参保财政补贴9200元、城乡最低生活保障参保财政补贴177520元、重度残疾参保财政补贴66080元、特困供养参保财政补贴10640元、重点优抚对象参保财政补贴280元、孤儿参保财政补贴3080元、“6065”人员参保财政补贴1015000元、僧尼（区、市、县）参保财政补贴4560元，全部得到了参保缴费的代缴，代缴金额达1286300万元。

（片　多）

【机构领导】

党组书记、局长

刘　　强

党组成员、副局长

尼玛拉吉（藏族）

尼 玛 仓（女，藏族）

文化和旅游

【概况】 2021年，区文旅局坚持贯彻习近平新时代中国特色社会主义思想，特别是中共十九届五中和六中全会精神、中央第七次西藏工作座谈会精神、习近平总书记在庆祝中国共产党成立100周年大会上的讲话精神、在西藏考察时的重要讲话精神以及汪洋在庆祝西藏和平解放70周年大会上的讲话精神，不断完善公共文化服务体系建设，提升文旅产业转型升级，全力保护文化遗产，全力推进各项工作。2021 年，区文旅局内设综合办、财务科、市场科、产业推进科、非遗办、文物科、旅游行管科，共有干部职工 25 名，其中行政岗位 11 名，专技人员 8 名，工人编制 1 名，政府购买 1 名，公益性岗位 4 名。

2021年7月9日，堆龙德庆区举办庆祝中国共产党成立100周年、西藏和平解放70周年“永远跟党走”歌咏比赛

【公共文化服务体系】 2021 年，区文旅局对县级文化活动中心、镇（街道）文化活动站、村（居）文化活动室设施设备运行管理情况进行摸底调研，并根据调研结果及时完成问题整改 5 项。以文化活动中心为基本依托，实现每周公共文化馆免费开馆 56 小时。坚持开设朗玛堆谐、六弦琴、瑜伽、形体、广场舞等成人培训班，并建立结业制度，实现规范化管理，全年培训学员达 300 余人，其中成人形体培训班新收学员 30 余名，得到了“悦享拉萨”等广大媒体的宣传报道。

【文化活动】 2021 年，区文旅局利用中国共产党成立 100 周年、西藏和平解放 70 周年等节庆节点，组织开展异彩纷呈的群众性文化活动，营造浓厚氛围，累计完成各类活动 400 余场次，带动受众群众 77200 人次，其中玉妥艺术团演出 74 场次，受众 16000 人次，行政村文艺演出 350 余场次，受众 64000 人次。积极组织开展“永远跟党走”群众文化宣传系列活动，玉妥艺术团开展“永远跟党走”文艺下基层活动 10 余次，各镇（街道）开展文艺大比拼活动 6 场，村级文艺队开展“永远跟党走”群众文化宣传系列活动 30 余场。组织玉妥艺术团筹备参加萨市第五届民间艺术团文艺调演，取得了整体第三名和最佳原创奖以及最佳新人奖三项优异成绩。组织参加培训班 48 名学员代表拉萨市和堆龙德庆区参加自治区“永远跟党走——庆祝中国共产党成立 100 周年、西藏和平解放 70 周年歌咏比赛，取得了全区第二名的成绩。组织玉妥艺术团代表拉萨市到西藏电视台录制自治区小品《格桑花开 · 青稞飘香》及参加舞蹈类赛事活动。成功举办 2021 年堆龙德庆区文艺大评比，充分彰显堆龙德庆区文化实力，进一步检验村级文艺队的作用发挥情况，不断激发基层文艺团队活力。

【文艺创作】 2021 年，区文旅局以建党 100 周年和西藏和平解放 70 周年为契机，大力实施文艺精品创作工程，累计完成《总书记来到咱们家》《幸福鸟落在山村里》《生命之树》等优秀作品 10 余部。

【队伍建设】 2021 年，区文旅局大力实施“结对子、种文化”村级文艺队培训，累计在马镇岗吉村、朗巴村、设兴村、东嘎街道祥和苑社区、羊达街道通嘎社区、邦普村等村（居）相继开展各类培训 60 余次，培训人数达 1000 余人。扎实开展玉妥艺术团能力素质提升培训，先后多次邀请上级相关单位专业老师进行授课指导，开设声乐、乐器、基训等课程，不断提升玉妥艺术团能力素质及专业演出水平。

【非遗传承与保护】 2021 年，区文旅局申请设立 80 万元非物质文化遗产觉木隆藏戏保护专项扶持资金，保障非遗保护基本资金需求，投入 77 万元为辖区内 10

2021年9月29日，堆龙德庆区第五届古荣嵇粑文化节活动现场文艺表演

支藏戏队中购买藏戏演出服。出台《拉萨市堆龙德庆区非物质文化产项目代表性传承人认定与管理办法》，成立区非遗专家委员会，填补了辖区内本级非遗保护规章制度的空白，进一步强化非遗保护工作的决策咨询、项目论证、评审考核和专业指导工作，为非遗代表性传承人每人每年发放5000元补助，共计兑现6万元。依靠玉嘎顶马具制作技艺，借助生态资源，打造了以自然牧场、马具文化和过林卡习俗相结合的非物质文化遗产旅游景嘉萨牧场·黑帐篷马具文化展览馆，并投入3万元拍摄宣传片。根据广场舞特点，编排藏戏广场舞，每周一、周六在宗角禄康展演，累计展演5场次。以"藏历新年"等节假日为载体，累计开展系列非遗传习实践活动100余场次，受惠群众达1万余人次。全力推进"非遗+扶贫就业"工坊创建工作，成立非遗扶贫就业工坊1家，并已纳入巩固拓展脱贫攻坚成果和乡村振兴项目库中，每年带动20户贫困户、3名脱贫群众就业。

【文物保护】 2021年，区文旅局筹集资金1300万元，实施完成了全区寺庙"生命通道"建设项目、全区18座寺庙电气线路改造项目、觉木龙寺修缮项目、直龙寺苯教遗址数字建模采购项目等。完成直龙苯教遗址保护范围划定工作，将直龙寺苯教遗址的保护利用定位为3D数字建模。开展寺庙文物登记造册、建立档案等藏传佛教寺庙财税监管相关工作。

【文旅产业发展】 2021年，堆龙德庆区接待游客186.87万人次、同比上升22.1%；旅游收入5875.64万元，同比上升22%。邱桑温泉累计接待游客3.3万余人次，增收121万余元；德吉藏家接待游客1.7万余人次，收入186万余元，2021年度分红大会共计分红金额367862.8元，受益群众411人，包括波玛村易地搬迁100户，通过参与民宿经营最多实现增收12290元。象雄美朵景区共计接待游客6.5万余人次，收入228.6万余元。第三季度为林卡经济旺季，各形成规模的林卡点累计接待6万余人次，收入163.1万余元。通过开展"一元游堆龙"旅游专线活动助力村级乡村旅游产业发展，助力措麦村民宿累计带动接待游客1000余人次，带动收入13万余元。通过第二届玉妥文化旅游节活动，带动本土文旅产品展销10万余元。整合全区特色文体旅赛事，通过"线下活动+线上宣传"的方式，打造玉妥文化旅游节活动，提高堆龙知名度。积极推进文化产业示范基地申报工作，全年成功申报"第五批自治区级文化产业示范基地"2个。同年，堆龙德庆区被评为自治区级全域旅游示范区。

【基础设施建设】 2021年，区文旅局争取援藏资金2000万元用于堆龙德庆区楚布沟景区及药王谷景区建设项目建设，成功向市旅发局申报新增旅游厕所6座，向本级财政争取资金273万元。

【市场监管】 2021年，在春节、藏历新年、"五一"、雪顿节等重要节点，区文旅局结合新冠疫情防控常态化等工作，针对网吧、娱乐场所、宾馆酒店、景区景点、文物保护单位等开展日常巡查，累计检查文旅市场80余次，出动检查人员220余人次；检查经营场所670余家次，其中网吧260余家次、歌舞娱乐场所230余家次、宾馆酒店140家次、景区景点40次；检查文物保护单位120余次，发现安全隐患1处，当场整改1处，下发整改指令书1份。全年累计受理娱乐场所噪声扰民投诉8例、旅游市场投诉2例。

（朱翔宇）

【机构领导】

局　长

朗珍曲尼（女，藏族）

副局长

则　比（女，藏族）

胡永红

文化和旅游局中级职称以上人员一览表

表5

姓名	性别	工作单位	专业技术职务名称	批准单位	批准时间	职称
贡桑顿珠	男	堆龙德庆区文旅局	国家三级演职人员	西藏自治区文化厅	2008年10月	中级

农业农村

【概况】 年内，堆龙德庆区农业农村局始终站在以人为本、关注民生的角度，深入贯彻落实“三农”改革精神，狠抓“乡村振兴”、农村改革、结构调整、产业发展、科技投入、项目建设等工作，圆满完成全年各项目标任务。2021年，区农业农村局内设行政办公室、财务办公室、科技办公室、兽医站、农技推广站、农工办、农机站、改革办（临时成立的工作专班）等部门，在职干部职工36名，其中行政7名，工人6名（含净土公司3名），事业编制专业技术人员23名。

【农牧民人均可支配收入】 2021年，堆龙德庆区实现农牧民人均可支配收入22876元，增速为15.90%。其中实现家庭经营性收入8822元，占收入总额的38.56%；实现工资性收入9075元，占收入总额的39.67%；实现财产性收入1980元，占收入总额的8.65%；实现转移性收入2999元，占收入总额的13.11%。

【乡村振兴】 2021年，堆龙德庆区落实完成5000亩高标准农田建设项目，带动收入共计63万元，受益人数105人，带动本地机械40台，机械费用收益共104万元。

着力推进“美丽乡村、幸福家园”建设。大力实施“美丽乡村·幸福家园”建设行动，强化规划引领，初步完成县级国土空间规划，已开展部门征求意见，正按照上级的相关要求进行修改完善。强化村庄规划编制，已完成城市规划区外所有村庄的规划编制工作，通过政府研究审议印发实施。加强人居环境整治，已完成8个示范村的人居环境整治工作，正在开展4个村的6个人居环境整

2021年9月8日，堆龙德庆区农业农村局在羊达街道召开畜禽资源普查动员部署会议

治工作，完成工程量的50%以上。动员67户群众参与住房新建，11月中旬全面完工并组织群众入住。严格落实厕所革命，按照宜水则水、宜旱则旱的原则，引导群众主动改厕，2021年改厕任务1616户，验收完成948户，改厕完成率为58.66%。加强乡村公共基础设施建设，强化公共服务保障，完成各镇、各村小学、幼儿园、卫生院、卫生室等的标准化建设，基本实现了"八到村、村十有"的目标。

【农业工作】 2021年，区农业农村局加快推进全区高产高效创建田、良种繁育基地、新品种推广、有机示范点推广、设施农业园区等项目，为全力推进供给侧结构性改革打下坚实基础。2021年，全区完成春播面积6.12万亩，机耕、机播完成率均达到100%。其中：粮食播种面积3.7万亩（完成指标任务），经济作物播种面积1.49万亩。2021年，共安排绿色高产高效创建田3.3万亩（完成指标任务），测土配方施肥面积为3.5万亩；良种推广面积为2.7万亩，良种繁育田面积为0.28万亩；区外调运种子82.5吨、化肥805吨（与上年相比减少12.5吨，减少约1.53%）、农药1.7吨（较上年相比减少1.3吨，减少约43.3%），积造农家肥16.5万吨；全年粮食产量1.08万吨，其中青稞产量0.92万吨；完成蔬菜种植面积为0.97万亩，产量为3.615万吨。继续实施有机青稞试验2000亩（已通过认证的有机青稞田415亩）。扩大古荣、德庆、马镇三个设施农业园区高品质、高附加值和反季节、赶时令的农产品种植范围，带动广大农户积极参加特色优势农业产业项目建设。2021年年底，区规模以上蔬菜生产基地共5家，总占地面积3229亩，温室总栋数1122栋，设施总面积864.4亩。

【畜牧业工作】 2021年年末，全区牲畜存栏10.28万头（只、匹），全年完成出栏2.5156万头（只、匹），新生仔畜1.855万头（只），成活率达97.3%，成畜死亡率控制在2.7%；猪牛羊肉总产0.1986吨，禽肉产量121吨，奶产量5098.52吨，禽蛋总产278吨。

抓好重大动物疫病防控工作，召开春、秋季防疫工作动员部署会，规范和完善免疫建档立卡工作，落实集中免疫制度，坚持"七不漏"方针，全区共计完成牲畜免疫接种15.49万头（只），全年牲畜免疫密度达到100%。强化牲畜改良，上级下达牦牛经济杂交任务为490头，实际完成550头，超出任务的12.3%。下达黄牛改良任务为3900头，共完成配种3925头，超出任务的0.6%。加强动物检疫监督，严厉打击生产、经销假劣、过期以及抽检不合格的饲料兽药的行为，并督促饲料兽药生产经营企业严格执行相关制度，健全各项登记，完善购销台账。全年出动执法人员78人次，共检查兽药饲料经营门店9次。开展牲畜制品产地检疫1301次，办理动物及动物产品检疫合格证明1301张，执法出动1301次，出动人次2646人，检疫票据合格率90%以上。

【科普服务】 2021年，区农业农村局引进农作物和畜牧养殖新品种，推广节水灌溉、高产创建、配方施肥、绿色防控和畜禽品种改良、疫病防控等一系列先进适用技术，并积极探索实施生态种养殖，推广农牧结合等新型农作模式。落实农牧业技术推广责任制，通过举办专题培训班、现场宣传讲解等形式，邀请专家与区内"三

2021年6月25日，堆龙德庆区农业农村局开展"党史学习教育·党员志愿者送农牧科技下乡"活动

2021年9月8日，堆龙德庆区农业农村局组织人员开展入户畜禽资源普查

区”科技人员对广大农民群众特别是科技特派员、乡村技术人员、农牧民专业合作社带头人等开展技术培训，举办各类实用技术培训10余场（次），培训人员达500余人（次），服务合作社20余家，培育基层技术骨干40余名。持续开展科普宣传工作，深化“科技活动周进社区”“五下乡”等活动，营造社区讲科学、崇尚科学的良好氛围，全年共开展科普宣传活动16次，参与群众达3000余人（次），发放宣传册1500余册、宣传物品（杯子、毛巾、手提袋、帽子等）1000余件。加强人才培养，联合对口支援单位北京门头沟区开展乡村振兴带头人培训班2期，对全区基层干部、村干部、乡村振兴专干、致富带头人等83人进行集中培训，取得了良好成效。

【建立草原生态保护补助奖励机制】 2021年，堆龙德庆区草原总面积250.40万亩，可利用草原面积245.16万亩。人工种草及农副产品载畜量6.46万个绵羊单位，可利用天然草原载畜量23.38万个绵羊单位。全区草畜平衡载畜量29.84万个绵羊单位，可利用草原载畜量标准为10.59个绵羊单位。2021年堆龙德庆区牲畜存栏为14.72万个绵羊单位，全区牲畜保持在平衡点以下，共计发放草畜平衡奖励资金490.32万元。

【合作社发展】 2021年，区农业农村局紧紧围绕设施农业、畜禽养殖、有机农产品深加工等，发展壮大一批发展前景较好、带动能力较强、经济效益较高、推动作用较大的农牧业产业化专业合作社。鼓励引导农牧业产业化龙头企业、种养专业大户、产品购销大户、产品营销经纪人、农村集体经济组织、基层农技服务机构等组织和个人，积极开展劳动、资金、技术和销售等规范性合作，扩大产业规模和提升产品档次。2021年，全区共有农牧民专业合作社165家（其中包括国家级示范社3家，自治区级示范社5家、市级示范社14家），辐射带动3000余人次，年营业收入达6000余万元，实现人均增收4000元。

【宅基地管理】 2021年，区农业农村局按照上级要求，进一步明确宅基地审批流程，规范宅基地申请、规划、审批等程序，杜绝出现违规现象。同时加大摸排力度，2020年全区共下发卫片执法图斑528宗，属于摸排范围的图斑115宗，其中包括住宅类50宗，已完成现场摸排调查，并开展新增农村宅基地违法建房测绘工作，摸排完成率为100%，通过开展摸排工作，摸清新增农村宅基地违法建房底数，建立新增农村宅基地违法建房问题工作台账，为分步整治、分类处置问题奠定基础，重点整治强占多占、非法出售等恶意占用耕地建房行为，保障农民合理的建房需求。优先满足乡村产业发展用地，在现有土地指标的前提下，对于满足要求、符合标准的乡村产业发展项目，优先考虑土地保障工作，确保项目顺利实施。

（邓　杰）

【机构领导】

局　长

旦增久乃（藏族）

副局长

禹 新 娟（女）

罗布珠扎（藏族）

旦增曲珍（女，藏族）

堆龙德庆区农业农村局事业单位中级职称（含中级）以上人员一览表

表 6

姓名	性别	籍贯	政治面貌	民族	工作单位	专业技术职务名称	批准单位	批准时间
归桑旺姆	女	拉萨	中共党员	藏族	堆龙德庆区农业农村局	农艺师	拉萨市人社局	2016 年 8 月
玉　措	女	拉萨	中共党员	藏族	堆龙德庆区农业农村局	兽医师	拉萨市人社局	2016 年 8 月
索朗卓嘎	女	拉萨	中共党员	藏族	堆龙德庆区农业农村局	兽医师	拉萨市人社局	2016 年 8 月
普布扎西	男	拉萨	中共党员	藏族	堆龙德庆区农业农村局	农艺师	拉萨市人社局	2016 年 11 月
达娃卓玛	女	日喀则	中共党员	藏族	堆龙德庆区农业农村局	高级兽医师	拉萨市人社局	2021 年 7 月
王　旭	男	四川	中共党员	藏族	堆龙德庆区农业农村局	林业工程师	拉萨市人社局	2014 年 1 月
次旦平措	男	拉萨	中共党员	藏族	堆龙德庆区农业农村局	农艺师	山南市人社局	2017 年 10 月
琼卓玛	女	日喀则	中共党员	藏族	堆龙德庆区农业农村局	农艺师	拉萨市人社局	2020 年 9 月
邓　杰	女	湖北荆州	群众	汉族	堆龙德庆区农业农村局	农艺师	拉萨市人社局	2020 年 10 月
仁青卓玛	女	昌都	中共党员	藏族	堆龙德庆区农业农村局	农艺师	拉萨市人社局	2021 年 3 月
桑　姆	女	拉萨	中共党员	藏族	堆龙德庆区农业农村局	农艺师	拉萨市人社局	2021 年 3 月
益西拉宗	女	拉萨	中共党员	藏族	堆龙德庆区农业农村局	兽医师	拉萨市人社局	2021 年 3 月

乡村振兴

【概况】 根据中央编办批复，经西藏自治区、市委市政府批准，堆龙德庆区扶贫开发办公室重组为堆龙德庆区乡村振兴局，为区政府直属机构，规格为正科级，于 2021 年 5 月 30 日正式挂牌成立。主要负责巩固拓展脱贫攻坚成果、统筹推进实施乡村振兴战略有关具体工作。2021 年年底，堆龙德庆区乡村振兴局共有正式干部 9 名，其中正科级干部 1 名，副科级干部 1 名，副主任科员 3 名，科员 2 名，工人 2 名。

【持续巩固拓展脱贫攻坚成果】 2021 年，区乡村振兴局坚决守住不发生规模性返贫底线，严格落实“四个不摘”要求，加强对易返贫致贫人口的常态化监测和帮扶，制定《堆龙德庆区关于构建防返贫致贫预警机制实施办法》，健全完善工作机制、监测对象范围、监测程序，强化监测预警响应，筑牢防返贫制度保障。坚持“两条腿走路”，一方面常态化开展防返贫动态监测工作，定期开展数据筛查，及时反馈监测返贫风险；另一方面全面开展基础情况排查工作，根据 2020 年人均纯收入低于 6000 元且存在致贫返贫风险或存在突发严重困难的标准，按照个人申请、社区居委会入户审核、评议公示、审核上报的流程，对全区 13 户 39 人边缘易致贫户和 34 户 135 人脱贫不稳定户取消监测，识别确定脱贫不稳定户、边缘易致贫户和突发严重困难户 46 户 159 人，其中脱贫不稳定户 9 户 38 人，边缘易致贫户 35 户 112 人，突发严重困难户 2 户 9 人。2021 年年底，堆龙德庆区脱贫人口人均纯收入达到 19787.03 元，比上年增加 1604.18 元，增幅 8.82%。

持续贯彻落实帮扶政策，常态化开展建档立卡群众安全饮水、义务教育、基本医疗、住房安全排查，坚持将20%以上的本级财政收入用于教育事业发展，巩固深化“五个100%”成果，提升教育教学质量水平。完成县级定点医疗机构与西藏医疗保障信息系统端口线上连接，开通“西藏医疗保障信息系统”，实现医疗保障“一单式”即时结算，2021年，全区建档立卡户享受“一站式”结算576人次、335.98万元，统筹基金支付262.02万元，大病保险支付9.36万元，医疗救助支付42.51万元。

2021年11月16日 堆龙德庆区乡村振兴局工作人员到各镇（街道）检查指导巩固拓展脱贫攻坚成果同乡村振兴有效衔接工作

持续开展易地扶贫搬迁群众后续扶持工作，充分发挥搬迁点党组织组织群众、宣传群众、凝聚群众、服务群众的作用，加强搬迁群众的服务管理，及时排查化解各类矛盾纠纷和风险隐患，开展丰富的群众性文艺活动，妥善解决搬迁群众生产生活和易地搬迁群众子女入学问题，实现了搬迁群众与当地群众的有效融入。持之以恒解决好搬迁点基础设施、公共服务设施、产业发展配套建设，为搬迁安置点配套产业项目13个，强化搬迁群众就近就便就业服务保障，为搬迁群众提供就业岗位860个。

切实加强扶贫项目资产管理和监督。研究制定《堆龙德庆区扶贫项目资产资源及运营管理办法（试行）》，将扶贫产业目“五权分置”，对“十三五”期间扶贫项目进行资产确权。需进行资产确权项目81个，已完成验收、决算审计项目76个，已完成资产确权项目76个。未进行资产确权项目在通过验收、审计后，将及时进行资产确权，确保资产安全、保值增值，防止国有资产流失。

【着力推动产业发展】 2021年，区乡村振兴局健全扶贫产业项目运营管理体制，推行扶贫产业项目第三方代理记账模式，完善扶贫产业项目利益联结机制，将扶贫产业和乡村振兴相结合，不断增强扶贫项目产业带动能力。着力提高乡村经济收入，坚持产业项目、资金向基层尤其是集体经济相对薄弱的村倾斜，壮大发展村集体经济，实行县级干部包村发展村集体经济责任制，实现村集体经济企业全覆盖。在项目安排上向村集体倾斜，2021年所有申报实施产业项目全部与村集体挂钩，已有24个村（居）集体经济年收入达100万元以上、3个村（居）集体经济收入达500万元以上、4个村（居）集体经济收入达1000万元以上。

【规划先行，做好规划】 2021年，区乡村振兴局坚持规划设计“一张图”“一盘棋”，搞好顶层设计，因地制宜、分类指导。严格落实《自治区城乡规划导则》《拉萨市国土空间规划（2018—2035）》《堆龙德庆区土地利用总体规划（2006—2020年）》等规划要求，按照先规划后建设的原则，综合考虑村庄空间布局、功能定位、土地利用、产业发展、生态宜居、文化建设等因素，编制“多规合一”的实用性村庄规划。按照“保护、利用、改造、发展”的要求，坚持节约用地原则，积极引导偏远村民小组或偏远住户向中心村和规模较大的村庄集中。坚持区域一盘棋和城乡融合发展，推动各类规划在村域层面优化融合。采取整村推进模式统筹推进房屋新建（改造）、人居环境整治、基层党建、产业发展、精神文明创建等工作，深入开展“乡村振兴示范村”建设工作，严格按照村庄规划成熟一个、审批一个、实施一个，确保建一个、成一个。

【推进机构队伍衔接】 2021年，区乡村振兴局以“四讲四爱”群众教育实践活动、“新时代文明实践十项活动”等为抓手，以区融媒体中心、区新时代文明实践中心、6个镇（街道）新时代文明实践所和26个村（居）新时代文明实践站等为阵地，持续开展群众思想、文化、道德、法律和感觉恩教育。大力实施村级组织“1+3”专干工程，发挥好扶贫专干和乡村振兴专干作用，统筹推进巩固拓展脱贫攻坚成果和乡村振兴工作。通过设立岗位职责清单、实行“领认项目责任制”管理等方式，进一步充实基层工作力量，引导干部在全面脱贫和乡村振兴上凝心聚力。建立村（居）干部区外轮训常态化机制，安排202名村（居）干部到区外轮训，实现全覆盖。引进3名专业技术人员，发掘内地来藏创业兴业有一技之长的种植养殖能手等“土专家”57人，在古荣镇等净土产业园区开展技术帮扶指导，扶持73名本地大学生返乡就业创业，为乡村振兴提供坚实的人才支撑。

2021年11月18日，堆龙德庆区乡村振兴局组织召开国家乡村振兴局通报相关问题的动员部署会暨迎检摸底排查反馈会

【健全防返贫动态监测机制】 2021年，区乡村振兴局建立防返贫致贫预警机制，完善“即时出现、即时纳入、即时帮扶”工作制度，进一步提高脱贫质量，稳定实现贫困群众“两不愁三保障”，确保小康路上不落一户、不漏一人。2021年6月，按照拉萨市脱贫攻坚指挥部要求，根据2020年5月至2021年5月人均纯收入低于6000元且存在致贫返贫风险或存在突发严重困难的标准，结合贫困家庭返贫致贫风险因素，按照个人申请、村（居）上报、乡（镇）审核、县（区）审定流程，识别出边缘易致贫户2户6人，突发严重困难户2户9人。2021年年底，全区有35户112人边缘易致贫户、9户38人脱贫不稳定户、2户9人突发严重困难户。

【稳岗就业帮扶】 2021年，区乡村振兴局全面摸清、精准掌握脱贫人口、边缘易返贫致贫人口务工状态、务工意愿、帮扶需求，及时摸排2021年脱贫家庭高校毕业生就业意愿，为农牧民群众提供就业岗位1357个，为高校毕业生提供就业岗位2361个，实现60名建档立卡户应届毕业生全部就业。持续贯彻落实《拉萨市堆龙德庆区精准扶贫建档立卡贫困户和边缘户群体家庭就业脱贫激励机制》，兑现就业奖励资金280人次、123.16万元。严格落实以补岗位政策要求，2021年上半年安排以补岗位1501个，发放以补资金262.675万元，下半年安排以补岗位1417个，发放以补资金247.975万元。

【推进消费扶贫】 2021年，区乡村振兴局组织动员符合要求的企业、农牧民专业合作社积极申报消费帮扶产品，增加朗孜糌粑、巴热糌粑2家企业申报消费扶贫产品，带动28名建档立卡群众每人每年分红4000元。

【涉农统筹资金项目】 2021年，堆龙德庆区整合财政涉农资金计划用于全区生产发展（含产业项目）类、农村基础设施类、生态保护和建设类、扶贫贷款贴息类等共27个项目，已开工项目22个，开工率为81.5%（其中产业项目12个，开工7个；人居环境项目4个，全部开工；生态岗位项目1个，全部开工；贴息项目10个，全部开工）。

【项目实施】 2021年,堆龙德庆区涉农项目27个,其中产业项目12个,人居环境项目4个,生态岗位项目1个,贴息项目10个。其中产业、生态岗位、贴息项目法人单位均为乡村振兴局,4个人居环境项目主管单位为农业农村局,实际实施单位为区住建局。区财政局、乡村振兴局、农业农村局等各单位在项目实施过程中配合密切,各项目按照计划稳步推进。

【扶贫资产后续管理】 2021年,根据自治区、拉萨市脱贫攻坚指挥部相关文件精神,区乡村振兴局制定了《堆龙德庆区扶贫项目资产资源及运营管理办法(试行)》,将扶贫产业目“五权分置”,对“十三五”时期扶贫项目进行资产确权。堆龙德庆区“十三五”期间实施扶贫库项目126个,需进行资产确权项目106个,已完成验收、决算审计项目76个,已完成资产确权项目76个。

(德　吉)

【机构领导】

局　长

杨　炜

副局长

拉巴普赤(藏族)

四郎平措(藏族,4月离任)

水　利

【概况】 年内,堆龙德庆区水利局根据自治区、拉萨市以及区委工作安排,围绕水利基础设施建设、防汛抗旱、全面推行河长制、农村饮水安全巩固提升、农牧民增收等各项重点工作,不断提高干部职工及群众的水利工程管护及爱水、护水意识,着力搞好水生态环境建设,狠抓防汛抗旱、饮水安全、水土保持、水政执法、党风廉政建设以及河长制等各项工作,对标对表,攻坚克难,以党建引领稳步推进。2021年,区水利局内设行政办公室、财务办公室、水政办公室、建管办公室、农水办公室、河长制办公室、党建办公室、矛盾纠纷调处办公室以及防汛值班室等部门,共有在职干部20名,其中正科级1名,副科级6名。其中:行政编制7名(1名为长期病假),事业编制11名,政府购买服务人员1名,“三支一扶”工作人员1名。中共党员占职工总数的85%。

【防汛抗旱】 2021年汛期,堆龙德庆区全面落实各级防汛责任制,严格执行24小时值班、险情及时报送等制度,切实增强做好防汛工作的责任感和紧迫感,坚决克服麻痹思想和侥幸心理,按照思想、责任、工程、预案、物资、队伍“六到位”的要求,及早部署,提前准备,防汛各项准备工作有条不紊的展开,各项防汛抗旱工作扎实有效,全区总体上没有出现洪涝灾害,没有发生因洪涝而导致人员伤亡事件。

【农村饮水安全巩固提升和农业水价改革】 持续加强农村饮水工程运行管理。2021年,区水利局建立农村饮水安全工作跟踪监测机制,及时开展农村饮水安全巡查,对巡查发现的问题进行报告及核查。通过明确镇(街道)级农村饮水安全责任人,建立村级专管员制度,由村级“两委”成员作为饮水工程专管员,专门负责本村(社区)饮水工程管理工作,进一步落实全区农村饮水安全管理“三个责任”和“三个制度”。2021年8月,联合拉萨市水利局

2021年3月22日,堆龙德庆区委书记石运本(前)在拉萨市堆龙德庆区纪念第二十九届“世界水日”、第三十四届“中国水周”暨“河长+检察长”协同推进工作机制会签仪式上讲话

对全区52个饮水点开展水质检测，及时掌握堆龙德庆区农村饮水工程水质情况。按照水利部关于取用水管理专项整治行动提升工作有关意见，对全区农业灌溉工程、农村饮水工程取水开展水资源论证和办理取水许可等工作。

2021年8月10日，堆龙德庆区举行山洪灾害实战模拟演练活动

【“河长制”工作】 2021年年初，区水利局落实河长制专项经费864万元，后续追加364万元，主要用于制作河长制宣传资料及宣传物品、发放护河护堤员工资等。

创新河长工作机制。制定《堆龙德庆区水利局河长制办公室关于迎接建党100周年暨西藏和平解放70周年庆祝活动“百日清河”专项整治行动工作方案》《关于开展农村小微水体整治专项行动实施方案》《堆龙德庆区“美丽河湖”建设实施方案》。

加强宣传工作。委托西藏蕃裔影视传媒有限公司制作《河长护长河 蓝天影碧波》宣传片，西藏禧智影视文化传播有限公司制作《碧水映蓝天》宣传歌曲，获得中共西藏自治区委员会宣传部颁发的庆祝中国共产党成立100周年、西藏和平解放70周年微视频大赛“非专业组优秀作品奖”。根据《中华人民共和国刑事诉讼法》《中华人民共和国行政诉讼法》，制定《堆龙德庆区河长+检察长工作机制的实施方案》。结合2021年各类重要宣传日，开展相应主题宣传活动10余次。

全面治理，建设幸福河湖。持续开展巡河督导、“清河行动”，推进河湖“清四乱”常态化规范化，特别是通过小微水体整治使老百姓房前屋后的臭水沟、死水塘焕然一新，结合美丽乡村幸福家园建设，全面铺开农村小微水体整治工作。全年累计完成乡村振兴和人居环境示范点2处（常木村水塘及措麦村小微水体）、水环境整治类项目8个，总投资767.83万元。

加强联动机制。根据《中华人民共和国刑事诉讼法》《中华人民共和国行政诉讼法》等相关法律规定及《西藏自治区全面推行河长制工作方案》《拉萨市全面推行河长制工作方案》《堆龙德庆区全面推行河长制工作方案》内容，结合堆龙德庆区实际，制定《堆龙德庆区河长+检察长工作机制的实施方案》。

【水政水资源、水土保持监督管理】 2021年，区水利局利用“世界水日”“中国水周”契机，加大水法宣传力度，强化行业宣传工作。加大水资源费征收力度，共发缴费通知书9份，征收水资源费123018.6元。做好水土保持行政审批，共完成15个生产建设项目水土保持方案的审查、审批工作，完成水土保持卫星图斑复核60个。按要求征收水土保持补偿费，共征收水土保持补偿费187812.1元。

【实事工程】 农村供水。2021年，拉萨市堆龙德庆区德庆镇德庆村新建农村饮水工程，投入资金28.06万元；拉萨市堆龙德庆区马镇马村一组新建农村饮水工程，投入资金13.15万元；拉萨市堆龙德庆区马镇常木村二组新建农村饮水工程，投入资金16.27万元；拉萨市堆龙德庆区马镇措麦村四组维修农村饮水蓄水池工程，投入资金10.17万元；拉萨市堆龙德庆区古荣镇嘎冲村四、五组新建农村饮水工程，投入资金26.13万元；拉萨市堆龙德庆区乃琼街道加木村一、五组新建农村饮水工程，投入资金31.99万元。以上项目的实事彻底解决了农牧民群众用水不稳定、不安全问题，提升了农牧民群众的获得感、幸福感、安全感。

基础设施类。2021年，拉萨市堆龙德庆区德庆镇（德庆村一组防洪堤、四组孜麦水渠）维修改造工程，投入资金76.42万元；拉萨市堆龙德庆区德庆镇德庆村水渠维修改造工程，投入资金16.96万元；拉萨市堆龙德庆区马镇马村维修两处进水口工程，投入资金5.62万元；拉萨市堆龙德庆区马镇马村二组马玉果水渠维修改造工程，投入资金39.41万元；

拉萨市堆龙德庆区马镇马村二组多吉库水渠维修改造工程，投入资金83.76万元；拉萨市堆龙德庆区马镇设兴村二组水渠维修改造工程，投入资金45.86万元；拉萨市堆龙德庆区马镇马村一组进水口维修工程，投入资金216.41万元；拉萨市堆龙德庆区马镇马村二组主水渠维修工程，投入资金156.47万元；拉萨市堆龙德庆区马镇岗吉村布玉水渠维修改造工程，投入资金40.37万元；拉萨市堆龙德庆区马镇措麦村三组萨罗水渠维修改造工程，投入资金80.22万元；拉萨市堆龙德庆区马镇一、六组维修进水口工程，投入资金136.79万元；拉萨市堆龙德庆区马镇一、六组维修进水口工程，投入资金16万元；拉萨市堆龙德庆区古荣镇那嘎村维修两处水渠、水塘工程，投入资金154.13万元；拉萨市堆龙德庆区古荣镇南巴村三组进水口工程，投入资金43.54万元；拉萨市堆龙德庆区古荣镇加入村三、四组水塘工程，投入资金210.72万元；拉萨市堆龙德庆区古荣镇巴热村楚麦组维修水渠工程，投入资金111.45万元。以上工程的实施改善了现有农田水利基础设施薄弱的状况，项目的实施推动了农牧民生产积极性和主观能动性，为建设"美丽乡村 幸福家园"打下良好的基础。

防汛抗旱。拉萨市堆龙德庆区德庆镇德庆村河道疏浚及新建护岸工程，投入资金8.01万元；拉萨市堆龙德庆区德庆镇顶嘎村河道疏浚及新建护岸工程，投入资金58.38万元；拉萨市堆龙德庆区德庆镇昂嘎村维修防洪堤工程，投入资金1.08万元；拉萨市堆龙德庆区德庆镇德庆村扎西康桑组新建防洪堤工程，投入资金75.09万元；拉萨市堆龙德庆区德庆镇邱桑防洪堤工程，投入资金28.44万元；拉萨市堆龙德庆区德庆镇邱桑防洪堤工程，投入资金28.44万元；拉萨市堆龙德庆区马镇马村2组维修防洪堤工程，投入资金7.98万元；拉萨市堆龙德庆区马镇设兴村防洪堤维修工程，投入资金40.25万元；拉萨市堆龙德庆区古荣镇加入村1、2组维修防洪堤工程，投入资金63.03万元；拉萨市堆龙德庆区古荣镇巴热村三组楚堆新建防洪堤工程，投入资金6.57万元；拉萨市堆龙德庆区乃琼街道加木村防洪堤加固工程，投入资金15.94万元；拉萨市堆龙德庆区乃琼街道觉木龙寺古朵新建防洪堤工程，投入资金133.34万元。以上项目有效保护了农牧民群众的正常生产、生活设施，同时保障沿岸农牧民生命财产安全，既有利于河道的整治，又防止该段河道的水土流失，真正做到集约和合理利用土地。

水环境整治类。拉萨市堆龙德庆区马镇常木村二组维修水塘工程，投入资金40.94万元；拉萨市堆龙德庆区马镇措麦村二、三组小微水体整治水渠工程，投入资金72.29万元。

拉萨市堆龙德庆区楚布沟那嘎村段水环境整治工程，投入资金149.28万元；拉萨市堆龙德庆区古荣镇古荣村小微水体整治工程，投入资金149.63万元；拉萨市堆龙德庆区乃琼街道乃琼社区水环境整治工程，投入资金33.4万元；拉萨市堆龙德庆区雄普支流沿线垃圾清运工程，投入资金95.27万元；拉萨市堆龙德庆区嘎洞沟水域岸线治理工程，投入资金72.01万元；拉萨市堆龙德庆区东嘎社区林琼岗河道清淤整治工程，投入资金155.01万元。通过以上行动的开展，既改善了全区河湖水生态环境，又提升了村容村貌，进一步树牢"治标和治本相结合，大小问题一起抓"的思想，在全区上下形成爱水、护水、惜水的浓厚氛围。

【重点项目实施情况】 续建项目。2021年，全区续建水利项目共计5个，总投资为17172.99万元，涉及水库、水系连通工程、寺庙供水工程、水土保持、防洪堤等工程。

新开工项目建设。2021年，堆龙德庆区水利局新开工项目共5个，总投资为73165.99万元。其中堆龙德庆区堆龙河两岸综合治理工程（下游）总投资66081.38万元

开展项目前期工作。开展项目前期工作和招投标工作项目共计3个，总投资为9561万余元，涉及水库、防洪堤和灌区建设。结合水利发展“十四五”规划，提前开展古荣镇楚布沟段防洪堤工程、波玛襄堆沟山洪治理、生态修复综合治理、堆龙河源头治理工程等6个项目勘测设计工作，总投资17120万余元。

（格 旦 薛俊丽 旦增次杰）

【机构领导】

局 长

拉巴卓玛（女，藏族）

副局长

格桑德吉（女，藏族）

谢 远 晋（5月离任）

教育体育

【概况】 2021年，堆龙德庆区三镇三街道共有各级各类学校（幼儿园）51所，其中初级中学1所，完全小学9所，区级幼儿园5所，镇（街道）级幼儿园5所，行政村（居）级幼儿园29所，另有民办幼儿园2所。全区在编专职教师人数907名，其中正高级、高级、一级教师等中级以上职称人员394名，教师学历合格率达100%。

2021年8月24日，堆龙德庆区委书记石运本（右二）在辖区市直学校调研教育工作

全区在校（园）中小学生、幼儿12210名，其中初中生2309名、小学生6112名、在园幼儿3789名，全区中、小学及幼儿园外来户籍学生5657人，占全区在校生的46.33%。全区残疾儿童115人，其中随班就读83人（学前6人，小学53人，初中24人），送教上门32人（小学18人，初中14人），残疾儿童入学率为100%。

【义务教育】 2021年，全区初中在校生2309人（非堆龙户籍921人），初中毛入学率102.80%；小学在校生6112人（非堆龙户籍2719人），小学净入学率100%。全区义务九年巩固率达100%。区中学七年级招生816人，其中外来户籍学生334人，占新招七年级学生总数的40.93%；小学一年级招生1206人，其中外来户籍学生617人，占招新一年级学生总数的51.16%。义务教育阶段适龄儿童就近就便入学原则得到进一步落实。

【学前教育】 2021年，区教育体育局大力推进学前藏语汉语教育，不断完善藏语汉语教育体系，实施藏汉融班，幼儿园教学主要以汉语为主，教育质量大幅提高，农牧区学前藏语汉语教育普及率达到100%。各幼儿园积极实施家园共育策略，教师与家长形成新的育儿理念，实现科学育儿目标，不断提高保育质量和保教水平。新建第三、四幼儿园于9月投入使用，共招190名幼儿，第五幼儿园比2020年增加幼儿150多名，城区3所幼儿园增配教职工46名。

【党建统教】 2021年，区教育体育局加强党组织对教育改革发展工作的领导，始终坚持用习近平新时代中国特色社会主义思想武装师生头脑，深入推进习近平新时代中国特色社会主义思想进校园、进课堂、进头脑，把正确的政治方向、价值导向贯穿到立校办学、育人育才全过程。全面开展

党史学习教育，坚持四史学习和西藏地方史学习相结合，广泛开展党史学习教育系列活动，在广大师生特别是青少年中深入开展爱国主义教育、民族团结教育、感党恩教育和“五观”“两论”教育，铸牢中华民族共同体意识。组织开展“三更”“三新”专题教育，开展了2次专题学习讨论活动。紧紧围绕党的教育方针和立德树人根本任务，加强政治理论教育培训及师德师风建设，培养德智体美劳全面发展的社会主义建设者和接班人。围绕中国共产党成立100周年、西藏和平解放70周年，大力弘扬党在各个历史时期奋斗中形成的伟大精神，大力弘扬社会主义核心价值观，大力弘扬“老西藏精神”“两路精神”等。

【德育工作】 2021年，区教育体育局全面贯彻党的教育方针，紧抓爱国主义、民族团结教育，开展“培养什么人、怎样培养人、为谁培养人”，“争当神圣国土守护者、幸福家园建设者”等思政教育工作。开展各类主题教育活动，如拉萨市教育局拍摄主题为“小小石榴籽　殷殷中华情”的《开学第一课》视频；组织开展以“3·28”百万农奴解放纪念日为主题的学生手抄报展示活动，网上向国旗敬礼活动，清明节网上祭奠英烈主题活动，“岁岁重阳　今又重阳”主题班会活动等。增强法治教育，学习法律法规。各校开展“守法公民、从我做起”主题班会，深入浅出学习《中华人民共和国宪法》《宗教事务条例》《中华人民共和国教育法》等系列学习活动，模拟法庭活动及《道德与法制》校本培训活动等。持续开展禁毒知识教育工作，切实增强各校青少年学生的防毒意识和抵御毒品的能力，保护和促进青少年学生健康成长，各校认真开展禁毒专题课。

【教研工作】 2021年，区教育体育局制定《拉萨市堆龙德庆区教体局赴北京门头沟教委推进“对口支援”教育工作对接实施方案》，引领堆龙德庆区各学校开展教研教学活动、创设有效课堂、提高课堂教学效果，提升学校管理水平。以“双师课堂”3个教学班级的试点教学作为出发点，逐渐构成完整的“教学过程、课堂联系、监测、评价、作业辅导安排”体系，切实贯彻拉萨市“教学五环节”要求，真正发挥双师课堂的优势，双方开展语、数、藏、综四科联合教研活动。形成以研带培的教研连片互动活动模式，覆盖全区所有小学。遴选本区优秀教师参加拉萨市2021年度教学技能大赛，通过指导、磨课等前期工作准备，9名教师分获一、二、三等奖。通过“周五讲堂”的培训平台，完成以“幼小衔接”“乡村幼教政策解读与协议签订“师德师风提升培训”“阅读驱动教学”“教学质量分析”“学校德育活动”等为主题的讲座与培训。开展堆龙德庆区教师首届第一期汉语硬笔书法培训，参培教师达45人，每人参培30学时。协助安排2021年自治区特级教师名教师巡讲任务，在乃琼小学、区二幼开展了教师礼仪、学生礼仪、如何做好思政教师等三场讲座，讲授小学语文、藏文的四场示范展示课。专兼职教研员蹲校指导与校际交叉评估工作，完成8所小学的蹲校视导、交叉评估工作。协助完成拉萨市2021年初中组的教学蹲校工作，在区中学完成8节次的听评课工作。举办2021年堆龙德庆区第五届教学技能大赛暨教师“一考三评”能力评价预决赛。

2021年4月25日，拉萨市教育局副局长陈渠汇（前排左二）带队一行对堆龙德庆区迎接国家均衡验收抽检准备情况进行督导检查

【师资队伍建设】 2021年，全区32位教师获评高级教师职称，12位教师获评一级教师职称。完成各学段教师2021年度"一考三评"业务考试报名与三评工作部署。根据国家对民办教育补习机构的政策要求和"双减"教育工作开展要求，完成2所义务教育阶段文化课补习机构的政策宣传与转型引导前期工作。完成16名申请调入教师的接收分配工作，完成新分5名学前教师的分配工作，缓解部分学校师资紧缺问题。落实市局"县管校用"的资源配置要求，完成堆龙德庆区第三、四、五幼儿园和经开小学（堆龙四小）、堆龙二小等新建学校及扩班学校师资筹措工作。统筹区域内学前师资，为第三幼儿园安排5名教师，为第四幼儿园安排11名教师，为第五幼儿园安排7名教师；为经开小学调配4名教师，为堆龙二小调配13名教师。完成新建小学和新建幼儿园后勤临时工的招聘工作，为3所幼儿园和1所小学招聘清洁工和厨师、保育员共25名，全部人员到岗开展工作。完成2021年秋季学期选派教师轮岗交流工作，部分学校举办专门的师德师风讲座，各学校有序推进培训、轮训相关工作。

【教育信息化】 2021年，全区各学校电教室项目及维修工程顺利实施，涉及项目9个，包含彩屏、黑板、一体机、录播设备等。有力保障小考工作和中学学业水平考试，各类招生考试工作中电教设备未出现过任何问题。开展信息化培训及学习，实施"国培计划（2020）"—西藏自治幼儿园、中小学教师信息技术2.0能力提升工程，共计879名老师参加培训，全面完成培训任务，所有参培教师均达到培训及格分数线。

2021年9月29日，古荣镇中心小学举办"弘扬中华民族传统文化，铸牢中华民族共同体意识"中华民族传统文化知识竞赛活动

【以教脱贫】 2021年，区教育体育局贯彻落实自治区教育厅、自治区残疾人联合会《关于做好义务教育阶段重度残疾儿童少年送教上门服务工作的通知》要求，确保一个都不能落的原则，全区义务教育阶段三类残疾儿童共131人，其中随班就读93人、送教上门30人、特校就读8人。安置随迁子女就学，接收三岩片区搬迁学生共计180名（其学前幼儿44人、小学学生114人、初中学生22人），按照就近原则将三岩片区搬迁小学阶段学生入学安排在经开区小学和乃琼小学；学前学生入学安置在经开区德吉康萨幼儿园，中学生安置在区中学。接收高海拔搬迁学生共计297名（其学前幼儿107人、小学学生130人、初中学生60人），按照就近原则将搬迁小学阶段入学安排在古荣小学；学前学生入学安置在荣玛安置点幼儿园，中学生安置在堆龙区中学。落实资助资金，兑付建档立卡户大学生免费教育补助政策资助资金143.328万元，兑现农户大学生资助资金505.930344万元。审核通过学费代偿资助11人，于12月底发放资金。大力宣传资助政策，多形式、多渠道、多层次、全方位开展学生资助政策宣传月活动，利用"五下乡"发放家庭经济困难学生资助政策简介1000份，拉萨市学生资助工作手册200本。利用堆龙公众号、乡镇街道微信群、在校门口发宣传资助项目简介等方式解答群众咨询300余人。

【安全卫生】 2021年，全区中小学、幼儿园进一步修订完善有关安全规章制度，强化责任追究制，严格落实"党政同责、一岗双责”，将安全管理工作与学校评估考核紧密挂钩，坚决执行“一票否决制”，全面构筑学校安全监管责任体系。认真抓好学校安全常规工作，区教育局共召开12次安全生产专项会议，对学校安全生产工作进行安排和部署，组织消防检查3次，食堂食品安全检查3次，排查整改20余处。认真落实“人防、技防、物防”三位一体的防范体系，完善现有保安人员队伍，安装视频监控，寄宿制学校和幼儿园“明厨亮灶”工程全覆盖。开展各种突发事件的应急演练工作，前三季度内，各中小学、幼儿园进行各种应急演练100余次，校园应急演练工作已形成常态化。加强校车管理，消除安全隐患，通过召开家长会、张贴宣传画和挂图、发放宣传卡片、发放宣传资料等形式，广泛宣传乘坐不符合规定的校车和接送学生车辆的严重危害，使师生和广大家长掌握交通常识，养成良好的交通习惯。大力整治校园周边环境。建设4支队伍，每周至少进行1次校园周边巡查，联合属地警务站每月进行1次周边环境整治。强化食堂及学生餐饮安全管理，每月至少2次进入各校实地检查查看厨房规范。7月，联合区市场监督管理局，对全区中小学、幼儿园食堂进行抽查，相关学校就发现问题限期进行整改。各学校、幼儿园高度重视校园消防安全工作，不断加强师生消防安全教育，开展多形式的教育活动，落实校园内各种场所用火、用电、用气等方面的安全措施和工作责任。疫情防控工作常抓不懈，调整充实督导小组，确保常态化疫情防控工作质量和效果。把好师生入校、师生健康监测两个关口，坚持健康监测“日报告”和“零报告”制度。

【体育工作】 2021年，全区各学校利用新分、调入、轮岗等多种渠道，配备专职体育老师，按照课程标准上好体育与健康课，保证体育课规范化训练。开展阳光体育运动，以跳绳、篮球、乒乓球、呼啦圈、踢毽子、广播操队列、队形比赛、冬季长跑等活动保证学生每天有一小时体育活动时间（含体育课）。通过举办春秋季学生运动会等，激发学生参与体育锻炼的热情。各校根据师资优势及学生喜好，培育篮球、乒乓球、健美操等特色体育项目，形成“全面发展、各有特色”的体育工作格局。

【基建项目】 2021年，堆龙德庆区第二初级中学建设项目前期工作已完成，进入招投标阶段。堆龙德庆区第二小学建设项目于年底全部完工。堆龙德庆区第三小学建设项目前期工作全部完成，待国家资金下达后进行招标。堆龙德庆区第三、第四、第五、第六幼儿园建设项目完工并交付使用。堆龙德庆区中学操场改造项目、乃琼中心小学风雨操场建设项目前期、桑木幼儿园教辅用房建设项目，均已进场施工。

（赵东来）

【机构领导】
党组书记、局长
　　林　　芸（女）
副局长
　　平措扎西（藏族）
　　王　亚　娟（女，4月任职）

堆龙德庆区教育系统2020年度中级职称及以上人员一览表

表7

姓名	性别	单位名称	职称等级	批准单位	批准时间
拉姆次仁	女	拉萨市堆龙德庆区第三幼儿园	一级教师	拉萨市教育局	2019年1月
普布卓玛	女	拉萨市堆龙德庆区第三幼儿园	一级教师	拉萨市教育局	2021年11月
拉巴卓玛	女	拉萨市堆龙德庆区第三幼儿园	一级教师	拉萨市教育局	2012年5月
欧　梅	女	拉萨市堆龙德庆区第三幼儿园	一级教师	拉萨市教育局	2017年12月

续表7

姓名	性别	单位名称	职称等级	批准单位	批准时间
贾　亮	男	拉萨市堆龙德庆区第二小学	一级教师	拉萨市教育局	2017年5月
吉安卓玛	女	拉萨市堆龙德庆区第二小学	一级教师	拉萨市教育局	2019年1月
佟福鼎	男	拉萨市堆龙德庆区第二小学	副高级	西藏教育厅	2019年7月
索朗加布	男	拉萨市堆龙德庆区第二小学	一级教师	拉萨市教育局	2014年1月
顿珠多吉	男	拉萨市堆龙德庆区第五幼儿园	一级教师	拉萨市教育局	2015年12月
巴　桑	女	拉萨市堆龙德庆区第五幼儿园	一级教师	拉萨市教育局	2014年5月
达瓦卓玛	女	拉萨市堆龙德庆区第五幼儿园	一级教师	拉萨市教育局	2013年5月
次仁措姆	女	拉萨市堆龙德庆区第五幼儿园	一级教师	拉萨市教育局	2020年3月
翁永平	女	拉萨市堆龙德庆区第五幼儿园	一级教师	拉萨市教育局	2016年7月
格桑德吉	女	拉萨市堆龙德庆区第五幼儿园	一级教师	拉萨市教育局	2016年7月
达　娃	女	拉萨市堆龙德庆区第四幼儿园	一级教师	拉萨市教育局	2020年7月
朱艳美	女	拉萨市堆龙德庆区初级中学	正高级	西藏教育厅	2018年7月
曲　吉	女	拉萨市堆龙德庆区初级中学	一级教师	拉萨市教育局	2014年5月
巴　桑	女	拉萨市堆龙德庆区初级中学	一级教师	拉萨市教育局	2009年5月
王　芳	女	拉萨市堆龙德庆区初级中学	副高级	西藏教育厅	2017年1月
格桑仁增	男	拉萨市堆龙德庆区初级中学	一级教师	拉萨市教育局	2019年1月
桑旦卓玛	女	拉萨市堆龙德庆区初级中学	一级教师	拉萨市教育局	2020年4月
央　吉	女	拉萨市堆龙德庆区初级中学	副高级	西藏教育厅	2020年7月
赵有萍	女	拉萨市堆龙德庆区初级中学	一级教师	拉萨市教育局	2016年1月
陈新龙	男	拉萨市堆龙德庆区初级中学	一级教师	拉萨市教育局	2013年5月
薛富春	男	拉萨市堆龙德庆区初级中学	副高级	西藏教育厅	2021年6月
房明娟	女	拉萨市堆龙德庆区初级中学	副高级	西藏教育厅	2014年11月
次仁措姆	女	拉萨市堆龙德庆区初级中学	一级教师	拉萨市教育局	2005年3月
李迎春	女	拉萨市堆龙德庆区初级中学	副高级	西藏教育厅	2018年6月
扎西央宗	女	拉萨市堆龙德庆区初级中学	一级教师	拉萨市教育局	2007年4月
扎西曲珍	女	拉萨市堆龙德庆区初级中学	副高级	西藏教育厅	2021年6月

续表7

姓名	性别	单位名称	职称等级	批准单位	批准时间
卓　嘎	女	拉萨市堆龙德庆区初级中学	一级教师	拉萨市教育局	2014年5月
尼　珠	女	拉萨市堆龙德庆区初级中学	一级教师	拉萨市教育局	2017年4月
次　吉	女	拉萨市堆龙德庆区初级中学	一级教师	拉萨市教育局	2008年5月
扎　桑	女	拉萨市堆龙德庆区初级中学	一级教师	拉萨市教育局	2013年6月
卓　嘎	女	拉萨市堆龙德庆区初级中学	一级教师	拉萨市教育局	2016年7月
米　玛	女	拉萨市堆龙德庆区初级中学	一级教师	拉萨市教育局	2017年10月
蒲利君	女	拉萨市堆龙德庆区初级中学	一级教师	拉萨市教育局	2014年12月
郭　岚	女	拉萨市堆龙德庆区初级中学	一级教师	拉萨市教育局	2012年9月
泽仁扎西	男	拉萨市堆龙德庆区初级中学	一级教师	拉萨市教育局	2020年4月
卓玛群宗	女	拉萨市堆龙德庆区初级中学	一级教师	拉萨市教育局	2020年4月
格桑达瓦	男	拉萨市堆龙德庆区初级中学	一级教师	拉萨市教育局	2009年5月
晋美多吉	男	拉萨市堆龙德庆区初级中学	一级教师	拉萨市教育局	2016年7月
普布仓决	女	拉萨市堆龙德庆区初级中学	一级教师	拉萨市教育局	2017年4月
次仁央啦	女	拉萨市堆龙德庆区初级中学	一级教师	拉萨市教育局	2007年4月
莫春燕	女	拉萨市堆龙德庆区初级中学	副高级	西藏教育厅	2020年7月
王　萍	女	拉萨市堆龙德庆区初级中学	副高级	西藏教育厅	2021年8月
王成林	男	拉萨市堆龙德庆区初级中学	副高级	西藏教育厅	2012年12月
王　磷	女	拉萨市堆龙德庆区初级中学	一级教师	拉萨市教育局	2015年12月
普布琼达	女	拉萨市堆龙德庆区初级中学	一级教师	拉萨市教育局	2006年4月
赵菲菲	女	拉萨市堆龙德庆区初级中学	一级教师	拉萨市教育局	2017年12月
马　明	男	拉萨市堆龙德庆区初级中学	副高级	西藏教育厅	2021年8月
尼玛罗布	男	拉萨市堆龙德庆区初级中学	一级教师	拉萨市教育局	2013年8月
次仁措旺	女	拉萨市堆龙德庆区初级中学	一级教师	拉萨市教育局	2012年9月
胡耀华	男	拉萨市堆龙德庆区初级中学	副高级	西藏教育厅	2021年8月
布　穷	男	拉萨市堆龙德庆区初级中学	一级教师	拉萨市教育局	2014年1月
赖　丽	女	拉萨市堆龙德庆区初级中学	一级教师	拉萨市教育局	2020年4月

续表7

姓名	性别	单位名称	职称等级	批准单位	批准时间
次珠啦	女	拉萨市堆龙德庆区初级中学	副高级	西藏教育厅	2020年7月
丹巴杰参	男	拉萨市堆龙德庆区初级中学	一级教师	拉萨市教育局	2016年7月
涂　卉	女	拉萨市堆龙德庆区初级中学	副高级	西藏教育厅	2018年6月
赵吉明	男	拉萨市堆龙德庆区初级中学	一级教师	拉萨市教育局	2011年11月
边巴卓玛	女	拉萨市堆龙德庆区初级中学	一级教师	拉萨市教育局	2014年5月
索朗卓嘎	女	拉萨市堆龙德庆区初级中学	副高级	西藏教育厅	2020年8月
阿　奴	女	拉萨市堆龙德庆区初级中学	副高级	西藏教育厅	2021年8月
胡燕梅	女	拉萨市堆龙德庆区初级中学	副高级	西藏教育厅	2018年6月
石　达	男	拉萨市堆龙德庆区初级中学	一级教师	拉萨市教育局	2011年5月
普　琼	男	拉萨市堆龙德庆区初级中学	一级教师	拉萨市教育局	2007年4月
索朗白珍	女	拉萨市堆龙德庆区初级中学	副高级	西藏教育厅	2013年9月
尼玛卓玛	女	拉萨市堆龙德庆区初级中学	一级教师	拉萨市教育局	2010年5月
袁金红	女	拉萨市堆龙德庆区初级中学	副高级	西藏教育厅	2012年12月
白玛玉珍	女	拉萨市堆龙德庆区初级中学	一级教师	拉萨市教育局	2013年5月
次仁曲宗	女	拉萨市堆龙德庆区初级中学	一级教师	拉萨市教育局	2017年12月
白玛更吉	女	拉萨市堆龙德庆区初级中学	一级教师	拉萨市教育局	2019年1月
德吉卓嘎	女	拉萨市堆龙德庆区初级中学	副高级	西藏教育厅	2021年8月
段　昭	女	拉萨市堆龙德庆区初级中学	一级教师	拉萨市教育局	2020年4月
游艳梅	女	拉萨市堆龙德庆区初级中学	一级教师	拉萨市教育局	2012年9月
仓　决	女	拉萨市堆龙德庆区初级中学	一级教师	拉萨市教育局	2009年6月
巴　珍	女	拉萨市堆龙德庆区初级中学	副高级	西藏教育厅	2015年12月
普布德吉	女	拉萨市堆龙德庆区初级中学	一级教师	拉萨市教育局	2015年12月
普布仓曲	女	拉萨市堆龙德庆区初级中学	一级教师	拉萨市教育局	2008年9月
尼玛卓嘎	女	拉萨市堆龙德庆区初级中学	一级教师	拉萨市教育局	2019年1月
益西曲珍	女	拉萨市堆龙德庆区初级中学	一级教师	拉萨市教育局	2009年4月
王书清	男	拉萨市堆龙德庆区初级中学	副高级	西藏教育厅	2015年12月
贺红侠	女	拉萨市堆龙德庆区初级中学	副高级	西藏教育厅	2014年11月
索朗次仁	男	拉萨市堆龙德庆区初级中学	一级教师	拉萨市教育局	2014年1月

续表7

姓名	性别	单位名称	职称等级	批准单位	批准时间
谢　娜	女	拉萨市堆龙德庆区初级中学	副高级	西藏教育厅	2021年8月
扎西顿珠	男	拉萨市堆龙德庆区初级中学	一级教师	拉萨市教育局	2015年11月
扎　西	男	拉萨市堆龙德庆区初级中学	一级教师	拉萨市教育局	2014年5月
格　桑	女	拉萨市堆龙德庆区初级中学	一级教师	拉萨市教育局	2005年3月
德　吉	女	拉萨市堆龙德庆区初级中学	一级教师	拉萨市教育局	2016年7月
平措德吉	女	拉萨市堆龙德庆区初级中学	一级教师	拉萨市教育局	2016年7月
扎　西	男	拉萨市堆龙德庆区初级中学	一级教师	拉萨市教育局	2011年9月
次拉姆	女	拉萨市堆龙德庆区初级中学	副高级	西藏教育厅	2018年6月
洪　飞	女	拉萨市堆龙德庆区初级中学	一级教师	拉萨市教育局	2013年5月
普布卓玛	女	拉萨市堆龙德庆区初级中学	一级教师	拉萨市教育局	2007年4月
彭正强	男	拉萨市堆龙德庆区初级中学	一级教师	拉萨市教育局	2016年8月
徐　丽	女	拉萨市堆龙德庆区初级中学	副高级	西藏教育厅	2014年11月
高　波	女	拉萨市堆龙德庆区初级中学	一级教师	拉萨市教育局	2016年7月
元旦卓玛	女	拉萨市堆龙德庆区初级中学	副高级	西藏教育厅	2019年7月
李雪优	女	拉萨市堆龙德庆区初级中学	一级教师	拉萨市教育局	2015年12月
韩庆龄	女	拉萨市堆龙德庆区初级中学	副高级	西藏教育厅	2020年7月
巴桑拉姆	女	拉萨市堆龙德庆区初级中学	副高级	西藏教育厅	2021年8月
格桑曲珍	女	拉萨市堆龙德庆区初级中学	一级教师	拉萨市教育局	2016年7月
次仁白玛	女	拉萨市堆龙德庆区初级中学	副高级	西藏教育厅	2015年12月
欧珠央宗	女	拉萨市堆龙德庆区初级中学	一级教师	拉萨市教育局	2017年12月
次仁央拉	女	拉萨市堆龙德庆区初级中学	一级教师	拉萨市教育局	2015年12月
谭阿路	女	拉萨市堆龙德庆区初级中学	一级教师	拉萨市教育局	2020年4月
珠　扎	男	拉萨市堆龙德庆区初级中学	副高级	西藏教育厅	2014年11月
米　玛	男	拉萨市堆龙德庆区初级中学	副高级	西藏教育厅	2013年9月
土登央金	女	拉萨市堆龙德庆区初级中学	一级教师	拉萨市教育局	2015年12月
王　霞	女	拉萨市堆龙德庆区初级中学	一级教师	拉萨市教育局	2015年12月
张　洋	女	拉萨市堆龙德庆区初级中学	副高级	西藏教育厅	2014年11月
龙　宗	女	拉萨市堆龙德庆区初级中学	一级教师	拉萨市教育局	2008年5月

续表7

姓名	性别	单位名称	职称等级	批准单位	批准时间
索　次	男	拉萨市堆龙德庆区初级中学	一级教师	拉萨市教育局	2007年4月
央　珍	女	拉萨市堆龙德庆区初级中学	一级教师	拉萨市教育局	2008年5月
益西措姆	女	拉萨市堆龙德庆区初级中学	一级教师	拉萨市教育局	2016年2月
边　珍	女	拉萨市堆龙德庆区初级中学	一级教师	拉萨市教育局	2017年4月
洛松朗措	女	拉萨市堆龙德庆区初级中学	一级教师	拉萨市教育局	2015年12月
尼玛吉	女	拉萨市堆龙德庆区初级中学	一级教师	拉萨市教育局	2015年12月
格桑德吉	女	拉萨市堆龙德庆区初级中学	一级教师	拉萨市教育局	2014年1月
强　旦	男	拉萨市堆龙德庆区初级中学	一级教师	拉萨市教育局	2014年1月
阿旺占珠	男	拉萨市堆龙德庆区初级中学	一级教师	拉萨市教育局	2019年12月
白红梅	女	拉萨市堆龙德庆区初级中学	副高级	西藏教育厅	2020年7月
朗杰卓嘎	女	拉萨市堆龙德庆区初级中学	一级教师	拉萨市教育局	2012年5月
琼　达	女	拉萨市堆龙德庆区初级中学	一级教师	拉萨市教育局	2015年12月
白玛央吉	女	拉萨市堆龙德庆区初级中学	一级教师	拉萨市教育局	2020年4月
次仁卓玛	女	拉萨市堆龙德庆区乃琼街道中心小学	一级教师	拉萨市教育局	2017年12月
德吉卓嘎	女	拉萨市堆龙德庆区乃琼街道中心小学	一级教师	拉萨市教育局	2017年4月
达娃央金	女	拉萨市堆龙德庆区乃琼街道中心小学	副高级	西藏教育厅	2017年7月
索朗德吉	女	拉萨市堆龙德庆区乃琼街道中心小学	副高级	西藏教育厅	2019年6月
拉　巴	男	拉萨市堆龙德庆区乃琼街道中心小学	一级教师	拉萨市教育局	2017年12月
边　珍	女	拉萨市堆龙德庆区乃琼街道中心小学	一级教师	拉萨市教育局	2013年8月
尼　珍	女	拉萨市堆龙德庆区乃琼街道中心小学	一级教师	拉萨市教育局	2012年5月
冲　多	女	拉萨市堆龙德庆区乃琼街道中心小学	一级教师	拉萨市教育局	2012年5月
巴桑卓玛	女	拉萨市堆龙德庆区乃琼街道中心小学	副高级	西藏教育厅	2020年7月
次吉达瓦	男	拉萨市堆龙德庆区乃琼街道中心小学	副高级	西藏教育厅	2021年8月
阿旺益西	男	拉萨市堆龙德庆区乃琼街道中心小学	一级教师	拉萨市教育局	2017年12月
巴桑央宗	女	拉萨市堆龙德庆区乃琼街道中心小学	一级教师	拉萨市教育局	2020年3月
达瓦卓玛	女	拉萨市堆龙德庆区乃琼街道中心小学	一级教师	拉萨市教育局	2014年5月
罗　吉	女	拉萨市堆龙德庆区乃琼街道中心小学	一级教师	拉萨市教育局	2007年4月
边巴次仁	男	拉萨市堆龙德庆区乃琼街道中心小学	副高级	西藏教育厅	2019年6月

续表7

姓名	性别	单位名称	职称等级	批准单位	批准时间
拉　　珍	女	拉萨市堆龙德庆区乃琼街道中心小学	一级教师	拉萨市教育局	2014年12月
班　　珍	女	拉萨市堆龙德庆区乃琼街道中心小学	一级教师	拉萨市教育局	2017年5月
晋美达瓦	男	拉萨市堆龙德庆区乃琼街道中心小学	一级教师	拉萨市教育局	2010年5月
次 德 吉	女	拉萨市堆龙德庆区乃琼街道中心小学	副高级	西藏教育厅	2020年7月
米　　玛	女	拉萨市堆龙德庆区乃琼街道中心小学	一级教师	拉萨市教育局	2016年10月
德吉卓嘎	女	拉萨市堆龙德庆区乃琼街道中心小学	一级教师	拉萨市教育局	2008年6月
阿　　乃	女	拉萨市堆龙德庆区乃琼街道中心小学	副高级	西藏教育厅	2021年8月
米玛坚才	男	拉萨市堆龙德庆区乃琼街道中心小学	一级教师	拉萨市教育局	2006年4月
次仁央金	女	拉萨市堆龙德庆区乃琼街道中心小学	一级教师	拉萨市教育局	2015年12月
边巴卓玛	女	拉萨市堆龙德庆区乃琼街道中心小学	副高级	西藏教育厅	2021年8月
宗　　吉	女	拉萨市堆龙德庆区乃琼街道中心小学	一级教师	拉萨市教育局	2012年5月
措　　吉	女	拉萨市堆龙德庆区乃琼街道中心小学	一级教师	拉萨市教育局	2017年12月
扎　　桑	女	拉萨市堆龙德庆区乃琼街道中心小学	一级教师	拉萨市教育局	2015年12月
次仁占堆	男	拉萨市堆龙德庆区乃琼街道中心小学	一级教师	拉萨市教育局	2011年5月
次仁曲旦	男	拉萨市堆龙德庆区乃琼街道中心小学	一级教师	拉萨市教育局	2013年5月
尼　　珍	女	拉萨市堆龙德庆区乃琼街道中心小学	一级教师	拉萨市教育局	2017年12月
次仁央宗	女	拉萨市堆龙德庆区乃琼街道中心小学	一级教师	拉萨市教育局	2018年12月
巴　　央	女	拉萨市堆龙德庆区乃琼街道中心小学	一级教师	拉萨市教育局	2017年5月
旺　　东	男	拉萨市堆龙德庆区乃琼街道中心小学	一级教师	拉萨市教育局	2008年5月
宋 德 军	男	拉萨市堆龙德庆区乃琼街道中心小学	一级教师	拉萨市教育局	2012年5月
旺堆尼玛	男	拉萨市堆龙德庆区乃琼街道中心小学	一级教师	拉萨市教育局	2012年5月
坚　　才	男	拉萨市堆龙德庆区乃琼街道中心小学	一级教师	拉萨市教育局	2012年5月
尼玛卓玛	女	拉萨市堆龙德庆区乃琼街道中心小学	一级教师	拉萨市教育局	2017年12月
旦增欧珠	男	拉萨市堆龙德庆区乃琼街道中心小学	一级教师	拉萨市教育局	2019年1月
次仁平措	男	拉萨市堆龙德庆区乃琼街道中心小学	一级教师	拉萨市教育局	2013年10月
丁　　凯	男	拉萨市堆龙德庆区乃琼街道中心小学	一级教师	拉萨市教育局	2013年8月
强巴卓嘎	女	拉萨市堆龙德庆区乃琼街道中心小学	一级教师	拉萨市教育局	2006年4月
闫　　烁	女	拉萨市堆龙德庆区乃琼街道中心小学	一级教师	拉萨市教育局	2013年10月

续表7

姓名	性别	单位名称	职称等级	批准单位	批准时间
普布多吉	男	拉萨市堆龙德庆区乃琼街道中心小学	副高级	西藏教育厅	2021年8月
拉　姆	女	拉萨市堆龙德庆区乃琼街道中心小学	一级教师	拉萨市教育局	2019年12月
德吉尼玛	女	拉萨市堆龙德庆区乃琼街道中心小学	一级教师	拉萨市教育局	2012年8月
次　尼	女	拉萨市堆龙德庆区乃琼街道中心小学	一级教师	拉萨市教育局	2013年5月
穷　达	女	堆龙德庆区姜昆黄小勇希望小学	一级教师	拉萨市教育局	2021年8月
索　朗	男	堆龙德庆区姜昆黄小勇希望小学	一级教师	拉萨市教育局	2021年8月
拉姆次仁	女	堆龙德庆区姜昆黄小勇希望小学	一级教师	拉萨市教育局	2021年8月
仓　决	女	堆龙德庆区姜昆黄小勇希望小学	一级教师	拉萨市教育局	2021年8月
色　珍	女	堆龙德庆区姜昆黄小勇希望小学	一级教师	拉萨市教育局	2021年8月
尼　珍	女	堆龙德庆区姜昆黄小勇希望小学	一级教师	拉萨市教育局	2021年8月
次仁旺堆	男	堆龙德庆区姜昆黄小勇希望小学	副高级	西藏教育厅	2021年8月
白玛卓嘎	女	堆龙德庆区姜昆黄小勇希望小学	一级教师	拉萨市教育局	2021年8月
边巴卓玛	女	堆龙德庆区姜昆黄小勇希望小学	一级教师	拉萨市教育局	2021年8月
边巴卓玛	女	堆龙德庆区姜昆黄小勇希望小学	副高级	西藏教育厅	2021年8月
多吉次仁	男	堆龙德庆区姜昆黄小勇希望小学	副高级	西藏教育厅	2021年8月
央　金	女	堆龙德庆区姜昆黄小勇希望小学	一级教师	拉萨市教育局	2021年8月
德吉拉珍	女	堆龙德庆区姜昆黄小勇希望小学	一级教师	拉萨市教育局	2021年8月
米玛布知	女	堆龙德庆区姜昆黄小勇希望小学	一级教师	拉萨市教育局	2021年8月
唐素芳	女	堆龙德庆区姜昆黄小勇希望小学	副高级	西藏教育厅	2021年8月
旦增旺姆	女	堆龙德庆区姜昆黄小勇希望小学	一级教师	拉萨市教育局	2021年8月
扎西卓玛	女	堆龙德庆区姜昆黄小勇希望小学	副高级	西藏教育厅	2021年8月
宗　巴	女	堆龙德庆区姜昆黄小勇希望小学	一级教师	拉萨市教育局	2021年8月
张秀花	女	堆龙德庆区姜昆黄小勇希望小学	一级教师	拉萨市教育局	2021年8月
查　斯	男	堆龙德庆区姜昆黄小勇希望小学	一级教师	拉萨市教育局	2021年8月
尼玛卓嘎	女	堆龙德庆区姜昆黄小勇希望小学	一级教师	拉萨市教育局	2021年8月
米玛次仁	男	堆龙德庆区姜昆黄小勇希望小学	一级教师	拉萨市教育局	2021年8月
霍　娟	女	堆龙德庆区姜昆黄小勇希望小学	一级教师	拉萨市教育局	2021年8月
巴桑卓嘎	女	堆龙德庆区姜昆黄小勇希望小学	一级教师	拉萨市教育局	2021年8月

续表7

姓名	性别	单位名称	职称等级	批准单位	批准时间
旦　　珍	女	堆龙德庆区姜昆黄小勇希望小学	一级教师	拉萨市教育局	2021 年 8 月
洛桑曲珍	女	堆龙德庆区姜昆黄小勇希望小学	副高级	西藏教育厅	2021 年 8 月
仓　　决	女	堆龙德庆区姜昆黄小勇希望小学	一级教师	拉萨市教育局	2021 年 8 月
次　　仁	男	堆龙德庆区姜昆黄小勇希望小学	一级教师	拉萨市教育局	2021 年 8 月
旦增曲扎	男	堆龙德庆区姜昆黄小勇希望小学	一级教师	拉萨市教育局	2021 年 8 月
德庆央宗	女	堆龙德庆区姜昆黄小勇希望小学	一级教师	拉萨市教育局	2021 年 8 月
祁　　静	女	堆龙德庆区姜昆黄小勇希望小学	一级教师	拉萨市教育局	2021 年 8 月
殷 臣 秀	女	堆龙德庆区姜昆黄小勇希望小学	一级教师	拉萨市教育局	2021 年 8 月
旦　　珍	女	堆龙德庆区姜昆黄小勇希望小学	一级教师	拉萨市教育局	2021 年 8 月
扎西德吉	女	堆龙德庆区姜昆黄小勇希望小学	一级教师	拉萨市教育局	2021 年 8 月
贾 智 慧	女	堆龙德庆区姜昆黄小勇希望小学	一级教师	拉萨市教育局	2021 年 8 月
巴桑卓玛	女	堆龙德庆区姜昆黄小勇希望小学	副高级	西藏教育厅	2021 年 8 月
德吉曲珍	女	堆龙德庆区姜昆黄小勇希望小学	一级教师	拉萨市教育局	2021 年 8 月
兰 佳 琪	女	堆龙德庆区姜昆黄小勇希望小学	一级教师	拉萨市教育局	2021 年 8 月
阿旺拉姆	女	堆龙德庆区姜昆黄小勇希望小学	一级教师	拉萨市教育局	2021 年 8 月
索朗旺姆	女	堆龙德庆区姜昆黄小勇希望小学	一级教师	拉萨市教育局	2017 年 8 月
益西白玛	女	堆龙德庆区姜昆黄小勇希望小学	一级教师	拉萨市教育局	2021 年 8 月
米玛普赤	女	拉萨市堆龙德庆区羊达街道中心小学	副高级	西藏教育厅	2021 年 8 月
尼　　珍	女	拉萨市堆龙德庆区羊达街道中心小学	一级教师	拉萨市教育局	2014 年 1 月
江白加措	男	拉萨市堆龙德庆区羊达街道中心小学	副高级	西藏教育厅	2020 年 7 月
拉　　珍	女	拉萨市堆龙德庆区羊达街道中心小学	一级教师	拉萨市教育局	2009 年 5 月
达　　瓦	女	拉萨市堆龙德庆区羊达街道中心小学	一级教师	拉萨市教育局	2012 年 5 月
索朗次仁	男	拉萨市堆龙德庆区羊达街道中心小学	一级教师	拉萨市教育局	2007 年 4 月
白玛德吉	女	拉萨市堆龙德庆区羊达街道中心小学	一级教师	拉萨市教育局	2012 年 5 月
达　　嘎	女	拉萨市堆龙德庆区羊达街道中心小学	一级教师	拉萨市教育局	2006 年 7 月
索朗德吉	女	拉萨市堆龙德庆区羊达街道中心小学	一级教师	拉萨市教育局	2012 年 10 月
李　　军	男	拉萨市堆龙德庆区羊达街道中心小学	副高级	西藏教育厅	2018 年 6 月
罗　　琼	男	拉萨市堆龙德庆区羊达街道中心小学	一级教师	拉萨市教育局	2009 年 11 月

续表7

姓名	性别	单位名称	职称等级	批准单位	批准时间
林　婕	女	拉萨市堆龙德庆区羊达街道中心小学	一级教师	拉萨市教育局	2017年8月
达　娃	女	拉萨市堆龙德庆区羊达街道中心小学	一级教师	拉萨市教育局	2018年12月
央　珍	女	拉萨市堆龙德庆区羊达街道中心小学	副高级	西藏教育厅	2019年6月
加　雷	女	拉萨市堆龙德庆区羊达街道中心小学	副高级	西藏教育厅	2020年7月
尼　珍	女	拉萨市堆龙德庆区羊达街道中心小学	一级教师	拉萨市教育局	2017年4月
仓木啦	女	拉萨市堆龙德庆区羊达街道中心小学	一级教师	拉萨市教育局	2009年5月
旺　久	男	拉萨市堆龙德庆区羊达街道中心小学	一级教师	拉萨市教育局	2017年12月
桑旦白玛	女	拉萨市堆龙德庆区羊达街道中心小学	一级教师	拉萨市教育局	2014年1月
旦增甘登	男	拉萨市堆龙德庆区羊达街道中心小学	一级教师	拉萨市教育局	2017年8月
次旦平措	男	拉萨市堆龙德庆区羊达街道中心小学	副高级	西藏教育厅	2020年7月
斯朗曲珍	女	拉萨市堆龙德庆区羊达街道中心小学	一级教师	拉萨市教育局	2014年5月
尼　普	女	拉萨市堆龙德庆区小学	一级教师	拉萨市教育局	2014年7月
米玛仓决	女	拉萨市堆龙德庆区小学	一级教师	拉萨市教育局	2008年5月
普布占堆	男	拉萨市堆龙德庆区小学	一级教师	拉萨市教育局	2012年5月
扎西次仁	男	拉萨市堆龙德庆区小学	一级教师	拉萨市教育局	2006年4月
张文文	女	拉萨市堆龙德庆区小学	副高级	西藏教育厅	2020年7月
普　珍	女	拉萨市堆龙德庆区小学	副高级	西藏教育厅	2015年12月
哈吉娜	女	拉萨市堆龙德庆区小学	一级教师	拉萨市教育局	2011年5月
多吉旺堆	男	拉萨市堆龙德庆区小学	一级教师	拉萨市教育局	2017年12月
格　桑	女	拉萨市堆龙德庆区小学	一级教师	拉萨市教育局	2017年10月
边巴卓玛	女	拉萨市堆龙德庆区小学	一级教师	拉萨市教育局	2007年4月
次旦央宗	女	拉萨市堆龙德庆区小学	一级教师	拉萨市教育局	2013年5月
普　琼	男	拉萨市堆龙德庆区小学	一级教师	拉萨市教育局	2015年10月
边巴卓嘎	女	拉萨市堆龙德庆区小学	副高级	西藏教育厅	2021年8月
强　珍	女	拉萨市堆龙德庆区小学	一级教师	拉萨市教育局	2007年4月
白玛次仁	男	拉萨市堆龙德庆区小学	副高级	西藏教育厅	2019年7月
拉巴次仁	男	拉萨市堆龙德庆区小学	一级教师	拉萨市教育局	2016年1月
达娃曲珍	女	拉萨市堆龙德庆区小学	一级教师	拉萨市教育局	2017年12月

续表7

姓名	性别	单位名称	职称等级	批准单位	批准时间
吴晓玉	女	拉萨市堆龙德庆区小学	一级教师	拉萨市教育局	2016年1月
旦增平措	男	拉萨市堆龙德庆区小学	一级教师	拉萨市教育局	2007年4月
德　吉	女	拉萨市堆龙德庆区小学	一级教师	拉萨市教育局	2009年5月
达　珍	女	拉萨市堆龙德庆区小学	一级教师	拉萨市教育局	2011年5月
欧　珠	男	拉萨市堆龙德庆区小学	副高级	西藏教育厅	2021年8月
尼玛次仁	男	拉萨市堆龙德庆区小学	一级教师	拉萨市教育局	2012年5月
穷　吉	女	拉萨市堆龙德庆区小学	一级教师	拉萨市教育局	2011年5月
洛桑曲珍	女	拉萨市堆龙德庆区小学	一级教师	拉萨市教育局	2014年5月
央　珍	女	拉萨市堆龙德庆区小学	一级教师	拉萨市教育局	2013年5月
仓　决	女	拉萨市堆龙德庆区小学	一级教师	拉萨市教育局	2013年5月
强　桑	女	拉萨市堆龙德庆区小学	一级教师	拉萨市教育局	2012年5月
边巴卓玛	女	拉萨市堆龙德庆区小学	副高级	西藏教育厅	2021年8月
唐　红	女	拉萨市堆龙德庆区小学	一级教师	拉萨市教育局	2017年12月
次旦旺久	男	拉萨市堆龙德庆区小学	一级教师	拉萨市教育局	2018年12月
洛桑益西	男	拉萨市堆龙德庆区小学	一级教师	拉萨市教育局	2014年10月
拉巴次仁	男	拉萨市堆龙德庆区小学	一级教师	拉萨市教育局	2017年12月
旦增罗布	男	拉萨市堆龙德庆区小学	一级教师	拉萨市教育局	2011年5月
玉　珍	女	拉萨市堆龙德庆区小学	一级教师	拉萨市教育局	2010年5月
尼玛片多	女	拉萨市堆龙德庆区小学	一级教师	拉萨市教育局	2014年5月
西　洛	男	拉萨市堆龙德庆区小学	一级教师	拉萨市教育局	2010年10月
白玛卓嘎	女	拉萨市堆龙德庆区小学	一级教师	拉萨市教育局	2012年5月
格桑曲珍	女	拉萨市堆龙德庆区小学	一级教师	拉萨市教育局	2020年3月
周　峰	男	拉萨市堆龙德庆区小学	一级教师	拉萨市教育局	2009年5月
曲尼旺姆	女	拉萨市堆龙德庆区小学	一级教师	拉萨市教育局	2009年5月
达　娃	女	拉萨市堆龙德庆区小学	副高级	西藏教育厅	2020年7月
扎　桑	女	拉萨市堆龙德庆区小学	一级教师	拉萨市教育局	2009年5月

续表7

姓名	性别	单位名称	职称等级	批准单位	批准时间
丹增卓玛	女	拉萨市堆龙德庆区小学	一级教师	拉萨市教育局	2009年5月
仓 琼	女	拉萨市堆龙德庆区小学	副高级	西藏教育厅	2021年8月
巴桑卓嘎	女	拉萨市堆龙德庆区小学	副高级	西藏教育厅	2016年12月
古 扎	男	拉萨市堆龙德庆区小学	副高级	西藏教育厅	2015年12月
尼玛旦增	男	拉萨市堆龙德庆区小学	副高级	西藏教育厅	2020年7月
边巴次仁	男	拉萨市堆龙德庆区小学	一级教师	拉萨市教育局	2005年12月
拉巴多杰	男	拉萨市堆龙德庆区小学	一级教师	拉萨市教育局	2017年12月
尼 玛	女	拉萨市堆龙德庆区小学	一级教师	拉萨市教育局	2014年5月
德吉央珍	女	拉萨市堆龙德庆区小学	一级教师	拉萨市教育局	2012年5月
次仁玉珍	女	拉萨市堆龙德庆区小学	一级教师	拉萨市教育局	2019年1月
边 巴	男	拉萨市堆龙德庆区小学	副高级	西藏教育厅	2017年7月
白觉措	女	拉萨市堆龙德庆区小学	副高级	西藏教育厅	2018年6月
次仁央拉	女	拉萨市堆龙德庆区小学	一级教师	拉萨市教育局	2016年8月
贡觉坚参	男	拉萨市堆龙德庆区小学	一级教师	拉萨市教育局	2019年1月
次旦央宗	女	拉萨市堆龙德庆区小学	一级教师	拉萨市教育局	2014年5月
尼玛曲珍	女	拉萨市堆龙德庆区小学	一级教师	拉萨市教育局	2012年9月
赤 尼	女	拉萨市堆龙德庆区小学	一级教师	拉萨市教育局	2006年4月
索朗曲珍	女	拉萨市堆龙德庆区德庆镇幼儿园	一级教师	拉萨市教育局	2020年3月
洛桑曲珍	女	拉萨市堆龙德庆区乃琼街道幼儿园	一级教师	拉萨市教育局	2017年12月
次仁卓玛	女	拉萨市堆龙德庆区乃琼街道幼儿园	一级教师	拉萨市教育局	2021年11月
央 宗	女	拉萨市堆龙德庆区马镇中心小学	一级教师	拉萨市教育局	2017年12月
尼玛次仁	男	拉萨市堆龙德庆区马镇中心小学	一级教师	拉萨市教育局	2020年3月
索朗曲珍	女	拉萨市堆龙德庆区马镇中心小学	一级教师	拉萨市教育局	2010年7月
白玛央宗	女	拉萨市堆龙德庆区马镇中心小学	一级教师	拉萨市教育局	2020年4月
普 穷	男	拉萨市堆龙德庆区马镇中心小学	一级教师	拉萨市教育局	2020年4月
阿旺索朗	男	拉萨市堆龙德庆区马镇中心小学	一级教师	拉萨市教育局	2020年4月

续表7

姓名	性别	单位名称	职称等级	批准单位	批准时间
旦增列谢	男	拉萨市堆龙德庆区马镇中心小学	一级教师	拉萨市教育局	2015年12月
拉　巴	男	拉萨市堆龙德庆区马镇中心小学	一级教师	拉萨市教育局	2013年10月
达瓦次仁	男	拉萨市堆龙德庆区马镇中心小学	副高级	西藏教育厅	2021年8月
嘎　吉	女	拉萨市堆龙德庆区马镇中心小学	一级教师	拉萨市教育局	2017年8月
米玛次仁	男	拉萨市堆龙德庆区德庆镇中心小学	一级教师	拉萨市教育局	2012年12月
平　措	男	拉萨市堆龙德庆区德庆镇中心小学	副高级	西藏教育厅	2020年7月
土　旦	男	拉萨市堆龙德庆区德庆镇中心小学	一级教师	拉萨市教育局	2009年6月
巴桑旦增	男	拉萨市堆龙德庆区德庆镇中心小学	副高级	西藏教育厅	2010年5月
索朗念扎	男	拉萨市堆龙德庆区德庆镇中心小学	一级教师	拉萨市教育局	2010年5月
达　杰	男	拉萨市堆龙德庆区德庆镇中心小学	一级教师	拉萨市教育局	2017年10月
顿珠罗杰	男	拉萨市堆龙德庆区德庆镇中心小学	一级教师	拉萨市教育局	2019年1月
尼玛次仁	男	拉萨市堆龙德庆区德庆镇中心小学	一级教师	拉萨市教育局	2017年6月
达娃次旦	男	拉萨市堆龙德庆区德庆镇中心小学	一级教师	拉萨市教育局	2006年5月
次仁多吉	男	拉萨市堆龙德庆区德庆镇中心小学	一级教师	拉萨市教育局	2021年1月
边巴央宗	女	拉萨市堆龙德庆区德庆镇中心小学	一级教师	拉萨市教育局	2013年5月
其美卓嘎	女	拉萨经开小学	一级教师	拉萨市教育局	2020年3月
扎西旺堆	男	拉萨经开小学	一级教师	拉萨市教育局	2017年12月
达　嘎	男	拉萨经开小学	一级教师	拉萨市教育局	2017年8月
索　朗	男	拉萨经开小学	副高级	西藏教育厅	2020年7月
史　磊	男	拉萨经开小学	一级教师	拉萨市教育局	2017年8月
努　努	男	拉萨经开小学	一级教师	拉萨市教育局	2016年7月
赤列索朗	女	拉萨经开小学	一级教师	拉萨市教育局	2020年3月
尼玛次仁	男	拉萨经开小学	一级教师	拉萨市教育局	2017年12月
杨香政	男	拉萨经开小学	一级教师	拉萨市教育局	2021年11月
达瓦扎西	男	拉萨市堆龙德庆区教育体育局	一级教师	拉萨市教育局	2009年5月
李占宏	男	拉萨市堆龙德庆区教育体育局	副高级	西藏教育厅	2020年7月

续表7

姓名	性别	单位名称	职称等级	批准单位	批准时间
张　洪	男	拉萨市堆龙德庆区教育体育局	副高级	西藏教育厅	2020 年 7 月
郭宗英	男	拉萨市堆龙德庆区教育体育局	一级教师	拉萨市教育局	2012 年 5 月
次仁拉吉	女	拉萨市堆龙德庆区教育体育局	一级教师	拉萨市教育局	2015 年 12 月
卓玛措	女	拉萨市堆龙德庆区教育体育局	一级教师	拉萨市教育局	2008 年 5 月
尼玛次仁	男	拉萨市堆龙德庆区教育体育局	副高级	西藏教育厅	2017 年 7 月
次旦拉姆	女	拉萨市堆龙德庆区教育体育局	副高级	西藏教育厅	2021 年 8 月
达瓦次仁	男	拉萨市堆龙德庆区教育体育局	一级教师	拉萨市教育局	2008 年 5 月
贾惠芳	女	拉萨市堆龙德庆区教育体育局	副高级	西藏教育厅	2020 年 7 月
赵东来	男	拉萨市堆龙德庆区教育体育局	副高级	西藏教育厅	2020 年 7 月
边巴次仁	男	拉萨市堆龙德庆区教育体育局	一级教师	拉萨市教育局	2015 年 12 月
郑文玉	男	拉萨市堆龙德庆区教育体育局	副高级	西藏教育厅	2021 年 8 月
德吉群措	女	拉萨市堆龙德庆区教育体育局	一级教师	拉萨市教育局	2018 年 12 月
杜　斌	男	拉萨市堆龙德庆区教育体育局	一级教师	拉萨市教育局	2012 年 5 月
益西旦增	男	拉萨市堆龙德庆区教育体育局	副高级	西藏教育厅	2018 年 6 月
达　珍	女	拉萨市堆龙德庆区教育体育局	副高级	西藏教育厅	2018 年 5 月
央　金	女	拉萨市堆龙德庆区教育体育局	副高级	西藏教育厅	2018 年 6 月
尼玛卓玛	女	拉萨市堆龙德庆区教育体育局	副高级	西藏教育厅	2021 年 8 月
旦增念扎	男	拉萨市堆龙德庆区教育体育局	一级教师	拉萨市教育局	2006 年 4 月
朱　鸿	男	拉萨市堆龙德庆区教育体育局	一级教师	拉萨市教育局	2012 年 5 月
索朗查果	女	拉萨市堆龙德庆区教育体育局	副高级	西藏教育厅	2021 年 8 月
仁　增	男	拉萨市堆龙德庆区教育体育局	副高级	西藏教育厅	2015 年 12 月
马红霞	女	拉萨市堆龙德庆区第二幼儿园	一级教师	拉萨市教育局	2019 年 1 月
强　珍	女	拉萨市堆龙德庆区第二幼儿园	一级教师	拉萨市教育局	2021 年 11 月
白玛曲尼	女	拉萨市堆龙德庆区第二幼儿园	副高级	西藏教育厅	2020 年 7 月
边巴卓玛	女	拉萨市堆龙德庆区第二幼儿园	一级教师	拉萨市教育局	2008 年 5 月
白玛西落	女	拉萨市堆龙德庆区第二幼儿园	副高级	西藏教育厅	2021 年 8 月
巴　蓉	女	拉萨市堆龙德庆区羊达街道幼儿园	一级教师	拉萨市教育局	2017 年 12 月
德吉央宗	女	拉萨市堆龙德庆区羊达街道幼儿园	一级教师	拉萨市教育局	2015 年 12 月

续表7

姓名	性别	单位名称	职称等级	批准单位	批准时间
麦拉卓玛	女	拉萨市堆龙德庆区古荣镇幼儿园	一级教师	拉萨市教育局	2021年11月
桑　吉	女	拉萨市堆龙德庆区古荣镇幼儿园	一级教师	拉萨市教育局	2020年3月
旦增曲然	男	拉萨市堆龙德庆区古荣镇中心小学	副高级	西藏教育厅	2021年8月
尼玛卓玛	女	拉萨市堆龙德庆区古荣镇中心小学	副高级	西藏教育厅	2021年8月
巴　桑	女	拉萨市堆龙德庆区古荣镇中心小学	一级教师	拉萨市教育局	2017年5月
次仁曲宗	女	拉萨市堆龙德庆区古荣镇中心小学	一级教师	拉萨市教育局	2019年1月
塔措卓玛	女	拉萨市堆龙德庆区古荣镇中心小学	一级教师	拉萨市教育局	2020年4月
坚　宗	女	拉萨市堆龙德庆区古荣镇中心小学	一级教师	拉萨市教育局	2017年11月
加　措	男	拉萨市堆龙德庆区古荣镇中心小学	一级教师	拉萨市教育局	2017年5月
边　巴	男	拉萨市堆龙德庆区古荣镇中心小学	一级教师	拉萨市教育局	2007年4月
平措德吉	女	拉萨市堆龙德庆区古荣镇中心小学	一级教师	拉萨市教育局	2007年4月
索朗次仁	男	拉萨市堆龙德庆区古荣镇中心小学	一级教师	拉萨市教育局	2016年8月
白玛德庆	女	拉萨市堆龙德庆区古荣镇中心小学	一级教师	拉萨市教育局	2014年1月
德吉赤来	女	拉萨市堆龙德庆区古荣镇中心小学	一级教师	拉萨市教育局	2020年3月
普　布	女	拉萨市堆龙德庆区古荣镇中心小学	副高级	西藏教育厅	2020年7月
白玛卓嘎	女	拉萨市堆龙德庆区古荣镇中心小学	一级教师	拉萨市教育局	2019年1月
卓　玛	女	拉萨市堆龙德庆区古荣镇中心小学	一级教师	拉萨市教育局	2017年12月
格桑次仁	男	拉萨市堆龙德庆区古荣镇中心小学	一级教师	拉萨市教育局	2013年10月
洛　珠	男	拉萨市堆龙德庆区古荣镇中心小学	副高级	西藏教育厅	2020年7月
扎西元旦	男	拉萨市堆龙德庆区古荣镇中心小学	一级教师	拉萨市教育局	2017年5月
米玛旺堆	男	拉萨市堆龙德庆区古荣镇中心小学	副高级	西藏教育厅	2020年7月
巴桑次仁	男	拉萨市堆龙德庆区古荣镇中心小学	副高级	西藏教育厅	2020年7月
杨玉红	女	拉萨市堆龙德庆区古荣镇中心小学	一级教师	拉萨市教育局	2012年5月
米　玛	男	拉萨市堆龙德庆区古荣镇中心小学	一级教师	拉萨市教育局	2007年4月
拉巴桑姆	女	拉萨市堆龙德庆区古荣镇中心小学	一级教师	拉萨市教育局	2017年5月
拉　珍	女	拉萨市堆龙德庆区桑木村幼儿园	一级教师	拉萨市教育局	2013年5月
边巴卓嘎	女	拉萨市堆龙德庆区桑木村幼儿园	一级教师	拉萨市教育局	2010年5月
次仁德吉	女	拉萨市堆龙德庆区桑木村幼儿园	一级教师	拉萨市教育局	2009年5月

续表7

姓名	性别	单位名称	职称等级	批准单位	批准时间
达　珍	女	拉萨市堆龙德庆区桑木村幼儿园	一级教师	拉萨市教育局	2012 年 5 月
琼　达	男	拉萨市堆龙德庆区第一幼儿园	一级教师	拉萨市教育局	2010 年 5 月
谭振霞	女	拉萨市堆龙德庆区第一幼儿园	一级教师	拉萨市教育局	2014 年 5 月
郭永辉	男	拉萨市堆龙德庆区第一幼儿园	一级教师	拉萨市教育局	2020 年 4 月
玉　珍	女	拉萨市堆龙德庆区第一幼儿园	一级教师	拉萨市教育局	2015 年 12 月
洛桑旦增	男	拉萨市堆龙德庆区第一幼儿园	一级教师	拉萨市教育局	2017 年 12 月
泽丁卓玛	女	拉萨市堆龙德庆区第一幼儿园	一级教师	拉萨市教育局	2014 年 5 月
贡觉旺姆	女	拉萨市堆龙德庆区第一幼儿园	一级教师	拉萨市教育局	2021 年 11 月

堆龙德庆区中学

【概括】 2021 年，堆龙德庆区中学认真贯彻落实中共十九大六中全会和中央第七次西藏工作座谈会精神，积极推进党的各项方针政策，深入落实基层党建工作责任制和党风廉政建设责任制，认真开展“四讲四爱”和“建党 100 周年、西藏和平解放 70 周年”群众教育活动，着眼于为学生终身发展奠基，秉承扬帆起航、启志明理的人文精神，恪守团结、尚学、拼搏、和谐的校风，坚持以“四抓”（抓疫情防控、抓管理规范、抓队伍建设、抓学生德育）为重要支点，解放思想，与时俱进，树立“以人为本”的办学理念，加强教师队伍建设，以课堂转型为契机，以校园文化建设为载体，努力提高教学质量，力创平安学校、和谐校园。2021 年，堆龙德庆区中学教职工共 195 人，在校学生共 2309 人，七年级入校新生 816 人，八年级 883 人，九年级 610 人，学校共设 44 个班级。

【落实教学常规管理】 2021 年，区中学加强教学常规检查，检查教师的教案、学科计划、听课记录、教育教学笔记、学生的作业以及各组根据自己的特色制定相应的检查内容；认真组织考试，做好质量分析，狠抓考风、考纪；加强音、体、美学科的教学管理，完善音、体、美的考核标准和评估方案，探索特殊群体成才的策略，推进学生课堂活动的正常进行；顺利开展一考三评工作，夯实教学基本功，提升教育教学能力，推进教师“一考三评”（考业务知识水平、评思想政治和师德素养、评课堂教学能力、评信息技术应用能力）工作；全面推进素质教育，切实减轻学生过重的课业负担，提高课堂教学效率，促进学生全面、健康而有个性地发展。

2021年3月11日，堆龙德庆区中学举行2021届毕业生中考百日誓师大会

【疫情防控】2021年，疫情防控形式依然严峻，区中学严格按照上级对新型冠状病毒感染肺炎疫情工作指挥部的安排部署，积极响应行动，加强校园疫情防控工作，强化疫情防控方案，强化校园值班值守，以最严格的科学防控措施，维护师生群众健康安全。成立疫情防控领导小组，通过微信群及时宣传防疫知识。积极开展师生活动轨迹去向排查，落实居家隔离措施，开展爱国卫生运动，对厕所、门卫室、校门口、教室、宿舍、功能房、食堂、运动场馆、图书馆等处进行统一消毒，放学、开学严格实行分批、分时返校，就餐错时错峰、单面就座，三个年级按照三个批次就餐，做到无交叉，筑牢校园安全，得到了上级领导的一致肯定。

【师德师风建设】2021年，区中学通过广播、黑板报、标语、展板、简报、学习手册、学生问卷调查等形式开展师德师风教育活动，引导教师不仅重言传，更要重身教，时时处处体现为人师表。同时，多次组织广大教师认真学习《中华人民共和国教师法》《中华人民共和国教育法》《中小学教师职业道德规范》《教育部关于加强和改进师德建设的意见》等法律法规，通过开展政治学习、业务学习、读书活动等，增强广大教师的法治观念，提高广大教师的职业道德素质，力促教师在提高政治素质、思想素养上求实效，在转变教育理念、提高教育教学质量上求实效，在服务学生、服务家长、服务社会上求实效，在为人师表、树立良好形象上求实效，在促进学校发展、争先创优上求实效。

2021年12月9日，堆龙德庆区中学举行“雪域同心，共颂党恩”第九届一二·九校园文化艺术节艺术大赛

【课堂教学】2021年，区中学要求全体教师树立“面向全体、全面发展、主动发展”的教学理念，努力做到“把眼光盯在质量上，把功夫下在备课上，把基础放在个人素质提高上，把关键放在教学方法的改革上，把目标放在全体学生的进步和提升上，把效果显现在40分钟的课堂上”，保证教学工作扎实有效。在常规管理工作中，充分发挥教学管理处的作用，定计划、定措施展开竞争，在课堂教学、作业指导、成绩考查、专业发展等方面对教学工作进行量化考核。以抓教学细节入手，规范教学教研常规工作，着力打造高效课堂，做好推门听课、集体备课、一课多讲、同课异构等多形式课堂教学活动，坚持面向教育教学实践、切实解决实际问题，以如何使学生日日有进步为着眼点，筹建课题，大兴研究之举，积极找对策，转变教学理念，抓好教学环节，集中教师进行自我反思、全面总结、提炼经验。年内，各类考试结束后，组织教师对试卷成绩进行分析，认真反思，查漏补缺，研究对策，增强实效。

【拓展教育教学空间】2021年，区中学为高效落实国家“双减”相关文件精神，以形式多样的活动为载体，激发学生学习兴趣，充分发挥现有教育资源的作用，学校的图书室、体育场（馆）、实验室等场所向学生开放，有组织、有计划地为学生安排丰富多彩的科技、文艺、体育等活动。强化德育实践环节，组织学生到藏域星球天文体验馆进行参观；300名学生参加了第三届校园科技节系列活动之参观西藏自然科学博物馆；参加第七届全国青少年科普创新实验暨作品大赛等系列活动；寒假期间学校将组织14名学生到南京市参加“雪域同心，圆梦金陵”西部公益游学活动。

【民族团结教育】 2021年,区中学积极探索加强民族团结的新思路、新方法,通过坚持不懈地开展民族团结教育活动,学校各族师生互相支持,亲如一家,保持了学校团结稳定的大好局面,促进了学校各方面工作的协调发展。充分利用横幅、宣传标语、黑板报、校园广播等宣传工具,在校园内加大宣传力度,广泛宣传党的民族政策,宣传民族团结教育的重要性,使广大师生在自觉与不自觉中接受民族团结的教育,营造和谐民族氛围。将民族团结教育列入教学计划,各任课教师依照任教学科特点在课堂上对学生渗透民族团结教育、爱国主义教育、人格塑造教育等,做到了在教案中有体现,在课堂上有落实,切实保证教学时间、教学质量和教学效果。利用民族团结教育月、重大节日、纪念日等契机组织开展丰富多彩的活动,加强各族师生之间的文化交流,促进民族团结,如开展民族团结月活动、民族团结演讲比赛等活动。增进民族文化的交流与融合,增强学生的民族团结意识。

(赵忠良)

【机构领导】

校 长

王书清

副校长

朱艳美(女)

巴 珍(女,藏族)

堆龙德庆区中学中级以上职称人员一览表

表8

姓名	性别	民族	学历	参工时间	专业技术职务	批准时间
白玛玉珍	女	藏族	本科	2008年7月1日	一级教师	2017年12月
次仁措姆	女	藏族	本科	1996年9月1日	一级教师	2005年3月
晋美多吉	男	藏族	本科	1996年7月1日	一级教师	2016年7月
袁金红	女	汉族	本科	2000年7月1日	高级教师	2013年1月
佟福鼎	男	汉族	本科	2004年7月1日	高级教师	2019年7月
扎西曲珍	女	藏族	本科	2008年7月1日	一级教师	2016年1月
米 玛	女	藏族	本科	2009年7月1日	一级教师	2017年12月
普布仓决	女	藏族	本科	1999年7月1日	一级教师	2017年4月
石 达	男	藏族	本科	1996年7月1日	一级教师	2010年5月
莫春燕	女	汉族	本科	2004年7月1日	高级教师	2020年7月
次仁央啦	女	藏族	本科	1995年7月1日	一级教师	2007年4月
土登央金	女	藏族	本科	2003年7月1日	一级教师	2015年12月
米 玛	男	藏族	本科	1996年7月1日	高级教师	2013年4月
巴桑拉姆	女	藏族	本科	2007年7月1日	高级教师	2021年9月
韩庆龄	女	汉族	本科	1997年7月1日	高级教师	2020年7月
扎西央宗	女	藏族	本科	1994年7月1日	一级教师	2007年4月
朱艳美	女	汉族	本科	1998年7月1日	正高级教师	2018年6月
涂 卉	女	汉族	本科	2001年7月1日	高级教师	2018年6月

续表8

姓名	性别	民族	学历	参工时间	专业技术职务	批准时间
普布卓玛	女	藏族	本科	1995年7月1日	一级教师	2007年4月
彭正强	男	汉族	本科	2009年7月1日	一级教师	2016年7月
曲　吉	女	藏族	本科	2000年7月1日	一级教师	2014年5月
李迎春	女	汉族	本科	2001年7月1日	高级教师	2018年6月
贺红侠	女	汉族	本科	1993年7月1日	高级教师	2014年11月
普　琼	男	藏族	本科	1995年7月1日	一级教师	2007年4月
索　次	男	藏族	本科	1995年7月1日	一级教师	2007年4月
珠　扎	男	藏族	本科	1999年7月1日	高级教师	2014年11月
巴　珍	女	藏族	本科	1994年7月1日	高级教师	2016年1月
次　吉	女	藏族	本科	1993年7月1日	一级教师	2008年5月
普布仓曲	女	藏族	本科	2001年7月1日	一级教师	2008年9月
王　芳	女	汉族	本科	2001年7月1日	高级教师	2016年12月
扎　桑	女	藏族	本科	2007年7月1日	一级教师	2019年1月
次仁曲宗	女	藏族	本科	2007年7月1日	高级教师	2021年9月
李雪优	女	汉族	本科	2005年7月1日	一级教师	2008年12月
王成林	男	汉族	本科	2000年7月1日	高级教师	2012年12月
央　珍	女	藏族	本科	1996年7月1日	一级教师	2008年3月
普布琼达	女	藏族	本科	1998年7月1日	一级教师	2006年4月
龙　宗	女	藏族	本科	1994年7月1日	一级教师	2008年5月
白红梅	女	藏族	本科	1997年7月1日	高级教师	2020年7月
高　波	女	汉族	本科	2005年7月1日	一级教师	2016年7月
索朗卓嘎	女	藏族	本科	2001年7月1日	高级教师	2021年9月
德吉卓嘎	女	藏族	本科	1998年7月1日	高级教师	2021年9月
次仁白玛	女	藏族	本科	1999年7月1日	高级教师	2016年1月
王　霞	女	汉族	本科	1998年7月1日	一级教师	2015年12月
元旦卓玛	女	藏族	本科	2002年7月1日	高级教师	2019年7月
房明娟	女	汉族	本科	1999年7月1日	高级教师	2014年11月
白玛更吉	女	藏族	本科	2005年7月1日	一级教师	2019年1月
徐　丽	女	汉族	本科	1999年7月1日	高级教师	2014年11月
扎　西	男	藏族	本科	1995年7月1日	一级教师	2014年5月

续表8

姓名	性别	民族	学历	参工时间	专业技术职务	批准时间
尼玛卓玛	女	藏族	本科	1993年7月1日	一级教师	2010年5月
赵有萍	女	汉族	本科	2004年7月1日	一级教师	2015年12月
平措德吉	女	藏族	本科	2009年7月1日	一级教师	2016年7月
次仁央拉	女	藏族	本科	2005年7月1日	一级教师	2015年12月
巴　桑	女	藏族	本科	1994年7月1日	一级教师	2009年5月
王书清	男	汉族	本科	2000年7月1日	高级教师	2016年1月
泽仁扎西	男	藏族	本科	1996年9月1日	一级教师	2020年3月
赖　丽	女	汉族	本科	2003年7月1日	一级教师	2020年3月
格桑达瓦	男	藏族	本科	1991年4月1日	一级教师	2009年5月
张　洋	女	汉族	本科	2000年7月1日	高级教师	2014年11月
次拉姆	女	藏族	本科	2004年7月1日	高级教师	2018年6月
王　磷	女	汉族	本科	2001年7月1日	一级教师	2015年12月
索朗白珍	女	藏族	本科	1996年7月1日	高级教师	2013年9月
陈新龙	男	汉族	本科	2001年7月1日	一级教师	2013年5月
边巴卓玛	女	藏族	本科	2007年7月1日	一级教师	2014年5月
扎　西	男	藏族	本科	2005年7月1日	一级教师	2011年9月
仓　决	女	藏族	本科	2005年7月1日	一级教师	2017年12月
央　吉	女	藏族	本科	2006年7月1日	高级教师	2020年7月
卓　嘎	女	藏族	本科	1996年7月1日	一级教师	2007年8月
段　昭	女	藏族	硕士	2010年7月1日	一级教师	2020年3月
洪　飞	女	汉族	本科	2001年7月1日	一级教师	2013年5月
阿　奴	女	藏族	本科	2003年7月1日	高级教师	2021年9月
赵吉明	男	汉族	硕士	2001年7月1日	一级教师	2011年5月
王　萍	女	汉族	本科	2004年7月1日	高级教师	2018年6月
胡燕梅	女	汉族	本科	2004年7月1日	高级教师	2018年6月
格桑仁增	男	藏族	本科	1999年7月1日	一级教师	2019年1月
德　吉	女	藏族	本科	2007年7月1日	一级教师	2016年7月
普布德吉	女	藏族	本科	2007年7月1日	一级教师	2015年12月
薛富春	男	汉族	本科	2001年7月1日	高级教师	2021年9月
尼　珠	女	藏族	本科	2007年7月1日	一级教师	2017年4月

续表8

姓名	性别	民族	学历	参工时间	专业技术职务	批准时间
益西曲珍	女	藏族	本科	2006年8月1日	一级教师	2017年12月
丹巴杰参	男	藏族	本科	2007年7月1日	一级教师	2016年7月
卓　嘎	女	藏族	本科	2007年7月1日	一级教师	2016年7月
次珠拉	女	藏族	本科	2004年7月1日	高级教师	2020年7月
卓玛群宗	女	藏族	本科	2013年7月1日	一级教师	2020年3月
欧珠央宗	女	藏族	本科	2008年7月1日	一级教师	2017年12月
尼玛卓嘎	女	藏族	本科	2010年7月1日	一级教师	2019年1月
格桑曲珍	女	藏族	本科	2007年7月1日	一级教师	2016年7月
谭阿路	女	土家族	本科	2013年12月1日	一级教师	2020年3月
桑旦卓玛	女	藏族	本科	2013年12月1日	一级教师	2020年3月
游艳梅	女	汉族	本科	2002年7月1日	一级教师	2012年9月
马　明	男	汉族	本科	2004年8月1日	高级教师	2021年9月
谢　娜	女	汉族	本科	2003年8月1日	高级教师	2021年9月
赵菲菲	女	汉族	本科	2011年7月1日	一级教师	2017年12月
胡耀华	男	汉族	本科	2007年7月1日	高级教师	2021年9月
次仁措旺	女	藏族	本科	2006年7月1日	一级教师	2012年9月
尼玛罗布	男	藏族	本科	2004年7月1日	一级教师	2013年8月
朗杰卓嘎	女	藏族	本科	2001年7月1日	一级教师	2012年5月
布　穷	男	藏族	本科	2007年7月1日	一级教师	2014年12月
索朗次仁	男	藏族	本科	2007年7月1日	一级教师	2014年1月
扎西顿珠	男	藏族	本科	2006年8月1日	一级教师	2015年11月
郭　岚	女	汉族	本科	2005年7月1日	一级教师	2012年9月
边　珍	女	藏族	本科	2010年7月1日	一级教师	2010年7月
白玛央吉	女	藏族	本科	2011年8月1日	一级教师	2020年3月
格桑德吉	女	藏族	本科	2007年7月	一级教师	2014年1月
尼玛吉	女	藏族	本科	2009年7月	一级教师	2015年12月
琼　达	女	藏族	本科	2009年7月	一级教师	2015年12月
洛松朗措	女	藏族	本科	2006年7月	一级教师	2015年12月
蒲利君	女	汉族	本科	2006年7月	一级教师	2014年12月
益西措姆	女	汉族	本科	2013年12月	一级教师	2021年11月

城市建设·环保

住房和城乡建设

【概况】 年内，堆龙德庆区住建局坚持以习近平新时代中国特色社会主义思想为指导，坚决贯彻落实中共十九大和十九届二中、三中、四中、五中全会及中央第七次西藏工作座谈会精神，紧紧围绕区委、区政府中心工作，在新冠疫情防控常态化下发挥住建职能作用，紧盯目标任务，统筹谋划，周密安排，凝心聚力，锐意进取，带领干部职工团结拼搏，攻坚克难，强劲发力，在重点项目建设、推进乡村振兴、提升基础设施等方面多措并举，为经济社会高质量发展保驾护航作出了新贡献。2021年，区住建局内设办公室、财务室、基建办、安居办、房产办、质安中心等7个办公室，共有干部职工35名。

【项目建设管理】 城乡建设扎实推进。2021年，区住建局对照固定资产投资建设项目计划总表、重点项目计划表安排，新建续建固定资产投资项目30余个，固定资产投资项目开工率达85%以上，中心公园建设、滨河景观市政工程、新城市政工程、乃加二路建设稳步实施，滨河体育公园、垃圾转运站如期建成。实施完成公园类、市政道路类、农村公路类、人居环境类、城市道路和绿化提升类、城市维护类等7类共计50余个零星项目，总投资超过8000万元，城乡基础设施不断得到提升。

四化整治成效凸显。投入资金3110万元新建那曲高中南侧、柳东大桥2个城市街旁公园，新增绿化面积达21362平方米，实施堆龙大道、柳东路、波玛路、柳东桥等11个道路和节点的绿化提升项目，绿化整治不断提升。投入资金854.63万元对团结路、攻木吉路、东嘎路、波玛路共计372盏路灯进行优化改造提升，投入资金12.5万元在祥和苑进出口两侧新增25盏太阳能路灯，投入资金100余万元实施东嘎秀嘎隧道亮化工程，对接协调具备条件的房地产自主实施楼体亮化工程，

2021年7月1日，堆龙德庆区住建局质安中心负责人黎平（右一）开展结对帮扶入户活动

城区亮化效果基本呈现。投入资金400万元,合理布局10个点位各新增1座公厕,积极对接拉萨市城投公司维修人行道和路缘石3300平方米,净化整治持续推动。投入资金1620.86万元实施工业园区内8条道路和城区内殡仪馆前道路、堆龙中学南侧道路、祥和苑门口道路、725油库旁道路等4条道路美化提升项目,美化整治稳步推进。

城市特点更加鲜明。新城搬迁安置项目全面完成,新城范围内多个房地产项目如期建成,城区布局多个公园,居住环境不断优化。建成并投入使用2座污水一体化处理站,城区范围内污水处理能力和水平大幅提升。城市交通路网体系逐步成型,已建成堆龙大道、东嘎路、波玛路,拉贡路、团结路、柳东路等主干道,堆龙新城9条市政道路全面通车,新城周边建成桑木2路、羊达路,所有道路均配置完善照明设施,“三横”“四纵”路网架构已显现雏形。

2021年3月12日,堆龙德庆区住建局组织党员参加全区义务植树劳动

【群众福祉不断改善】 乡村振兴纵深推进。2021年,区住建局积极申报第六安居苑、南嘎小区、东嘎小区、共庆小区4个老旧小区改造项目,完成浪冲、恰卡、重萨3个点棚户区改造项目。开工建设南嘎村一、二组,岗德林村二、三组,乃琼村一、九组,贾热村4个点棚户区改造项目,4个点均完成90%以上工程量。全面完成德庆镇、马镇、古荣镇范围内邱桑村一组,顶嘎村三组,宇妥组,设兴村一、二组,嘎冲村二、四、五组,加入村三、四组人居环境整治项目,2021年昂嘎村、德庆村扎西康桑组、德庆村桑仓组、朗巴村、古荣村、巴热村6个点人居环境整治项目已交由区龙腾公司代建,均已开工进场并完成总投资的60%。

安居工作不断向好。对接协助相关部门完成全区840户易地搬迁群众搬迁房和那曲市荣玛乡266户高海拔生态搬迁房产权办理工作。完成全区4946户农牧民群众住房安全排查及自治区农村房屋安全信息录入。“美丽乡村·幸福家园”住房提升改造工作稳步推进,第一批67户工作已完成并交付使用。协助配合上级业务主管部门实施900余户供气供暖工程。

促进增收持续发力。持续落实农牧民增收各项政策,将政府投资400万元以下的工程项目交由项目所在地具备承接能力的农牧民施工企业(队)实施,项目实施过程中不断加大当地劳务、机械投入使用量,积极组织农牧民施工企业(队)选派农牧民工开展以岗代训,促进本地企业规范化发展。

【房产管理】 房产管理更加规范。2021年,区住建局不断优化转变管理理念,创新管理模式,提高服务意识,高效完成办公用房清理整改、保障性住房整治等重点工作。办理房屋买卖、抵押和预抵押、房屋继承或赠与、房屋租赁备案、开具楼盘表等各类房屋交易事项1114件。充分利用各类宣传媒介和渠道宣传城镇低收入家庭住房保障和租赁住房补贴发放相关政策,受理租赁住房补贴发放业务30余件,审批通过11户,向符合条件的外来务工家庭和低保家庭发放租赁住房补贴30960元。

建筑市场健康发展。严格履行质量监督工作职责,确保工程项目依法依规实施,办理质量监督手续42个、施工许可证54个、建筑起重机械产权备案8个、建筑起重机械使用备案17个。持续开展建筑领域开复工、疫情防控、安全生产、文明城市创建、实名制管理、违章建筑、扫黑除恶等执法检查,不断加大督促整改力度,确保建筑市场健康稳定发展。共开展检查200余次,下发检查整改单103份,停工整改单30份,处罚各类不良行为20次,罚款金额达53.5万元。围绕工程质量、扬尘防治、模架和脚手架工程、起重机械、基坑土方开挖及支护工程、安全防护、临时用电、实名制管理、违法分包转包等安全文明施工情况,开展了为期1个月的建筑领域专项整治,严防各类事故发生。

疫情防控常态开展。坚持把加强党的领导贯穿于疫情防控的全过程,充分发挥党支部的战斗堡垒作用,面对防止疫情反弹的任务,把做好疫情防控常态化工作作为重中之重,带头并督促项目参建单位严格落实疫情防控各项措施,有效降低疫情传播风险,消除各类疫情隐患。

（程 博）

【机构领导】

局 长

金 咪(藏族)

安居办主任

洛 旦(藏族)

副局长

许广进

云旦朗杰(藏族)

生态环境保护

【概况】 年内,堆龙德庆区继续践行习近平总书记“绿水青山就是金山银山”理念,深入贯彻落实中央第七次西藏工作座谈会及习近平西藏考察时的精神,紧紧围绕区委、区政府及拉萨市生态环境局各项任务重点,坚持以改善环境质量为核心,以整改解决突出环境问题为抓手,主动作为、攻坚克难,持续推进大气、水、土壤污染防治,统筹推进疫情防控、经济运行各项重点工作,取得了明显成效。2021年,生态环境分局实有人员9名,在编在岗9名,行政编制6名,事业编制2名,工人1名。其中科级领导职数2名,中共党员9名。

【完成各项目标】 2021年,根据《拉萨市空气质量监测季报》数据显示,1—11月堆龙德庆区有效监测天数336天,优良天数311天,优良率达100%,堆龙河地表水水质除第二季度受羊八井地热温泉水质本底超标影响东嘎国控断面出现砷超标外,均满足《地表水环境质量标准》(GB 3838–2002)Ⅲ类质量要求;土壤环境质量符合《土壤环境质量标准》(GB 15618–1995)标准。中央环保督察反馈问题1个,由堆龙德庆区工业园区挂牌督办,已全部完成整改销号。

【重点工作任务】 落实排污许可登记。2021年,生态环境分局按照《关于进一步加强排污许可登记管理的通知》要求,安排专人负责,主动对接辖区内企业,完成480家企业的生产行业类别和排污许可证管理类别确认工作。

“散、乱、污”企业整治专项行动。联系第三方机构对辖区内的企业进行排查调查,经专家评审及多次补充完善,编制完成《拉萨市堆龙德庆区企业排查及环境现状评估报告》。

2021年1月4日,西藏自治区生态环境厅厅长罗杰(前排左二)一行到堆龙德庆区检查指导“散乱污”企业整治及国道沿线环境综合整治情况

加强建设项目环境管理。严格把关项目环评审批，在西藏自治区生态环境厅环境影响登记表备案系统备案堆龙德庆区建设项目69个，下达备案无效通知书10份。

加大环境监察力度。全面开展环境监察工作，深入开展各类专项行动，狠抓重点行业重点领域的环境执法，对国控区控中重点企业出动检查执法人员206人/次，下达执法文书80余份，签订书面承诺书20余份。

畅通渠道提高环境信访水平。受理群众生态环境保护信访与投诉案件22件，其中“12345”18件，拉萨市生态环境局转接“12369”4件，办结22件，办结率100%，对4家违法企业依法收缴罚款15万元。

入河排污口排查整治。配合自治区生态环境厅、拉萨市生态环境局开展入河排污口整治工作，制定《堆龙德庆区入河排污口整治工作方案》，摸清入河排污口底数和基本情况，完成11个入河排污口的水质常规监测及类型排查工作。

医疗废物储存处置管理。辖区内医疗机构与西藏中油优艺环保有限公司签订医委托处置合同，对所有医疗机构进行垃圾收集处理，全面落实了废物转移三联制。各级医疗机构总处置医疗废物27103.08千克，医疗污水22186.5吨。

多举措推进禁白工作。堆龙德庆区巩固“禁白”工作成果领导小组与农贸市场管理方、各镇（街道）等部门签订《堆龙德庆区“禁白”工作目标责任书》，进一步明确了相关单位“禁白”工作职责，组织执法部门对农贸市场、超市、餐饮店、主要交通干线等重要地段不定期开展“地毯式”的联合执法检查，对违规销售购买使用一次性发泡塑料餐具、塑料购物袋的单位形成有效震慑，形成了打击违规销售、购买、使用行为的高压态势。

2021年10月14日，区委常委、副区长罗俊峰代表堆龙德庆区参加2020年联合国生物多样性会议生态文明论坛，领取国家生态文明建设示范区奖牌

【巩固三大污染攻坚战】 2021年，严格履行行业监管职责，结合文明城市创建工作，持续开展施工扬尘、道路扬尘等执法检查，不断加大督促整改力度，各职能部门不定时进行联合执法，开展了为期1个月的建筑领域专项整治。在堆龙河东嘎断面砷超标问题全面排查的基础上，多部门积极联合加大日常巡查检查执法力度，对堆龙河断面、羊八井断面增设9处应急点位，对水质本底和上游水质进行全面分析。

【推进生态文明建设】 2021年9月，堆龙德庆区被生态环境部授予国家级生态文明建设示范县（区）称号，受邀参加2020年联合国生物多样性会议生态文明论坛，领取国家生态文明建设示范区荣誉奖牌。此外，积极推进国家级生态文明建设镇（街道）、村（居）创建和“绿水青山就是金山银山”实践创新基地的申报工作。

（韩金钰）

【机构领导】

局　长

旦增卓玛（女，藏族）

副局长

仁青江村（藏族）

城市管理和综合执法

【概况】 2021年，在区委、区政府及市城管局的正确领导及关心指导下，全区执法体系不断完善，城市面貌逐步改善，城市功能不断健全,各项工作正在逐步走向规范化、标准化、常态化。2021 年,区城管局实有干部 10 名,城管协管人员 98 名,环卫工人 958 名。

【市政维护管理】 2021 年,区城管局为做好庆祝中国共产党成立 100 周年及西藏和平解放 70 周年氛围营造工作,对全区 17 栋政府楼宇进行亮化,对德庆大道、团结路 128 个路灯进行更换,安装国旗 256 面、社会主义核心价值观灯箱广告 256 个,对波玛路 133 个路灯进行维修。对全区道路隔离栏、井盖、人行道、路灯、厕所等市政设施进行排查,对存在破损情况的及时开展修复工作。更换道路中间隔离栏 733 节,安装及修复人行道护栏 200 个,修复人行道约 2000 平方米,更换井盖 310 个,维修井盖 90 个,安装树篦子 4000 余个,修复交通指示牌 16 个,拆除铁桩 627 个,人行道硬化约 500 平方米,道路修复 15 平方米,公厕大修 4 座、小修 44 座,更换公交站台玻璃 13 片,修补公交站台 4 座。全区补栽红叶李、侧柏、雪松、碧桃等植被 3 万余株,并对全区行道树进行涂白。

【执法监督管理】 2021 年,区城管局接办"12345"政府热线举报案件 19 件,城管 24 小时举报(电话 0891-6152900)案件 28 件。行政审批 29 项,其中临时占道审批 13 项,道路开挖审批 10 项,横幅审批 2 项,开设喇叭口 4 项,办理店招备案 85 个。加强日常监督执法,劝诫出店经营、占道经营 5428 起,处罚 15 起,处罚金额 3000 元;劝离流动商贩 899 起,处罚 42 起,处罚金额 7700 元;处罚乱倒垃圾 27 起,处罚金额 10800 元;处罚焚烧垃圾 3 起,处罚金额 2400 元,已全部上缴国库。处理噪声扰民 25 起;拆除破旧横幅 1327 条,违规广告 523 块;城市牛皮癣 16000 处,整治非机动车乱停乱放 4024 处;规范横幅、条幅、彩旗、国旗等 2342 处;整治不规范广告牌 232 处;在庆祝中国共产党成立 100 周年、西藏和平解放 70 周年大庆以及节日期间,联合各镇(街道)在辖区范围内发放国旗 18400 面。

2021年12月15日,堆龙德庆区城市管理和综合执法局组织人员到南巴村开展主题党日活动

【治理道路遗撒】 2021 年,区城管局为防止渣土运输车辆在运输过程中产生道路扬尘、遗撒污染,在城区 4 处限高架设立货运车辆防遗撒、滴漏检查点,同时要求各街道执法队在辖区主干道设置卡点检查过往车辆,派出渣土运输组在晚上 8 点至凌晨 4 点开展夜间巡查,并形成长效机制,不定时协同交警队、住建局、环保局、交通局进行联合执法,对辖区过往运输车辆逐一进行检查。全年共检查运输车辆 8193 辆,处罚车辆未密闭运输 134 起,处罚金额 26800 元;车辆道路遗撒 16 起,处罚金额 9200 元,已全部上缴国库。

【环境卫生治理】 2021 年,区城管局环卫工人对城区主次干道坚持每日冲洗、洒水,保证道路的干净整洁。优化清运线路,每天定时定点收运垃圾,做到生活垃圾日产日清、不出现垃圾成堆和垃圾过夜现象。清理各类生活垃圾 19000 余吨,冲洗马路 15000 余次,清洗公交站牌 12000 余次,清理小广告 27000 余个,城区内果皮箱每天清洗 1 次,对环卫车辆驾驶员集中培训 3 次,对环卫工人集中培训 3 次。5 月,将 41 座公厕移交至各镇(街道)进行日常保洁工作,其中东嘎街道 7 座、羊

2021年7月2日，堆龙德庆区城市管理和综合执法局党组举办庆祝建党100周年文体活动

达街道6座、乃琼街道14座、古荣镇2座、马镇9座、德庆镇1座、城投批发菜市场2座公厕继续由城投批发菜市场进行日常保洁、管理维护；区城管局环卫工人对城区主干道沿线的12座公厕进行日常保洁工作，并对全区51座公厕进行统一维护管理。在日常管理过程中，制定了公厕管理制度，各镇（街道）严格执行按照管理制度，达到地面净、墙面净、周边净、厕位净，无溢流、无蚊蝇、无臭味的“四净、三无”标准。

【实施垃圾分类】 2021年，为切实做到“绿水青山就是金山银山”，结合生态文明建设以及乡村振兴建设，区城管局先后召开堆龙德庆区生活垃圾分类工作部署会议和堆龙德庆区生活垃圾分监督员培训会，对全区各党政机关、35个村居及154名生活垃圾分类监督员进行宣传培训。借助“五下乡”“党员活动日”和“6·5”世界环境日等契机，开展生活垃圾分类宣传活动82次，现场发放宣传材料3000份。开展主题宣传活动，聘请第三方企业开展“手拉手参与垃圾分类　心连心共建环保堆龙”主题宣传活动21次、“美丽堆龙始于心　垃圾分类践于行”主题培训活动6次，参加人数共计2000人，发放《生活垃圾分类操作指南》和《生活垃圾分类宣传手册》2000册以及2000份印有垃圾分类标识的宣传品（不锈钢保温杯、双肩背包、雨伞、笔记本）。

【推行“路长制”工作】 2021年，为营造干净整洁宜居的城区环境，提升城市精细化管理水平，区城管局制定出台《堆龙德庆区全面实施“路长制”工作方案》，形成集市政、市容、园林、城管执法等城市管理各领域以及交警执法业务综合治理体系为一体的工作新模式，实现了层层有人管、事事有人办、件件有结果的分级管理机制，提升了工作效率。全年现场解决各类问题348项，全部以整改单的形式下发至各职能办公室，其中市政办公室70项、法规办公室16项、市容办公室20项。

（连　辉）

【机构领导】

局　长

普次伦珠（藏族）

副局长

土登群培（藏族）

赵金亮

杨　恒

王周强

交通·通信

交通运输

【概况】 2021年,区交通运输局认真贯彻区委、区政府及上级交通主管部门的工作部署,不忘初心、牢记使命,立足堆龙德庆区交通发展实际,加快推进农村公路建设、提升各级农村公路管理养护水平,推进城乡交通运输一体化发展,为堆龙德庆区域经济高质量发展提供坚实的交通基础保障。2021年,区交通局共有干部10名,政府购买人员6名,公益性岗位1名,实有工作人员17名。

【农村公路年报核查】 2021年,堆龙德庆区下辖6个镇街、32个村(居)、140个自然组,农村公路总里程为493.004千米,其中县道55.188千米、乡道79.585千米、专用公路37.033千米、村道321.198千米。自然村通畅123个,已通达未通畅17个。2021年年底,全区农村公路通车里程达493.004千米,基本形成以县道为骨架、乡道为支线、村道(寺庙道路)为脉络的农村公路网络体系,实现与国道干线以及城市道路的有效对接互通,为农村经济社会发展提供强有力的支撑和保障。

【爱路护路·人人参与】 2021年,区交通运输局结合五下乡、主题党日等活动深入开展农村公路交通安全知识、"四好农村路"创建工作等宣传活动,有力营造人人关心、支持、参与创建工作的社会氛围。把爱路护路、文明出行等工作要求,纳入乡规民约、村规民约之中,有力提升村民自治水平,蓄意破坏道路交通设施等违法行为连续多年保持零发生。路面常年保持整洁,边沟排水通畅,初步打造畅安舒美的通行环境。

【农村公路管理养护体制改革】 2021年,区交通运输局根据《西藏自治区人民政府办公厅关于印发西藏自治区深化农村公路管理养护体制改革实施方案的通知》及《拉萨市深化农村公路管理养护体制改革实施方案》要求,深入调

2021年7月13日,堆龙德庆区举办农村客运线路开通仪式

营运车辆

查研究，广范围征求意见，制定并印发《堆龙德庆区深化农村公路管理养护体制改革实施方案》，建立农村公路管理养护长效机制。在本级财政与拉萨市交通运输局支持下，农村公路治理能力明显提高，路况水平和路域环境根本性好转，交通保障能力显著增强。

【群众出行安全便捷】 2021年，区交通运输局坚持问题导向，为群众办实事、解难事，促使农牧民群众在“四好农村路”建设中享有更多获得感、幸福感。截至2021年年底，总计开通15条农村客运班线，先后投入20辆节能纯电动车用于农村客运，新开辟5条城市公交线路，增加14台城市公交，32个行政村全部实现覆盖公交线路，科学设置44个公交停靠站，日均运输500人次、日均行驶总里程1488千米，班线正点率达97%、车厢服务合格率达98%，创造了零事故、零故障、零投诉的运营成绩，受到群众的一致好评。

【非法营运车辆专项整治】 2021年，区交通运输局共检查车辆920余辆，查处非法营运车辆5起（均移交市交通综合执法支队处理），交通违法行为5起，驱离教育疑似非法营运车辆50余起。通过联合整治，有效遏制未经许可擅自从事道路运输经营的违法行为。

【疫情防控】 2021年，区交通运输局积极应对新冠肺炎疫情影响，做好单位内部及公共客运、货运等疫情防控工作，积极开展防控措施，根据区委、区政府的要求有效预防新冠肺炎疫情在交通公共场所的传播途径，确保境内交通运输行业的安全生产及开复工的顺利进行。

【农村公路项目建设】 2021年，除本级财政投资养护资金400万元外，另外完成2个农村公路新建项目及1个危桥改造项目，分别为堆龙德庆区乃琼街道贾热村农村公路改建工程（路面修复），政府投资239.98万元；堆龙乃琼街道加木村农村公路延伸段（路面修复），政府投资59.99万元；堆龙德庆区古荣镇古那桥，政府投资849.53万元。

【业务办理】 2021年，区交通运输局普货运输经营许可证新办32件；普货运输经营许可证年审116件；道路运输证新办203件；道路运输证补证20件；道路运输证换证178件；道路运输证注销82件；道路运输证年审2866件；道路运营车辆（客、货）迁出货运232件；道路运营车辆（客、货）迁入货运128件；道路运输证过户85件；从业资格证年审2457件；从业资格证继续教育500件。

（李凯）

【机构领导】

局　长

江　央（藏族）

副局长

李和清

单珍卓嘎（女，藏族）

运管所所长

莫　泽

电　信

【概况】 堆龙德庆区分公司位于堆龙德庆区青藏路25号，主要服务区域堆龙德庆区（包括开发区、人和汽贸城）3个镇3个街道办事处。2021年，公司有员工55名，其中党员5人、管理岗位3名，城区有9家营业网点，镇级有3家营业网点。2021年年底，全区村级光缆通达率99%，4G基站188个，覆盖全区28行政村，4G网络覆盖率均达98%以上，堆龙城区新建5G基站15个，为广大企业和群众提供安全可靠、快速便捷的网络服务。全年公司完成业务收入5054万元。

【综合业务】 2021年，分公司进一步深化"互联网+政务服务"，充分运用信息化手段解决企业和群众问题，实现对公众政务的一站式服务，安装监控天翼看家（监控）乃琼街道办1031部、德庆镇88部、马镇134部、古荣镇410部、羊达街道办308部、东嘎街道办1101部，通过推进天翼看家监控安装的实施，实现全时段、全方位、全覆盖监控，形成以信息化建设为支撑的数字城管、数字公安格局，促进了堆龙区平安村居的创建工作。

2021年，受突如其来的新冠肺炎疫情影响，堆龙区学生在家上网课遇到很大难题，老百姓反应有18个村组电信信号不好，无法正常上网课，需要及时解决，分公司立即组织应急保通小组，安排到堆龙德庆区各行政村进行新建宽带资源建设，通过近半个多月时间的奋战，解决了750户的宽带资源新建的任务，助力解决偏远农村小孩上课难题，有序恢复老百姓生产生活秩序。

伴随着老百姓对电信业务需求不断升级，进一步加大落实提速降费，完成好偏远村组普遍服务任务，实现了中小企业宽带平均资费降低15%，移动网络流量平均资费降低20%，堆龙所有家庭百兆宽带普及，推进千兆小区建设，实现了全区高速光纤宽带网络覆盖，城区家庭宽带普及率达100%。

通过加大对各营业厅店和客户经理、智慧家庭工程师队伍的服务提升为切入点，强化服务考核力度、解决服务中的热点和难点问题，提高客户的服务感知，完善客户关怀体系、提升用户满意度，深化服务承诺，诚信服务用户。2021年，堆龙区电信局全业务服务标准达标率为98%，从未出现过越级投诉、群体性投诉、重大投诉、媒体曝光等现象。

（索朗罗布）

2021年10月9日，中国电信拉萨分公司党组书记桑杰达瓦（左三）到堆龙德庆区电信分公司调研羊达街道数字乡村建设工作

【机构领导】

局　长

索朗罗布（藏族）

副局长

刘树忠

局长助理

格桑次仁（藏族）

移　动

【概况】 2021年，中国移动通信集团西藏有限公司拉萨堆龙德庆区分公司共有正式员工21名，编外网络装维及社区服务经理共40名。在各街道、镇设有服务网点，共有9家营业厅、26家业务代办点。服务堆龙区域5万余户通信客户及363家政企客户。2021年，堆龙移动区域用户数5.4万户，宽带用户新增7200余户，达到2万户，全年综合业务累计收入达6466万元。

【网络建设】 无线信号建设情况。2021年，堆龙德庆区新增6个5G基站、12个4G基站。境内共建设125个移动5G基站，主要覆盖东嘎街道、乃琼街道、羊达街道及堆龙各专业市场、园区，境内共1311个移动4G基站。家庭宽

中国移动通信集团西藏有限公司拉萨堆龙德庆区分公司全家福

带资源建设情况。2021年，新建家庭宽带端口21856个，辖区内共建设家庭宽带端口58583个，覆盖全堆龙行政村及辖区内小区，点位共513处，覆盖堆龙德庆区各社区、村一级。此外，完成24个小区的千兆宽带资源升级。

【业务服务】 2021年，中国移动堆龙德庆区分公司结合区委、区政府工作要求及上级部门下达的任务目标，践行“以人民为中心”的发展思想，以满足人民对美好数字生活的向往为目标，推动乡村新基建建设（含基站设施及有线网络资源）、推动乡村治理数智化（平安乡村平台、云存储、前端监控设施发展）工作，走村入户开展防范电信诈骗宣传工作，累计开展宣传活动232场次。为保障群众财产安全，于2021年12月启动电动车物联网定位设备及千里眼出租房管理平台，完成全量设备采购及试装工作。

（丹增旺堆）

【机构领导】

总经理

余　　凤（女）

副经理

丹增旺堆（藏族）

邮　政

【概况】 年内，区邮政分公司全体干部职工心往一处想、劲往一处使，紧紧围绕年初市分公司所确定的方针目标，向管理要效益，以服务求创新，调动一切积极因素，迎难而上促发展，努力完成市公司下达的各项工作任务，为分公司步入良性循环奠定坚实的基础。

【经营指标完成情况】 2021年，区邮政分公司业务总收入完成334.01万元，完成年度计划的73.89%，同比增幅达2%，差序时进度17.77%，欠收80.32万元。

【业务收入完成情况】 包裹快递业务。2021年，区邮政分公司实现收入172.40万元，完成年度计划的71.54%，差序时进度20.13%，欠收48.52万元，同比增幅达9.68%。函件传媒业务。实现收入101.41万元，完成年度计划的87.42%，差序时进度4.24%，欠收4.92万元，同比下降7.62%。渠道平台业务。实现收入54.05万元，完成年度计划的59.40%，差序时进度32.27%，欠收29.36万元，同比下降28.80%。

【经营亮点】 2021年，区邮政分公司针对分销业务收入缺口较大的情况，通过维护老客户，积极开发新客户，成功销售5100矿泉水2500余件，实现收入15万元，通过大客户营销，销售鲁花菜籽油220桶，实现收入2万元；结合党史学习，积极上门，不断开发新客户，通过多次走访，成功开发2户政务图书客户，实现图书销售收入1.5万元；优化投递作业段道、加大投递人员揽收培训，增设1名专揽人员，提升揽收水平，由年初每月揽收收入不足3万元起升到每月揽收收入超过7万元。

【普服工作情况】 2021年，区邮政分公司普遍服务工作按月对普服工作进行检查，每季度对各乡邮网点普服工作开展检查，对市分公司和自查中发现的问题均及时落实整改。组织乡邮网点全体员工开展普服业务培训，努力提升区分公司普遍服务水平。投递工作方面结合市分公司“法院专

2021年11月20日，中国邮政堆龙德庆区分公司召开生产经营分析会

递”、投递重点指标质量管控，“寄递业务客户投诉、有责丢失”专项整治等工作，理顺投递作业流程，优化投递作业段道，开展投递业务学习和培训，使堆龙投递质量有较大提升，各项业务指标稳步提升。

【基础管理工作】 2021 年，区邮政分公司规范各项业务流程，提高业务办理效率，及时召开经营会议，做好业务发展指导；稳步提升服务质量，针对发现的问题，召开质量分析会议，剖析问题原因，进行相关培训，在提高员工服务意识和服务水平的同时，不断提升服务质量；加强安全生产管理，定期召开安全生产学习教育培训会议，持续开展安全风险点排查和隐患整改，确保全年安全生产；做好新冠疫情防控工作，按照市分公司及堆龙德庆区新冠疫情防控指挥部疫情防控工作要求，高度重视，严格执行，做好本单位疫情防控工作；关心员工身心健康，融合外包投递人员与本局员工关系，提升员工凝聚力。

（次仁罗布）

【机构领导】

总经理

达姆卓玛（女，藏族，8 月离任）

曾 宪 海（8 月任职）

金 融

农行堆龙德庆区支行

【概况】 2021年，农行堆龙德庆区支行以习近平新时代中国特色社会主义思想为指导，全面贯彻落实中央第七次西藏工作座谈会精神，全面落实中央赋予堆龙德庆区的优惠金融政策，充分发挥金融服务主力军作用。始终高度重视服务“三农”和金融扶贫工作，持续加大信贷投入，进一步提升服务“三农”能力，着力在真抓实干上下功夫，坚守服务“三农”初心，勇担助力脱贫攻坚使命，积极助推堆龙德庆区“三农”发展和脱贫攻坚。高质量完成金融精准扶贫任务，做到资源投入到位、产品服务到位、贷款管理到位、督导落实到位。加快拓展新经济、新领域金融服务，进一步总结经验、加快发展，全力抢抓市场机遇，加强行业研究，抓好精准营销，实现重点突破。

2021年12月26日，农行堆龙德庆区支行党委书记刘仰松讲党课

【经营情况】 2021年年底，农行堆龙德庆区支行各项存款时点余额395786万元，比年初减少129527万元，其中个人存款时点余额156512万元，比年初增加9983万元；对公存款时点余额239274万元，比年初减少139509万元。各项贷款余额为204484万元，比年初增加50592.9万元，其中个人贷款123062万元，比年初增加13883万元；对公贷款81422万元，比年初增加36709万元。

【基础业务】 2021年6月12日，农行堆龙德庆区支行组织员工到建材市场、农贸市场、汽车城开展“我为群众办实事 金融知识进万家”活动，现场成功营销对公POS机3户、个人POS机4户、聚合码5户、对公账户4户、抵押E贷200万元。推进以“神圣国土守护者，幸福家园建设者”为主题的乡村振兴战略，拉萨市第二批暨堆龙德庆区首批“美丽乡村、幸福家园”贷款发放仪式在堆龙德庆区德庆镇举行，此次贷款是拉萨分行与西藏财信融资担保有限公司合作的全区首批农户担保业务。

【主营业务】2021 年,"春天行动" 期间,全行各项存款计划数为 2.86 亿元,实际完成 10.06 亿元,计划完成率为 351.75%;各项贷款计划数为 0.93 亿元,实际完成 2.55 亿元,计划完成率为 274.19%;中间业务计划数 374 万元,实际完成 400.4 万元,计划完成率为 107.06%,为唯一一家三大主营业务均实现超额完成任务的支行。出台《堆龙德庆区支行 2021 年 "春天行动" 储蓄存款考核管理办法》《堆龙德庆区支行 "三个七" 储蓄存款稳存增存攻坚战方案》《堆龙德庆区支行节前黄金 15 天个人存款冲刺活动方案》等多项考核方案,把准方向、瞄准靶心,扭转了 2020 年以来储蓄存款严重倒挂的不利局面。为加强更好的银企合作关系,进行系统性、全方位、整体性对接和协作,拉萨分行与堆龙德庆区政府签订了《巩固拓展脱贫攻坚成果暨服务乡村振兴战略合作协议》。4 月 29 日,农行西藏分行首个 "智慧乡村" 示范点在拉萨市堆龙德庆区南嘎社区挂牌。在保住原有存量机构及预算类账户的同时,经过前期多方努力成功竞标并开立堆龙德庆区预算类账户基户及零余额账户 60 户。通过 "信贷直通车" 发放 2 笔、金额共计 50 万元的农户贷款,实现该项业务在拉萨分行实现 "破零"。

(罗芳蕾)

【机构领导】

行 长

尼玛旦增(藏族,5 月离职)

刘 仰 松(5 月任职)

副行长

赵 新 吉(9 月任职)

韦 章 明

边巴琼达(女,藏族,12 月任职)

培 杰(藏族,12 月任职)

索朗罗布(藏族,12 月离职)

白 贵 花(女)

中国邮政储蓄银行堆龙德庆区支行

【概况】2021 年,中国邮政储蓄银行堆龙德庆区支行始终坚持 "以客户为中心,产品为导向" 的经营原则,秉承 "根植百姓,服务大众" 的经营理念,全面贯彻落实区分行党委及堆龙德庆区委、区政府的基本要求,立足当地实际,认真履行社会责任,积极为当地广大群众提供优良的金融服务。

【存款完成情况】2021 年年末,支行各项存款时点余额 5.82 亿元,其中个人储蓄存款为 3.22 亿元,较年初增长 0.11 亿元,公司存款时点余额 2.60 亿元。

【贷款完成情况】2021 年年末,支行各类贷款结余 8.41 亿元,年内累计投放 3.68 亿元,其中小额贷款全年投放 1.54 亿元,净增 0.13 亿元,消费贷款全年投放 2.14 亿元,净增 0.11 亿元,总体资产质量维持较高水平。

【金融宣传】2021 年,支行在银行网点开展 "防范电信、网络诈骗宣传活动" "消费者权益保护宣传活动" "金融消费者权益日活动" "打击和防范经济犯罪宣传日活动" "珍爱信用宣传活动" "如何鉴别假币宣传活动" 等 10 余场,帮助区内广大群众了解身边的金融风险。

2021年4月20日,中国邮储银行堆龙德庆区支行工作人员到通嘎村洽谈信用村建设及农户贷款业务

【亮点工作】 2021年11月,为更好落实"普惠金融,服务百姓"经营理念,支行成功发放通嘎信用村2笔农户贷款,合计金额28万元。积极与区委、区政府和区财政局对接,国库集中支付2.0系统正式上线,成功开立统计局、编译局等14家预算单位零余额账户。

(索朗达瓦)

【机构领导】

行 长

张 广 住(8月离任)

索朗达瓦(藏族,9月任职)

西藏堆龙民泰村镇银行股份有限公司

【概况】 西藏堆龙民泰村镇银行股份有限公司成立于2018年4月26日,是经中国银保监会批准,由浙江民泰商业银行作为主发起行,西藏自治区投资有限公司、拉萨市城市建设投资经营有限公司等12家股东共同参股投资设立的独立法人村镇银行,也是拉萨市首家村镇银行,注册资本金为1亿元,总行位于拉萨市堆龙德庆区堆龙大道95号。2021年设有综合管理部、风险管理部、运营财务部、业务管理部、内审合规部5个职能部门,下辖总行营业部、羊达支行、乃琼支行、古荣支行、马乡支行、德庆支行6家分支机构,网点已覆盖堆龙德庆区各乡镇,金融服务的半径与业务覆盖面不断增大。

【业务指标】 2021年,堆龙民泰村镇银行存款总额7.45亿元,其中对公存款3.67亿元、储蓄存款余额为3.77亿元;各项贷款余额5.08亿元,共2528笔,其中农户贷款2218笔,余额3.54亿元,小微企业贷款443笔,余额2.11亿元;非农户个体工商户及小微企业主贷款84笔,余额0.51亿元。

【支持"三农"工作】 2021年,堆龙民泰村镇银行始终坚守服务"三农"、小微企业和社区居民的定位,开展一系列营销宣讲活动,切实践行好普惠金融政策。2021年,累计投放农户贷款1290笔2.36亿元,占贷款总额的68.01%;累计投放普惠小微企业贷款333笔1.70亿元,占贷款总额的49%;累计投放农户和小微企业贷款3.32亿元,占贷款总额的95.68%。贷款平均年利率控制在3.42%,农户贷款年化利率仅为2.80%。

贯彻落实国务院关于降低小微企业和个体工商户支付手续费相关工作部署,进一步推进本行减费让利工作措施,切实惠及小微企业和个体工商户等市场主体。自成立以来免收网上银行U盾、动态口令牌、安全认证和银行卡等工本费;免收行内、跨行汇款手续费和短信通知费;ATM取现手续费行内免收、跨行前五笔免收,累计减免银行卡手续费14.85万元。

强化稳企业保就业支持政策,缓解企业尤其是中小微企业年内还本付息资金压力,积极对接存量有困难的小微企业和个人贷款户,本着"应延尽延"的原则,开展延期还本工作,截至11月末,累计延期还本12笔1365万元。

【易地搬迁帮扶的后续金融支持】

2021年,堆龙民泰村镇银行为对接辖内易地扶贫搬迁点(那曲荣玛乡已搬迁至堆龙德庆区古荣镇辖区内)开展后续金融支持工作,在该易地扶贫搬迁点,通过柜台和PAD开卡30余张,进一步补充支付工具,多次开展"金融知识进万家、送金融知识下乡、金融知识万里行"等活动。

【金融知识宣讲】 2021年,堆龙民泰村镇银行向广大客户群体宣讲金融知识,平均每周开展一场小型宣讲活动、每月开展一场较大规模的宣讲活动,宣讲范围基本覆盖堆龙德庆区各个乡镇村落。仅在"普及金融知识万里行"系列活动中,受众群众达3000余人,发放宣传折页、册子3000余份,抖音宣讲视频累计观看6000余次,美篇点击量600余次。

(李 涛)

【机构领导】

行 长

姜伯勤

副行长

程铭杰

李 涛

乡（镇）概况

东嘎街道办事处

【概况】 东嘎街道位于青藏公路与拉贡公路交会处，距离拉萨市区仅12千米，是堆龙德庆区驻地街道，也是堆龙德庆区乃至整个拉萨市的西门户，地理位置极其重要。东嘎街道总面积10平方千米，下辖4个社区、20个居民小组。2021年，街道总户数3319户、总人口10329人，其中劳动力5610人。街道有干部职工83名，其中行政编制47名、事业编制19名、工人4名、乡村振兴专干5名、政府购买性岗位6名、社区便民服务大厅办事员2名。社区“两委”班子36名，监督委员会成员14名。街道有党组织30个，其中党工委1个、党委4个，党支部25个，党员总数为666人，其中农牧民党员621人。

【党建工作】 政治站位更有高度。2021年，东嘎街道将学习贯彻习近平新时代中国特色社会主义思想同日常工作同谋划、同部署，保持常态化学习，聚焦提升学习质效。深入开展党史学习教育、“三更”学习教育、“三新”大学习大讨论活动，共开展理论学习中心组集中学习研讨16次，研讨发言34人次，邀请专家学者作专题辅导讲座3次，街道党工委开展“书记讲党课”活动4次，社区及“两新”领域党组织书记讲党课55次，社区组级党支部常态化开展各类学习60余次；街道多措并举，扎实推进“学习强国”学习平台使用推广，将下辖4个社区“两委”班子成员、下沉干部、驻村工作队、社区工作者、各支部书记全部纳入“学习强国”学习组，每月通报学习情况。依托街道新时代文明实践所，全年开展“学习之星”评比活动2次，对“学习强国”App学习积分排名靠前的干部进行表彰，进一步激发街道党员干部群众崇尚学习、热爱学习的积极性。街道党工委组织实施为期3天的党员政治教育专题培训，机关党员干部、各社区“两委”、监督委员会、“两新”领域党

2021年1月26日至2月6日，东嘎街道各社区完成“两委”换届选举工作，图为换届选举现场

组织党员共计60余人参加。组织观看9部红色电影，共计15场次，600余人次观影。组织参观爱国主义教育基地7次，300余人次参观；结合党史学习教育，发放制作藏文汉文《党史学习手册》800册，发放《中华人民共和国简史》《改革开放简史》《社会主义发展简史》90套，通过党史知识竞赛、书法寄语活动、朗诵比赛、观看网络学习视频、撰写心得体会等多种方式，提升党员干部"比学赶超"的主观能动性；整理制作《我为群众办实事》宣传片1部。

2021年6月16日，东嘎街道组织开展参观林周知青农场党史学习教育活动

责任落实更有力度。制定《东嘎街道2021年党风廉政建设和反腐败斗争主要任务分解表》，明确部门及班子成员8个大项13个小项具体责任，把从严治党各项部署要求一贯到底。街道党工委班子落实主体责任"不松手"，把党风廉政建设与经济社会发展同部署、同考核，专题研究党风廉政建设工作4次。街道主要领导履行"第一责任人"责任"不甩手"，街道党工委书记定期听取班子成员和纪工委工作汇报，面向街道全体党员干部开展集体廉政谈话1次，带头上廉政党课2次。班子成员落实"一岗双责""不缩手"，及时研究分析并上报分管领域廉政风险点排查情况及廉政建设工作开展情况，与分管领域干部开展廉政谈心谈话52人次。

基层组织更加牢固。高质量完成社区"两委"换届工作。一批政治素质高、道德品行好、致富能力强的优秀人才充实到了社区"两委"，班子年龄、学历、性别等得到进一步优化，为巩固脱贫攻坚成果、推动乡村振兴打下了坚实的人才支撑。提高"两新"领域"两个覆盖"。2021年年底，街道"两新"领域单独组建党支部5家，正式党员不足3人的由东嘎街道小个专党支部兜底，共有党员45人。成立团支部3个，成立青年工作委员会14个。全年各党支部常态化开展习近平新时代中国特色社会主义思想学习150余次，开展组织生活会32次，新发展党员27名。

党员管理更加严肃。街道始终将党员不得信仰宗教作为严明政治纪律和反分裂斗争纪律的重要抓手，坚持发现一起查处一起、问责一起，以"零容忍"的态度常态化开展党员信仰宗教问题排查整治工作3次，签订《党员不信仰宗教责任书》120余份，及时整改党员干部出入寺庙问题3条；持续深化"四项教育"，确保党员干部在反对分裂、维护祖国统一、加强民族团结等重大原则问题上旗帜鲜明、立场坚定；持续开展党员党籍整改工作，依据自治区相关文件要求，对6起不满18岁入党、异地发展等违规违纪发展党员案例进行处理。印发藏文汉文党员发展流程图100份，发展党员指导手册200份，专题培训发展党员工作4次。

干部队伍更加优化。加强各类教育培训，提升干部素质。街道选派70余人次优秀年轻干部前往市级、区级单位跟岗学习，参加各级各类培训，通过培训学习，提升专业水平和综合素质；街道积极对接堆龙德庆区一幼、二幼4名老师走进社区，集中开展国家通用语言文字培训。推动社区建立1对1帮扶机制，利用空闲时间开展日常学习，切实提升社区"两委"班子、农牧民党员及群众国家通用语言文字水平。建立街道干部平时考核机制。以季度为周期，采取"日考勤、周纪实、月小结、季考核"的方式开展干部平时考核工作，着力加强干部队伍建设，提升干部工作作风。

【意识形态领域建设】 主流舆论更加壮大。2021年，东嘎街道充分发挥各级党组织书记、农牧民宣讲员、老党员老干部等群体作用，结合“四讲四爱”群众教育实践活动，重点围绕习近平新时代中国特色社会主义思想、全面建成小康社会、中共十九届六中全会精神、乡村振兴、疫情防控等内容分类分层宣讲，采取召开座谈会、邀请党校讲师、入户宣讲、微信宣讲、知识竞赛等干部群众喜闻乐见的形式，开展各类宣讲活动165场次，受众人数达25000余人次。坚守网络意识形态主阵地，严格落实“三审三校”工作机制，全年“东嘎之窗”微信公众号共发布转载各类信息900余条。

主题宣传更加务实。组织辖区党员群众通过手机、网络平台、电视等多种形式收看庆祝中国共产党成立100周年大会和西藏和平解放70周年大会盛况，并结合实际，开展了升国旗、唱国歌、重温入党誓词，老党员“讲党史、谈变化、颂党恩”，“永远跟党走”文艺演出，过“政治生日”、赠送“政治生日贺卡”，慰问老党员，“学党史　守初心　担使命”党史知识竞赛等10余项系列活动。充分利用LED屏、建筑围挡、户外广告牌等载体，张贴悬挂大庆宣传标语口号，在辖区范围内形成共庆百年华诞、共谱繁荣新篇的强大声势。

和谐氛围更加浓厚。深入开展文明城市创建工作，以培育和践行社会主义核心价值观为抓

2021年6月24日，东嘎街道举行庆祝中国共产党成立100周年暨“永远跟党走”文艺大比拼活动

手，加强公益广告、文明城市创建宣传海报张贴布置力度，浓厚创城氛围。每周四组织街道干部职工、社区“两委”班子、下沉干部、驻村工作队、环卫工人、辖区群众参加爱国卫生运动，定期清理辖区主次干道、背街小巷垃圾、“牛皮癣”小广告，为群众创造良好的生活环境。联合区城市管理和综合执法局、街道执法所、各社区开展商铺占道经营、流动商贩专项整治行动16次，共出动执法车辆3辆，执法队员100余人次，规范商铺经营200余户、扣押流动商贩车辆14辆，为全面做好2021年全国文明城市复牌及文明城市测评各项工作打下坚实的基础；依托新时代文明实践所(站)，结合“新时代文明实践推动日”，充分调动各方力量，整合各种资源，创新方式方法，广泛开展“我为家乡美颜”“免费义诊体检”“关爱空巢老人”“妇女维权”“消防知识培训”“政策宣传”“文艺会演”等各种形式的志愿服务活动，受众达3万余人次，切实打通宣传群众、教育群众、引领群众、服务群众“最后一公里”；成功举办桑木社区首届藏年花文化艺术节，为传承发扬特色技艺，进一步促进藏年花产业的发展，整合提升桑木社区“藏年花”文化资源，充分展示桑木社区的地域特色和独特的人文环境，打响藏年花品牌，探索了一条新路。

【经济工作】 狠抓各类重点项目。2021年，东嘎街道各类项目共10个，其中为民办实事项目5个，分别为祥和苑社区基础设施提升改造项目、南嘎社区欧西组集体活动场所改扩建项目、南嘎社区欧西组内部道路硬化建设项目、南嘎供庆组山体绿化及建造小型公园建设项目、林琼岗堆龙退休基地高低压线路改造工程项目，5个项目总投资440万元；街道本级项目5个，分别为东嘎街道值班室改造工程项目、东嘎街道职工活动中心改造项目、东嘎

街道便民服务中心改造项目、东嘎街道院内改造一期和二期项目，5个项目街道本级投资98.03万元，以上项目已全部完工。

加快推进产业转型。紧紧把握城市化快速发展机遇，着眼当前、立足长远，对东嘎社区加日才党支部土地开发项目、拉贡路37亩土地开发项目、南嘎嘎东党支部钢材市场54亩经济预留地土地转型项目、南嘎老村委会土地开发项目、南嘎五组汽修厂土地转型项目、桑木社区老村委会土地开发项目、南嘎欧西组土地开发项目等通过制订转型方案，办理集体土地证、土地出让合同、规划许可证，签订开发协议等方式扎实推进土地转型升级。

发展壮大社区集体经济。立足区位优势，积极整合经济资源，创新发展思路，突破发展瓶颈，引导群众着力实现规模化、产业化和信息化的发展模式，加大对特色产业的开发力度，不断发展壮大经济。2021年，社区集体经济总额达6939.24万元，同比增长8%。鼓励引导农牧民建立专业合作社，街道18个农牧民合作社辐射带动辖区剩余劳动力376人，实现农牧民个人就业、家庭增收和合作经济共创共赢。完成3个社区、15个居民小组农村集体产权制度改革和股权量化工作。

【民生保障】 2021年，东嘎街道新型农村养老保险总参保人数2226人，参保率为95%，60岁以上享受养老保险人数为979人，养老保险发放率100%；城乡居民医疗保险参保人数为7768人，参保率达93%，全年各社区卫生室共计核销门诊7328人次，核销金额30.56万元。

【教育工作】 2021年，东嘎街道制定“控辍保学”工作实施方案和领导小组，依法保障适龄儿童、青少年接受义务教育的权利和履行接受教育的义务。深入基层，进村入户彻底清查辍学儿童，街道小学阶段学生就读率达100%，初中阶段年学生就读率达100%，无辍学情况发生。扎实做好教育扶贫工作，共发放2019—2020学年困难户、农户大学生资助资金838808.92元，覆盖街道3个社区共175名（其中包括27名免补专业学生）困难户、农户大学生。

【环境保护】 持续开展“两违”整治。2021年，东嘎街道拆除卫星图斑存量49宗，成功拆除核销图斑点245号、206号。拆除11个“蓝顶”房违建点，共计57.5亩。完成辖区4145起建筑违法用地、违法建设摸排工作。根据堆龙德庆区“两违”治理方案，帮助拆除辖区内两处违建体，发放“两违”治理拆除奖励资金183.15万元。加大辖区企业监管力度。全年检查仓储类企业50家，生产经营类企业25家，对存在问题企业上报区相关职能部门联合执法3家；对辖区工地开展专项检查整治4次，查处废品收购站5处，涉及收购废品经营者35家。加强生态文明建设。持续开展辖区人居环境卫生保障和整治等常态工作。开展辖区突击清理整治环境卫生活动49次，出动环卫力量1020余人次，累计清理垃圾约520吨。严格按照垃圾分类工作要求做好二次分类，日运转垃圾量达8车次（约24吨）。加强农村饮用水源地保护等生态环境保护工作，完成辖区7个饮用水源地专项检查保护措施。对辖区沿街背巷及河道区域等重点难点区域环境卫生进行集中整治38次，投入环卫

2021年7月1日，东嘎街道机关党支部为全体党员过“政治生日”，并赠送“政治生日贺卡”

人力826人次，投入经费6.6万元。

【疫情防控】 2021年，东嘎街道常态化开展新冠疫情防控工作，做好返拉人员摸排统计工作，接收健康管理人员148人。积极动员群众进行新冠疫苗接种，组织干部下沉力量形成“7+1”工作模式开展新冠疫苗接种“敲门行动”，截至2021年年底，南嘎新冠疫苗接种点累计接种第一剂58733人、第二剂59766人、第三剂12044人。

【食品药品安全为民】 2021年，东嘎街道组织开展针对辖区沿街背巷、主要干道的商户、企业及居民群众开展食品药品宣传教育工作，引导辖区群众积极参与食品药品安全监督，营造人人参与食品药品安全保障的社会氛围，共计发放食品药品综合海报2000余张。集中开展多次食品药品安全专项检查，累计开展专项检查5次。

【创业就业】 2021年，东嘎街道共转移农村剩余劳动力就业1718人，劳务输出1894人，转移就业率达91%，通过各类渠道为73名农牧民群众联系了就业岗位并全部上岗工作。街道自2012年起有325名毕业大学生已全部实现就业。

【文化繁荣乐民】 2021年，东嘎街道开展文化活动19余次，覆盖6880余人次。旅游产业进入提速增量突破阶段，辖区2家林卡累计接待1.2万余人次，创收96.55万元。

【脱贫攻坚成果同乡村振兴有效衔接】 2021年，东嘎街道坚持思想不懈怠、工作不断档、责任不缺位，推动工作力量、组织保障、规划实施、项目建设、要素保障等有机结合，坚决守住防止规模性返贫底线，切实巩固脱贫攻坚成果，推动实现巩固脱贫攻坚成果同乡村振兴有效衔接起好步、开好局。2021年年底，东嘎街道建档立卡户119户157名劳动力，实现就业135人，基本实现一户一就业指标。资助2021年建档立卡在校大学生共计19人，资助金额11.97万元。切实发挥扶贫产业项目的增收带动作用，为确定符合产业分红条件的75人以每人4500元的标准，共计兑现产业分红资金33.75万元。

【防灾应急】 2021年，东嘎街道检查辖区安全生产工作30余次，配合堆龙德庆区普查办进行第一次自然灾害综合风险普查试点工作，并迎接国务院普查办督导。累计开展防汛隐患点排查工作28次，开展河道清淤1次，购置发放防汛物资12类9000余件，累计投入54万余元，全力应对汛期洪涝灾害。

（格桑次仁）

【机构领导】

党工委书记
　　旦增平措（藏族，4月离任）
　　贺　　进（4月任职）
党工委副书记、街道办主任
　　贺　　进（4月离任）
　　旦增群培（藏族，4月任职）
党工委副书记、人大工委主任
　　普布卓玛（女，藏族，4月离任）
　　文　　兵（4月任职）
党工委副书记
　　钟　　晋（女）
党工委委员
　　强巴次仁（藏族，4月离任）
　　文　　兵（4月任职）
党工委委员、统战委员
　　强巴次仁（藏族，4月任职）
党工委委员、纪工委书记
　　王晓慧（女）
党工委委员、组织委员
　　罗布曲桑（藏族，4月离任）
　　石静茹（女，4月任职）
党工委委员、宣传委员
　　刘延斌（藏族）
党工委委员、办事处副主任
　　德吉白珍（女，藏族，5月任职）
副主任
　　尼玛仓（女，藏族，4月离任）
　　格桑拉姆（女，藏族，4月任职）
　　普布多吉（藏族，4月离任）
　　易　　飞（4月任职）

乃琼街道办事处

【概况】 乃琼街道位于堆龙德庆城区以南，北隔堆龙河，西部与古荣镇相邻，南部与曲水县连接，东临109国道，距城区2千米，距拉萨市中心约12千米，平均海拔3600米，辖区总面积约256平方千米。辖区有岗德林、乃琼、色玛、加木、波玛、贾热6个行政村（社区），37个村（居）民小组。2021年，街道总户数3582户，总人数10186人。

【基层党建】 加强组织，全面落实基层党建工作责任。2021年，乃琼街道切实加强抓党建工作的力度，充分发挥街道党建统揽全局、协调各方的作用，以党组织强有力的领导、党员队伍的模范带动，推动街道中心工作全面发展。全年召开党工委会议13次，专题党工委会15次，党建专题部署会议4次，研究重大问题140余项。

强化基础，认真落实基层党建重点任务。始终坚持把握“学党史、悟思想、办实事、开新局”总体目标，立足实际，高点站位、精准对标、统筹谋划、主动作为，高位推动党史学习教育走深走实。实行“1、3、5”下访机制。将每个星期的周一、周三、周五定为“干部下访走访日”，通过“领导带队下基层”和“直奔问题下基层”，有效解决问题、化解矛盾，从过去的群众上访变成了干部下访，共征求到各类社情民意60余条。扎实开展“我为群众办实事”活动。从群众关注的热点和难点问题入手，街道党工委、各村（社区）“两委”、驻村工作队为群众办实事，开展环境卫生整治、道路硬化等各类活动140余件，真正做到了敲开百姓“家门”，打开群众“心门”。开展群众喜闻乐见的活动。结合新时代文明实践和群众活动推动日，开展文艺会演、演讲比赛、红歌比赛、趣味运动会等一系列群众性活动共90余场次，同时开展党建带团建及“书香乃琼·亲子阅读大比拼”“恒爱行动”“童心心向党·忆初心圆梦”“点亮微心愿”“小手牵大手”等活动20余场次，16000余人次参加。

强化教育，有效建强基层战斗堡垒。党员培训全覆盖。发挥街道党校作用，以邀请各级党校老师授课的方式开展党员集中学习，带头当轮值党校老师，全年共举行7期农牧民党员轮训班，培训党员960余人，开展3期双联户代表培训，培训360余人次。强化组织关怀。隆重举行“光荣在党50年”纪念章颁发仪式，并为光荣在党50年的老党员过政治生日，为老党员赠送了政治生日贺卡，向老党员传递党的关心关爱，共同与老党员重温了入党誓词。建立党员手机号平台。针对街道党员数量多、管理难度大的问题，探索建立党员手机平台，定期为党员发送党员权利、义务、不信仰宗教等短信和彩信，实现了点对点对党员进行教育，全年累计发送短信和彩信12000余条。

2021年4月25日，乃琼街道党工委召开2021年经济工作部署会

探索创新，提升各领域党建的工作质量。完善基层治理体系，与“大工委”共建单位联合开展活动30余场次，“两新”领域“两个覆盖”率达到100%，完成基层党组织标准化建设，进一步规范组织生活，开展书记讲党课活动20余场次。净化政治生态。结合基层作风提升年建设，扎实开展为期1个月的专题教育整顿，并结合公务员平时考核要求，第一时间召开动员部署会，制定日常考核工作方案，签订《军令状》，扎实推进公务员平时考核工作。创建为民服务品牌，实行“三单制”的培训，全方位打造出“乃琼邀你回家”为民服务党建品牌，其中包括邀你回家读书、观影、打球、健身、跳舞、咨询等系列全民健康生活项目。

带好队伍，着力提升党员队伍整体素质。抓好“小个专”支部工作。将街道党群办干部补选到“小个专”党支部组织委员，规范“小个专”党支部组织生活。先后组织开展了“共话初心、勇担使命”座谈会和学党史专题组织生活会8场次。发展党员保证质量。

街道严格履行发展党员程序，按照成熟一个发展一个的要求，发展党员19名，按期转正预备党员21名，吸纳积极分子23名，并集中举行了老党员为新党员代表佩戴党徽、集体重温入党誓词等活动，积极发挥党建带团建，共有16名团员转为预备党员。

2021年4月30日，乃琼街道办组织开展"喜迎建党一百年 我与祖国共成长"演讲比赛

【党风廉政建设】 2021年，乃琼街道开展明察暗访政治监督检查10余次，签订藏语汉语版《乃琼街道共产党员不信仰宗教承诺书》880份，签订率达到100%。深入各村居、辖区内学校、企业等开展疫情防控监督检查60余次，排查发现督促整改问题32条，均属于立行立改。及时制定《乃琼街道村（居）"两委"换届风气监督工作方案》，纪工委全程参与换届监督工作，在街道、各村（居）张贴换届举报渠道公告16张，设立换届风气监督举报箱7个，签订了《堆龙德庆区严守换届纪律承诺书》134份，开展警示教育5次，投入28000余元严肃换届纪律宣传，做到群众知晓、群众参与。研究党风廉政建设和反腐败工作事宜2次，解决问题2次。开展乃琼街道2020年"双述"及评议质询会，现场双述5人，现场质询5人，书面质询全覆盖。根据干部作风建设整顿工作有关要求，制定《乃琼街道干部职工纪律作风专项整顿工作方案》，自2021年9月6日开始至10月5日开展为期一个月的专项整顿，对乃琼街道全体干部职工及各村（居）下沉干部、乡村振兴专干、社工、驻村工作队队员执行工作纪律及作风情况进行纪律作风专项整顿，开展作风检查7次，通报5次，提出整改12条。对6个村（居）开展为期3天的财务财产监督检查工作，检查发现共性问题5条，差异问题23条，下发整改通知书6条。开展谈心谈话116人次，诫勉谈话1次，确保干部职工、农牧民党员谈心谈话全覆盖。召开党风廉政建设专题部署会议6次，听取街道班子成员、各村（居）党组第一书记、书记党风廉政和反腐败工作汇报4次，先后约谈新旧班子成员、各村（居）第一书记、书记、主任等重点岗位人员40人次，对辖区参与"转经"的3名农牧民党员开展定期谈话。对各村（社区）村级纪检监督员、村务监督委员会主任开展工作约谈12人次。

召开专题学习会6次，书记讲廉政党课3次，开展教育培训2次、重要节点教育8次，观看警示教育片4场，参观警示教育基地共5场，学习通报各级违纪违法典型案件14件，用身边人身边事教育身边人2件。

根据"每月一监督"主题，从7月至12月，街道纪工委开展监督检查工作中发现共性问题18个，个性问题5个，具体问题42个，截至年底，正在整改9个，整改率达到79%。

【意识形态】 统筹谋划，扎实推进。2021年，乃琼街道党工委坚持把意识形态工作纳入街道全局工作，对各项工作进行安排部署，不定期听取街道意识形态工作情况汇报，对工作中存在的问题进行专题研究，确保意识形态工作始终与街道各项工作同安排、同研究、同部署、同落实，工作有序有力推进。

抓好学习，提高认识。街道党工委高度重视理论学习，着力建设学习型党组织，推进"两学一做"学习教育制度化常态化，结合党史学习教育、"三更"专题教育、"三新"大学习大讨论，制定了理论学习中心组学习计划，进一步规范和完善中心组学习制度，全年共开展中心组学习16次，交流发言36人次，撰写心得体会36篇。广泛开展中国共产党成立100周年和西藏和平解放70周年系列庆祝活动，及时跟进学习习近平总书记最新讲话指示精神，举办专题讲座20余场次。先后组织300余人参观西藏百万农奴解放纪念馆、林周党史教育展厅和"三更"教育专题展馆、警示教育基地、东嘎社区百年党史墙、"两路"精神纪念馆。

文明实践，凝聚力量。以构建新时代文明实践阵地为抓手，因地制宜，从建平台、建队伍、开展实践活动着手，利用街道现有各类平台打造了以"乃琼邀你回家"为主题的乃琼街道新时代文明实践所，开展邀你回家强身健体、邀你回家读书学习、邀你回家欢度佳节的系列全民健康生活项目。依托新时代文明实践组织开展庆七一"永远跟党走、奋斗新征程"等大型活动16场次，涉及群众3.8万人次。利用村级文艺队开展"四讲四爱"群众教育实践活动90余场次。

【人大、政协工作】 2021年，乃琼街道人大工委组织"两代表一委员"组成视察团在街道范围及城关区开展视察活动3次，上级领导视察30余次，各地兄弟单位到乃琼交流学习15次，通过开展视察、检查、学习等活动，充分发挥代表监督职能、履职尽责服务民生作用。依托街道"1、3、5"下访制度，针对当前涉及群众切身利益的热点、难点问题进行下访收集，协调相关部门办理解决，开展选民接待日活动。为把"人大代表之家"建成联系选民之家，每月28日人大代表接待日，安排轮值代表在人大代表之家接待选民来访。全年通过组织人大代表走访和接待访民，为群众收集问题50多件。

【安全生产】 2021年，乃琼街道以网格为单位，对辖区6个村（居）30个网格的仓库、物流公司、厂房（含大型修理厂等其他公司）、出租房、超市、药店、饭店一一进行现场摸排，排查安全生产、消防安全、社会矛盾等情况。2021年，共开展安全生产、消防安全大排查大整治2次，排查各类场所515家（间）。其中，仓库214间，物流企业28家，厂房（含大型修理厂等其他公司）85家，出租房34家，超市83家，饭店71家。排查出的多项问题现场勒令开展限期整改。

【双联户工作】 乃琼街道6个村居共划分30个网格，每个网格配备专职网格员2—3名，配好兼职网格员，2021年先后组织网格员开展安全生产、基层社会治理、禁毒宣传教育等多次专项培训。明确网格工作服务管理职责体系，全面加强对"人、地、事、物、情、组织"等基本要素进行采集和动态录入信息，实现问题发现及时、协调有序、处置有力、监督有效、责任落实、服务到位的常态化社会服务。

【平安创建】 2021年，乃琼街道深入开展高标准、宽领域、大范围、多层面的平安创建活动，进一步提升平安创建的成色。把平安建设工作与日常属地管理进行深度融合，立足实际，因地制宜，开展平安善治村（居）、平安校园、平安单位创建评选活动。组织辖区各级各单位，先后开展3月综治

2021年6月15日，乃琼街道组织开展素质拓展训练活动

宣传月、“4·15”全民国家安全教育日、6月综治宣传周、全民禁毒宣传月等宣传活动，做到向面上拓展、向基层延伸、向群众贴近，逐步形成“全民参与、平安有我”的生动局面。

【经济发展】 2021年，乃琼街道牢牢把握稳中求进的工作总基调，更好地发挥政府引导下的社会主义市场经济配置作用，坚定不移走好高质量发展道路。多措并举、凝聚共识，引入专业机构编制“十四五”规划实施方案，同城关区、墨竹工卡县开展互访调研，以“调研+通报”的形式帮助村（居）拓宽工作思路，锚定目标、久久为功。注重经济高质量发展，引导失地群众、运输车辆向现代物流业转型靠拢，以“两违”拆除为契机逐步淘汰落后产能，以研讨会形式提高上报项目质量，全力推动产业升级转型。切实激发区域发展活力，顺利完成农村集体产权制度改革，探索“偏远村（居）发展集体经济，优势社区入股支援偏远村（居）”的“一盘棋”发展模式，缩小城乡差距，推进一体化进程。稳步壮大村集体经济，依托堆龙河南岸人流、物流、信息流优势争取岗德林、色玛集体经济用房项目，引导贾热、波玛利用账上闲置资金购买城区核心商业资产，村集体经济收入达4685万元，持续提升集体资产经营配置水平。突出抓好群众就业增收，开展4轮稳岗就业覆盖式调研，组织群众通过劳务输出、务工就业、土地流转、项目带动等方式增收，全年组织农牧民转移就业1782人、1955人次，目标完成率均达100%，农牧民就业劳务收入达1923.7万元，综合完成率达99%，农村居民人均可支配收入达28056.32元，同比增长15.5%，建档立卡贫困户人均纯收入21825.67元，同比增长20.23%，坚决克服经济下行压力，年初既定目标圆满完成。

2021年6月28日，乃琼街道办为光荣在党50年老党员过“政治生日”

【疫情防控】 2021年，乃琼街道共召开16次新冠疫情防控工作会议，对村（社区）、辖区企业、学校、景区、宾馆、网吧、商超等重点场所进行3次大检查，开展传染病集中监测17次、重点行业防疫工作专项检查等41次，重点行业从业人员核酸检测484人次，储备防疫物资7万余元。持续推进新冠疫苗接种工作，街道户籍人口中18岁以上应接种人员共有7090人，已接种6484人，接种率达91.5%，12—17岁共898人，已接种851人，接种率达94.77%，3—11岁共1103人，已接种875人，接种率达79.33%。

【乡村振兴】 2021年，乃琼街道严格落实“四个不摘”政策要求，扎实开展结对帮扶和防返贫动态监测预警帮扶，按照“稳得住、能致富”要求不断提升波玛搬迁点群众融入度，全年街道安排48个以补岗位，每人每年3500元，通过“一卡通”的形式兑现岗位资金，并上报北京门头沟区援藏岗位20个，每人每年4800元，均已兑现。经逐村逐户排查后，街道纳入突发严重困难户1户3人，脱贫劳动力289人，就业252人，就业率达88%，兑现建档立卡户资助就业激励补贴资金18.76万元。

【生态治理】 2021年，乃琼街道制作各类环境保护宣传标语25条，张贴门前“五包”宣传海报和文明公约海报各6000份；开展各类环境卫生整治工作30次，共出动3000余人次，利用机械设备累计清理村巷道及生产工具、牛粪饲料乱堆乱放60余处，清理房前屋后和村巷道杂草杂物、河道积存垃圾150多处，重量约200吨，清理沟渠漂浮物和障碍物90余处，整治垃圾乱扔乱放130余处。

【防汛抗洪】 2021年，乃琼街道购置了铅丝笼100卷、编织袋（大）1万个、手电筒60个、雨衣100件、雨靴100双、铁锹50把、手套300双，价值9.595万元。开展第二十九届“世界水日”和第三十四届“中国水周”宣传活动，发放宣传单300余份。整合街道本级资金70余万元实施项目2个，加木村二组水渠项目、波玛村河堤加固项目均已完工。开展河道环境卫生检查整治行动15次，进行5处河道清理、2处河滩地整治，清理各类垃圾30余吨。

【为民办实事项目】 2021年，乃琼街道把项目建设作为推动经济社会发展的重要抓手，整合人手成立工作专班，加快重点项目落地。争取10个街道主体实施项目，其中贾热村铁路建设失地农民就业安置中心建设项目已完成20%；岗德林社区八组变压器扩容项目已完工；波玛村象雄美朵园区生态渠道项目、岗德林社区三组高压线改造项目、加木村高压线改造维修项目和觉木龙寺全寺电线线路改造项目均已开工；乃琼街道中心幼儿园校园文化提升改造项目已完工；“两区两县”基层组织和政权建设项目——堆龙德庆区乃琼街道京藏连心乃琼安居全民康乐文化广场项目已完成设计方案审查，等待下达项目概算批复；乃琼街道乃琼社区公寓楼附属设施配套工程和乃琼街道加木村商品房建设项目正在开展前期工作。整合街道本级资金70余万元实施2个项目，分别为加木村二组水渠项目、波玛村河堤加固项目，均已完工。加大力度推动上级项目落地，贾热村棚户区改造项目、色玛安居苑工程稳步推进，加木村四组河道整治工程已完成建设。严格落实农牧民群众增收要求，400万元以下项目全部交由本地农牧民施工队实施，车辆机械使用比例达95%以上，实现项目建设带动效益最大化。

2021年7月29日，乃琼街道办联合驻地部队开展“军民共建一家亲 同心共筑中国梦”军地联合文艺演出活动

【便民服务】 2021年，乃琼街道服务大厅共设置6个服务窗口，涵盖民生、综治、民政、综合、社会保障、邮政等与群众紧密联系的服务项目。全年共办理户口类证明审批187件，车辆类证明审批268件，边境通行证证明审批955件，其他各类证明审批523件，涉农保险280件，信访案件69件，民政申请残疾证2件，城乡居民养老保险60岁老人新纳入23件，政治审查表40件，所有事项均按时办结，办结率达100%。

【食品安全】 2021年，乃琼街道在辖区内开展专项检查3次，日常检查32余次，共检查学校食堂、工地食堂、食品销售商店，餐馆、街道卫生院、村（居）卫生室等180余家、259次，对不合格食品做下架处理7次120余件，没收过期、“五毛”等食品122件，开具食品安全许可证办理通知单23张，对卫生不达标，违规使用食品添加剂的餐馆进行批评教育，限期整改28次。

【文化旅游】 2021年，乃琼街道6个村级文艺队全部组建完成，共有群众演出人员80人，为辖区群众开展“3·28”西藏百万农奴解放纪念日、“七一”建党、“十一”国庆等演出60余场次，11000余人次观演。在波玛路、柳东路、318国道等城区主干道投放公益广告50余处，张贴文明乃琼十条公约海报2000余份，充分发挥村史馆、农家书屋、文艺队等文化宣传媒介作用，深入挖掘文成公主遗址、觉木龙藏戏、雄巴拉曲神水等非物质文化遗产，引导群众讲好本地故事。充分运用觉木龙藏戏队演出50余场次，观戏达3万余人次，联合堆龙德庆区文旅局、区消防救援大队、乃琼派出所、街道执法队等组成综合执法组，对辖区内各宾馆、网吧、台球厅、景区等重点文旅场所进行2次综合执法检查。

【卫生健康】 2021年，乃琼街道利用宣传栏等宣传工具进行卫生知识教育6期。开展室内会议培训5次、户外健康教育活动5次，宣传栏更新8次。举办健康知识讲座9次，2300余人参加。制作宣传标语10块，发放慢性病防治知识宣传册600余册、84消毒液30瓶、健康包189包。发放无烟宣传册800余册，健康教育处方、健康教育宣传单等共4000余份，开展传染病筛查20余次，完成500余名育龄妇女、718名儿童等人群专项检查，筛查管理高血压患者468人、糖尿病35人、重症精神障碍患者17人，孕产妇免费体检率、住院分娩率实现两个100%。

【民政保障】 2021年，乃琼街道用惠民补贴“一卡通”及时兑现城乡居民的基本养老、基本医疗、低保资金、残疾人补贴、农牧民家庭困难学生资助金、高龄老人健康补贴、草畜平衡奖励、耕地地力保护补贴、厕所革命补助等一系列政策惠民资金达7277946.52万元。

【就业创业】 2021年，乃琼街道采取“三向对接”工作模式，积极对接未就业大学生就业需求、用人单位岗位需求和各渠道人才资源平台，实现对147名应届大学毕业生结对走访全覆盖，建立一人一档就业档案，辖区应届毕业大学生已全部实现就业创业。参加自治区、拉萨市、堆龙德庆区高校毕业生和农牧民增收专场招聘会350余人，就业260人。加大培训力度，提升街道失地农牧民群众在市场中的竞争力，引导农牧民向市民转型。

【城市管理】 2021年，乃琼街道共清除“城市牛皮癣”3000余处，规划新增停车位80余个，累计劝导乱停乱放车辆350余辆，清理占道经营6000余处，开具罚单4起，暂扣物品4件，对未覆盖运输、遗撒滴漏等违规运输车辆进行巡查整治，累计处罚违规运输车辆533辆，开具现场检查笔录152份，暂扣车辆行驶证152个，抓获偷倒乱倒垃圾15起，开具现场检查笔录15份，暂扣车辆行驶证15个。

（巴桑曲珍）

乃琼社区居民安置楼项目

【机构领导】

党工委书记

尼　　玛（藏族，4月离任）

任　　威（4月任职）

党工委副书记、办事处主任

任　　威（4月离任）

四郎平措（藏族，4月任职）

党工委副书记、人大工委主任、岗德林社区第一书记

阿　　奴（藏族）

党工委副书记

刘　　敏（女，4月离任）

张 峰 玮（女，4 月任职）

党工委委员、组织委员

其美卓嘎（女，藏族，4 月离任）

米　珍（女，藏族，4 月任职）

党工委委员、宣传委员

巴　珠（藏族，4 月离任）

赵 天 恩（4 月任职）

党工委委员、纪工委书记、监察室主任

扎西玉珍（女，藏族，10 月任职）

党工委委员、办事处副主任

王 妤 玮（女，4 月任职）

党工委委员、统战委员

晋美次旦（藏族，4 月任职）

街道办事处副主任

巴　桑（藏族，4 月离任）

德庆曲宗（女，藏族，4 月任职）

王 福 祺（4 月任职）

羊达街道办事处

【概况】 羊达街道距拉萨市中心 17 千米，2019 年 9 月 19 日，羊达乡正式撤乡设街道，辖区面积 121.89 平方千米，下辖 3 个行政村（居），12 个村民小组（网格）、2 个联户单元，共有 1409 户 4285 人，其中劳动力 2716 人。羊达街道共有基层党组织 33 个、中共党员 491 名（含两新组织）。共有干部职工（不含卫生院）58 名，其中党政班子成员 12 名、行政编 38 名、事业编 12 名、工勤 8 名，机关内设 9 个科室。辖区内有 2 所中心小学、3 所幼儿园；1 座街道文化服务活动中心、3 座新时代文明实践所（站）、3 所农家书屋；1 座寺庙（2 名僧人）、3 座拉康；1 所街道卫生服务中心、2 个村（居）级卫生医务室、1 个街道兽医站；1 个县级工业园区、1 个现代设施农业园区。

2021年12月27日，堆龙德庆区羊达街道召开2021年度综合考核年终述职大会

【基层党建】 优化治理机制。2021 年，羊达街道打造“四网合一”工作模式，结合党员“三包”工作，创设“四单制”党员线上便民服务形式，491 名党员全部下沉网格，累计收集社情民意 77 条，解决 71 条，6 条上报协调，切实打通服务群众“最后一米”。

坚持典型领航。打造通嘎社区党建引领基层社会治理示范点，建成通嘎社区“四和两治”主题公园和党建宣传墙，让党建融入居民群众的“生活圈”。探索创新“党建 + 互联网”模式，着力构建“指尖上的党建阵地”，新开辟“智领峰 · 慧物联”版块，打造西藏领峰物流园党群服务阵地。

坚持夯基固本。推动“两新”领域“两个覆盖”实施，新成立 4 个“两新”党组织，非公企业党组织覆盖率达 100%。圆满完成 3 个村（社区）换届工作，依法选举产生“两委”班子成员 25 名、监督委员会班子成员 11 名，新一届班子年龄、文化结构进一步优化。扎实推进国家通用语言培训工作，创设“集中培训 + 小班教学”、“121”结对帮扶、定期月考等机制，实现培训全覆盖。严把党员发展关，全年共发展党员 10 人，吸收入党积极分子 11 人，党员队伍不断壮大；加大发展党员违规违纪排查工作力度，对党员档案排查整改实现全覆盖，完成党员档案电子信息库和档案室建立，实现“一党员一档案”。

营造良好政治生态。全覆盖开展廉政谈话、廉政风险点防控自查工作，推行“四访”工作模式，深入村（居）、企业、项目点排查 35 次，搜集社情民意 8 条、发现问题

22条、协调解决23条、持续跟进7条。打造“码上监督”品牌,依托“党旗在党家”微信公众平台,开辟监督专栏,全年收到“码上反馈”6条,其中5条已解决,1条正在稳步推进。

2021年12月16日，羊达街道干部职工参观学习西藏和平解放70周年成就展

【意识形态】 2021年,羊达街道积极挖掘群众身边的先进典型,推选上报孝老爱亲、助人为乐、爱岗敬业5人,在羊达范围内评选表彰“文明家庭”20户,推荐首届区级“最美文明家庭”6户,在全街道形成崇尚先进的良好氛围。结合党史学习教育和“四讲四爱”群众教育实践活动,广泛开展各类独具羊达特色的群众文化活动20余场次,惠及群众1.5万余人次。将文明城市创建与农闲十项活动有机结合,累计开展各类志愿服务活动30余场次,参与志愿者达500余人次,受益群众达5000余人次。充分发挥新媒体矩阵宣传作用,“羊达印象”“党旗在党家”两个微信公众号累计发布宣传报道550篇,浏览量达48000余人次。

【经济发展】 特色产业持续发展。2021年,羊达街道打造“一村(社区)一品”工程,通嘎社区定位打造“近郊物流集聚区”,依托周边大型物流企业的集聚带动效应,大力发展物流产业;羊达社区定位打造“堆龙新区核心区”,依托新城规划中的各类大型项目建设,带动车队、农牧民群众实现家门口创业增收;帮普村定位打造“近郊河景旅游项目”,打造拉萨市近郊半小时旅游地,推动帮普沟生态环境保护、旅游产业及村集体经济发展。2021年,羊达社区集体收入789万元,通嘎社区集体收入1500余万元,帮普村集体收入183万元。

产业项目平稳推进。2021年,羊达街道承建项目5个,其中3个为民办实事项目均已竣工验收完成,帮普村生态林灌溉项目、泽巴组新建篮球场项目均有序推动。村(居)组织化运营车队就业家庭达400余户,车队经营净收入达2500万元,其中帮普车队350万元,羊达社区车队1200万元,通嘎社区车队800万元,私家小汽车运营150万元,实现家庭运输年增收6万—10万元;羊达街道各村(社区)顺利完成2021年分红事宜,共计现金分红1690.43万元,受益群众2120人,人均受益金额1200—30000元不等。

居民收入稳步提升。抓好重点人群就业帮扶,实现49名应届高校毕业生自身发展和家庭增收。积极对接921名农牧民通过运输车队、村居服务、社会服务等转移就业,全年农牧民转移就业人数1555人,人均月增收1800—9000元不等。2021年,街道居民人均可支配收入27825元,较2020年同比增长3817.31元,增速15.90%。

【乡村振兴】 脱贫攻坚成果巩固与乡村振兴有效衔接。2021年,羊达街道完成所有农村人口排查全覆盖,做实建档立卡贫困户动态管理,脱贫户劳动力转移就业167人,已实现就业167人,就业率100%。除无劳力家庭外,基本实现一户一就业。兑现政府就业奖励资金17.48万元,引导45名建档立卡贫困户和低收入群体实现就业。推行“强村带弱村”模式,依托羊达惠民商砼站建设项目,分别带动祥和苑社区增加集体经济收入15.6万元、顶嘎村增收20万元、帮普村增收20万元。

农林牧业协调发展。完成

2697 亩播种施肥任务，开展 4 次蝗虫灾害灭杀工作，阻绝蝗虫灾害大规模爆发。完成28387头（只、羽）牲畜免疫工作，免疫密度达100%。积极调运苗木，栽植 947.5 亩 22000 株，完成通嘎社区造林先造后补项目 64 亩，栽植 6000 株。完成 1141 户第一批厕所革命自验及初验工作，兑现补助资金 228.2 万元。

产权制度改革顺利。完成 15 个经济组织的农村产权制度改革工作，改革时点量化资产总额村级 5200.8531 万元、组级 3229.8856 万元；圆满完成 15 个农村集体经济组织理事、监事、成员代表选举大会，选举产生第一届农村集体经组织理事、监事、成员代表；农村土地确权 635 户、1973 人、6579.9 亩、4509 块地；圆满完成农村集体经济组织登记赋码。

【民生服务】 新冠疫情防控。2021 年，羊达街道召开专项工作部署会 4 次，划分包靠责任片区 3 个，守好羊达“责任田”。严格落实“查、防、管、督”各项防控措施，推行“六看六查三问”工作模式，开展专项督导检查及问题评分 21 次。在全区率先创设新冠疫苗预约“云平台”，利用微信公众号“羊达印象”，开通“疫苗预约”专栏，推动辖区群众实现“网上预约取号、信息主动登记”一体化服务模式，2021 年年底街道各年龄段户籍人口一、二针新冠疫苗接种率均超 86%，第三针接种有序推进。

教育事业。全面落实控辍保学任务，无 1 名学生辍学，完成街道 113 名、44.75 万元的 2020—2021 学年农户大学生资助审查、材料收缴及资金发放工作，为辖区 1 所小学、3 所幼儿园捐赠 494 册图书，发放 2021 年教师节奖励资金共 23488 元；广泛开展“童心向党·礼赞百年”“描百年党史，传红色薪火”“快乐暑期、星际翱翔”等系列主题活动，深化爱国主义教育，引导学生争做新时代好少年。

公共服务提质升级。街道及各村（居）便民服务中心累计为群众办理事项 4614 件，同时深入实施全民参保计划，3 个村（居）以集体经济缴纳城乡居民养老保险 36.85 万元，惠及 1816 人，缴纳医疗保险 98.376 万元，惠及 3580 人，家庭医生签约率达 100%、服务率达 90%。全力做好妇幼保健，做到预防接种免疫儿童 100% 覆盖、产妇管理率 100%、产妇住院分娩率 100%，未发生孕产妇死亡、婴幼儿死亡。完成全部 232 名慢性病人的建档立卡工作。

【生态环境】 坚持“两违”整治高压态势。2021 年，羊达街道召开专项工作会议 7 次，完成 36 宗工商资本违法图斑和 3 年土地矿产卫片前期拆除事项及对辖区内所有建筑物、构筑物的摸排调查，组织 4 次集中拆除行动，出动人员 160 余人次、大型机械 40 台，完成了 17 户违法主体的拆除工作，涉及面积 41000 多平方米，并完成拆除奖励金 27565624.8 元。

推进创城工作。按时保质完成创城整改结案 30 件，结案率 100%。常态化开展爱国卫生运动 150 余次，动员干部职工及广大群众 6000 人次，清理各类垃圾 90 余吨，制作并上墙户外广告喷绘 37 面，针对辖区“停车难、乱停车”等问题，增划停车线 4 处 100 余个，城市文明水平不断提升。

改善基础交通。在帮普村打造河长制文化长廊，集中对辖区内一条主河道、两条支流进行河道卫生整治 8 次，对 10 个直排污水企业下达整改要求，大力整治

2021年10月14日，羊达社区志愿者在堆龙德庆区集中供养中心开展“九九重阳节，浓浓敬老情”主题活动暨十月份主题党日活动

占道经营8000余次、流动商贩3600余次、非机动车和共享单车乱停乱放14060余次,确保街道市容市貌持续改善。

垃圾分类。建立“分类投放、分类收集、分类转运”的垃圾处理体系,实现分类垃圾转运全覆盖,配备专职垃圾分类指导员12人、转运车司机3人,12个村组密闭式桶站收集点,广泛开展12次垃圾分类宣传活动,6次垃圾分类培训,共发放200个120升垃圾桶,40个垃圾分类宣传展板及800多份宣传奖品,居民分类知晓率达80%以上、宣传活动参与率达90%以上,累计转运其他垃圾4380吨、厨余垃圾730吨。

(陈　娟)

【机构领导】

区人大常委会副主任、街道党工委书记

刘　　军(4月离任)

田 德 全(4月任职)

党工委副书记、街道办事处主任

强　　勇(藏族,4月离任)

普布多吉(藏族,4月任职)

党工委副书记、人大工委主席

达瓦次仁(藏族)

党工委副书记

王 亚 娟(女,4月离任)

仁旦卓玛(女,藏族,4月任职)

党工委副书记、派出所所长

刘 继 元

党工委委员、组织委员

仁旦卓玛(女,藏族,4月离任)

陈 鑫 远(4月任职)

党工委委员、纪工委书记,监察室主任

索朗拉吉(女,藏族)

党工委委员、政法委员

李 鹏 辉

党工委委员、宣传委员

罗　　欢(女)

副主任

扎西罗登(藏族)

洛桑央金(女,藏族)

张 海 堂(4月离任)

郭 文 鑫(4月任职)

古荣镇

【概况】“古荣”为藏语译音,意为“很荣耀、了不起”。1960年2月成立古荣乡人民政府,1961年6月在堆龙德庆县古荣乡召开第一届人民代表大会,选举产生了西藏历史上第一个乡级人民委员会。之后经过多次调整于1990年5月形成古荣乡的辖区范围。2019年9月19日撤乡设镇。古荣镇位于县城西部,堆龙河中游,东接羊达街道,东南连乃琼街道,南邻曲水县,西靠当雄县,北依马镇,总面积764.79平方千米。全镇海拔3860米,行政区域地面积614.25平方千米,耕地确权面积16841.4亩。古荣镇距县城22千米,镇政府驻地嘎冲村,全镇辖6个行政村——那嘎、南巴、古荣、嘎冲、巴热、加入村和32个村民小组。2021年年底,全镇总户数1902户(农业户1729户、牧业户173),总人口6750人(男3322人、女3428人),总农村劳动力3786人。

【党的建设】2021年,古荣镇党委持续加强基层组织建设,发挥战斗堡垒作用,让思想教育经常化、服务群众亲民化、推进工作高效化。依托年初党员政治教育总体安排,结合“三更三新”专题教育,深入开展党史学习教育,进一步严明纪律和规矩,增强党员干部依法依规执政、行政、办事的意识,深入开展党员干部政治体检,纠治领导干部在政治、思想、纪律、作风、廉洁等方面存在的问题,全年理论学习中心组学习12次,开展“三更三新”专题教育4次,开展党史学习教育4次,学习内容覆盖习近平总书记重要讲话精神、治国理政新思想以及自治区、拉萨市、堆龙德庆区重要会议精神等。深入基层为群众解决所思所盼所想问题和难题7个,涉及资金804.06万元;常态化开展党员“三包”和社情民意收集报送,把“我为群众办实事”实践活动贯穿学习教育全过程,为民办实事26件,收集报送各类社情民意信息80余条,切实做到为群众诚心诚意办实事,尽心竭力解难事,坚持不懈做好事。用中国特色社会主义文化不断加强党员的理想信念教育,与全镇党员签订“党员不信仰宗教承诺书”711份。坚持从严治党、从严治政的方针,制定《2021年古荣镇党风廉政建设重点任务分工表》细化责任分工,班子成员严格履行“一岗双责”制度,梳理排查廉政风险点,提出具体防控措施,严格落实《古荣镇营造良好政治生态的具体措施》,对2名干部职工违反工作纪律

2021年3月28日，古荣镇机关组织党员干部观看“红色之夜·党史影院”爱国主义电影

的行为，分别给予党内严重警告处分和政务记大过处分，进一步推动古荣镇全面从严治党向纵深发展，营造风清气正的政治生态。圆满完成乡村两级换届工作，配齐配强古荣镇领导班子和村“两委”班子，选举产生了新一届镇党政班子成员12名，平均年龄35.6岁，其中大专及以上文化程度12人，占100%；藏族及其他少数民族6人，占50%。新一届妇联班子成员38名，平均年龄41.7岁，藏族及其他少数民族37人，占97.37%；大专及以上文化程度6人，占15.79%。新一届团委班子成员7名，平均年龄27岁，大专以上学历6人，占85.71%；藏族及其他少数民族5人，占71.43%。村“两委”班子成员39名、监督委员会班子成员18名。新一届村“两委”班子在年龄和学历上实现了“一降一升”，其中，平均年龄为41.65岁，初中以上学历实现了全覆盖，大专及以上学历干部7名，占17.95%，选出了组织满意、群众认可、发展需要的“带头人”。

【意识形态和精神文明】 2021年是中国共产党成立100周年和西藏和平解放70周年，按照关于党史学习教育铭记红色历史、弘扬红色精神、锻造红色品格的要求，全镇举办大型文艺会演活动26场，参与干部群众达1100余人次。为弘扬中华传统美德，培育和践行社会主义核心价值观，提高群众文明素质，倡树优良家风、淳朴民风、文明新风，开展“魅力古荣人物及模范家庭”评选活动，共评选“魅力古荣人物”14名，“最美和谐家庭”6个，在全镇上下掀起学习典型、宣传典型、崇尚典型、争当典型的热潮。

【疫情防控】 2021年，古荣镇在重大活动期间及镇村两级日常值班带班时，设置新冠疫情防控检查点，严格落实“一问二测三登记”的管控制度，对过往车辆、人员进行安全提醒、体温测量、登记和消毒。建立了镇、村、组、户四级管控网格，组织网格员、村组干部、志愿者等逐村、逐户筛查登记，严格落实网格化管理责任制，翔实掌握底数和基本情况。加大对辖区内超市、商店、合作社、茶馆等重点场所的日常消毒查杀，严格落实新冠疫情防控常态化。通过及时与镇卫生院对接，完善预防控制和医疗救治机制，严格管理各项医疗设施、设备，清查疫情防控物资储备，同时对辖区6个行政村下发口罩1000个，时刻保持战斗状态，确保一旦有发热病人能立即得到有效管控、救治和转运。充分利用“魅力古荣”微信公众号、各村组微信群、村村通喇叭等平台广泛宣传新型冠状病毒感染的肺炎预防知识，引导教育辖区群众加强第一针、第二针接种，2021年年底全镇18岁到59岁人群新冠疫苗接种率达94%，60岁以上人群新冠疫苗接种率达68%，17岁以下人群新冠疫苗接种率达84%，同时对接种第二针超过6个月的群众及时组织接种加强针，筑牢健康屏障。制作镇、村、卫生院等入口“藏易通”“行程码”海报，所有进入人员亮码进入，加强新冠疫情防护知识宣传普及。

【人大工作】 2021年，古荣镇人大主席团充分结合自身实际，积极创新工作举措，在镇机关和6个行政村便民服务大厅内设置“接待选民岗”，将每月10日确定为接待选民日，以代表轮流坐班形式，倾听选民呼声，为广大选民提出诉求提供方便。同时，结合部分村半农半牧实际情况，探索成立了7个"民意收集组"，以定期和不定期形式，积极收集群众的热点、难点、盼点问题，为真正发挥代表作用，提供有效的平台聚焦阵地建设，真正发挥"家"的作用；根据市区两级相关工作要求，积极有序推进"人大代表之家"提档工作，积极提升硬件设备，进一步明确代表职责任务，着力提升"人大代表之家"使用率，切实发挥"人大代表之家"作用。

【社会治安综合治理】 2021年，古荣镇共召开平安建设(综治)工作专题会议15次，组织开展督导检查40余次，调处矛盾纠纷30余起，开展治安巡逻400余次，排查安全隐患10余次，检查沿街商铺30家。在各重要节点，镇督导检查组多次深入各行政村、驻村工作队、寺管会、企业和学校，对值班带班情况进行督导检查，全年共督导检查40余次。镇综治办、各行政村组织社会面巡逻40余次，设置举报箱7个。将疫情防控与综治宣传工作结合起来，于3月25日至27日开展了"综治宣传月"宣传活动，集中整治辖区经幡乱拉、乱挂现象，共清理10余次。在辖区范围内，加大宣传普及知识，组织演练消除隐患，每月组织各村在辖区范围内进行地毯式排查，累计排查安全隐患40余次，消除安全隐患20余件，共摸排700余人。开展消防演练8次，普法宣传40次，专题法治讲座6场，发放各类法治宣传资料5000余份。调解矛盾纠纷10个，调解率100%，接受群众咨询80余人次，受众人数达2000余人，取得了良好宣传效果。

2021年12月10日，古荣镇巴热村召开村民大会

【经济社会发展】 2021年，古荣镇粮食种植面积为8977亩，总产量3445吨，其中青稞种植8294亩，收入1378余万元。拥有合作社55家，合作社数量占堆龙德庆区合作社总数的39%，经营范围涉及手工编织、养殖业、糌粑加工、藏香等20多种产品，合作社和公司通过就业或分红方式带动群众1814人，其中建档立卡贫困户580人；为深化项目引领，在拓宽楚布沟旅游景区道路的基础上，多方争取各类项目，对2021年落地的4个产业项目进行督促，确保项目早建成、早运营、早见效。古荣作为糌粑之乡，糌粑产业发展壮大，辖区内糌粑企业达11家，其中，嘎冲村村民达瓦次仁荣获2021年全国十佳农民称号。为加大就业创业力度，升级改造古荣镇小微企业就业创业服务中心和古荣镇就业创业基地，共开展农牧民技能培训5次，组织群众参加各类招聘会7次，依托项目建设组织群众参加务工达500余人。2021年，高校毕业生共63人(其中建档立卡贫困户1人)，实现就业63人(其中升学1人、区外就业1人)。通过多渠道创收，全镇实现农牧民人均可支配收入20585.5元，已完成年度13.1%的目标任务。全镇各村集体经济收入总计752.39万余元，主要收入来源为土地租赁、房屋出租、机械设备租赁、集体产业收入等，各村集体经济收入均达100万元以上。

【生态文明建设】 2021年，古荣镇坚持"户户通"和"环境整治"齐抓共管，治脏、治乱、治差齐头并进，全镇范围内共开展环境卫生整治10次，先后9次深入各企业和养殖场进行污染源检查，查处违规污染排放企业4个，未批先建企业3个，确保企业和养殖业污染零排放；开展农村大气、土壤、饮用水污染排查工作，打好污染防治攻坚战，保障全镇的生态环境。全力推进生活垃圾分类“户分类”“村收集”“镇转用”工作。全镇有环卫工人50名、国道环卫工人8名、垃圾分类监督员37名、兑换中心管理人员2名、垃圾车司机2名、厕所保洁员2名，共配备3吨垃圾车2辆，2桶垃圾分类三轮车62辆，4桶分类垃圾收集车37辆，全面覆盖密闭式垃圾分类桶站37个。各企业、单位及村委会已全覆盖开放式垃圾分类桶站和智能垃圾分类桶站，全镇垃圾分类桶站共计22个，智能垃圾分类桶站共计6个。持续推进其他垃圾、餐厨垃圾、可回收垃圾、有害垃圾“户分类—村收集—镇转运”的垃圾分类收集模式，通过加强宣传，提高广大人民群众的思想认识。按照2021年《堆龙德庆区全面实施河长制工作方案》及其他相关文件精神，全面推行《古荣镇2021年河长制工作方案》，认真开展河长制工作，做好河道清理和防汛值班，确保河道卫生干净整洁，保证群众生命财产安全，全年共开展河道沿线垃圾整治活动12次，发动干部群众1225人，累计清理垃圾120余吨。制定《古荣镇2021年汛期地质灾害防范应急预案》，有效应对突发暴雨、洪涝等自然灾害，在各村进行应急演练，确保人民群众生命安全，最大限度减少灾害损失。

2021年7月1日，古荣镇嘎冲村开展庆祝中国共产党成立100周年西藏和平解放70周年文艺演出活动

【人居环境建设】 2021年，为确保“美丽乡村．幸福家园”建设工作圆满完成，古荣镇及时召开动员部署会，安排专职人员做政策解读，并通过多种渠道做大面积宣传，通过认真排查，最终筛查出达到拆旧新建标准的4户，达到无房新建标准的8户，达到C、D级危房标准的3户，达到“三整一改”标准的177户（总支出1947000元），均已完工并通过验收。同时，为确保“两违”任务的圆满完成，严格按照区委、区政府的统一部署，联合自然资源局、城管局、派出所等部门，针对古荣违章建筑面广点小的现实，加强对违章建筑打击力度，11月15日联合区自然资源局、环保局、城管局等相关职能部门49人，到巴热村二组李某某采石场处依法实施违建拆除工作，出动吊车、拖车、运输车、氧气切割机等多种拆除设施装备，共拆除违建采矿设备1台，涉及违建面积2000平方米，且已解决古荣村山地自行车违法占地问题。为建设美好宜居的家园，古荣镇共实施2个人居环境整治项目，分别为嘎冲村2、4、5组人居环境整治项目和加入村3、4组人居环境整治项目，对乡村道路、污水处理、路灯、行道树、指示牌、宣传栏、停车位、垃圾收集点、化粪池等农村基础设施进行整治，项目概算总投资分别为嘎冲村4074万元、加入村3196.27万元。

【民生事业发展】 2021年，古荣镇小学入学率达100%，巩固率达100%，学前教育入园率达100%，小学毕业学生整班移交率达100%，小学阶段实现零辍学率；组织教育、疾控、食药、卫生等部门对全镇学校进行安全工作检查，狠抓“两不愁三保障”工作，确保所有义务教育阶段适龄儿童进校上学，对身体有特殊情况的儿童开展送教上门，高效落实贫困家庭大学生“三免一补”政策。全面落实基本医疗保障，镇村两级安排专人帮助群众医疗报销代办代跑，家庭医生签约工作全面完成，

2021年10月29日，古荣镇机关党支部开展“书香润党心 悦读促党建”主题党日活动

医疗报销全面落实。加强对卫生与健康工作的领导,农牧区医疗个人筹资率、婴幼儿死亡率、孕产妇死亡率、传染病发生率全部达标。

（仓　珍）

【机构领导】

党委书记

索朗曲珍(女,藏族)

党委副书记、镇长

陈传勇(仡佬族,4月离任)

梅　星(4月任职)

党委副书记、人大主席

田德全(4月离任)

平措朗杰(藏族,4月任职)

党委副书记

吕孝峰(4月任职)

李扎西(4月任职)

党委委员、纪委委员

赵　静(女)

党委委员、组织委员

黄西霞(女,4离任)

韩爱区(4月任职)

党委委员、宣传委员

德庆群宗(女,藏族)

党委委员、副镇长

扎西群宗(女,藏族)

副镇长

李　程

尼玛偏多(女,藏族,4月离任)

陈亚鹏(4月任职)

马　镇

【概况】马镇位于堆龙德庆区西北部,堆龙河中游,距区政府驻地约40千米,“马”为藏语音译,意为“红色”,因境内部分山土颜色呈红色而得名,全境总面积470平方千米,耕地面积18452亩,林地面积3916亩,草地面积52.13万亩,平均海拔3900米。全镇下辖6个行政村、19个自然小组。2021年,全镇户籍人口1609户5445人。设基层党委1个,党总支6个,党支部21个,党员人数517人(其中预备党员13人),入党积极分子21人。共有低保户11户24人,五保户25户25人,贫困户199户672人,低收入监测户13户46人。辖区设有中心小学1所,幼儿园9所,教职工85人,在校生644人;设卫生院1座,卫生室5所,实际开放床位32张,医护人员37人。2021年,实现全镇农村经济总收入约1.3亿元;完成固定资产投资9863万元;农牧民人均可支配收入达24562.76元;脱贫户人均可支配收入达22040.97元;各村集体经济持续巩固百万元收入。

【党的建设】着力压实主体责任。认真履行党委主体责任,2021年,马镇共召开22次党委会议,研究讨论人事、资金、项目等事宜共152项。严格执行“三会一课”、谈心谈话、组织生活会、民主评议党员等党内生活制度,严明反分裂斗争纪律,全覆盖开展党员“政治体检”、党员宣誓承诺不信仰宗教、党员政治教育、党员“三包”、党员志愿服务等活动。2021年,开展党员教育培训26期、覆盖2000余人次。镇党委以“察民情、访民意、解民忧”为工作总抓手,深入贯彻落实“我为群众办实事”实践活动,现场解决民生方面突出问题,收集社情民意。

着力基层组织建设。深入推进基层党组织“六个基本”建设,持续加强阵地建设,充分发挥村、组两级组织活动场所政治功能和服务功能,推进村级组织活动场所标准化建设。发挥村级组织活动场所教育培训、服务群众的职能作用,定期组织开展理论集中学习、视频观看、体会分享、志愿服务等活动。2021 年，共完善村级组织活动场所建设 6 所、组级活动场所 5 所，各村开展组织活动 10 余次，参与党员达 3000 余人次。积极推进三个“两新”党组织规范化建设，强化“两新”组织党员的先进性意识，引导其建立群团组织网络。严把党员“入口关”，常态化开展违规发展党员排查处置，2021 年，发展党员 11 人、培养入党积极分子 18 人。通过机械租赁、土地流转、易地发展等方式，持续提高村集体经济收入。

着力全面从严治党。坚决扛起全面从严治党政治责任，加大形式主义、官僚主义突出问题整治，深化监督执纪“四种形态”，研究出台《马镇廉政谈话制度》《马镇领导干部个人重大事项报告制度》等 10 项廉政风险防范工作机制；对镇村两级党组织落实民主集中制和“三会一课”制度等情况开展监督检查 30 余次；对“三重一大”事项开展监督检查 36 次；提醒谈话 36 人次。镇纪委通过 EMS 向全镇党员干部家里邮寄“廉政家书”85 份，构筑“八小时以外”家庭助廉防线。召开现场述责述廉及质询评议会，以述压责、以问助廉、以评促改，让党员干部通过“红脸出汗”来“祛瘀排毒”，确保党风廉政建设不留“死角”，不留“尾巴”。

着力优化队伍建设。坚持好干部“二十字标准”和民族地区干部“四个特别”具体要求，不断提高干部的“八项本领”“七种能力”，坚持抓领导干部这个“关键少数”，对班子运行情况和履职情况进行意见征求和民主测评，党政班子成员综合考评达到 98 分以上，并定期开展目标工作进度自评，以督促推，压实责任，推动工作落地落实。持续加大“三个培养”工作力度，继续实施村级组织“1+3”专干工程，圆满完成镇、村两级组织换届选举，初步实现学历年龄“一降一升”、老中青梯次配备。

【经济发展】 农牧产业稳步推进。2021 年，马镇总播种面积为 15476.41 亩，总产量达 4000 余吨，实现 90% 以上机械化作业，调运化肥、复合肥等共计 135 吨，农药、杀虫剂等共计 70 箱。落实春秋两季牲畜防疫工作，实现疫苗接种率达 100%。全面抓好畜牧业发展，有力促进产能持续提升，牲畜存栏达 14233 只（匹 / 头），牲畜出栏 5247 只（匹 / 头）。着力抓好品种改良，推动畜牧业转型升级，深化畜牧业高质量发展，完成黄牛改良 1100 头，犏牛改良 240 头，引进乌骨羊胚胎 170 枚。

实体产业逐步壮大。马镇结合乡村振兴战略推进和堆龙德庆区整体规划，依托原有农业园区禀赋资源和援藏力量，着力推进乌骨羊扩大养殖项目和堆龙德庆区高山芦笋、羊肚菌种植项目，持续推动扶贫产业项目建设。投资 200 万元，实施朗巴村农村小型机械维修厂建设项目；投资 77.1 万元，实施措麦村残疾人家具厂扩建项目；完成措麦村村集体经济用房建设项目并竣工交付使用。各扶贫产业项目收益共计 200 余万元，带动就业 40 余人。引导农牧民创立 10 家专业，带动就业 196 人。通过建立“合作社 + 土地流转 + 农户”的经营模式，累计流转 130 亩农田，带动 60 余户群众增收。

基础设施明显提升。全力推进“为民办实事”项目，扎实确保人民生活生产保障。投资 1085 万元实施“为民办实事”项目 6 项，

2021年5月12日，马镇开展“干部大讲堂——书记讲党课”活动

已全面完成并投入使用。坚决做好预防整治工作，发放3万余元防汛物资，开展3处自然灾害隐患点加固。投资42万元提升改造设兴村公共服务场所路面，投资17.34万元在马村、设兴村、措麦村安置便民座椅，方便群众出行。

【思想文化】 思想阵地更加坚实。2021年，马镇党委围绕深入学习贯彻习近平新时代中国特色社会主义思想这一主线和庆祝中国共产党成立100周年、西藏和平解放70周年这一主题，全覆盖开展底线教育、防范教育、揭批教育、感党恩教育。2021年，开展理论中心组学习15次，“三会一课”学习60余次，各级党组织书记讲党课和宣讲中央第七次西藏工作座谈会精神、中共十九届五中全会精神28场次，开展党史学习15次、“三更”专题教育8次、“三新”专题教育6次、中国特色社会主义理论体系学习10次、习近平总书记在藏重要讲话精神学习3次。通过“邀请老师示范讲、班子成员带头讲、党员干部广泛讲”开展干部大讲堂30余场次，党员干部参与率达100%，受众2000余人次。开展“新时代农闲时节文明实践十项活动”18次；开展“讲村史、感党恩”巡回宣讲、“党旗在基层一线高高飘扬”展播、“永远跟党走”文艺会演等庆祝活动20余场次。结合中国共产党成立100周年和西藏和平解放70周年庆祝活动开展“两优一先”表彰，并对“光荣在党50年”的12名老党员进行走访慰问。

文化活动精彩纷呈。扎实推动全民素质提升工程，充分利用农家书屋、寺庙书屋，积极引导群众线上线下看书读报，多渠道全方面助力群众收获知识。有效结合“流动书箱”与村级教学活动，稳步推动全国通用语言学习入户到家，全面营造和谐文明、奋发向上的学习氛围。充分利用春节、藏历新年、春耕春播、中国共产党成立100周年、西藏和平解放70周年、丰收节等节点，开展文体活动40余场，受益群众4000余人次。

【民生事业】 就业创业服务升级。2021年，马镇进一步完善农牧民、高校毕业生就业平台建设，共发布招聘信息100余条；组织劳动力参加招聘会10余场次；组织就业技能培训6期，创业培训3期。实现农牧民劳务输出2390人次，创收3950.1万元。应届高校毕业生就业61人，就业率达100%；大学生自主创业6人。

教育事业优先发展。坚持把“办好人民满意的教育”作为全镇工作的重中之重，常态化开展控辍保学工作，小升初达100%。确保高等教育阶段家庭经济困难学生上学无忧，共发放教育资助金100.49余万元，涉及190名在校生。关心关爱少年儿童，组织开展“六一”国际儿童节活动，为辖区各校园送上价值2万余元的文具慰问用品。充分营造“尊师重教”的良好氛围，在“教师节”表彰先进25人，发放慰问金2.9万元。对考取援藏地西藏班的2名学生家庭进行走访慰问，发放慰问金6000元。

卫生防疫体系健全。全面推行家庭医生签约服务，全镇签约率达100%。联合镇卫生院开展“送医送药”服务8次，受益群众3000余人次。排查手足口易感儿童500余名，实行居家隔离5名；为417名少年儿童接种水痘疫苗。组织基干民兵、退役军人进行健康体检。扎实开展疫情防控工作，开展疫情防控宣传15场；发放口

2021年2月5日，马镇设兴村举行村民委员会和监督委员会换届选举

罩1.6万支、消毒片6000片、消毒液120瓶；开展公共场所消杀上千场次。完成3—11周岁、12—17周岁、18—60周岁、60周岁以上各阶段疫苗接种工作，接种率达90%以上。全年兑现医疗报销、高龄补贴等共18.71万余元，惠及246人。

社会保障更加完善。全面落实低保动态管理制度，及时跟踪政策变化；扎实推动完善残疾人管理服务，坚决消除“假残真证”现象；全面有效推进社会福利服务体系建设，严格按照要求提升补贴标准，切实提升供养服务水平，开展敬老爱老活动4次。全年发放低保、临时救助金、残疾人补贴等共计83.6万余元，惠及327人。

便民服务高效快捷。持续推进“只进一个门，最多跑一次”的一站式服务，继续转变政府职能，深化“放管服”改革，突出服务的时效性。马镇两级便民服务中心可办理14类61项具体业务，全程代办事项14项。2021年，为群众办事1246次，代办代跑749次，为民解决实际困难900余次（项），现场办结率达94%，群众满意度达99%。

【生态环保】 生态环境持续优化。2021年，马镇大力开展“四旁植树”活动，共栽种树苗2.7万棵，全镇绿化率明显提升。持续推行“河长制”，成立先锋队，开展河道综合整治和保护工作。完成河道巡查20余次，参与人数达360人次，清理垃圾达7吨。结合“世界水日”“中国水周”“世界环境日”等节点开展宣传活动4次，发放

2021年11月28日，马镇开展3—11岁儿童新冠疫苗接种工作，共同构建全民免疫屏障

宣传手册600余份。

垃圾分类全面推行。建立健全生活垃圾分类收运体系，推进生活垃圾源头减量、准确分类投放。聘用垃圾分类监督员18名，转运垃圾300余次，观看汉藏生活垃圾分类宣传片20余次，开展检查督导指导各村垃圾分类工作17次，充分利用新媒体宣传垃圾分类工作8次，开展垃圾分类现场活动7次，群众参与热情和分类水平明显提高，“户分类—村收集—镇转运—区处理”模式运转成熟、效果显著。

“两违”整治纵深推进。加大力气开展“两违”整治，坚决守住生态红线，坚持每日巡查，共召开“两违”整治工作部署会、推进会等10余次，现场宣传14次，制作宣传横幅20余条，新增宣传栏7处，完成影响资料核对2420宗，整改图斑7处，真正做到“零死角、零新增、零容忍”。

村容村貌焕然一新。实施乡村振兴战略，改善农村人居环境，2021年，投资4000万元实施朗巴村人居环境改造项目，实施主干道整治和村（居）“四化”工程，开展旱厕改水厕、铺设地下管网、修建污水一体化处理等工作。同时，推进“美丽乡村·幸福家园”建设提档升级行动，完成拆旧建新7户，兑现补助资金127.4万元。

【平安建设】 强化维稳力量。2021年，马镇着力推进社会长治久安，牢固树立稳定压倒一切思想，扎实履行维稳第一责任，推动社会治理由“要我稳定”向“我要稳定”转变。全体镇村干部、联户代表、护路队员、治安巡防员等为维稳主要力量，全面参与维稳工作，共开展治安巡逻760余次。启动7个镇村设卡点，主要对生面孔、外来车辆、农用车载人等进行检查登记检查2000余人次，确保马镇社会大局全面持续稳定。开展应急演练15次，做到人人熟悉预案流程，全面提高了马镇干部群众的应急处突能力。

实施联防联控。建立网格化管理制度，做实网格管理，促进网格与双联户融合工作，形成“以镇为核心、村为主体，网格为基础、双联户为细胞”的四级基层治理体系，推动517名党员对包93个联户单元。创新开展措麦村星级评比和马村“网格+”治理工作，推进移风易俗，建设文明乡风。开展铁路护路工作。通过强化督导检查、治安巡逻、排查隐患，定期自检、自查、上报反馈信息，全年开展督导检查60余次，2021年青藏铁路马镇段内未发生任何重特大行车事故及盗窃、抢劫铁路物资等刑事、治安案件。深入开展扫黑除恶专项行动。充分利用村组会议、农耕农作、传统节日等群众聚集点对本辖区内学校、企业、工地、沿街商铺、运输车队逐一开展扫黑除恶专项斗争宣传，全年共开展宣传11次，制作并印发宣传资料8000余份、悬挂宣传横幅80余条，累计宣传教育15000余人次，在全镇范围内营造了全民参与的浓厚氛围。积极搭建以便民、利民、为民为宗旨的服务管理平台，组建拥有45名调解员的调解队伍，镇、村均实行矛盾纠纷受理登记制度，做到登记清楚，调处有时间、有责任、有结果，2021年共摸排矛盾纠纷30次，共调解各类信访矛盾纠纷2件，婚姻纠纷3起，涉及60余人次、资金20万元，化解率达100%。充分调动寺庙僧尼参与加强和创新寺庙管理的积极性和主动性，持续推广“遵行四条标准、争做先进僧尼”活动，切实做到“两个维护”，提升僧尼群体的政治素质，确保宗教和睦、佛事和顺、寺庙和谐。

【工作亮点】 马镇干部大讲堂。2021年，马镇开办干部大讲堂，采取“邀请讲师示范讲、班子成员带头讲、党员干部广泛讲”的“三讲”模式，以讲促学、以讲促干，为干部提供学习、探索、交流、展示的平台，让干部轮流上讲台，讲业务、谈感受、提建议，自己给自己“上课”，促使干部主动学习、主动思考、主动谋划、主动作为、主动担当，形成党员干部齐参与、共讲谈，全民共行动、促提升的浓厚氛围。

党委班子包村。通过开展定点帮扶，进一步强化党委班子包村责任，帮助各村第一书记详细了解精准扶贫、基础设施建设、产业发展等情况，定期开展调研，宣传党的扶贫政策，指导村居产业发展，动员返乡大学生经商创业；调解邻里纠纷、化解矛盾、解决困难，督促脱贫攻坚与乡村振兴有效衔接及农村人居环境整治等工作开展。

细化村干部分工。为加强各村“两委”、下沉干部、社工团队的沟通与协调，理顺2021年工作重点和职责分工，镇党委专门召开扩大会议就各村分工进行细化研究，形成各村既有分工又有合作的工作局面，确保各项工作落实到人。

为民办实事。马镇结合党史、“三更”及“三新”学习教育活动，立足找准问题、解决问题、改善民生，以“察民情、访民意、解民忧”为工作总抓手，深入贯彻落实“我为群众办实事”实践活动，以实际行动推动学习教育转化为服务群众的具体成果。镇党委组织党政班子、第一书记及村“两委”班子代表，深入各村对基层党组织建设、党风廉政建设、精神文明建设、规范议事规则、产业转型升级、历史遗留问题、环境卫生整治等领域存在的突出问题进行实地调研、分析研判、征求意见，现场解决21项民生方面突出问题。同时马镇将“为民办实事”活动

2021年8月5日，马镇党委班子协同“两代表一委员”现场查看为民办实事项目

作为一项长效机制，认真总结经验，运用学习成果，注重从基层、从群众中普遍反映出来的共性问题，全面检视基层工作中存在的问题，着力解决群众最关心、最直接、最现实的利益问题，真正达到相互提醒、相互帮助、相互促进的目的，打通服务群众的“最后一公里”。充分发挥镇纪委的监督作用，进行定期督办、销号推进，确保发现问题整改到位，让人民群众从学习教育中看到变化、见到行动、得到实惠，增强村党组织联系群众、服务群众、凝聚群众、造福群众的功能，真正发挥战斗堡垒作用，形成“人人为群众、人人为基层、人人有作为”的良好干事创业氛围。

抓党建促乡村振兴。马镇党委加强对“三农”工作的全面领导，扛起政治责任，落实农业农村优先发展的方针，强化党建引领，加强农村基层党组织建设，充分发挥党组织战斗堡垒和党员先锋模范作用。以提升组织力为重点，突出政治功能，加强党员队伍建设。因地制宜发展壮大村集体经济，加强基础设施建设，推进重点项目建设，促进农村产业转型升级。扎实推进“美丽乡村·幸福家园”建设行动计划，按照“面”上实施“十项行动”，“点”上实施“四化行动”，“户”上实施“三改一整”的模式，系统推进乡村人居环境整治，打造美丽幸福和谐新马镇。

抓党建促社会治理。马镇党委坚持把党建工作与统筹区域发展、组织公共服务、实施综合管理、维护社会安全等社会治理内容紧密联系起来，不断探索完善党建引领社会治理的运行机制。坚持把党组织建在网格上，延伸党建触角，让支部政治功能底色更加鲜明，以网格组建党支部、党员网格长配备等形式推进党建工作与网格治理同部署、同推进。带领各基层党支部开展社会治理志愿服务，营造人人共建、共享的新局面。同时，开展常态化维稳工作，确保辖区社会面安全稳定。开展涉宗人员统计，将数据压实在基层，做到底数清、情况明。

（郭　蕾）

【机构领导】

党委书记

达瓦次仁（藏族，4 月离任）

王 定 平（4 月任职）

党委副书记、镇长

多吉旺堆（藏族，4 月任职）

党委副书记、人大主席

次　　央（4 月离任）

旦增欧珠（藏族，4 月任职）

党委副书记、派出所所长

索朗严扎（藏族）

党委副书记

平措朗杰（藏族，4 月离任）

罗布曲桑（藏族，4 月任职）

党委委员、纪检书记

唐　　丽（女）

党委委员、组织委员

郑 腾 飞

党委委员

蔡 朝 晖（4 月离任）

袁　　超（4 月任职）

党委委员、宣传委员

扎西次仁（藏族，4 月离任）

索朗益西（藏族，4 月任职）

党委委员、副镇长

久米多吉（藏族，4 月任职）

副镇长

刘 世 清

熊　　林

德庆镇

【概况】 德庆镇藏语意为“极乐之地”，位于堆龙德庆区西北部，地处堆龙河上游两岸，距离拉萨市中心约 67 千米，距离堆龙德庆区政府约 55 千米。东北部和西部分别与林周县和当雄县接壤，东南部与马镇相连，平均海拔 4220 米，全镇总面积约 930 平方千米。德庆镇具有鲜明的地方特色和深厚的藏文化底蕴，境内名胜古迹随处可觅。藏医鼻祖宇妥云丹贡布、吐蕃赞普松赞干布的妃子门萨赤江、大臣噶东赞（禄东赞）分别出生于德庆镇邱桑村、门堆村和顶嘎村。境内有藏区著名的邱桑温泉。

全镇耕地面积 17533.61 亩、草场面积 831194.55 亩、林地面积 18000.3 亩。下辖 6 个行政村（居），分别为邱桑村、昂嘎村、邦村、顶嘎村、门堆村、德庆村）和 23 个村（居）民小组（德庆村 4 个小组、门堆村 4 个小组、昂嘎村 3 个小组、邱桑村 3 个小组、顶嘎村 3 个小组、邦村 6 个小组），户籍人口 2139 户 8219 人（劳动力 4579 人），脱贫户 265 户 1060 人。2021 年，全镇居民人均可支配收入 23344.57 元。

2021 年，镇机关有 8 个内设

机构和4个副科级事业机构，共有干部职工57人。全镇共有36个党组织，其中3个党委（镇党委、德庆村党委、昂嘎村党委）、4个党总支（邱桑村党总支、邦村党总支、顶嘎村党总支、门堆村党总支）、29个党支部（镇机关党支部、4个寺管会党支部、23个村民小组党支部、德庆村小个专党支部）。共有中共党员618名（干部党员55名、农牧民党员563名）；辖区内共有4座寺庙（邱桑寺、其美龙寺、顶嘎寺、热果寺）；有小学1所、幼儿园6所。

2021年7月8日，德庆镇召开2020—2021年度“两优一先”表彰大会

【党组织建设】 贯彻落实决策部署。2021年，德庆镇党委在思想和行动上始终同以习近平同志为核心的党中央保持高度一致，认真贯彻落实上级党委的决策部署，坚持“稳中求进、党建统镇”的工作原则，不断提升基层党组织的组织力、凝聚力、战斗力，在抢抓机遇中乘胜而上，在攻坚克难中砥砺前行，全面夯实全镇党建统镇引领工作，坚持抓班子、带队伍，以党委自身建设带动支部建设，以班子自身建设带动干部建设。镇党委以党委会议固定学、理论学习中心组带头学、各党组织“三会一课”经常学、党员政治教育一起学为载体，坚持把学习贯彻习近平新时代中国特色社会主义思想作为重中之重。2021年，主持召开党委会18期，研究部署党建相关议题45项，召开党委理论中心组学习12期，开展党风廉政专题学习12期。

贯彻执行党内工作制度。带头落实党风廉政建设责任制，切实把全面从严治党扛在肩上、落实在具体行动中，党委会专题研究制定《德庆镇党委2021年落实党风廉政建设主体工作要点》《德庆镇2021年党风廉政建设工作职责分工》等各项任务指标，进一步压紧压实廉政责任；发挥“1+3”专干、驻村工作队员、社工、政府购买人员、学校师资力量，利用结对帮扶学、工作带着学、夜校补习学等形式开展培训，不断提升使用国家通用语言文字能力，2021年全镇上下开展国家通用语言文字培训共计180余次；坚持党组织主要负责人领导把好关口，推动落实“三重一大”“三会一课”和“四议两公开”制度以及“三包”机制，进一步规范村级党组织各项规章制度，不断提升团结带领群众的能力。

领导班子自身建设。在落实各项决策中发挥好“领头雁”作用，将党风廉政工作与党建工作、乡村振兴、基层治理、维护稳定等重点工作同部署、同落实、同考核，做到党建与业务两手抓、两手硬；坚持把贯彻执行民主集中制作为班子建设重要内容，镇党委会适时让党组织第一书记、书记参会，使其掌握和熟悉民主集中制基本程序、基本内容以及执行方式方法，提高村组党组织贯彻落实民主集中制水平；经常性开展领导班子廉政约谈及谈话提醒，推动党风廉政责任制有效落实。干部队伍建设。扎实有序推进党组织换届工作，圆满完成了镇、村党组织及组级党支部的换届工作，优化党组织班子成员结构、达到学历年龄“一升一降”的要求。其中，“一肩挑”3人，大专以上学历5人，妇女干部11人，社工15人，平均年龄42.1岁，吸纳1名优秀村党组织书记，转聘乡镇公务员并进入镇党委班子；利用镇党校、党员活动室、远程教育设备开展党员集中培训，加强村级后备干部队伍建设，建立后备干部库，加强培养教育，实行动态管理，2021年年底共有76名村级后备干部；以村“两委”换届为契机，坚持力量下沉，精准选派镇机关优秀年轻干部到村担任党组织第一书记、书记、村“两委”委员、大学生村官，形成强大工作合力。

基层党风廉政建设。紧盯新冠疫情防控新形势、新变化，拧紧新冠疫情防控监督“发条”，组织人员到各村对落实常态化新冠疫情防控举措及疫情防控期间党员干部作风、履职尽责等情况开展监督检查40余次；紧盯重要节点，采取节前警示教育、节中明察暗访、节后核实等措施，在节日期间监督检查30余次；积极深入摸排涉黑涉恶、充当黑恶势力“保护伞”等问题，联合镇综治、司法所、派出所前往各村监督检查10余次；压实专项整治主体责任，助推“两违”问题专项整治工作取得实效，持续重拳整治辖区内违法用地和违法建设行为，全力保障“两违”零增长；锚定有效衔接，紧盯乡村振兴领域政策支持力度大、投资密集、资源集中的项目和环节，了解掌握责任落实、项目运营、资金使用、效益发挥及带动群众增收致富等情况，到各项目点监督检查10余次；进一步拓宽信访举报渠道，制作并发放“堆龙德庆区德庆镇纪检监察信访举报监督联系卡”800余张，打通了基层信访举报的“最后一公里”；始终把贯彻落实中央八项规定及其实施细则精神作为长期坚持的政治任务，经常抓、抓经常，镇党委率先垂范，班子成员带头做表率，集中学习18次，结合党委理论学习中心组开展党风廉政专题学习12期、节前廉洁部署会7次、节后干部收心会6次、书记讲廉政党课4次；按照区纪委“每月一监督”工作要求，聚焦公车、公款、“四议两公开”、养老保险、乡村振兴等重点主题开展专项监督检查工作，全年共召开6次工作推进会，下发问题整改通知书2期；利用干部大会和重要会议，时刻提醒广大党员干部廉洁自律，全年通报各类典型案例28起，达到“通报一批，警示一片”的效果；进一步提高纪检监察干部队伍能力建设，组织全镇纪检干部及村务监督委员会成员共22人开展集中业务培训1次，筑牢监督执纪问责的业务基础。

2021年11月13日，德庆镇召开公务员平时考核工作动员部署会

【人大代表履职尽责】2021年是人大换届之年，德庆镇人大主席团按照上级部署要求，选举产生了镇级人大代表48名连任代表14名，占代表总数的29.17%。其中，党员代表40名，占代表总数的83.33%；党外代表8名（含宗教界人士2名），占代表总数的16.67%；妇女代表11名，占代表总数的22.92%；教育界代表1名，占代表总数的2.08%；医卫界代表3名（卫生院1名、村医1名、兽医1名），占代表总数的6.25%；农牧民基层代表41名，占代表总数的85.42%；宗教界代表2名，占代表总数的4.17%。在每月15日的选民接访日听取选民对全镇党建、经济、政治、社会稳定等领域提出的重大问题，并进行调查研究和梳理分析，并每季度定期召开人大代表工作交流会，使人大代表在闭会期间能够积极发挥代表作用，进一步密切人大代表与选民之间的联系，健全“借诉即办、限时办结”的工作机制，积极回应人民诉求、满足群众需求；开展“十星级”人大代表创建评选活动，进一步推动人大代表履职尽责的工作深入开展，丰富和不断探索人大工作的创建载体，提升人大代表的素养，使代表的主体

作用得以发挥，激发全镇人大代表参与"十星级"创建评选的积极性、主动性，从而形成监督主导的良好局面，推动德庆镇人大工作迈上一个新台阶；进一步提高代表的履职情况，提升工作效率、办事效率和服务质量，更好地为全镇各行各业服务，制定"六员"AB岗工作模式，即在相近岗位之间，实行顶岗或互为备岗的制度，明确职责；在代表接访、监督检查、视察调研、接访选民等活动中创新"1+2"工作模式（1名老代表带2新代表）。

2021年7月14日，德庆镇邱桑村举办庆祝中国共产党成立100周年和平解放70周年文艺会演

【宣传文化】 深入开展新时代文明实践志愿服务活动。2021年，德庆镇聚焦重点任务，始终围绕把新时代文明实践所（站）建设成为学习传播科学理论的大众平台工作，以丰富多彩的宣传教育和实践活动为有力抓手和鲜活载体，积极培育和践行社会主义核心价值观，推动社会主义核心价值观内化于心、外化于行，真正成为人们政治上思想上行动上最基本的价值遵循。

突出公民道德素质教育。围绕基本道德规范和社会公德、职业道德、家庭美德教育，通过在各村张贴标语、散发学习手册和宣传材料等方式，提升群众的道德素养，大力弘扬助人为乐、见义勇为、诚实守信、孝老爱亲等好人文化。

移风易俗宣传教育。组织镇、村两级文艺队举办文艺演出60余场次，参与人数9000余人，通过群众喜闻乐见的方式，唤起树新风的自觉，响应破陋俗的呼声，营造移风易俗的舆论；广泛开展"城市文明创建"活动，让群众能参与、想参与、勤参与，加大宣传引导，提升群众文明素质；开展农村环境生活垃圾专项治理活动，经常性开展乡村环境集中清理整治，同时加大宣传力度，引导村民"人人动手，户户参与"环境整治活动，共同美化农村环境，镇村两级充分发挥其"举旗帜、聚民心、育新人、兴文化、展形象"的作用，开展各类志愿服务活动共70余场次。

【群团工作】 2021年，全镇发展团员84人，推优入党10人，占比4.9%。以团组织换届为契机，推选优秀青年担任团支部书记、专职团干，全镇设6个团支部，配备6名团支部书记，委员12名，其中青年占比89%以上，大专以上学历占比89%以上，扎实推进团的各项工作提供有力保障。利用雷锋纪念日、"五四"青年节、"七一"建党、"十一"国庆节等节假日开展丰富多彩的文体活动，举办了德庆镇返乡大学生交流座谈会、"德庆镇青春心向党、建功新时代歌咏比赛"、预防青少年犯罪知识宣讲以及"普及法律、守护青春"讲座等10余次专项活动。配合协助区人社在各村开展电工班、厨师班等培训，涉及青年100余人次。同时，为进一步关注关心辖区青少年健康成长，还为辖区中心校青少年心理辅导室增添心理治疗沙盘。

【经济发展与民生保障】 整村拆旧新建稳步实施。2021年，德庆镇综合考虑村庄空间布局、功能定位、产业发展、生态宜居、文化建设等因素，扎实推进"美丽乡村·幸福家园"建设工作，全镇拆旧新建共涉及48户（德庆村39户、顶嘎村1户、邱桑村7户、昂嘎村1户），涉及225人。按照住房新建投资比例方案，48户群众住房新建共投资1428万元，其中群众自筹475.2万元，政府补贴952.8万元（市级配套资金381.12

万元，县级配套资金571.68万元），2021年年底，主体已经全部完工。在辖区内施工建设项目过程中，共带动当地群众就业200余人，发放工资100余万元，发放机械租赁费300万余元。开展拉萨市城市体验社会满意度调查工作，全镇共填写调查问卷450余份。11月，在全镇范围内开展房屋风险普查工作，借助农村房屋安全信息采集助手，逐户定位排查住房风险排查情况。

人居环境向好向优。2021年，投资1914万元实施了德庆村扎西康桑组、投资3168.42万元实施了德庆村桑仓组、投资3330.56万元实施了昂嘎村人居环境综合整治项目，实施镇域主干道环境整治和村（居）“四化”工程。

坚持农业农村优先发展。按照农村集体资产股权设置、量化和管理工作，以试点村先行、以点带面的方式全面完成农村集体产权制度改革，完成6个村23个小组的动员部署、摸底调查、资产范围、人员范围确认、农村集体资产股权设置、量化和管理办法、登记赋码、录入系统、档案整理等工作。清查账面。资产总额30726984.48元，其中经营性资产10505867.25元，非经营性资产20221117.23元；集体土地总面积20861.43亩。2021年年底，所有村（组）2102户7752人完成了农村产权制度改革工作。

生态文明建设。坚持垃圾分类和日产日清的工作原则，配齐密封式垃圾桶站、开放式垃圾桶站、智能回收垃圾站、垃圾分类兑换超市等垃圾分类硬件设施，将环卫工人划分为入户保洁员、公共区域保洁员、智能回收桶站监督员、沿街商铺保洁员、公共厕所保洁员等五大类，采取“户分类、村收集、镇转运、区处理”的模式确保辖区内垃圾分类达到标准和及时清运；突出环境治理和卫生整治工作，结合文明城市创建工作，充分依托“6·5”世界环境日等节点，定期组织机关干部、党员志愿者和镇环卫工，开展环境卫生大整治工作，全年开展检查和环境卫生大整治10余次，投入环卫人力共600余人，清理转运垃圾累计10余吨，投入资金4.2万元对辖区建筑垃圾进行整治；坚决贯彻生态文明理念，落实生态保护责任，持续巩固和提升消除“无树村、无树户”成果，积极开展镇、村“四旁”植树行动工作，全年累计植树4.4万棵，同时邱桑村去除蓝顶面积6987平方米，涉及98户。

战疫情、稳经济。坚决把新冠疫情防控工作作为当前最主要的政治任务，精心织牢防控责任网，落实道路防控、村组排查、宣传引导、物资保障，有效防止新冠疫情的输入和传播，坚决打赢打好新冠疫情防控阻击战。镇党委、政府定期组织召开新冠肺炎疫情调度会，安排部署疫情防控工作，研究存在的问题，制定对应措施，确保上级各项决策部署落地见效，全年召开新冠疫情防控工作专题会13次，对各村、各寺管会疫情防控工作落实情况开展督导检查15次。针对辖区内餐饮店、超市、宾馆等重点场所开展常态化疫情防控检查，督促市场主体严格按照防控要求，确保经济发展和疫情防控两不误。为有效巩固辖区新冠疫情防控成果，通过有序接种新冠病毒疫苗，全面提升辖区群众新冠病毒疫苗接种率，坚持知情同意和免费接种，做到应接尽接，2021年年底，德庆镇第一剂5350人接种，接种率93.45%；第二剂4919人接种，接种率92%；第三剂3030人接种，

2021年9月23日，德庆镇开展第四届“中国农民丰收节”庆祝活动暨新时代文明实践活动

接种率84.3%。

民生保障。把落实就业政策作为政府工作的大事，抓好高校毕业生、农牧民就业情况，2021年应届高校毕业生93名已全部就业，就业率达100%；受理户籍业务（包括迁户、上户、变更、销户、分户等）176次，开具各类介绍信612次，受理边境通行证896次，开具油料证明705次、政治审查351人次；完善城乡居民基本养老保险制度，2021年新增养老保险81人、死亡及终止注销39人，新农保缴费2779人、缴费金额55.72万元，新增满60岁待遇申请40人，参保失败清退15人，涉及金额3000元；特殊人群保障到位，全镇低保户共18户50人，2021年新增1户2人，清退2户3人，共发放低保资金15.16万余元，临时救助8人次，发放资金6.9万余元，其中为因病支出较大的僧尼救助1人次，发放救助资金8600元，对364名残疾人发放本级补贴105.32万元，为寿星老人394人兑现资金31.32万元，特困供养对象19人享受残疾人两项补贴227人，其中困难残疾人201人、重度护理26人，每人每月分别补贴100和200元；大力发展教育事业，以“三八”妇女节“六一”儿童节为契机，对镇中心小学和6所幼儿园进行慰问，“教师节”对师德标兵、优秀教师、优秀教育工作者、优秀后勤工作人员及优秀集体进行表彰，2020—2021年困难农户大学生资助符合条件176人，资助金额804846.9元，脱贫户大学生符合条件48人，资助金额214962元；不断发展文化旅游事业，加大文化服务投入力度，配置文化人员力量，规范镇综合文化站、各村农家书屋、村级文化活动室、寺庙书屋等建设，加强对6个村级文艺队管理，推出一大批弘扬时代精神、传承民族文化、群众喜闻乐见的文艺作品；按照“打通快递最后一公里”的目标要求，积极与区经信局对接，成功完成“迅德快递”入驻工作。

脱贫攻坚与乡村振兴有效衔接。全镇产业项目带动就业62人，其中脱贫户21人，通过区委、区政府整合利益联结机制，为全镇无劳动力群众产业分红149人次，分红资金67.05万元；鼓励群众学技能促就业，全镇建档立卡劳动力677人中，337人实现就业稳定；全面巩固脱贫攻坚成果，2021年全镇建档立卡户人均纯收入15281.94元，同比增长15.4%；积极配合区自然资源局不动产中心完成全镇205户搬迁户产权证的制作工作，彻底消除搬迁群众房屋所属权的顾虑。

执法整治。按照《堆龙德庆区关于治理违法用地和违法建设行为的实施方案》文件要求，坚持巡查机制和“露头就打，动土就拆”的工作原则，对违法用地、违章建筑进行集中整治，营造“两违”人人喊打的社会氛围，重拳整治辖区内“两违”行为，共计拆除违法建筑物4处，处理非法占地1处，有力地震慑了辖区内可能发生的“两违”行为。

（刘　晨）

【机构领导】

党委书记

罗桑次仁（藏族，4月离任）
扎　多（藏族，4月任职）

党委副书记、镇长

陈　敏（4月离职）
张良宏（4月任职）

党委副书记、人大主席

多吉旺堆（藏族，4月离任）
谢远晋（4月任职）

党委副书记

张良宏（4月离任）
任　胜（4月任职）

党委委员、宣传委员、组织委员

李伟永（4月离任）
旦增西宁（4月任职）

党委委员、统战委员、人武部长

次仁顿珠（藏族、4月任职）

党委委员、纪委书记

阿旺旦增（藏族）

党委委员、副镇长

强巴卓嘎（女，藏族，4月任职）

党委委员

索朗罗布（藏族，4月任职）

副镇长

索朗次仁（藏族）
李　阳（4月任职）

司法所所长

高祥龙

经发办主任、邦村第一书记

高培祥（4月任职）

后勤服务中心主任、邱桑村第一书记

李嘉辉（4月任职）

国有企业

堆龙德庆区龙腾国有资产投资运营有限公司

【概况】 年内，堆龙德庆区龙腾国有资产投资运营有限公司紧紧围绕“投资城市、建设城市、经营城市”主基调，以党建为统揽，以债务风险防范化解和项目建设为核心，开拓创新促发展、聚精会神抓建设，强化措施抓落实，各项工作有序推进。2021 年年末，龙腾公司及各子公司职工人数共计 265 人，公司具有大学本科学历的员工 41 人，占员工总人数的 15.47 %，大专学历的员工 60 人，占员工总人数的 22.64 %。2021 年年底，公司资产总额 37746.94 万元，净资产 16195.98 万元，营业收入 2186.57 万元。旗下正常运营的全资子公司 10 家，控股公司 1 家。

（奉　旭）

【城市建设投资经营有限责任公司】 2021 年，城投公司紧紧围绕堆龙德庆区中长期发展规划战略目标，认真贯彻落实以“开拓、创新、效率、团结”为核心的公司经营理念，以完善机构、顺畅流程、健全制度等工作入手，扎实推进各项工作稳步向前。2021 年，公司总资产为 58267919.31 元，利润 –2856315.45 元。

（徐　杰）

2021年10月19日，拉萨市委副书记、市长果果（左一）到堆龙德庆区调研人居环境整治项目建设情况

【西藏龙行福运租赁服务有限公司】 2021 年，按照区委、区政府关于公车改革相关要求，租赁公司依法依规进行淘汰安全隐患较大的老旧车辆，严格按照各机关单位车辆配置需求配备固定租赁车辆。2021 年，根据堆龙德庆区人民政府下发的《拉萨市堆龙德庆区人民政府公务用车制度改革专题会议纪要》文件要求，对公司现有车辆中存在安全隐患车辆进行公开评估及拍卖工作，在拉萨饭店会议室举行拍卖会，共拍卖 55 辆车。

（白玛赤列）

【堆龙德庆城开建筑工程有限公司】 2021 年，城开公司大力推进堆龙德庆区人居环境整治项目建设施工，项目共有15个本地劳务班组参与，总投资2.4亿元。实施主要内容包括道路工程、排水工程、交通工程、照明工程、绿化工程、建筑工程等附属工程。家门口的项目群众亲自参与、亲自监督，有效降低了项目建设过程中可能出现的“偷工减料”“窝工”等问题，极大地调动了当地群众的积极性和参与度，降低了项目建设过程中的沟通成本，为人居环境整治项目的顺利推进提供了强有力的组织保障。2021年年底，已完成总工程量的70%。

（王　崎）

【堆龙德庆区瑞吉建筑劳务有限公司】 公司成立于2017年3月，是一家独立经营、自负盈亏的建筑施工劳务服务有限公司。2021年，公司有在职人员7人，下设总经办、综合办、项目部3个部门。2021年，堆龙德庆区6个人居环境整治项目实现全区农牧民转移就业273人，促进本地农牧民增收1132.65万元。

（张欣月）

【堆龙德庆龙源人力资源有限公司】 2021年，龙源公司共招聘派遣员工381人，其中政府购买项目291人，招投标项目72人，企业项目18人。同时，为进一步提高服务质量，深入推进政府购买服务岗位派遣人员整体素质水平的提升，更好地为全区经济发展提供人才支撑，龙源公司成功开展针对项目派遣员工的职业素质培训7场。

（杨涵婷）

【堆龙德庆龙恒物业管理有限公司】 2021年，公司认真贯彻落实以“优质服务”为核心的公司经营理念，从完善机构、顺畅流程、健全制度等方面入手，扎实推进各项工作稳步进行，全力保障桑木干部职工周转房和政府干部职工周转房、公安局六楼共3个项目的物业管理服务工作。公司下设办公室、项目部、质保部。设有经理1人、项目专员2人、收费员1人、保安4人、保洁18人。2021年，公司投入230万余元，改造公共设施1处，接到业主各类保修2次，总体修复率达90%以上，出动12人清理广告、条幅19处，协助垃圾转运300余次。

（次仁拉姆）

2021年3月8日，龙腾公司党支部开展主题党日活动

【堆龙德庆区公交运营有限公司】

2021年，公司共开通15条农村客运班线、5条城市公交线路，线路总长度约达788千米（运行最长线路80千米、最短线路15千米），客运车辆从德庆镇沿着109国道到725油库站每隔半小时往返运行，始终坚持1元票价，日均120班次、日均客运量可达700人。2021年，客运量约达17.7万人次，同比上涨33%左右，20台新能源农村客运车和14台城市公交共同运营，全年无休，同时按照区交通局要求，严格遵守交通规则，落实好安全主体责任，定期开展从业人员安全生产教育培训，增加公交车及运行班线，进一步便利堆龙区群众出行，解决出行难题。

（布四朗）

【堆龙德庆区龙跃恒通水电气服务发展有限公司】 2021年，在区委、区政府和国资委的大力支持和帮助指导下，公司紧紧围绕堆龙德庆区中长期发展战略规划目标，认真贯彻落实以“开拓、创新、效率、团结”为核心的公司经营理念，从完善机构、顺畅流程、健全制度等方面入手，扎实推进各项工作稳

2021年3月14日，堆龙德庆区城投公司党支部组织全体党员干部参加植树活动

步进行，全力保障城镇居民生产和生活用水用电。2021年，工业园区水厂供水量337万立方米，东嘎水厂供水量82万立方米，巡查管网线路1731千米，完成主线管网维修225处，扩建主管网400米，新增水表31个，新增用水户2000余户。新建高压线路7.74千米，新建低压线路86千米，新建电杆922根，新增配变8座，拆除原有配变7座，维修改造原有配变66座。拆除及安装户表14597套。为解决寺庙冬季用水难和饮水安全的问题，公司新建取水口9座，闸阀井15座，消防池2座，蓄水池8座，饮水主管网长度13368.1米，支管管道长度1886米，消防管道长度5674米，背水台19座，减压阀1座，水源保护围栏长度2200米，水源指示牌15个，消防栓6个。

（唐　伟）

【堆龙德庆区捷龙龙福机动车检测有限公司】 2021年，公司旗下机动车安全技术检测线投入运营以来，多次组织召开安全技术、业务流程、服务意识等的培训，致力于向客户提供优质的机动车综合检测服务，按程序按标准执行好每一项检测，带笑脸带真诚服务好每一位客户。全年检测车辆18548辆。

（张添添）

【机构领导】

董事长

骆翰墨

总经理

邱弋桓（6月任职）

副总经理

巴桑桑珠（藏族）

刘　波

黄　尧（6月任职）

杜晓颖

象雄美朵生态旅游文化产业园区管委会

【概况】 为加快推进产业园开发建设进程，助推实施乡村振兴战略，巩固提升产业促脱贫攻坚成效，2018年9月，堆龙德庆区成立象雄美朵生态旅游文化产业园区管委会。2020年7月设立机构，正科级建制，为堆龙德庆区人民政府派出机构，核定行政编制3名，科级领导职数2名（一正一副），管委会下设事业单位综合服务中心，副科级建制，核定事业编制5名，副科级领导职数2名。2021年，区园区管委员会实有工作人员2名、三支一扶人员1名。

【坚持党的领导】 2021年，区园区管委员会指导园区“两新”党组织开展各项活动，提升“两新”党组织党建质量水平，为实现园区加快发展、创新发展、高质量发展奠定良好的组织基础。常态化开展党员政治教育，结合党支部“三会一课”、主题党日、党员政治教育，开展党员讲革命故事、党组织书记讲党课、参观廉政警示教育基地和红色革命基地等党史学习教育活动10余期，学习中国共产党党史、了解党的百年奋斗史，不断提高政治判断力、政治领悟力、政治执行力。围绕“把握新发展阶段、贯彻新发展理念、构建新发展格局”开展大学习大讨论，畅谈在新发展阶段的新起点上怎样更好推动堆龙长治久安和高质量发展，进一步提高党员干部责任感、使命感。精心组织开展庆祝建党100周年系列活动，学习习近平总书记在庆祝中国共产党成立100周年庆祝大会上的讲

2021年11月2日，西藏自治区副主席甲热·洛桑丹增（中）在象雄美朵景区实地调研2022年西藏户外运动博览会选址工作

话精神，与驻园企业员工共同庆祝建党百年华诞，重温入党誓词、做出政治承诺，激发党员永葆初心使命的信念。全面贯彻落实全面从严治党主体责任，规范完善管委会及工作人员职责分工，建立严密有效的监督体系和惩防体系，制定风险防控措施12条，及时准确地掌握干部的情况，经常性开展谈心谈话，开展警示教育3期，强化党员干部日常监督管理。坚决遏制享乐主义、奢靡之风新形式，坚决纠正形式主义、官僚主义新表现，提高政治站位、履行政治责任、强化政治担当，切实推动全面从严治党向基层延伸、向纵深发展。

【文化旅游产业融合发展】 2021年，区园区管委员会始终将“象雄文化”作为开发建设的三大主题之一，不断加大政策倾斜和资金投入争取力度，深挖直龙遗址丰厚的文化资源，在招商引资、项目建设、业态运营等各个环节加强文化建设、文化传承和文化输出。象雄古堡、特色民宿“德吉藏家”、象雄美朵景区等一批重点项目已投入运营，园区周边绿化提升工程、园区备用电源、古堡桥立体绿化等基础配套提升项目已建成发挥效益。积极对接上级各部门，全力推进AAAA级景区创建工作，编制完成《堆龙德庆区象雄美朵生态旅游文化产业园区国家AAAA级景区申报材料》，通过自治区评审。主动协调园区属地与驻园企业之间的矛盾，营造良好的营商环境，推动园区经济又稳又快发展。积极对接群众就业机会，解决2020年拖欠农牧民群众工资240万元、机械租赁运输费600余万元以及流转资金800余万元，及时清理拖欠农牧民群众工资问题，防止群体性事件的发生，全面维护园区社会稳定。认真履行管委会职能，充分发挥桥梁纽带作用，始终强化政府在园区发展、建设、运营过程中的主导作用，加强与市县（区）两级职能部门的沟通协调，加大惠企政策宣传力度，助力驻园企业的良性健康发展。紧盯招商引资、项目建设、企业用工、项目运营等环节，进一步完善园区“代办代跑”事项及责任清单，为驻园企业提供“保姆式”服务，提升工作效能，为园区高质量发展保驾护航。

（韩 露）

2021年3月27日，西藏自治区文化厅党组书记肖传江（前排右二）一行到象雄美朵园区调研指导工作

2021年7月16日，堆龙德庆区象雄美朵园区举办“德吉藏家”异地搬迁旅游可持续发展项目2021年度分红大会

【机构领导】

管委会主任

旦巴雅杰（藏族）

管委会副主任

韩　露

堆龙德庆区净土产业投资开发有限公司

【概况】 年内，堆龙净土公司紧紧围绕净土健康产业发展空间布局理念及公司主营业务，以项目建设运营为工作主线，以增加效益为中心目标，不断提升企业发展质量，将增强企业实力和推动全区净土健康产业可持续发展作为己任，较好地完成了各项任务。2021年，堆龙净土公司总资产达11.15亿元，解决本地大学生就业23人。

【项目建设】 2021年，公司完成古荣、德庆、马镇三大设施园区运营温室达700余栋；在区委、区政府及相关职能部门大力协助下，先后参加了区外各类展销会，使公司旗下的堆龙净土、藏泉白酒、青色麦田等品牌得到提升；为打造“产供销”一体化产业链条，计划整合堆龙德庆区净土健康产品，以市区销售渠道建设为中心，推进实施吉源领鲜超市项目，已打造以生鲜为主的零售连锁超市3家（面积9300平方米），并设立网络直销“到家”配送体系1处，吉源领鲜精品生活超市河坝林店（面积3300平方米）、奥特莱斯店（面积3800平方米）、桑木店（面积2200平方米）运营良好；净土公司自2016年起在德庆、马镇、古荣、乃琼等镇街流转土地18500余亩，实际实施产业类项目及特色种植使用6000余亩，其余12500余亩土地计划实施农业设施项目及藏药材特色种植。根据《关于防止耕地“非粮化”稳定粮食生产工作方案的通知》中“牢牢守住耕地保护尤其是永久基本农田保护红线”精神，公司计划将实施温室及藏药材种植的位于粮食功能区的12500亩土地，通过各级政府及相关部门协调，退还当地村民继续耕种，确保粮食红线。

【融资工作】 2021年，西藏银行为公司授信7087万元，审批贷款7087万元。与中国农业银行西藏分行对接净土奶牛养殖中心项目，项目贷款8625万元已成功发放，4400万元流动资金贷款

2021年3月3日，堆龙德庆区委书记石运本（左三）到堆龙净土公司调研藏泉白酒项目建设情况

2021年8月31日，堆龙德庆区委副书记、区长米玛次仁（前排右二）到堆龙净土公司调研重点项目建设情况

已到位。

【带动脱贫增收】 2016—2021年，堆龙净土公司先后在古荣、德庆、乃琼等镇街流转土地18500余亩，年均支付土地流转费2500余万元；公司通过实施产业项目，累计带动当地村民临时投劳、机械租赁收入达3000余万元。2021年，在建项目以雇佣当地劳务、机械租赁及工程资料采购等方式，为当地村集体及村民增收700余万元。产业项目实施运营后，通过以岗带训的形式，推进当地农民转变为产业工人，技术人员招聘主要面向当地往应届大学、大专、高中毕业生，截至2021年年底已累计招收50余名大学毕业生，充分带动当地民众实现就业。

（张红霞）

【机构领导】

党支部书记、董事长

阿旺次仁（藏族）

党支部副书记、副董事长、总经理

次　　旺（藏族）

附 录

堆龙德庆区受区(县)级以上表彰的先进集体一览表

表9

获奖单位	获奖名称	表彰时间	授予单位
堆龙德庆区人民法院法警大队	全国法院司法警察先进集体	2021年	最高人民法院
羊达街道	全国民主法治示范村(社区)	2021年	司法部、民政部
羊达社区通嘎社区	全国民主法治示范村	2021年	司法部、民政部
国家税务总局拉萨市堆龙德庆区税务局	继续保留全国文明单位荣誉称号	2021年	中央精神文明建设指导委员会
堆龙德庆区人民法院	继续保留全国文明单位荣誉称号	2021年	中央精神文明建设指导委员会
堆龙德庆区工商联	全国"五好"县级工商联	2021年	中华全国工商业联合会
堆龙德庆区	国家生态文明建设示范区	2021年	生态环境部
马镇朗巴村	全国综合减灾示范社区	2021年	国家减灾委、应急管理部、中国气象局、中国地震局
古荣镇加入村	第十一批全国"一村一品"示范村镇	2021年	农业农村部
嘎冲村朗孜糌粑公司法人达瓦次仁	全国十佳农民	2021年	农业农村部
堆龙德庆区乃琼街道中心小学	第三批全国中小学中华优秀传统文化传承学校认定(藏戏、六弦琴)	2021年	教育部
堆龙德庆区委办(保密办)	堆龙德庆区保密办作品《基层保密人的一天》在庆祝中国共产党成立100周年保密宣传教育作品征集评选活动中荣获公益宣传篇类二等奖	2021年	中共中央保密委员会办公室、国家保密局
拉萨市堆龙德庆区初级中学	2021年全国青少年航天科普活动基地校	2021年	中国科协青少年科技中心、中国宇航学会
共青团堆龙德庆区委员会	2020年西部计划绩效考核优秀服务县项目办	2021年	全国大学生志愿服务西部计划项目办

续表9

获奖单位	获奖名称	表彰时间	授予单位
马镇	全区脱贫攻坚先进集体	2021年	中共西藏自治区委员会、西藏自治区人民政府
乡村振兴局	全区脱贫攻坚先进集体奖	2021年	中共西藏自治区委员会、西藏自治区人民政府
堆龙德庆区医疗保障局	2021年全区脱贫攻坚先进集体	2021年	中共西藏自治区委员会、西藏自治区人民政府
措麦村党总支	全区“三优一先”表彰——先进基层党组织	2021年	中共西藏自治区委员会
堆龙德庆区文旅局	永远跟党走—庆祝中国共产党成立100周年	2021年	中共西藏自治区委员会宣传部
堆龙德庆区水利局	在庆祝中国共产党成立100周年、西藏和平解放70周年微视频大赛评选活动“非专业组优秀作品奖”	2021年	中共西藏自治区委员会宣传部、西藏自治区新闻工作者协会
堆龙德庆区司法局	普法与依法治理先进县区	2021年	西藏自治区党委宣传部、自治区司法厅、自治区普法办
堆龙德庆区委宣传部	全区“四讲四爱”群众教育实践活动先进集体	2021年	中共西藏自治区委员会宣传部
堆龙德庆区委宣传部	自治区基层理论宣讲示范基地	2021年	中共西藏自治区委员会宣传部
堆龙德庆区委宣传部	在庆祝中国共产党成立100周年、西藏和平解放70周年微视频大赛获专业组优秀作品奖	2021年	中共西藏自治区委员会宣传部、西藏自治区新闻工作者协会
堆龙德庆区委宣传部	永远跟党走——庆祝中国共产党成立100周年歌咏比赛二等奖	2021年	中共西藏自治区委员会宣传部
堆龙德庆区卫健委	自治区级抗击新冠肺炎疫情先进集体	2021年	西藏自治区应对新冠疫情工作领导小组办公室
共青团堆龙德庆区委员会	全区五四红旗团委	2021年	共青团西藏自治区委员会
拉萨市公安局堆龙德庆分局	集体三等功	2021年	西藏自治区公安厅
堆龙德庆区人民法院	西藏法院扫黑除恶专项斗争先进集体	2021年	西藏自治区高级人民法院
堆龙德庆区人民法院柳梧人民法庭	全区人民法庭工作先进集体	2021年	西藏自治区高级人民法院
堆龙德庆区人民法院民事审判庭	全区法院先进集体	2021年	西藏自治区高级人民法院
堆龙德庆区司法局	自治区级金牌调解员	2021年	西藏自治区司法厅
堆龙德庆区金珠西路消防救援站	西藏消防救援队伍2021年度十佳消防救援站	2022年	西藏自治区消防救援总队
拉萨市堆龙德庆区消防救援大队	重大活动消防安全保卫表现突出单位嘉奖	2021年	西藏自治区消防救援总队

续表9

获奖单位	获奖名称	表彰时间	授予单位
乃琼街道办事处	2021年度自治区级优秀示范型退役军人服务站	2021年	西藏自治区退役军人事务厅、西藏自治区退役军人服务中心
古荣镇巴热村	第六届西藏自治区文明村镇	2021年	西藏自治区文明办
古荣镇嘎冲村	自治区级生态文明建设示范村	2021年	西藏自治区环境保护厅
拉萨市堆龙德庆区初级中学	第七届全国青年科普创新实验暨作品大赛西藏赛区优秀组织奖	2021年	西藏自治区科学技术厅、西藏自治区教育厅、西藏自治区科学协会、西藏自然科学博物馆、西藏自然资源保护与科普发展基金会
农行堆龙德庆区支行乃琼营业所	“春天行动”营业所双增任务卓越贡献奖	2021年	中国农业银行西藏自治区分行
堆龙德庆区农业农村局(兽医站)	自治区农产品质量安全县	2021.10	西藏自治区农业农村厅
堆龙德庆区统计局	西藏自治区统计工作先进集体	2021年	西藏自治区统计局
拉萨市生态环境局堆龙德庆区分局	2021年度全区生态环境保护考核县(区)考核等级 良好。	2022年	西藏自治区生态环境厅
堆龙德庆区羊达街道退役军人服务站	示范型退役军人服务中心(站)创建工作温馨窗口称号	2021年	西藏自治区退役军人事务厅、西藏自治区退役军人服务中心
堆龙德庆区乃琼街道退役军人服务站	示范型退役军人服务中心(站)创建工作优秀站长称号	2021年	西藏自治区退役军人事务厅、西藏自治区退役军人服务中心
堆龙德庆区马镇退役军服务站	示范型退役军人服务中心(站)创建工作岗位标兵称号	2021年	西藏自治区退役军人事务厅、西藏自治区退役军人服务中心
堆龙德庆区委宣传部	2020年度西藏自治区“学习强国”先进学习组织	2021年	“学习强国”西藏学习平台
马镇	拉萨市创先争优强基础惠民生活动优秀组织单位	2021年	中共拉萨市委员会、拉萨市人民政府
堆龙德庆区委政法委	全市先进基层组织	2021年	中共拉萨市委员会、拉萨市人民政府
堆龙德庆区委政法委	永远跟党走歌咏比赛(一等奖)	2021年	中共拉萨市委员会、拉萨市人民政府
堆龙德庆区卫健委	拉萨市庆祝中国共产党成立100周年活动表现突出集体奖	2021年	中共拉萨市委员会、拉萨市人民政府
堆龙德庆区委宣传部	拉萨市庆祝西藏和平解放70周年活动表现突出集体奖	2021年	中共拉萨市委员会、拉萨市人民政府
乃琼街道色玛社区	全市先进基层党组织	2021年	中共拉萨市委员会
古荣镇巴热村	全市先进基层党组织	2021年	中共拉萨市委员会
堆龙区堆龙德庆区疾控中心	拉萨市先进基层党组织	2021年	中共拉萨市委员会

续表9

获奖单位	获奖名称	表彰时间	授予单位
拉萨市堆龙德庆区初级中学	拉萨市首届中小学生游泳比赛优秀组织奖	2021年	拉萨市人民政府
堆龙德庆区中学	拉萨市首届中小学生游泳比赛优秀组织奖	2021年	拉萨市人民政府
堆龙德庆区文旅局	拉萨市第五届县(区)艺术团文艺调演最佳原创奖	2021年	拉萨市人民政府、拉萨市委宣传部
堆龙德庆区文旅局	拉萨市第五届县(区)艺术团文艺调演最佳新人奖	2021年	拉萨市人民政府、拉萨市委宣传部
堆龙德庆区文旅局	拉萨市第五届县(区)艺术团文艺调演三等奖	2021年	拉萨市人民政府、拉萨市委宣传部
堆龙德庆区委宣传部	“书香拉萨”红色经典诵读大赛优秀奖	2021年	中共拉萨市委宣传部、拉萨市委党史学教办
马镇措麦村	第五届拉萨市文明村镇	2021年	拉萨市精神文明建设指导委员会
德庆镇	拉萨市文明村镇	2021年	拉萨市精神文明建设指导委员会
昂嘎村	拉萨市文明村镇	2021年	拉萨市精神文明建设指导委员会
邦村	拉萨市文明村镇	2021年	拉萨市精神文明建设指导委员会
拉萨市堆龙德庆区消防救援大队	第五届“拉萨市文明单位”	2021年	拉萨市精神文明建设指导委员会
堆龙德庆区人民法院	继续保留拉萨市文明单位	2021年	拉萨市精神文明建设指导委员会
共青团堆龙德庆区委员会	拉萨市文明单位	2021年	拉萨市精神文明建设指导委员会
堆龙德庆区卫健委	拉萨市文明单位	2021年	拉萨市精神文明建设指导委员会
堆龙德庆区委宣传部	拉萨市文明单位	2021年	拉萨市精神文明建设指导委员会
堆龙德庆区政府办	拉萨市文明单位	2021年	拉萨市精神文明建设指导委员会
古荣镇	拉萨市第七次全国人口普查“先进集体”	2021年	拉萨市第七次全国人口普查领导小组办公室
堆龙德庆区统计局	第七次全国人口普查先进单位	2021年	拉萨市第七次全国人口普查领导小组办公室
乃琼街道办事处	第七次全国人口普查先进集体	2021年	拉萨市第七次全国人口普查领导小组办公室
共青团堆龙德庆区委员会	拉萨市第七届青年创新创业大赛优秀组织奖	2021年	共青团拉萨市委员会
中共拉萨市公安局堆龙德庆分局马镇派出所支部委员会	先进基层党组织	2021年	拉萨市公安局
拉萨市公安局堆龙德庆分局德庆镇派出所	集体嘉奖	2022年	拉萨市公安局

续表9

获奖单位	获奖名称	表彰时间	授予单位
堆龙德庆区乃琼街道中心小学	2021年拉萨市少先队辅导员技能大赛团体获得二等奖	2021年	拉萨市少工委
堆龙德庆区人力资源和社会保障局	劳动保障监察工作先进集体	2021年	拉萨市人力资源和社会保障局
堆龙德庆区人力资源和社会保障局	劳动保障监察工作先进集体	2021年	拉萨市人力资源和社会保障局
国家税务总局拉萨市堆龙德庆区税务局	诚信单位	2021年	拉萨市社会信用体系建设领导小组办公室
堆龙德庆区金珠西路消防救援站	2021年度先进集体嘉奖	2022年	拉萨市消防救援支队
堆龙德庆区姜昆黄小勇希望小学	拉萨市教育系统庆祝建党100周年和西藏和平解放70周年“石榴籽·百年足迹·魅力绽放”系列活动声乐类教师组 二等奖	2021年	拉萨市教育局党组
堆龙德庆区古荣镇中心小学	全市教育系统先进基层党组织	2021年	拉萨市教育局
东嘎街道	拉萨月度劳动力调查工作先进集体	2021年	国家统计局拉萨调查队
堆龙德庆区中学	拉萨市第一届中小学生科技节暨拉萨市第四届青少年科技创新大赛优秀科技社团	2020年	拉萨市教育局、拉萨市科技局
农行堆龙德庆区支行	“春天行动”综合营销优胜奖	2021年	中国农业银行拉萨分行
农行堆龙德庆区支行	产业扶贫贷款贡献奖	2021年	中国农业银行拉萨分行
农行堆龙德庆区支行	机构类对公存款进取奖	2021年	中国农业银行拉萨分行
堆龙德庆区农业农村局(兽医站)	2020年黄牛改良工作先进单位	2021.10	拉萨市农业农村局、拉萨市畜牧兽医总站
堆龙德庆区农业农村局(兽医站)	2020年牦牛经济杂交先进单位	2021.10	拉萨市农业农村局、拉萨市畜牧兽医总站
堆龙德庆区医疗保障局	全市医疗保障系统庆祝中国共产党成立100周年暨西藏和平解放70周年文艺会演	2021年	中共拉萨市医疗保障局党组
东嘎街道	2020年度堆龙德庆区目标绩效争先进位考核镇(街)达标奖	2021年	中共堆龙德庆区委员会、堆龙德庆区人民政府
堆龙德庆区中学	2019—2020学年绩效考核一等奖	2021年	中共堆龙德庆区委员会、堆龙德庆区人民政府
堆龙德庆区政府系统	永远跟党走——热烈庆祝中国共产党成立100周年 西藏和平解放70周年歌咏比赛组织奖	2021年	中共堆龙德庆区委员会、堆龙德庆区人民政府
德庆镇	堆龙德庆区“永远跟党走”2021年文艺大评比暨文艺大汇演活动二等奖	2021年	中共堆龙德庆区委员会、堆龙德庆区人民政府
德庆镇	永远跟党走——热烈庆祝中国共产党成立100周年西藏和平解放70周年歌咏比赛	2021年	中共堆龙德庆区委员会、堆龙德庆区人民政府
德庆镇	2020年度堆龙德庆区目标绩效争先进位考核二等奖	2021年	中共堆龙德庆区委员会、堆龙德庆区人民政府
古荣镇嘎冲村	堆龙德庆区优秀党组织	2021年	中共堆龙德庆区委员会、堆龙德庆区人民政府

续表9

获奖单位	获奖名称	表彰时间	授予单位
古荣镇南巴村	堆龙德庆区2021年度“双联户”工作先进村	2021年	中共堆龙德庆区委员会、堆龙德庆区人民政府
堆龙德庆区人民检察院	永远跟党走——热烈庆祝中国共产党成立100周年、西藏和平解放70周年歌咏比赛二等奖	2021年	中共堆龙德庆区委员会、堆龙德庆区人民政府
马镇	2020年度堆龙德庆区目标绩效争先进位考核镇（街道）争先一等奖	2021年	中共堆龙德庆区委员会、堆龙德庆区人民政府
马镇	永远跟党走——热烈庆祝中国共产党成立100周年和西藏和平解放70周年歌咏比赛	2021年	中共堆龙德庆区委员会、堆龙德庆区人民政府
堆龙德庆区委办	永远跟党走——热烈庆祝中国共产党成立100周年西藏和平解放70周年歌咏比赛组织奖	2021年	中共堆龙德庆区委员会、堆龙德庆区人民政府
堆龙德庆区水利局	2020年度堆龙德庆区目标绩效争先进位考核经济社会发展类争先二等奖	2021年	中共堆龙德庆区委员会、堆龙德庆区人民政府
堆龙德庆区文旅局	2021年度目标绩效争二等奖	2020年	中共堆龙德庆区委员会、堆龙德庆区人民政府
乡村振兴局	2020年度堆龙德庆区目标绩效争先进位考核经济社会发展类争先三等奖	2021年	中共堆龙德庆区委员会、堆龙德庆区人民政府
乡村振兴局	堆龙德庆区先进基层党组织奖	2021年	中共堆龙德庆区委员会
东嘎街道祥和苑社区	堆龙德庆区先进基层党组织	2021年	中共堆龙德庆区委员会
顶嘎村	堆龙德庆区先进基层党组织	2021年	中共堆龙德庆区委员会
马村党总支	堆龙德庆区先进基层党组织	2021年	中共堆龙德庆区委员会
德庆镇	堆龙德庆区先进基层党组织	2021年	中共堆龙德庆区委员会
羊达街道	堆龙德庆区先进基层党组织	2021年	中共堆龙德庆区委员会
马镇	堆龙德庆区先进基层党组织	2021年	中共堆龙德庆区委员会
堆龙德庆区姜昆黄小勇希望小学	永远跟党走——热烈庆祝中国共产党成立100周年 西藏和平解放70周年歌咏比赛 三等奖	2021年	堆龙德庆区人民政府

说明：由于各单位资料提供不全，可能有遗漏

堆龙德庆区受区（县）级以上表彰的先进个人一览表

表10

姓名	性别	民族	籍贯	政治面貌	工作单位	获奖名称	表彰时间	授予单位
洛　布	男	藏族	拉萨	中共党员	堆龙德庆区市场监督管理局	全国食品安全工作先进个人	2021年	国务院食品安全委员会
德吉白珍	女	藏族	天津	中共党员	共青团堆龙德庆区委员会	2021年度团的领导机关干部进修班优秀学员	2021年	中央团校
黄艳萍	女	汉族	云南大理州弥渡县	共青团员	区中学	2021年“少年问天”全国青少年航天科普活动优秀指导教师	2021年	中国宇航学会
王　馨	女	汉族	陕西咸阳市武功县	中共预备党员	区中学	2022年“少年问天”全国青少年航天科普活动优秀指导教师	2021年	中国宇航学会
张晓斌	男	汉族	甘肃定西市陇西县	中共党员	区中学	2021年“少年问天”全国青少年航天科普活动优秀指导教师（获奖两人）	2021年	中国宇航学会
朱世清	男	汉族	河南郑州市中牟县	中共党员	区中学	2021年“少年问天”全国青少年航天科普活动优秀指导教师（获奖两人）	2021年	中国宇航学会
王　芳	女	汉族	四川广安市广安区	中共党员	区中学	2021年“少年问天”全国青少年航天科普活动优秀指导教师	2021年	中国宇航学会
赵忠良	男	汉族	四川遂宁市船山区	群众	区中学	2021年“少年问天”全国青少年航天科普活动优秀指导教师	2021年	中国宇航学会
黄艳萍	女	汉族	云南大理	入党积极分子	拉萨市堆龙德庆区中学	2021年“少年问天”全国青少年航天科普活动优秀指导教师	2021年	中国宇航学会
王永强	男	汉族	内蒙古赤峰	中共党员	乃琼街道办事处	中华人民共和国第十四届运动会群众比赛网球项目决赛体育道德风尚奖运动员	2021年	第十四届全国运动会组织委员会
王永强	男	汉族	内蒙古赤峰	中共党员	乃琼街道办事处	中华人民共和国第十四届运动会群众比赛网球项目男子团体第五名	2021年	第十四届全国运动会组织委员会
权春鑫	男	汉族	云南文山州砚山县	群众	乃琼街道小学	美术作品《佛之韵·千瓣莲》获2021首届“将军酒杯”全国书画大赛美术组金奖	2021年	2021首届“将军酒杯”全国书画大赛组委会
德吉白珍	女	藏族	拉萨	中共党员	东嘎街道办事处	自治区脱贫攻坚先进个人	2021年	中共西藏自治区委员会、西藏自治区人民政府
江　白	男	藏族	拉萨	中共党员	东嘎街道东嘎社区	西藏自治区抗击新冠肺炎疫情先进个人	2021年	中共西藏自治区委员会、西藏自治区人民政府
米　珍	女	藏族	西藏日喀则	中共党员	乃琼街道办事处	2021年西藏自治区脱贫先进个人	2021年	中共西藏自治区委员会、西藏自治区人民政府
达　瓦	男	藏族	西藏堆龙	中共党员	德庆镇	全区脱贫攻坚先进个人	2021年	中共西藏自治区委员会、西藏自治区人民政府

续表10

姓名	性别	民族	籍贯	政治面貌	工作单位	获奖名称	表彰时间	授予单位
管 兵	男	汉族	河南舞钢	中共党员	区委政法委	自治区扫黑除恶专项斗争工作先进个人	2021年	中共西藏自治区委员会、西藏自治区人民政府
尼玛偏多	女	藏族	拉萨	中共党员	拉萨市堆龙德庆医疗保障局	先进个人	2021年	中共西藏自治区委员会、西藏自治区人民政府
任 威	男	汉族	四川南充	中共党员	乃琼街道办事处	2021年自治区人民满意公务员荣誉称号	2021年	中共西藏自治区委员会
江 白	男	藏族	拉萨	中共党员	东嘎街道东嘎社区	全区优秀共产党员称号	2021年	中共西藏自治区委员会
旦 增	男	藏族	西藏堆龙	中共党员	马镇人民政府	全区第三批优秀村（社区）党组织第一书记	2021年	中共西藏自治区委员会组织部
格桑德吉	女	藏族	日喀则市桑珠孜区	群众	区五幼	中国梦·劳动美，永远跟党走奋进新征程（优胜奖）	2021年	西藏自治区总工会
次仁德吉	女	藏族	拉萨	中共党员	堆龙德庆区人民法院	城乡妇女岗位建功标兵荣誉称号	2021年	西藏自治区妇女联合会
孔 畅	男	汉族	重庆	中共党员	拉萨市公安局堆龙德庆分局	个人三等功	2021年	西藏自治区公安厅
尊珠杰布	男	藏族	西藏拉萨	中共党员	拉萨市公安局堆龙德庆分局	成绩突出个人	2021年	西藏自治区公安厅
王定平	男	汉族	贵州毕节	中共党员	马镇人民政府	自治区级金牌调解员	2021年	西藏自治区司法厅
罗布桑珠	男	藏族	西藏阿里	中共党员	堆龙德庆区消防救援大队	个人三等功	2021年	西藏自治区消防救援总队
洛桑朗卡	男	藏族	西藏昌都	中共党员	堆龙德庆区消防救援大队	西藏消防救援队伍2021年度十佳基层干部	2022年	西藏自治区消防救援总队
嘎玛伟思	男	藏族	西藏日喀则	中共党员	堆龙德庆区消防救援大队	西藏消防救援队伍2021年度优秀基层干部	2022年	西藏自治区消防救援总队
陈群烨	男	汉族	重庆市渝北区	中共党员	堆龙德庆区消防救援大队	西藏消防救援队伍2021年度优秀基层干部	2022年	西藏自治区消防救援总队
仁青江措	男	藏族	西藏拉萨	中共党员	堆龙德庆区消防救援大队金珠西路消防救援站	西藏消防救援队伍2021年度优秀基层干部	2022年	西藏自治区消防救援总队
白怡明	男	汉族	陕西咸阳	共青团员	堆龙德庆区消防救援大队金珠西路消防救援站	个人三等功	2021年	西藏自治区消防救援总队
次旦旺久	男	藏族	拉萨市林周县	中共党员	德庆镇小学	入选2021年乡村优秀青年教师培养奖励计划	2021年	教育部教师工作司
陈 馨	女	汉族	四川眉山	中共党员	拉萨市堆龙德庆区中学	第一届西藏自治区中小学青年教师教学竞赛中学英语组一等奖	2021年	西藏自治区教育厅

续表10

姓名	性别	民族	籍贯	政治面貌	工作单位	获奖名称	表彰时间	授予单位
陈　馨	女	汉族	四川眉山	中共党员	拉萨市堆龙德庆区中学	2021年全区初中教师教学竞赛决赛英语组一等奖	2021年	西藏自治区教育厅
德　吉	女	藏族	四川甘孜州	中共党员	拉萨市堆龙德庆区中学	第三届中华经典诵读大赛西藏自治区预赛二等奖	2021年	西藏自治区教育厅
德　吉	女	藏族	四川甘孜州	中共党员	拉萨市堆龙德庆区中学	第三届中华经典诵读大赛西藏自治区预赛三等奖	2021年	西藏自治区教育厅
卓　嘎	女	藏族	西藏拉萨	中共党员	拉萨市堆龙德庆区中学	2021年全区初中教师教学竞赛决赛历史组一等奖	2021年	西藏自治区教育厅
欧珠央宗	女	藏族	西藏拉萨	群众	拉萨市堆龙德庆区中学	课堂实录《生命可以永恒吗》荣获“2020年全区中小学优质教育教学资源征集活动”道德与法治组三等奖	2021年	西藏自治区教育厅
欧珠央宗	女	藏族	西藏拉萨	群众	拉萨市堆龙德庆区中学	课件《生命可以永恒吗》荣获“2021年全区中小学优质教育教学资源征集活动”道德与法治组三等奖	2021年	西藏自治区教育厅
王　馨	女	汉族	陕西武功	中共党员	拉萨市堆龙德庆区中学	课件《陈太丘与友期行》荣获“2021年全区中小学优质教育教学资源征集活动”语文组三等奖	2021年	西藏自治区教育厅
王　馨	女	汉族	陕西武功	中共党员	拉萨市堆龙德庆区中学	课堂实录《陈太丘与友期行》荣获“2022年全区中小学优质教育教学资源征集活动”语文组二等奖	2021年	西藏自治区教育厅
方　芳	女	汉族	重庆梁平	群众	拉萨市堆龙德庆区中学	课件《天上的街市》荣获“2021年全区中小学优质教育教学资源征集活动”语文组优秀奖	2021年	西藏自治区教育厅
拉巴卓玛	女	藏族	山南市隆子县	中共党员	马镇小学	课件《卖火柴的小女孩》2020年全区中小学优质教育教学资源征集活动藏语文组优秀奖	2021年	西藏自治区教育厅
桑旦白玛	女	藏族	山南市隆子县	群众	羊达街道小学	全区课堂实录《藏文后缀字》一等奖	2021年	西藏自治区教育厅
桑旦白玛	女	藏族	山南市隆子县	群众	羊达街道小学	全区中小学课件个人《藏文后缀字》优质征集活动三等奖	2021年	西藏自治区教育厅
加　雷	女	藏族	拉萨市堆龙德庆区	中共党员	羊达街道小学	全区课堂实录《野驴》三等奖	2021年	西藏自治区教育厅
央　珍	女	藏族	拉萨市堆龙德庆区	共青团员	羊达街道小学	自治区骨干教师	2021年	西藏自治区教育厅

续表10

姓名	性别	民族	籍贯	政治面貌	工作单位	获奖名称	表彰时间	授予单位
黄恋景	女	汉族	四川宜宾市叙州区	群众	区一幼	全区第三届幼儿教师教学竞赛决赛健康领域二等奖	2021年	西藏自治区教育厅
拉巴卓玛	女	藏族	山南市隆子县	中共党员	马镇小学	课堂实录《卖火柴的小女孩》2020年全区中小学优质教育教学资源征集活动藏语文组二等奖	2021年	西藏自治区教育厅
次旦旺久	男	藏族	林芝市巴宜区	中共党员	区小学	课堂实录荣获2020年全区中小学优质教育教学资源征集活动藏文组二等奖	2021年	西藏自治区教育厅
洛桑益西	男	藏族	山南市乃东区	中共党员	区小学	课堂实录《后加字“ད་”的用法》荣获“2020年全区中小学优质教育教学资源征集活动”藏语文组优秀奖	2021年	西藏自治区教育厅
洛桑益西	男	藏族	山南市乃东区	中共党员	区小学	课堂实录《后加字“ད་”的用法》荣获“2020年全区中小学优质教育教学资源征集活动”藏语文组二等奖	2021年	西藏自治区教育厅
次旦央宗	女	藏族	拉萨市城关区	中共党员	区小学	课堂实录《后加字“ང་”的用法》荣获“2020年全区中小学优质教育教学资源征集活动”藏语文组优秀奖	2021年	西藏自治区教育厅
次旦央宗	女	藏族	拉萨市城关区	中共党员	区小学	课堂实录《后加字“ང་”的用法》荣获“2020年全区中小学优质教育教学资源征集活动”藏语文组二等奖	2021年	西藏自治区教育厅
康春	女	藏族	拉萨市堆龙德庆区	群众	区小学	2020年全区中小学优质教育教学资源征集活动制作课件三等奖	2021年	西藏自治区教育厅
康春	女	藏族	拉萨市堆龙德庆区	群众	区小学	2020年全区中小学优质教育教学资源征集活动课堂实录三等奖	2021年	西藏自治区教育厅
达娃曲珍	女	藏族	那曲市比如县	中共党员	区小学	课堂实录荣获2020年全区中小学优质教育教学资源征集活动语文组优秀奖	2021年	西藏自治区教育厅
方芳	女	汉族	重庆梁平	群众	拉萨市堆龙德庆区中学	课堂实录《天上的街市》荣获“2021年全区中小学优质教育教学资源征集活动”语文组三等奖	2021年	西藏自治区教育厅
赤尼	女	藏族	林芝市米林县	群众	区小学	课堂实录荣获2020年全区中小学优质教育教学资源征集活动藏文组一等奖	2021年	西藏自治区教育厅

续表10

姓名	性别	民族	籍贯	政治面貌	工作单位	获奖名称	表彰时间	授予单位
赤　尼	女	藏族	林芝市米林县	群众	区小学	课件荣获2020年全区中小学优质教育教学资源征集活动藏文组三等奖	2021年	西藏自治区教育厅
牟　琳	女	汉族	四川德阳市什邡市	群众	区小学	第三届中华经典诵读大赛西藏自治区预赛优秀指导教师	2021年	西藏自治区教育厅
索朗德吉	女	门巴	林芝市米林县	中共党员	乃琼街道小学	西藏自治区第二批骨干教师	2021年	西藏自治区教育厅
拉　珍	女	藏族	拉萨市达孜区	中共党员	乃琼街道小学	课堂实录和课件《比尾巴》获优秀奖	2021年	西藏自治区教育厅
次仁占堆	男	藏族	拉萨市堆龙德庆区	中共党员	乃琼街道小学	课堂实录《十个后加字得用法》2020年全区中小学优质教育教学资源征集活动“藏文组”三等奖	2021年	西藏自治区教育厅
次仁占堆	男	藏族	拉萨市堆龙德庆区	中共党员	乃琼街道小学	课件《十个后加字得用法》2020年全区中小学优质教育教学资源征集活动“藏文组”一等奖	2021年	西藏自治区教育厅
旦增欧珠	男	藏族	拉萨市堆龙德庆区	群众	乃琼街道小学	课件《下加字ལ་的用法》获一等奖	2021年	西藏自治区教育厅
旦增欧珠	男	藏族	拉萨市堆龙德庆区	群众	乃琼街道小学	课堂实录《下加字ལ་的用法》获三等奖	2021年	西藏自治区教育厅
索　朗	男	藏族	拉萨市堆龙德庆区	中共党员	拉萨经开小学	优质课	2021年	西藏自治区教育厅
索　朗	男	藏族	拉萨市堆龙德庆区	中共党员	拉萨经开小学	优质课	2021年	西藏自治区教育厅
祁　静	女	汉族	安徽亳州市谯城区	群众	姜昆黄小勇希望小学	西藏自治区“教学能手”荣誉称号	2021年	西藏自治区教育厅
达瓦卓玛	女	藏族	那曲市巴青县	群众	姜昆黄小勇希望小学	自治区级优课	2021年	西藏自治区教育厅
次仁顿珠	男	藏族	林芝市朗县	中共党员	姜昆黄小勇希望小学	一师一优教案	2021年	西藏自治区教育厅
次仁顿珠	男	藏族	林芝市朗县	中共党员	姜昆黄小勇希望小学	一师一优优课	2021年	西藏自治区教育厅
顿珠罗杰	男	藏族	拉萨市尼木县	中共预备党员	德庆镇小学	“基础教育精品课”获评自治区级优课	2021年	西藏自治区教育厅
巴　桑	男	藏族	山南市洛扎县	中共党员	古荣镇小学	课堂实录《晨读》获全区中小学藏文组一等奖	2021年	西藏自治区教育厅

续表10

姓名	性别	民族	籍贯	政治面貌	工作单位	获奖名称	表彰时间	授予单位
坚　宗	女	藏族	拉萨市堆龙德庆区	中共党员	古荣镇小学	课堂实录《六弦琴》荣获全区中小学藏文组一等奖	2021年	西藏自治区教育厅
坚　宗	女	藏族	拉萨市堆龙德庆区	中共党员	古荣镇小学	课件《六弦琴》荣获全区中小学藏文组三等奖	2021年	西藏自治区教育厅
陈　馨	女	汉族	四川眉山市仁寿县	群众	区中学	第一届西藏自治区中小学青年教师教学竞赛中学英语组一等奖	2021年	西藏自治区教育厅
陈　馨	女	汉族	四川眉山市仁寿县	群众	区中学	2021年全区初中教师教学竞赛决赛英语组一等奖	2021年	西藏自治区教育厅
卓　嘎	女	藏族	拉萨市曲水县	中共党员	区中学	2021年全区初中教师教学竞赛决赛历史组一等奖	2021年	西藏自治区教育厅
旦增卓嘎	女	藏族	四川甘孜州康定市	中共党员	区中学	第一届西藏自治区教师竞赛三等奖	2021年	西藏自治区教育厅
袁　超	男	汉族	四川南江	中共党员	马镇人民政府	2021年度自治区级岗位标兵	2021年	西藏自治区退役军人事务局
任　威	男	汉族	四川南充	中共党员	乃琼街道办事处	自治区级优秀示范退役军人服务中心(站)称号主任(站长)	2021年	西藏自治区退役军人事务厅、西藏自治区退役军人服务中心
王永强	男	汉族	内蒙古赤峰	中共党员	乃琼街道办事处	2021年第六届全民健身系列活动西藏业务网球挑战赛——男子双打亚军	2021年	西藏自治区体育局、西藏自治区体育总会
王永强	男	汉族	内蒙古赤峰	中共党员	乃琼街道办事处	2021年第六届全民健身系列活动西藏业务网球挑战赛——男子单打亚军	2021年	西藏自治区体育局、西藏自治区体育总会
王永强	男	汉族	内蒙古赤峰	中共党员	乃琼街道办事处	“我要上全运”第十四届全国运动会群众比赛网球项目西藏自治区选拔赛第三名	2021年	西藏自治区体育局、西藏自治区体育总会
巴桑卓嘎	女	藏族	拉萨市堆龙德庆区	中共党员	区小学	优秀指导教师	2021年	西藏自治区文化厅
白玛次仁	男	藏族	林芝市工布江达县	中共党员	区小学	优秀指导教师	2021年	西藏自治区文化厅
巴　桑	男	藏族	山南市洛扎县	中共党员	古荣镇小学	2021年藏棋全国公开赛优秀奖	2021年	西藏自治区藏棋协会
加　措	男	藏族	拉萨市堆龙德庆区	中共党员	古荣镇小学	2021年藏棋全国公开赛优秀奖	2021年	西藏自治区藏棋协会
加　措	男	藏族	拉萨市堆龙德庆区	中共党员	古荣镇小学	2022年藏棋全国公开赛优秀奖	2022年	西藏自治区藏棋协会

续表10

姓名	性别	民族	籍贯	政治面貌	工作单位	获奖名称	表彰时间	授予单位
顿珠朗杰	男	藏族	阿里噶尔	中共党员	堆龙德庆区纪委监委	拉萨市级优秀驻村工作队员	2021年	中共拉萨市委员会、拉萨市人民政府
次旦卓嘎	女	藏族	日喀则	中共党员	堆龙德庆区疾控中心	拉萨市先进工作者	2021年	中共拉萨市委员会、拉萨市人民政府
次仁德吉	女	藏族	西藏拉萨	中共党员	堆龙德庆区委办	拉萨市庆祝西藏和平解放70周年活动表现突出个人奖	2021年	中共拉萨市委员会、拉萨市人民政府
央　宗	女	藏族	西藏堆龙	中共党员	德庆镇	拉萨市创先争优强基础惠民生活动先进驻村(居)工作队员	2021年	中共拉萨市委员会、拉萨市人民政府
魏　鑫	男	汉族	四川江安	中共党员	拉萨市公安局堆龙德庆分局	2021年度表现突出个人	2022年	中共拉萨市委员会、拉萨市人民政府
袁　超	男	汉族	四川南江	中共党员	马镇人民政府	拉萨市创先争优强基础惠民生活动先进驻村(居)工作队员	2021年	中共拉萨市委员会、拉萨市人民政府
陈鑫远	男	汉族	江苏淮安	中共党员	羊达街道	拉萨市庆祝中国共产党成立100周年活动表现突出个人	2021年	中共拉萨市委员会、拉萨市人民政府
阿　努	男	藏族	西藏堆龙	中共党员	羊达街道	拉萨市优秀党务工作者	2021年	中共拉萨市委员会
刘　敏	女	汉族	河南	中共党员	共青团堆龙德庆区委员会	全市优秀党务工作者	2021年	中共拉萨市委员会
丹增贡觉	男	藏族	林芝	中共党员	堆龙德庆区委组织部	全市优秀共产党员	2021年	中共拉萨市委员会
任　胜	男	汉族	山西祁县	中共党员	德庆镇	拉萨市优秀共产党员	2021年	中共拉萨市委员会
土　旦	男	藏族	拉萨市堆龙德庆区	中共党员	德庆镇小学	拉萨市师德标兵	2021年	拉萨市人民政府
刘　强	男	汉族	甘肃天水	中共党员	堆龙德庆区经济和信息化局	拉萨市招商引资先进个人	2021年	拉萨市人民政府
次　央	女	藏族	西藏	中共党员	堆龙德庆区经济和信息化局	拉萨市招商引资先进个人	2021年	拉萨市人民政府
格桑次仁	男	藏族	拉萨	中共党员	东嘎街道办事处	拉萨市第七次人口普查先进个人	2021年	拉萨市第七次全国人口普查领导小组
索朗扎西	男	藏族	拉萨	中共党员	东嘎街道桑木社区	拉萨市第七次人口普查先进个人	2021年	拉萨市第七次全国人口普查领导小组
仁增曲培	男	藏族	拉萨	中共党员	堆龙税务局	诚信之星	2021年	拉萨市社会信用体系建设领导小组办公室
杨道昆	男	汉族	山东潍坊	中共党员	堆龙德庆区工业园区管委会	拉萨市第七次人口普查先进个人	2021年	拉萨市第七次全国人口普查领导小组办公室

续表10

姓名	性别	民族	籍贯	政治面貌	工作单位	获奖名称	表彰时间	授予单位
丹增央宗	女	藏族	西藏日喀则	群众	乃琼街道办事处	拉萨市第七次人口普查先进个人	2021年	拉萨市第七次全国人口普查领导小组办公室
强巴次仁	男	藏族	日喀则康马	中共党员	堆龙德庆区纪委监委	公务员三等功	2021年	拉萨市委组织部
格桑德吉	女	藏族	日喀则市桑珠孜区	群众	区五幼	中国梦.劳动美,永远跟党走奋进新征程(一等奖)	2021年	拉萨市总工会
何乃娇	女	汉族	甘肃白银市靖远县	中共党员	区小学	演讲比赛三等奖	2021年	拉萨市总工会
白玛央宗	女	藏族	拉萨市堆龙德庆区	中共党员	马镇小学	拉萨市支持少先队工作好校长称号	2021年	共青团拉萨市委员会拉萨市教育局、中国少年先锋队拉萨市工作委员会
何乃娇	女	汉族	甘肃白银市靖远县	中共党员	区小学	拉萨市少对辅导员技能大赛二等奖	2021年	共青团拉萨市委员会、拉萨市教育局
陈志伟	男	汉族	河南浚县	中共党员	拉萨市公安局堆龙德庆分局	个人三等功	2022年	拉萨市公安局
东存荣	男	土族	青海互助	中共党员	拉萨市公安局堆龙德庆分局	个人三等功	2022年	拉萨市公安局
旺堆次仁	男	藏族	西藏安多	中共党员	拉萨市公安局堆龙德庆分局	个人三等功	2022年	拉萨市公安局
尊珠杰布	男	藏族	西藏拉萨	中共党员	拉萨市公安局堆龙德庆分局	个人嘉奖	2022年	拉萨市公安局
绕旦多杰	男	藏族	西藏拉萨	中共党员	拉萨市公安局堆龙德庆分局	个人嘉奖	2022年	拉萨市公安局
代海龙	男	汉族	四川广安	中共党员	拉萨市公安局堆龙德庆分局	个人嘉奖	2022年	拉萨市公安局
洛松江村	男	藏族	西藏昌都	中共党员	拉萨市公安局堆龙德庆分局	个人嘉奖	2022年	拉萨市公安局
德吉卓嘎	女	藏族	西藏那曲	中共党员	拉萨市公安局堆龙德庆分局	个人嘉奖	2022年	拉萨市公安局
李勇敢	男	汉族	河南项城	中共党员	拉萨市公安局堆龙德庆分局	个人嘉奖	2022年	拉萨市公安局
旦罗	男	藏族	西藏拉萨	中共党员	拉萨市公安局堆龙德庆分局	个人三等功	2022年	拉萨市公安局
达娃次仁	男	藏族	西藏拉萨	中共党员	拉萨市公安局堆龙德庆分局	个人嘉奖	2022年	拉萨市公安局
潘文强	男	汉族	山东莒南	中共党员	拉萨市公安局堆龙德庆分局	个人嘉奖	2022年	拉萨市公安局

续表10

姓名	性别	民族	籍贯	政治面貌	工作单位	获奖名称	表彰时间	授予单位
林　森	男	汉族	重庆	中共党员	拉萨市公安局堆龙德庆分局	优秀党务工作者	2022年	拉萨市公安局
李秀珍	女	汉族	青海湟中	共青团员	拉萨市公安局堆龙德庆分局	个人嘉奖	2021年	拉萨市公安局
秦彦章	男	汉族	甘肃	中共党员	堆龙德庆区人民法院	优秀法官	2021年	拉萨市中级人民法院
陈　浩	女	汉族	四川	中共党员	堆龙德庆区人民法院	个人三等奖	2021年	拉萨市中级人民法院
达　央	女	藏族	日喀则市江孜县	群众	乃琼街道小学	2021年少先队技能大赛团体获得二等奖	2021年	拉萨市少工委
达娃次旦	男	藏族	拉萨市城关区	中共党员	德庆镇小学	2020年度拉萨市优秀少先队辅导员	2021年	中国少年先锋队拉萨市工作委员会
顿珠罗杰	男	藏族	拉萨市尼木县	中共预备党员	德庆镇小学	拉萨市第五届青少年科技创新大赛小学组科普征文指导教师二等奖	2021年	拉萨市科学技术协会
白玛卓嘎	女	藏族	日喀则市亚东县	共青团员	羊达街道通嘎村幼儿园	《100年伟业》指导优秀奖	2021年	拉萨市科学技术协会
桑旦卓玛	女	藏族	西藏拉萨	中共党员	拉萨市堆龙德庆区中学	2020年度"一师一优课、一课一名师"活动优课	2021年	拉萨市教育局
德　吉	女	藏族	四川甘孜州	中共党员	拉萨市堆龙德庆区中学	"永远跟党走，奋进新征程"庆祝中国共产党成立100周年、西藏和平解放70周年全市教育系统征文中小学生优秀作品指导教师	2021年	拉萨市教育局
卓　嘎	女	藏族	西藏拉萨	中共党员	拉萨市堆龙德庆区中学	拉萨市2021年度学前、义务教育阶段教师课堂教学技能大赛一等奖	2021年	拉萨市教育局
赵吉明	男	汉族	四川华蓥	中共党员	拉萨市堆龙德庆区中学	"永远跟党走，奋进新征程"庆祝中国共产党成立100周年、西藏和平解放70周年全市教育系统干部职工征文活动中获优秀作品奖	2021年	拉萨市教育局
何文娟	女	汉族	青海海西州格尔木市	中共党员	区一幼	拉萨市第五届青少年科技创新大赛教师组科技教育教案三等奖	2021年	拉萨市科学技术局、拉萨市教育局、拉萨市科学技术协会
黄恋景	女	汉族	四川宜宾市叙州区	群众	区一幼	拉萨市课堂教学竞赛三等奖	2021年	拉萨市教育局
益西拉姆	女	藏族	拉萨市堆龙德庆区	群众	羊达街道中心幼儿园	拉萨市首届中小学教学能手	2021年	拉萨市教育局
央　珍	女	藏族	山南市贡嘎县	共青团员	区五幼	拉萨市教育局庆祝建党100周年"石榴籽　百年足迹　魅力绽放"文艺晚会（先进个人）	2021年	拉萨市教育局党组

续表10

姓名	性别	民族	籍贯	政治面貌	工作单位	获奖名称	表彰时间	授予单位
顿珠多吉	男	藏族	拉萨市堆龙德庆区	中共党员	区五幼	优秀疫情防控人员	2021年	拉萨市教育体育局
格桑德吉	女	藏族	日喀则市桑珠孜区	群众	区五幼	拉萨市教育局庆祝建党100周年演讲比赛(一等奖)	2021年	拉萨市教育局党组
格桑德吉	女	藏族	日喀则市桑珠孜区	群众	区五幼	拉萨市教育局庆祝建党100周年“石榴籽 百年足迹 魅力绽放”文艺晚会(先进个人)	2021年	拉萨市教育局党组
次仁久美	女	藏族	那曲市色尼区	群众	区四幼	环与分类境享生活	2021年	拉萨市科学技术局
旦增列谢	男	藏族	山南市贡嘎县	中共党员	马镇小学	拉萨市学前,义务教育阶段中小学教师课堂教学技能大赛中,荣获一等奖	2021年	拉萨市教育局
白玛卓嘎	女	藏族	拉萨市城关区	中共党员	马镇小学	拉萨市学前,义务教育阶段中小学教师课堂教学技能大赛中,荣获三等奖	2021年	拉萨市教育局
李　军	男	汉族	河南南阳市内乡县	中共党员	羊达街道小学	优秀教师	2021年	拉萨市教育局
旦增次央	女	藏族	四川甘孜州甘孜县	群众	羊达街道小学	拉萨市首届教学能手	2021年	拉萨市教育局
旦增次央	女	藏族	四川甘孜州甘孜县	群众	羊达街道小学	2021基础教育精品课 市级优课	2021年	拉萨市教育局
仓　决	女	藏族	拉萨市堆龙德庆区	群众	区小学	拉萨市第五届青少年科技创新大赛小学组科学幻想画(指导三等奖)	2021年	拉萨市教育局
何乃娇	女	汉族	甘肃白银市靖远县	中共党员	区小学	全市教育系统征文活动优秀作品奖	2021年	拉萨市教育局
何乃娇	女	汉族	甘肃白银市靖远县	中共党员	区小学	拉萨市第五届科技创新大赛科普教师组演讲一等奖	2021年	拉萨市教育局、拉萨市科技局
达　娃	女	藏族	拉萨市堆龙德庆区	群众	区小学	拉萨市第五届青少年科技创新大赛小学组科学幻想画(指导一等奖)	2021年	拉萨市教育局
达　娃	女	藏族	拉萨市堆龙德庆区	群众	区小学	拉萨市第五届青少年科技创新大赛小学组科学幻想画(指导二等奖)	2021年	拉萨市教育局

续表10

姓名	性别	民族	籍贯	政治面貌	工作单位	获奖名称	表彰时间	授予单位
达　娃	女	藏族	拉萨市堆龙德庆区	群众	区小学	拉萨市第五届青少年科技创新大赛小学组科学幻想画(指导优秀奖)	2021年	拉萨市教育局
牟　琳	女	汉族	四川德阳市什邡市	群众	区小学	拉萨市第五届青少年科技创新大赛小学组作文(优秀指导奖)	2021年	拉萨市教育局
索朗次仁	男	藏族	拉萨市堆龙德庆区	群众	乃琼街道小学	2021年内地西藏班老师优秀评卷员	2021年	拉萨市教育局
索朗次仁	男	藏族	拉萨市堆龙德庆区	群众	乃琼街道小学	青少年科技创新大赛三等奖	2021年	拉萨市科技局
次仁玉珍	女	藏族	拉萨市林周县	群众	乃琼街道小学	第五届青少年科技创新大赛优秀指导奖	2021年	拉萨市教育局、拉萨市科技技术局
次仁央金	女	藏族	拉萨市当雄县	中共党员	乃琼街道小学	拉萨市教学能手教师	2021年	拉萨市教育局
次仁央宗	女	藏族	四川甘孜州甘孜县	中共党员	乃琼街道小学	2021年基础教育精品课 市级优课	2121年	拉萨市教育局
次仁央宗	女	藏族	四川甘孜州甘孜县	中共党员	乃琼街道小学	拉萨市骨干教师	2021年	拉萨市教育局
旦增欧珠	男	藏族	拉萨市堆龙德庆区	群众	乃琼街道小学	拉萨市教学能手	2021年	拉萨市教育局
吕　婷	女	汉族	陕西咸阳市兴平区	中共党员	乃琼街道小学	拉萨市教学能手	2021年	拉萨市教育局
吕　婷	女	汉族	陕西咸阳市兴平区	中共党员	乃琼街道小学	拉萨市优秀党务工作者	2021年	拉萨市教育局
达瓦卓玛	女	藏族	那曲市巴青县	群众	姜昆黄小勇希望小学	拉萨市优秀指导教师	2021年	拉萨市教育局
索朗曲珍	女	藏族	拉萨市堆龙德庆区	中共党员	姜昆黄小勇希望小学	优秀班主任	2021年	拉萨市教育局
姬承东	男	汉族	甘肃武威市民勤县	群众	姜昆黄小勇希望小学	拉萨市学前、义务教育教学技能大赛二等奖	2021年	拉萨市教育局
姬承东	男	汉族	甘肃武威市民勤县	群众	姜昆黄小勇希望小学	拉萨市“教学能手”	2021年	拉萨市教育局
殷臣秀	女	汉族	四川内江市资中县	中共党员	姜昆黄小勇希望小学	优秀教师	2021年	拉萨市教育局

续表10

姓名	性别	民族	籍贯	政治面貌	工作单位	获奖名称	表彰时间	授予单位
旦珍	女	藏族	拉萨市堆龙德庆区	中共党员	姜昆黄小勇希望小学	拉萨市“骨干教师”	2021年	拉萨市教育局
何琪	女	汉族	四川绵阳市涪城区	共青团员	德庆镇小学	拉萨市第五届青少年科技创新大赛小学组科普征文指导教师三等奖		拉萨市技术局、拉萨市教育局、拉萨市科学技术协会
顿珠罗杰	男	藏族	拉萨市尼木县	中共预备党员	德庆镇小学	拉萨市第三节小学科学学科带头人	2021年	拉萨市教育局
次旦旺久	男	藏族	拉萨市林周县	中共党员	德庆镇小学	拉萨市第三届小学骨干教师	2021年	拉萨市教育局
强巴旦增	男	藏族	拉萨市城关区	群众	古荣镇小学	拉萨市第五届青少年科技创新大赛小学组科幻画优秀指导奖	2021年	拉萨市教育局、拉萨市科技局
强巴旦增	男	藏族	拉萨市城关区	群众	古荣镇小学	拉萨市教育系统庆祝建党100周年和西藏和平解放70周年“石榴籽·百年足迹·美丽绽放”系列活动绘画类小学组指导奖一等奖	2021年	拉萨市教育局党组
德吉	女	汉族	四川甘孜州甘孜县	中共预备党员	区中学	“永远跟党走,奋进新征程”庆祝中国共产党成立100周年、西藏和平解放70周年全市教育系统征文中小学生优秀作品指导教师	2021年	拉萨市教育局
赵吉明	男	汉族	四川广安市华蓥市	中共预备党员	区中学	“永远跟党走,奋进新征程”庆祝中国共产党成立100周年、西藏和平解放70周年全市教育系统干部职工征文活动中获优秀作品奖	2021年	拉萨市教育局
白玛玉珍	女	藏族	拉萨市曲水县	群众	区中学	拉萨市第五届科普主题班会《建设美丽幸福西藏,共圆伟大复兴梦想》	2021年	拉萨市教育局
张晓斌	男	汉族	甘肃定西市陇西县	中共党员	区中学	拉萨市第五届青少年科技创新大赛获三等奖指导教师	2021年	拉萨市教育局
朱世清	男	汉族	河南郑州市中牟县	中共党员	区中学	拉萨市第五届青少年科技创新大赛获二等奖与优秀奖指导教师	2021年	拉萨市教育局
李雪优	女	汉族	四川南充市西充县	群众	区中学	拉萨市第五届青少年科技创新大赛征文活动中获得优秀指导奖	2021年	拉萨市教育局

续表10

姓名	性别	民族	籍贯	政治面貌	工作单位	获奖名称	表彰时间	授予单位
马　勇	男	汉族	四川南部	中共党员	马镇人民政府	2021年度全市119消防先进个人	2021年	拉萨市防火安全委员会
旦增拉珍	女	藏族	墨竹工卡县	群众	农行堆龙德庆区支行乃琼营业所	“农行青年说——我心向党勇担当”主题演讲比赛 二等奖	2021年	中国农业银行拉萨分行
白玛卓嘎	女	藏族	达孜县	中共党员	农行堆龙德庆区支行东嘎营业所	”守合规底线,促稳健发展”主题宣讲比赛 第二名	2021年	中国农业银行拉萨分行
白玛卓嘎	女	藏族	达孜县	中共党员	农行堆龙德庆区支行东嘎营业所	初级青年英才	2021年	中国农业银行拉萨分行
李　琳	女	藏族	拉萨	团员	堆龙税务局	2021年度巾帼建功标兵	2022年	拉萨市税务局
德　吉	女	藏族	拉萨	群众	堆龙税务局	2021年度巾帼建功标兵	2022年	拉萨市税务局
祁　静	女	汉族	安徽亳州市谯城区	群众	姜昆黄小勇希望小学	拉萨市“骨干教师”	2021年	拉萨市教育局
徐　丽	女	汉族	四川自贡	中共党员	拉萨市堆龙德庆区中学	2021.10.16—10.25由教育厅主办的“区培计划”被评为优秀学员	2021年	武汉华大教师教育
索朗曲珍	女	藏族	堆龙	中共党员	堆龙德庆区藏语委办(编译局)	2021年度优秀公务员	2021年	中共堆龙德庆区委员会、堆龙德庆区人民政府
边　珍	女	藏族	堆龙	预备党员	堆龙德庆区藏语委办(编译局)	2021年度优秀公务员	2021年	中共堆龙德庆区委员会、堆龙德庆区人民政府
尹　丽	女	汉族	云南楚雄	中共党员	堆龙德庆区纪委监委	2021年度优秀公务员	2021年	中共堆龙德庆区委员会、堆龙德庆区人民政府
强巴扎西	男	藏族	四川新津	中共党员	堆龙德庆区纪委监委	2021年度优秀公务员	2021年	中共堆龙德庆区委员会、堆龙德庆区人民政府
达　珍	女	藏族	西藏拉萨	中共党员	堆龙德庆区纪委监委	2021年度优秀公务员	2021年	中共堆龙德庆区委员会、堆龙德庆区人民政府
曲　拉	女	藏族	青海玉树	中共党员	堆龙德庆区纪委监委	2021年度优秀公务员	2021年	中共堆龙德庆区委员会、堆龙德庆区人民政府
旦增扎西	女	汉族	山南错那	中共党员	堆龙德庆区纪委监委	2021年度优秀公务员	2021年	中共堆龙德庆区委员会、堆龙德庆区人民政府
次央白宗	女	藏族	西藏阿里	中共党员	堆龙德庆区纪委监委	2021年度优秀公务员	2021年	中共堆龙德庆区委员会、堆龙德庆区人民政府
袁　洁	女	汉族	山西万荣	中共党员	堆龙德庆区纪委监委	社会综合治理工作先进个人	2021年	中共堆龙德庆区委员会、堆龙德庆区人民政府
次　拉	汉	藏族	西藏拉萨	中共党员	堆龙德庆区政府办	2021年度优秀公务员	2021年	中共堆龙德庆区委员会、堆龙德庆区人民政府

续表10

姓名	性别	民族	籍贯	政治面貌	工作单位	获奖名称	表彰时间	授予单位
索朗曲珍	女	藏族	西藏山南	中共党员	堆龙德庆区政府办	2021年度优秀公务员	2021年	中共堆龙德庆区委员会、堆龙德庆区人民政府
张顺滔	汉	藏族	云南	中共党员	堆龙德庆区政府办	2021年度优秀公务员	2021年	中共堆龙德庆区委员会、堆龙德庆区人民政府
郑根勇	男	汉族	四川	中共党员	堆龙德庆区政府办	2021年年度平安建设(综治工作)先进个人人选推荐表	2021年	中共堆龙德庆区委员会、堆龙德庆区人民政府
洛桑顿珠	男	藏族	西藏拉萨	群众	堆龙德庆区政府办	优秀工人	2021年	中共堆龙德庆区委员会、堆龙德庆区人民政府
丹增贡觉	男	藏族	林芝	中共党员	堆龙德庆区委组织部	2021年度优秀公务员	2021年	中共堆龙德庆区委员会、堆龙德庆区人民政府
白玛央金	女	藏族	青海	中共党员	堆龙德庆区委组织部	2021年度优秀公务员	2021年	中共堆龙德庆区委员会、堆龙德庆区人民政府
刘全军	男	汉族	甘肃	中共党员	堆龙德庆区委组织部	2021年度优秀公务员	2021年	中共堆龙德庆区委员会、堆龙德庆区人民政府
石运本	男	汉族	山东蒙阴	中共党员	中共堆龙德庆区委员会	2021度年优秀公务员	2022年	中共堆龙德庆区委员会、堆龙德庆区人民政府
李晓强	男	汉族	安徽	中共党员	中共堆龙德庆区委员会	2021度年优秀公务员	2022年	中共堆龙德庆区委员会、堆龙德庆区人民政府
雷凤	女	汉族	四川新津	中共党员	堆龙德庆区方志办	2021度年优秀公务员	2022年	中共堆龙德庆区委员会、堆龙德庆区人民政府
张建英	男	汉族	陕西靖边	中共党员	堆龙德庆区督查室	2021度年优秀公务员	2022年	中共堆龙德庆区委员会、堆龙德庆区人民政府
张翔	男	汉族	河南浚县	中共党员	堆龙德庆区机要局	2021度年优秀公务员	2022年	中共堆龙德庆区委员会、堆龙德庆区人民政府
林玉龙	男	汉族	湖南浏阳	中共党员	堆龙德庆区政研室	2021度年优秀公务员	2022年	中共堆龙德庆区委员会、堆龙德庆区人民政府
尼玛次吉	女	藏族	西藏林芝	中共党员	堆龙德庆区委办	2021度年优秀公务员	2022年	中共堆龙德庆区委员会、堆龙德庆区人民政府
王超	男	汉族	青海	中共党员	堆龙德庆区委办	2021年优秀党务工作者	2021年	中共堆龙德庆区委员会、堆龙德庆区人民政府
赵燕兰	女	汉族	重庆市璧山县	中共党员	堆龙德庆档案馆	2021度年优秀公务员	2022年	中共堆龙德庆区委员会、堆龙德庆区人民政府
格桑德吉	女	藏族	西藏日喀则	中共党员	财政局	2021年度优秀公务员	2021年	中共堆龙德庆区委员会、堆龙德庆区人民政府
次仁拉姆	女	藏族	西藏日喀则	中共党员	财政局	2021年度优秀公务员	2021年	中共堆龙德庆区委员会、堆龙德庆区人民政府

续表10

姓名	性别	民族	籍贯	政治面貌	工作单位	获奖名称	表彰时间	授予单位
格桑央吉	女	藏族	西藏拉萨市	中共党员	财政局	2021年度优秀公务员	2021年	中共堆龙德庆区委员会、堆龙德庆区人民政府
董文君	女	汉族	陕西咸阳	中共党员	财政局	2021年度事业优秀人员	2021年	中共堆龙德庆区委员会、堆龙德庆区人民政府
扎　桑	女	藏族	西藏山南	积极分子	财政局	2021年度事业优秀人员	2021年	中共堆龙德庆区委员会、堆龙德庆区人民政府
格桑拉姆	女	藏族	昌都	中共党员	堆龙德庆区人民法院	优秀党委工作者	2021年	中共堆龙德庆区委员会、堆龙德庆区人民政府
洛　珠	男	藏族	拉萨市堆龙德庆区	中共党员	古荣镇小学	2021年全区藏语文社会用字管理工作先进个人	2021年	中共堆龙德庆区委员会、堆龙德庆区人民政府
小次央	女	藏族	拉萨	中共党员	堆龙德庆区经济和信息化局	堆龙德庆区优秀公务员	2021年	中共堆龙德庆区委员会、堆龙德庆区人民政府
刘长景	女	汉族	河南开封	中共党员	堆龙德庆区人大办	2021年度优秀公务员	2021年	中共堆龙德庆区委员会、堆龙德庆区人民政府
巴　桑	女	藏族	西藏堆龙	中共党员	堆龙德庆区人大办	综治先进个人	2021年	中共堆龙德庆区委员会、堆龙德庆区人民政府
程鹏斌	男	汉族	浙江遂昌	中共党员	堆龙德庆区人大办	优秀党务工作者	2021年	中共堆龙德庆区委员会、堆龙德庆区人民政府
拉巴卓玛	女	藏族	江西广丰	中共党员	堆龙德庆区水利局	2021年度堆龙德庆区优秀公务员	2021年	中共堆龙德庆区委员会、堆龙德庆区人民政府
央　宗	女	藏族	山南	中共党员	堆龙德庆区水利局	2021年度堆龙德庆区优秀公务员	2021年	中共堆龙德庆区委员会、堆龙德庆区人民政府
陈道明	男	汉族	云南省	中共党员	堆龙德庆区退役军人事务局	2021年度优秀公务员	2021年	中共堆龙德庆区委员会、堆龙德庆区人民政府
索朗次仁	男	藏族	亚东县	中共党员	堆龙德庆区退役军人事务局	2021年度优秀事业工作人员	2021年	中共堆龙德庆区委员会、堆龙德庆区人民政府
次仁曲珍	女	藏族	堆龙	中共党员	拉萨市堆龙德庆区医疗保障局	优秀公务员	2021年	中共堆龙德庆区委员会、堆龙德庆区人民政府
杨席刚	男	汉族	云南昭通市永善县	中共党员	古荣镇小学	堆龙德庆区优秀“共产党员”	2021年	中共堆龙德庆区委员会、堆龙德庆区人民政府
色　珍	女	藏族	拉萨市城关区	中共党员	姜昆黄小勇希望小学	优秀党员	2021年	中共堆龙德庆区委员会、堆龙德庆区人民政府
央　宗	女	藏族	四川巴塘	中共党员	区政协办	优秀党务工作者	2021年	中共堆龙德庆区委员会、堆龙德庆区人民政府
伊斯玛	男	藏族	西藏拉萨水	中共党员	乃琼街道办事处	堆龙德庆区优秀党务工作者	2021年	中共堆龙德庆区委员会

续表10

姓名	性别	民族	籍贯	政治面貌	工作单位	获奖名称	表彰时间	授予单位
阿　奴	男	藏族	西藏堆龙	中共党员	乃琼街道办事处	2021 年度优秀共产党员	2021 年	中共堆龙德庆区委员会
朱　曾	男	汉族	湖南湘乡	中共党员	乃琼街道办事处	堆龙德庆区优秀党务工作者	2021 年	中共堆龙德庆区委员会
王永强	男	汉族	内蒙古赤峰	中共党员	乃琼街道办事处	堆龙德庆区优秀党务工作者	2021 年	中共堆龙德庆区委员会
央　宗	女	藏族	西藏堆龙	中共党员	德庆镇	堆龙德庆区优秀共产党员	2021 年	中共堆龙德庆区委员会
吴　坚	男	藏族	西藏堆龙	中共党员	德庆镇	堆龙德庆区优秀共产党员	2021 年	中共堆龙德庆区委员会
旦　增	男	藏族	西藏堆龙	中共党员	马镇人民政府	堆龙德庆区优秀共产党员	2021 年	中共堆龙德庆区委员会
伦　珠	男	藏族	西藏堆龙	中共党员	马镇人民政府	堆龙德庆区优秀共产党员	2021 年	中共堆龙德庆区委员会
杜盼盼	女	汉族	河南开封	中共党员	马镇人民政府	堆龙德庆区优秀党务工作者	2021 年	中共堆龙德庆区委员会
罗布曲桑	男	藏族	西藏乃东	中共党员	马镇人民政府	堆龙德庆区优秀党务工作者	2021 年	中共堆龙德庆区委员会
次　央	女	藏族	西藏	中共党员	堆龙德庆区人民医院	堆龙德庆区优秀共产党员	2021 年	中共堆龙德庆区委员会
毛　卫	女	汉族	四川	中共党员	堆龙德庆区人民医院	堆龙德庆区优秀共产党员	2021 年	中共堆龙德庆区委员会
陈　洋	男	汉族	四川西充	中共党员	羊达街道	堆龙德庆区优秀党务工作者	2021 年	中共堆龙德庆区委员会
巴桑卓嘎	女	藏族	拉萨市堆龙德庆区	中共党员	区小学	优秀教育管理工作者	2021 年	堆龙德庆区人民政府

说明：由于各单位资料提供不全，可能有遗漏

笃行不怠守初心 踔厉奋发担使命 以务实之举为推动堆龙长治久安和高质量发展提供坚强保障

——在中国共产党拉萨市堆龙德庆区第三届纪律检查委员会第二次全体会议上的报告

堆龙德庆区委常委、纪委主任、监委主任 边巴索朗

（2022 年 2 月 23 日）

一、2021 年工作回顾

2021 年，在上级纪委监委和区委坚强领导下，区纪委常委会团结带领全区纪检监察机关，深入学习贯彻习近平新时代中国特色社会主义思想，坚持稳中求进、忠诚履职、恪尽职守，为开启建设团结富裕文明和谐美丽的社会主义现代化新堆龙的新纪元提供了坚强纪律保障。

过去一年，我们深学笃行习近平新时代中国特色社会主义思想，扎实推进党史学习教育。区纪委常委会发挥“领头雁”作用，带头在学懂弄通做实习近平新时代中国特色社会主义思想上下功夫，认真落实纪委常委会会议（监委委务会会议）“第一议题”，将中共十九届六中全会、习近平总书记视察西藏时的重要讲话、中央第七次西藏工作座谈会精神等学习贯彻机关政治建设始终，用党的创新理论武装头脑、指导实践。深入开展党史学习教育，扎实推进“五史”教育入脑入心，机关党支部集体学习 40 次，党员干部交流学习体会 32 人次，创新开展庆祝党的百年华诞主题党日，组织党员干部重温入党誓词，营造庆祝建党百年浓厚氛围。

过去一年，我们自觉践行“两个维护”，做实政治监督。切实把学习贯彻落实中共十九届六中全会、中央经济工作会等重大会议、习近平总书记重要讲话和指示批示、区市第十次党代会和区委第三次党代会等重要会议精神情况，作为政治监督的核心和关键，有力有序跟进监督；助推深入开展党史学习教育、“三更”专题教育和“三新”大学习大讨论活动；强化跟进中央第十巡视组、自治区党委第三巡视组、市委涉粮专项巡察组反馈问题整改情况监督，指导完成2轮区委巡察工作，覆盖59家单位；紧紧围绕严肃换届风气、落实维稳防控责任和措施、贯彻党的宗教工作纪律开展专项监督，保障党中央重大决策部署和区市党委及区委重要工作安排落地见效。全年，纠改各类问题 32 个，督促四大班子和正科实职及以上党员领导干部提交“三更”自查报告 53 份，梳理问题 103 个。

过去一年，我们坚持执纪“零容忍”，持续高压震慑。聚焦重点领域、重要岗位和“关键少数”，加大政法队伍问题线索处置力度，狠抓办案措施，规范办案流程，整合执纪力量，不断增强办案综合效果；抓好执纪审查“后半篇”文章，深入开展受处分人员回访教育，帮助“跌倒”干部放下思想包袱，重整行装再出发。全年，各级纪检监察机关受理问题线索 45 件，立案审查调查 11 人，给予党纪政务处分 20 人，诫勉谈话 5 人；完成“滕睿严重违法案”指定管辖核查任务，实现了移送司法“零突破”。

过去一年，我们坚决纠治“四风”，弘扬新风正气。坚持全面从严治党首先从作风问题抓起，构建起“部署＋提醒＋检查”模式，持续整顿节日“歪风”；扎实开展廉政警示教育，通过组织参观廉政教育基地、开展任前廉政谈话、深化“以案促改”、创新开展干部家访活动等举措，筑牢党员干部拒腐防变思想防线；坚持重点突出、靶向施治，通过组织签订承诺书、督促整改作风建设问题、盯紧借婚丧喜庆事宜收钱敛财等易发多发问题、开展突出问题专项整治等工作，驰而不息转作风，凝心聚力促发展。全年，组织签订禁止赌博、拒绝酒驾等各类承诺书6000余份；督改作风问题22个，协助收回个人借用公款470.72万元、涉及57人，严肃查处违反中央八项规定精神问题1起1人。

过去一年，我们持续聚焦“监督首责”，护航工作落实。切实把新冠肺炎疫情防控、巩固拓展脱贫攻坚成果同乡村振兴有效衔接作为监督首要工作任务，制定监督检查方案，细化监督检查内容清单，精准开展监督；聚焦群众反映强烈问题，常态化推进扫黑除恶，紧盯乱占耕地建房和“两违”拆除工作，扎实开展惠农财政补贴资金“一卡通”管理、涉粮领域、供热领域、学生餐“微腐败”等问题专项治理；聚焦基层监督难题，创新推行“每月一监督”主题工作，认真开展“私车公养、社会风险基金管理风险排查”等6项主题工作，不断提升监督工作质效，充分发挥监督保障执行作用。全年，促改新冠疫情防控、乡村振兴相关问题4类14个；核查涉黑涉恶案件2起，下达“两书”4份；“每月一监督”主题工作中累计发现问题151个，督促整改122个。

过去一年，我们始终牢记“打铁必须自身硬”，狠抓队伍建设。坚守纪检监察机关作为党内监督和国家监察专责机关的政治定位，时刻谨记习近平总书记对纪检监察干部队伍的殷切期望和明确要求，采取“跟班跟案＋专项培训”模式，强化法治思维，坚持自我净化，提升纪检监察干部履职能力水平；加强纪检监察干部思想政治建设，以党支部“三会一课”为载体，全力打造“书香党支部”品牌；扎实推进深化县（区）纪委监委内设机构改革试点工作，完成机构设置（含纪检监察协作片区）更名、制定出台工作规则，大胆探索实践，取得一定成效。全年，累计抽调、委派21名纪检监察干部参与跟案跟班，实现全区纪检监察干部办案、跟案率达82.9%；先后选派20余名干部参与区内区外纪检监察系统各类专题培训；举办专题培训班，参训率达92%。

回顾过去一年的工作，特别是区市第十次党代会以来的学习实践，我们深切体会到：习近平新时代中国特色社会主义思想是指引新时代纪检监察工作高质量发展的根本遵循，深学细悟笃行习近平新时代中国特色社会主义思想永远是纪检监察机关首要政治任务。

成绩来之不易，今后更需努力。当前，全区政治生态不断优化，新风正气不断充盈，社风民风不断向好，但党风廉政建设和反腐败斗争形势依然严峻复杂：从政治监督情况看，个别党组织贯彻落实决策部署不坚决，表态多调门高、讲条件找借口、行动少落实差；有的党组织管党治党主体责任落实不到位，传导压力有减弱趋势，班子成员“一岗双责”责任说起来重要、做起来不要；个别党组织落实民主集中制跑偏走样，将“集体研究”当做“免责金牌”，打着“集体决策”的旗号，戴上“民主决议”面具，违规决策；对部分权力集中、资金密集、资源富集的单位（部门）和“一把手”的监督仍有短板，监督不够深、不够细。从作风建设情况看，个别党员干部对党中央推进全面从严治党的坚强意志、坚定决心认识不清，对触碰纪律红线仍心怀侥幸，沉溺于赌博（网络赌博）的有之、吸毒违法的有之、酒驾醉驾的也有之；个别党员干部“不拘小节”，工作作风和干事创业的精气神不足，开会睡觉、玩手机、打瞌睡、交头接耳等违反会风会纪问题突出；个别党员领导干部责任担当意识弱化，工作上不担当不作为、不履职不尽责，上面催一下动一下，奉行“躺平”“佛系”思想；有的单位（部门）制度执行刚性不足，重建章立制、轻执行问效，制度成为摆设。从执纪审查调查情况看，滋生腐败的土壤依旧存在，不收敛不收手现象延续，消除存量、遏制增量任务依然繁重；执纪问责追责对“遏制增量”警示教育意义不够深刻，一体推进“三不”中的“不敢腐”的基础震慑远未形成，从“不能腐”到“不想腐”的跨越仍有一定距离,“三不”目标还未真正深入人心。从自身建设情况看,部分纪检监察干部理论学习不够深入,对全面从严治党首先要从政治上看的理解和认识还不到位,执纪审查调查工作容易陷入从经济上看、从法律上看的定式思维,与时俱进仍有差距;部分纪检监察干部履职能力有待提升,履行监督首责不到位,重审查轻监督,仍秉承“办案是硬指标、监督是软任务”理念;有的纪检监察干部对监督的“再监督”认识不到位,“越位”监督、“外行监督内行”现象存在;个别纪检监察干部监督执纪执法理念、能力欠缺,纪法双施双守、纪法贯通、法法衔接本领不强,等等。这些问题,我们必须高度重视,切实加以解决。

二、2022 年主要工作

2022 年是贯彻落实区市第十次党代会和区委第三次党代会精神的开局之年,将迎来党的二十大,做好纪检监察工作意义重大。今年工作的总体要求是:坚持以习近平新时代中国特色社会主义思想为指导,深入学习贯彻习近平法治思想,认真贯彻落实党的十九大和十九届历次全会精神以及中央第七次西藏工作座谈会精神,深入贯彻落实习近平总书记关于西藏工作的重要论述和新时代党的治藏方略,深入贯彻落实十九届中央纪委六次全会、区市第十次党代会、自治区纪委十届二次全会、市纪委十届二次全会、区委第三次党代会和区委三届三次全会精神,捍卫“两个确立”、增强“四个意识”、坚定“四个自信”、做到“两个维护”,自觉运用党的百年奋斗历史经验,忠诚履行党章和宪法赋予的职责,坚持全面从严治党战略方针,坚持稳中求进总基调,突出政治监督,加强日常监督,深化一体推进“三不”战略目标,努力取得更多制度性成果和更大治理效能,更好发挥监督保障执行、促进完善发展作用,为建设团结富裕文明和谐美丽的社会主义现代化新堆龙提供坚强保障,迎接党的二十大胜利召开。

今年,我们将坚决捍卫“两个确立”,做到“两个维护”,强化政治监督。巩固拓展党史教育、“三更”专题教育和“三新”大学习大讨论活动成果,把学习贯彻习近平新时代中国特色社会主义思想作为首要和长期政治任务,准确把握习近平总书记最新作出的重大判断、重要指示和重要部署,深刻领会“两个确立”的决定性意义,主动对标全区实际和重点工作,不断增强政治“三力”,切实增强“两个维护”的政治自觉和思想自觉。聚焦习近平总书记重要讲话和指示批示精神及党中央、区市党委和区委重要会议、重要文件等贯彻落实情况,细化更新政治监督任务清单,盯责任保落实、盯问题纠偏差、盯隐患防风险、盯短板促整改,确保党中央、区市党委和区委部署安排贯彻到位。严格落实自治区纪委监委关于“自治区党委重要会议召开后、重要文件出台后、自治区级行业部门大会召开后,必须在 15 日内完成传达学习的要求,跟上、跟进、跟住、到底监督。围绕“十四五”规划贯彻落实、深化拓展疫情防控和经济社会发展成果、巩固拓展脱贫攻坚成果同乡村振兴有效衔接要求落实等情况,通过印发工作提示、提醒函、通报等方式,盯进度、盯成效。严明政治纪律和政治规矩,紧盯“七个有之”,聚焦“三个不增加”落实、反分裂斗争纪律执行、党员不得信仰宗教情况等,强化日常监督、专项监督和抵近监督,探索识别“两面人”“骑墙派”的有效途径,对严重违反政治纪律的行为,一律严肃依规依纪依法处理。

今年,我们将一体推进“三不”,提高治理效能,凝聚干事创业力量。通过组织观看电视专题片《零容忍》等方式,继续深化廉政教育、廉洁文化教育、理想信念教育,特别注重加强年轻干部教育监管,持之以恒强化制度和规矩意识,让党员、干部知敬畏、存戒惧、守底线。自觉站位消除政治危害、维护政治安全的高度,坚持严的主基调不变,继续加大线索处置和审查调查力度,严格执行监督执纪工作规则和监督执法工作规定,狠抓办案措施,规范办案流程,加强对巡视巡察移交问题线索、上级纪委监委交办问题线索和本级问题线索的查办工作,重遏制、强高压、长震慑,力争 6 月前在“第四种形态”上有所突破。积极回应人民诉求,旗帜鲜明查办危害群众利益的案件,坚决维护群众切身利益,以实际成效取信于民。深化政法、国企、教育、医疗、司法、选人用人等重点领域反腐败工作,力争有新突破。紧盯“三重一大”、重大事项请示报告制度、民主集中制落实等重要环节，进一步加强纪检监察建议工作，督促查漏洞、补短板、建制度。常态化惩治涉黑涉恶涉腐败及“保护伞”，营造公平公正的法治环境。做深审查调查“后半篇文章”，深化格桑平措、杜江严重违纪违法案“以案促改”及清除“流毒”工作，开展“身边事警示教育身边人”活动，综合运用党性教育、政策感召、纪法威慑等手段，着力提升“三不”一体推进成效。提升区委反腐败协调小组职能，充分调动各类监督力量，凝聚反腐合力。落实激励机制和容错纠错机制，精准运用“四种形态”，坚持“三个区分开来”，对失实举报典型案例予以澄清正名，为想干事、能干事的廉洁干部撑腰鼓劲。

今年，我们将高压纠治“四风”，狠抓作风建设，营造干事创业环境。深化巩固贯彻落实中央八项规定及其实施细则精神成果，按照区市党委和区委关于改进作风狠抓落实工作部署要求，紧盯各级党组织开展改进作风狠抓落实工作、整治“不愿为”等7个方面36项不良作风顽疾和广大党员干部开展“四查四问”情况等，处理好抓“关键少数”和管“绝大多数”的关系，突出对党员领导干部带头改作风、树新风的情况监督，加大严肃会风会纪监督整治力度。深化纠治“四风”成果，盯节点、频监督、严执纪，有力整治节日“歪风”，坚决防止“四风”反弹回潮。深化专项整治工作成果，紧盯党员干部和行使公权力的公职人员履行职责使命情况的监督检查，严肃查处个别党员领导干部责任担当意识弱化，工作上不担当不作为、不履职不尽责，责任层层“甩锅”“新官不理旧账”等问题，持续向形式主义官僚主义问题“亮剑”；坚持标准不降、力度不减，推动精文减会往实里走，减少不必要的检查考核，优化检查方式方法，管出习惯、抓出成效，保障工作取得成效；持续开展“舌尖上的浪费”专项整治，加大违规占用周转房、农村乱占耕地建房、社会风险基金管理风险排查等专项整治，以某一领域专项整治推动解决一类问题、治理一个领域。

今年，我们将始终围绕“两项职责”，提升监督质效，护航各项目标达成。突出协助和监督两项职责，通过任务分解、不定期抽查、专项检查等方式，推动形成“两个责任”贯通协同的严密体系；运用重大事项请示报告、提出意见建议、监督推动区委决策落实等方式，认真协助区委落实全面从严治党主体责任。紧紧抓住主体责任这个“牛鼻子”，继续深化“双述”、全覆盖约谈、分领域开展政治生态分析研判等工作，督促、引导各级党组织书记提高认识、主动担当“第一责任人”责任，持续传导压力；紧盯关于加强对“一把手”和领导班子监督工作方案落实情况，切实加强对“一把手”和同级领导班子监督。加大对党员干部、公职人员“八小时以外”的监督力度，前移监督关口，经常吹响“监督哨”，持续开展干部家访活动。关注年轻干部和村(居)“两委”班子成员的日常监督，坚持抓早抓小，避免党员干部特别是年轻干部从破纪走向违法。做实过渡期专项监督，以“十四五”扶贫产业项目管理、运营、分红为突破口开展专项治理，加强对各项惠民富民、促进共同富裕政策落实情况的监督。继续开展“每月一监督”主题工作，充分调动镇(街道)纪检监察干部、村级纪检监督员工作积极性，依托纪检监察协作片区，统筹整合力量，推动监督下沉，增强监督针对性和目的性，提升监督工作质效。

今年，我们将继续用好巡察“利剑”，当好监督“前哨”，提升政治监督效能。深入贯彻落实中央巡视工作方针，深刻理解和准确把握政治巡察的内涵和方向，系统总结二届区委巡察经验做法，研究制定区委2022—2026年巡察工作规划，细化制定区委2022年巡察工作计划，统筹谋划、规范开展巡察工作。认真执行巡视工作条例，聚焦“两个维护”，聚焦党中央和区市党委及区委重大决策部署等强化政治巡察，以纠正政治偏差倒逼管党治党责任落实。把群众路线贯穿巡察工作各方面、全过程，注重倾听群众意见、呼声，推动解决群众普遍关注的“急难愁盼”问题。提高巡察发现问题、分析问题和解决问题能力，切实找准被巡察单位工作薄弱点、问题风险点、矛盾聚焦点，分析研判党内政治生态，彰显政治监督特性。进一步压紧压实巡视巡察整改主体责任和第一责任人责任，督促各级党组织领导班子及成员持续抓好中央第十巡视组、自治区党委第三巡视组、市委涉粮专项巡察组、区委三届一轮巡察反馈问题整改，确保整改落实见实效、见长效。坚持左右协同、上下联动，纵向上突出巡视整改带动，横向上发挥巡察与纪检监察机关衔接制度优势，利用好与组织等部门协同协作机制；探索建立“办组融合、平战结合”内部运行机制，持续构建系统集成、信息共享、协同高效的工作格局。将巡察成果运用落实到干部使用、绩效考核、评先评优的各个环节，对巡察反映出的体制机制短板和漏洞，督促相关职能部门修改完善和制定出台政策措施，扎紧织密制度笼子。

今年，我们将更加注重自身建设，严格监督约束，锻造新时代纪检监察“铁军”。区纪委常委会带头加强政治建设，跟进学习习近平新时代中国特色社会主义思想和习近平总书记系列重要讲话精神，增强政治意识，认真贯彻全面从严治党、党风廉政建设和反腐败斗争决策部署，当好“忠诚卫士”。加强区纪委常委会班子建设，发挥班子“领头雁”作用，突出抓机关带系统、强指导促规范，健全常委会领导下的高效管理体系和运作机制；修订完善纪委常委会议事决策规则，带头讲政治、守规矩，认真贯彻执行民主集中制，自觉把党的领导落实到监督执纪执法工作全过程。切实提升履职能力水平，以区纪委常委会会议、党支部“三会一课”等为载体，教育引导纪检监察干部以执纪工作规则和执法工作规定为准绳，全面学习《中国共产党纪律检查委员会工作条例》等法律法规，强化法治思维，落实好纪法贯通、法法衔接各项要求；深化全员培训，用好跟案跟班学习机会和各类培训教育资源，让纪检监察干部分层次类别接受业务培训和实战训练，掌握“看家本领”。拓展深化区纪委监委内设机构改革试点工作成果，全面总结改革经验做法，科学整合内设机构、纪检监察协作片区干部力量，坚持将人员向监督检查和审查调查一线再倾斜，进一步突出监督主责。坚持自我净化，纪委常委会班子认真履行对纪检监察干部监督工作的主体责任，加强对干部监督工作的领导、管理和监督；扎实开展纪检监察系统“改进作风狠抓落实”工作，推动作风建设往深里走、往实里走。健全完善内控管理机制，完善纪检监察干部廉政档案，研析不同岗位风险点，管住监督检查、审查调查等核心权力，严查打听案情、说情干预、请托违规办事、执纪违纪等行为，以铁一般的纪律作风锻造铁军队伍。

同志们，为堆龙的发展实践提供坚强保障，是我们的光荣使命。让我们更加紧密地团结在以习近平同志为核心的党中央周围，以习近平新时代中国特色社会主义思想为指导，在上级纪委监委和区委的坚强领导下，坚守初心、牢记使命，笃行不怠、踔厉奋发，推动新时代纪检监察工作高质量发展，以优异成绩迎接党的二十大胜利召开。

堆龙德庆区人民检察院工作报告

——在堆龙德庆区第三届人民代表大会第三次会议上

堆龙德庆区人民检察院检察长 索朗旺庆

（2022年2月10日）

2021年工作回顾

2021年，堆龙德庆区人民检察院在区委和拉萨市人民检察院的坚强领导下，在区人大、区政府监督和支持下，政协民主监督下，坚持以习近平新时代中国特色社会主义思想为指导，深学笃用习近平法治思想，全面贯彻党的十九大和十九届历次全会精神，认真学习习近平总书记"七一"重要讲话精神、习近平总书记在西藏考察时的重要讲话精神和《中共中央关于加强新时代检察机关法律监督工作的意见》，把捍卫"两个确立"、增强"四个意识"、坚定"四个自信"、做到"两个维护"融入检察履职，以高度的政治自觉、法治自觉、检察自觉担当作为，常态化开展扫黑除恶工作，深入开展政法队伍教育整顿，积极配合新冠肺炎疫情防控工作，为服务保障堆龙长足发展和长治久安作出了积极贡献。

全年共办理各类案件761件。其中，办理刑事检察案件394件，同比上升181.4%；办理民事、行政检察案件39件，同比上升71.8%；办理公益诉讼案件156件，同比上升57.7%，其中集中开展无障碍设施建设领域公益诉讼专项活动，被法治日报刊登；办理刑事执行检察案件99件、社区矫正及监外执行案件73件；在全市基层院中排名靠前，明显优于去年同期。

一、旗帜鲜明讲政治，以政治建设引领检察事业新发展

始终坚持党对检察工作的绝对领导。始终牢记检察机关首先是政治机关，始终把党的政治建设放在首位。坚持以习近平新时代中国特色社会主义思想为指导，自觉贯彻落实党中央、区市党委、上级院和区委政法委的决策部署，贯彻落实《中共中央关于加强新时代检察机关法律监督工作的意见》，自觉召开党组会议研究部署党风廉政建设和反腐败工作、意识形态工作以及检察工作重大决策、重大事项、重要活动，切实把党的领导落实到各项检察职能的具体行使中。认真落实院党组每年向区委报告工作、"三重一大"集体决策制度，全年主动向区委和上级院党组请示报告检察工作中的重大事项5项，党组议事、集体决策共30项。召开院党组理论学习中心组学习12次。全面推进党建与业务深度融合。把学习贯彻习近平新时代中国特色社会主义思想、习近平法治思想和习近平总书记关于西藏工作、政法工作的重要论述作为首要政治责任，配强党务干部，积极开展党员发展工作，发展积极分子10名，接收预备党员2名，正式党员1名，支部开展学习40余次。县级领导干部以普通党员身份参加党支部各项组织活动10余次，检察长讲党课4次。围绕中国共产党成立100周年、西藏和平解放70周年，开展系列庆祝活动。始终坚持讲政治与抓业务有机统一，与对口援藏单位建立"云共建"交流平台，共同开展党建共建活动，同时以民事、行政、立案监督、侦查活动监督、刑事执行检察、疑难案件为主题的党建促业务在线交流会、现场交流会等共计10余次。

严格落实从严治党治检政治责任。深入开展“党史”学习教育、“三更”专题教育、“三新”大学习大讨论、政法队伍教育整顿，增强“四个意识”、坚定“四个自信”、做到“两个维护”，筑牢政治忠诚，强化政治担当，着力打造信得过靠得住能放心的高素质高原检察铁军。一刻也不放松地传导压实从严治党管检“主体责任”，严守党的政治纪律和政治规矩，针对党风廉政建设层级开展谈心谈话60余人次，学习纪委下发相关文件20余次。严格执行中央八项规定及其实施细则精神和自治区实施办法。严格落实中央“三个规定”精神，按时上报“月报告”“季报告”，如实在重大事项录入系统中填写过问案件记录，防止插手具体案件处理，确保司法机关依法独立公正行使职权。自觉主动接受区委巡察组巡察，并按照反馈意见整改突出问题10个。

牢固树立监督者更要接受监督的政治意识。自觉接受人大及其常委会监督，自觉贯彻落实人大法定决议，落实向人大常委会专题报告检察工作制度，今年向人大报告工作2次。自觉接受人大代表、政协委员、人民监督员、群众代表等各界人士、人民的检视、批评和指导，让司法更公开、更透明，对九起涉嫌危险驾驶罪的案件集中开展“公开送达、公开宣告暨训诫会”，进行公开听证，达到了政治效果、社会效果和法律效果的有机统一。推动建立检律定期会商机制，签署《律师坐班服务协议》，加强检律协作。以公开促公正，自觉接受社会监督，公开发布案件程序性信息、法律文书、重要案件信息358条、法律文书218件，切实提升检察工作透明度和公信力。

二、主动融入大局，维护社会稳定服务堆龙长治久安

坚决维护国家安全和社会稳定。牢牢把握维护祖国统一、加强民族团结的着眼点和着力点，牢固树立贯彻总体国家安全观，深入开展反分裂斗争，积极参与社会面稳控工作，参加驻村、驻加油站200余人次，参与楚布“次曲”和达扎寺“入行论”佛事活动执勤100余人次，出动车辆800余车次。加强单位内安保工作，坚持24小时值班备勤达750余人次，切实筑牢安全稳定防线。

全力服务保障新冠疫情防控和经济社会高质量发展。全面做好服务“六稳”“六保”工作，实地调研辖区内驰名商标企业，努力为堆龙经济高质量发展营造良好法治环境。以高度政治自觉和强烈法治担当投入检察“战疫”，积极响应防疫政策，严格落实区委和上级院各项防疫部署，认真做好自身防护、社会防控、犯罪防治工作，实时更新防疫二维码，进行常态化消毒，严格执行外来人员登记制度，确保各项防疫措施落地落实。

刀刃向内开展政法队伍教育整顿。扎实开展政法队伍教育整顿，坚决重拳整治，清除害群之马，维护检察队伍肌体健康。结合各类专题教育，开展一系列警示教育、反分裂斗争形势政策教育、英模教育活动15次。召开检察队伍教育整顿“开门纳谏”座谈会，广泛听取意见建议。通过“云共建”直播方式，与对口共建单位北京市石景山区人民检察院共同参观抗日战争纪念馆、清政府驻藏大臣衙门旧址陈列馆等两地特色红色基地7次。利用各平台发布信息50余条、集中学习40余次、交流发言30余人次、撰写心得体会400余篇。落实“自查从宽、被查从严”政策，通过“6+1+6”大起底排查，共排查出六大顽瘴痼疾方面违反压案不查3件3人、违反“三个规定”方面7人10件，N类问题3件，对违反相关规定的干警，作出了提醒谈话的处理决定，建立了相应的台账，达到了整治一个销号一个。把“为民办实事”始终贯穿于党史学习教育和政法队伍教育整顿工作中，将学习教育成果转化为思想成果和工作成果，为群众解决实事5件，真正让人民群众对全面小康更有获得感、幸福感、安全感。

积极推进社会治理。加快推进司法便民建设，在区委区政府大力支持下，按照统一标准持续推进“12309”检察服务中心建设。持续抓实司法救助机制，落实办案审查责任，对因案致贫、因案返贫的被害人及其近亲属要做到“应救尽救”，受理国家司法救助案件4件，共发放救助金85000元。充分利用党建“云共建”平台，为驻村点朗巴村捐赠书籍500余册，赠送驻村点朗巴村村委会3台台式电脑。

三、坚守法治促公正，做实做好做强做优“四大检察”“十大业务”

落实审前主导、全程监督责任持续做优刑事检察。主动提升新时代少捕慎诉司法理念，对情节轻微、社会危害性较小的犯罪嫌疑人不批捕56人、不起诉43人，与去年同比，分别上升60%、79%，大幅度节约了司法资源、减少社会对抗。持续推进认罪认罚从宽制度，全年办理认罪认罚从宽案件172件，与去年同比，上升129%。加强刑事立案和侦查活动监督，监督侦查机关立案1件，纠正漏捕、漏诉1人，提前介入5件。强化监检合作和制约，提前介入并依法起诉2起由监察机关办理的职务犯罪案件，已作出有罪判决。强化刑事执行活动监督，监督执行机关提请暂予监外执行1件1人。运用微信视频、电话等方式开展刑事执行检察工作，谈心谈话20人次，回访社区矫正人员95人次。开展财产刑执行检察监督10次，切实维护刑罚执行权威。积极开展交付执行检察监督，下发检察建议书1份，切实提升了监督效果。

坚持权力监督与权利救济相结合，持续做强民事检察。始终牢记习近平总书记关于“民事案件同人民群众权益联系最直接最密切”的重要指示，以民法典实施为契机，不断破除“重刑轻民”的思维定式和“结构失衡”问题，推进民事检察成为新阶段堆龙检察工作高质量发展的新亮点、新支点。依职权监督民事案件32件，其中民事审判程序违法行为监督16件、民事执行活动监督13件，民事生效、裁判、调解书监督案1件，民事支持起诉案件1件，民事检察建议案件1件。通过裁判文书网、调阅卷宗等方式主动审查生效裁判、调解书和卷宗97件，制发检察建议书5份。

推进“严格依法行政”，持续做实行政检察。法治的精髓是以法治思维和法治方式严格依法办事，把加强行政检察作为助力依法行政和法治政府建设的重要内容。依职权主动发现行政案件7件，制发检察建议书1份。

当好“公共利益代表”，持续做好公益诉讼检察。着力打造生态公益诉讼检察“新名片”，在区政府办公楼大厅LED屏循环播放藏语和汉语公益诉讼宣传片。签订“检察长+河长”协作机制，体现“检察蓝”在服务保障绿色发展中的坚守。依法积极稳妥拓展办理公益诉讼案件，受理行政公益诉讼案件线索156件，立案120件，发出诉前检察建议18份。积极探索发现公益诉讼“等”外领域线索24条。开展野生动物保护领域线索调查、摸排，强化高原生态保护。落实“食品药品四个最严”专项行动，检查堆龙德庆区和柳梧新区餐饮店、商店等个体工商户98家，督促行政机关整改12家，处罚2家。检查诊所、药店30余家，督促行政机关整改处罚2家，督促行政机关扣押过期食品、药品20.28千克，行政处罚合计10万元；督促行政机关清理违法堆放生活垃圾、建筑垃圾垃圾7200吨左右。

坚持“零容忍”态度，持续做精未成年人检察。以“零容忍”态度办理侵害未成年人犯罪案件，受理提请批准逮捕侵害未成年人犯罪案件1件1人，批准逮捕1件1人；受理审查起诉侵害未成年人犯罪案件2件3人，依法提起公诉1件1人。受理提请批准逮捕未成年人犯罪案件2件5人，本着“教育为主 惩罚为辅”的办案原则，均作出不批准逮捕决定。进一步预防未成年人犯罪，与堆龙德庆区教育体育局签订《关于进一步加强兼职法治副校长工作的意见》。3名员额检察官担任辖区各小学法治副校长，成立“明·珠”法宣组，开展“法治进校园”活动4次。依托“云共建”开展“检爱同行 共护未来”检察开放日，教育学生数1500余人次，发放学习用品价值7000余元。同时，做实青少年法治教育工作，与司法局联合制作“迷途”微视频警示教育片。对本辖区内网吧、娱乐场所进行专项检查，切实保护未成年人权益。

以民心为检心，持续做细控告申诉检察。严格落实“7日内程序回复、3个月内办理过程或结果答复”硬性规定，让群众申诉有门路、可期待，做到“民有所呼、我有所应，群众信访件件有复”。受理群众来访20件，检察长带头接访办理信访案件18件。主动担当化解涉法涉诉难点、堵点案件，落实“基层院领导包案”制度。结合政法队伍教育整顿，加强释法说理、做好群众工作，贯彻“领导干部下基层大接访办实事”活动，坚决防止因处置不当使涉法涉诉问题演化成风险矛盾。

四、凝心聚力谋发展，奋力推进新阶段堆龙检察事业高质量发展

*深化检察改革。*落实好中央确定的司改政策，积极上报内设机构改革方案。用好用足检察官员额和择优选升名额，积极做好检察官按期晋升工作和第三批入额检察官遴选工作，调动全体检察人员的工作积极性，切实让一线办案人员更有获得感。完善领导干部办案机制，院领导共办理案件132件，办案量全市基层院第一。

*抓实科学管理。*高度重视加强业务数据监督管理，严格按照“全员、全程、同步、规范”的要求，在检察机关统一业务应用系统内流程监控案件10件。完善业务数据分析研判和通报机制，坚持每季度召开业务态势分析会，以数据态势分析为基础，科学引导监督，实现精准内控，推动“四大检察”结构更加优化。站在法治建设全局谋划担当，以“案－件比”指标引领解决司法案件无效供给问题，制定《堆龙德庆区人民检察院“案－件比”管理办法》，今年刑事检察“案－件比”为1∶1.024，同比去年下降0.56个点，有效减少了司法程序空转问题。

*推进基层基础和信息化建设。*把基层基础工作作为党在检察领域同人民群众保持血肉联系的重要纽带，落实业务急需的“12309”检察服务中心建设，积极争取建设远程提讯、检察听证室以及未成年人心理辅导室等“科技强检”基层短板项目。在新时代新起点上强力对接谋划检察援藏工作，检察长带队前往北京市院、门头沟和石景山区检察院学习未成年人检察工作、公益诉讼等检察新业务，不断强化自身造血功能。

*加强干部队伍建设。*旗帜鲜明把政治建设放在首位，努力打造一支党中央放心、人民群众满意的高素质检察队伍，参加检答网、各业务部门线上线下培训90余人次。加强意识形态工作，弄通理论精研业务，领导干部、部门负责同志带头宣讲十九届六中全会、区市第十次党代会精神以及自治区作风建设精神，主动参与党支部结合十九届六中全会组织的“请党放心　强国有我”主题演讲比赛，带动干警把素质建设转化为自我提升的高度自觉。

各位代表，过去的一年，堆龙德庆区人民检察院立足新时代发展新阶段、贯彻新发展理念、构建新发展格局，攻坚克难、忠诚履职、开拓奋进，全面加强党的建设、思想建设、组织建设、作风建设、廉政建设，激发新时代检察官责任感、使命感，司法办案优质高效、法律监督精准有效、服务大局突出实效。我们深知，过去的一年，检察工作所取得的成绩，是区委坚强领导、人大有力监督、政府大力支持、政协民主监督以及代表委员和社会各界共同关心帮助的结果。在此，我代表堆龙德庆区全体检察干警致以衷心的感谢和诚挚的敬意！

我们也清醒的认识到，检察工作与党和人民更高要求、新时代新方位新形势新要求，服务保障堆龙长治久安和高质量发展要求，推动检察工作自身高质量发展要求还有不少亟须解决的问题和短板：一是检察监督工作助推堆龙社会治理体系与治理能力现代化建设举措不多；二是检察业务发展不平衡不充分问题仍然突出，业务结构有短板；三是检察队伍与高质量发展要求不相适应，案多人少、人才断档矛盾突出，藏语和汉语检察官人才匮乏；四是内设机构改革还需大力推动落实，司法责任制综合配套改革还需深化推进；五是在推进“智慧检务”建设和向科技要检力的方法措施仍不足。对此，我们将采取务实举措，切实加以解决。

2022年堆龙检察工作总体思路

2022年，堆龙检察机关将以习近平新时代中国特色社会主义思想特别是法治思想为指导，深入贯彻党的十九大和十九届历次全会以及中央第七次西藏工作座谈会精神，贯彻落实《中共中央关于加强新时代检察机关法律监督工作的意见》，贯彻落实区市第十次党代会、区第三次党代会、区委三届三次全会精神，贯彻落实上级院各项决策部署，以服务保障稳定、发展、生态、强边“四件大事”为首要任务，坚持系统观念、法治思维、强基导向，立足“旗帜鲜明讲政治、主动融入保大局、坚守法治促公正、凝心聚力谋发展”新发展阶段，完整准确全面贯彻新发展理念，服务和融入新发展格局，坚定信心、乘势而上，开启新时代检察工作新征程，推动堆龙工作再上新台阶。

一、围绕学习贯彻习近平新时代中国特色社会主义思想这条主线，强化理论武装，以党的建设特别是政治建设新成效引领堆龙检察事业新发展

在学懂检察制度发展史上下真功夫，自觉扛起推动检察事业高质量发展这面旗帜，在学习中提升政治领悟力，在担当中提升政治鉴别力、在实践中提升政治执行力。在推进党建与业务深度融合上下狠功夫，充分发挥院党组“把方向、管大局、保落实”的领导作用，紧紧围绕解决检察党建工作特别是政治建设工作“好不好”这个核心问题，系统研究、专题部署，向政治建设要检力，以政治思维和政治方式破解制约堆龙检察工作高质量发展的重点、难点问题。在落实从严治党政治责任上下实功夫，把党史学习教育、“三更”专题教育、政法队伍教育整顿成果转化为实践，改进作风、狠抓落实，努力打造一支高素质检察队伍。

二、聚焦中心大局，更加自觉地将堆龙检察工作放到堆龙长治久安和高质量发展的全局中来谋划部署，坚持从政治上考量、在大局中行动

以维护国家政治安全和社会稳定为切入点，主动服务堆龙长治久安大局。以司法办案为切入点，主动服务市域社会治理现代化，带着感情做好群众信访件件有回复、认罪认罚从宽、公益诉讼检察等各项工作。以服务疫情防控和乡村振兴为切入点，推进抗疫、发展“两不误”。以贯彻实施民法典为切入点，主动回应人民群众法治新需求。

三、聚焦主责主业，坚持以监督办案为中心，一体推进“四大检察”全面协调充分发展，确保新时代司法检察理念创新、与时俱进

抓住“四大检察”关键点和重要环节发力，持续在“做优”“做强”“做实”“做好”上做文章，在精耕细作上下功夫，为人民群众提供更加优质的法治产品、检察产品。在推进“四大检察”职能融合上发力，坚持系统思维，统筹考虑刑事、民事、行政法律相关规定，综合运用检察职能，切防“机械办案”“自扫门前雪”。

四、全面实施新时代堆龙“西大门”检察强检战略，提升基层检察院执行力和创新力，以自身高质量发展服务堆龙长治久安和高质量发展

全面提升堆龙“西大门”检察创新发展首位度。进一步转变理念、改进方式，坚持建用并举、以用促建，以科技思维和科技方式大力推进智慧检务建设，全面提升智慧检务建设水平。以“改进作风、狠抓落实”活动为抓手，以打造信得过、靠得住、能放心的高素质高原检察铁军为目标，从司法体制改革、专业化队伍建设和检察援藏三方面着力提升队伍履职能力。坚持强基导向，增强执行力和创新力，以创新看成效、以实绩论英雄，全面提升堆龙检察院建设水平。

各位代表，为党的事业保驾护航、为人民守护平安幸福、为社会维护公平正义，是检察机关永恒不变的目标和追求。我们将高举习近平新时代中国特色社会主义思想伟大旗帜，贯彻落实习近平法治思想，在区委和拉萨市检察院的正确领导下，忠实履行法律监督职责，全面贯彻《中共中央关于加强新时代检察机关法律监督工作的意见》，不忘初心、接续奋进，努力创造无愧于新时代的检察业绩，为建设团结富裕文明和谐美丽的社会主义现代化新堆龙不懈奋斗！

名词解释

1.“四大检察”：刑事检察、民事检察、行政检察和公益诉讼检察。

2.“十大业务”：普通刑事犯罪检察业务、重大刑事犯罪检察业务、职务犯罪检察业务、经济金融犯罪检察业务、刑事执行和司法人员职务犯罪检察业务、民事检察业务、行政检察业务、公益诉讼检察业务、未成年人检察业务、控告申诉检察业务。

3.“社区矫正”：针对被判处管制、宣告缓刑、裁定假释、暂予监外执行的这四类犯罪行为较轻的对象所实施的非监禁性矫正刑罚或考验。

4.“检察建议”：人民检察院为促进法律正确实施、促进社会和谐稳定，在履行法律监督职能过程中，结合执法办案，建议有关单位完善制度，加强内部制约、监督，正确实施法律法规，完善社会管理、服务,预防和减少违法犯罪的一种重要方式。

5.“公益诉讼”:特定的国家机关和相关的团体和个人,根据法律的授权,对侵犯国家利益、社会公共利益或不特定的他人利益的行为,向法院提起诉讼,由法院依法追究相对人法律责任的诉讼活动。

6.“刑事执行活动监督”:人民检察院依法对刑事执行机关的刑罚执行活动的合法性进行监督的制度和活动。

7.“认罪认罚从宽制度”:对犯罪嫌疑人、被告人自愿如实供述自己的罪行,对指控的犯罪事实没有异议,同意量刑建议并签署具结书的,依法从宽处理。

8.“司法救助”:检察院在办理案件过程中,对遭受犯罪侵害或者民事侵权,无法通过诉讼获得有效赔偿,生活面临急迫困难的当事人采取的辅助性救济措施。

堆龙德庆区人民法院工作报告

——在堆龙德庆区第三届人民代表大会第三次会议上

堆龙德庆区人民法院院长 欧阳建川

（2022 年 2 月 10 日）

2021 年主要工作

2021 年是中国共产党成立 100 周年、西藏和平解放 70 周年，是具有非凡而重大历史意义的一年。在区委领导、区人大监督、区政府支持、区政协民主监督以及上级法院指导下，区人民法院始终坚持以习近平新时代中国特色社会主义思想为指导，全面贯彻党的十九大和十九届历次全会精神，贯彻习近平法治思想，贯彻中央第七次西藏工作座谈会及区、市第十次党代会精神，落实区三届人大一次、二次会议决议，围绕“努力让人民群众在每一个司法案件中感受到公平正义”的目标，聚焦“稳定、发展、生态、强边”四件大事，服务大局、司法为民、公正司法，忠实履行宪法法律赋予的职责，各项工作取得新成效。受理案件 7688 件、审执结 6544 件，同比分别上升 39%、45%，结案率 94%，结案标的 6.6 亿元。

一、讲政治、铸忠诚，自我革命有新突破

注重铸魂扬威。统筹推进党史学习教育、政法队伍教育整顿、“三更”专题教育、“三新”大学习大讨论，深化“五史”教育，召开党组理论学习中心组学习等 120 次，开展理论测试、专题讲座研讨 18 次，撰写学习心得、交流发言材料 1000 份，政治轮训 130 人次，政治生态、司法生态持续向好，干警的“政治三力”有效提升、政治忠诚不断筑牢。

坚持党的领导。贯彻执行《中国共产党政法工作条例》及区党委实施细则，向区委、政法委请示报告重点工作、重大事项、重要案件 23 次。深入学习中共十九届六中全会、习近平总书记“七一”重要讲话和在西藏视察时重要讲话指示精神，学习区、市第十次党代会精神，确保党中央、区党委、市委、区委各项决策部署在法院得到不折不扣的贯彻落实。

落实意识形态工作责任。完善党组抓、管意识形态工作机制，坚决同西方“宪政”“三权鼎立”“司法独立”等错误思潮作斗争，勇当司法审判领域意识形态安全的捍卫者。落实“三同步”原则，发布各类信息 400 条，为人民法院高质量发展提供有力舆论支持。

二、忠于职守、勇于担当，维护稳定有新作为

建设更高水平的平安堆龙。围绕为“两个大庆”营造良好法治环境，扎实做好维护稳定的源头性、基础性工作，累计出动干警 1200 人次、车辆 200 台次，投入经费 20 万元。盯紧信息网络、自然资源、交通运输、建设工程等重点行业专项整治，推进扫黑除恶专项斗争常态化，荣获“西藏法院扫黑除恶专项斗争先进集体”称号。优化首访即办、领导包案、实质化解信访机制，化解涉诉信访矛盾纠纷 16 件，妥善审理涉中腾公司系列案。高标准完成“六专四室”建设，办结全区首例司法制裁案件，警务安保能力大幅提升，荣获“全国法院司法警察先进集体”称号。

依法惩治刑事犯罪。受理各类刑事案件 240 件，同比增长 153%，审结 229 件，判处 235 人。审结故意伤害、强奸等暴力犯罪案 21 件 21 人，审结盗窃、诈骗等侵犯财产犯罪案34件36人。维护群众出行安全,审结危险驾驶、交通肇事犯罪案169件169人。严厉打击毒品犯罪,审结贩卖毒品、容留他人吸毒等涉毒犯罪案5件5人。保持惩腐高压态势,公开审理付术发、腾睿贪污、挪用公款犯罪案。推进认罪认罚改革,判处三年以上有期徒刑15人,对157名罪刑轻微被告人适用缓刑。

弘扬法治精神。发挥司法指引、教育功能,将铸牢中华民族共同体意识、反分裂斗争、践行社会主义核心价值观融入普法教育,以以案释法、普法讲座、模拟法庭、巡回审判等方式,开展民法典、扫黑除恶、环境保护、防范校园欺凌法治宣传168场,巡回办案41件,以"小案件"彰显法治"大道理"。

三、化解矛盾、促进和谐,服务发展有新高度

持续优化营商环境。受理民商事案件4434件,审结3786件,同比分别上升27%、32%。倡导契约精神,审结买卖、承揽合同案件3543件。加大对公司及股东权利保护,审结股东出资、股权转让案件40件。服务堆龙新城建设,审结房地产、建设工程案件97件。维护市场金融秩序,审结借款、民间借贷案件106件。

助推法治政府建设。推进行政案件集中管辖,受理堆龙、尼木、曲水行政案件13件、审结9件。其中涉行政确认、行政登记案2件,责令限期拆除、强制拆除房屋案2件,行政处罚、行政赔偿案5件。行政机关副职出庭1件,工作人员代行政首长出庭2件,行政机关运用法治思维、法治方式解决问题的能力有提高。

助力社会治理现代化。坚持和发展新时代枫桥经验,建立龙姐维权站、驻院律师工作站、道交一体化平台、导诉工作机制,推动更多法治力量向引导和疏导端用力,诉前调解案件646件、办结司法确认案18件、民商事案件调撤率达45%。强化人民法庭在诉源治理中的桥头堡作用,与镇街党委、综治中心、派出所建立联动机制,有力服务乡村振兴,化解矛盾纠纷692件。柳梧法庭荣获全区法院优秀人民法庭称号,庭长被评为全区巾帼建功标兵,被最高院确定为全国法院经验交流法庭。

四、践行初心、强化保障,司法为民有新举措

保障民生权益。牢牢把握改善民生、凝聚人心的出发点、落脚点,审结涉教育、医疗、住房、劳动就业等民生案件170件,帮群众解难题、为群众增福祉、让群众享公平。审执结"双拖欠"案261件,保障工程款、农民工工资到位8535万元。审结婚姻家庭、抚养赡养、继承案49件,保障家庭和睦、老有所养。审结涉军保障案6件,促进军地和谐。为困难群众、当事人缓减免诉讼费3.42万元,捐款捐物3.12万元,彰显司法温暖和关怀。

保护诚实守信。持续加大执行力度,推行"诚信预执行""分段执行"新模式,执行效率显著提升。执结案件2360件,执行到位3亿元,同比分别上升56%、90%。完善安保执行联动机制,与辖区公安分局、派出所签订合作备忘录开展联合打击逃避执行专项行动,公安机关协助布控42人,查获21人、拘留1人、协助其他法院布控107人。智慧执行有成效,网络查控系统查询房屋、土地、车辆、存款2万项,智慧系统向400名当事人发放案款8921万元。坚决打击失信行为,公布失信被执行人1314人次,限制高消费1237人次。坚决整治执行领域突出问题,清理超期未发放案款案132件、超期未认领款案156件,集中发放案款631万元。

提升服务水平。诉讼服务大厅接待群众2.3万人次,"12368"诉讼服务热线服务1170人次,网上立案2034件、网上开庭调解25件、跨域立案22件。智慧法院破解"送达难",近80%的案件实现电子送达。深化司法公开,公开裁判文书1547份、审判流程信息4115条、执行信息2472条,庭审直播1082件、点击量达25万人次。

五、从严治院、改革强院,锻造队伍有新局面

突出司法责任体系建设。落实"四类案件"监督管理指导意见,出台院庭长监督管理案件星级区分制度,加强对重大案件的监管。完善审委会工作规则、专业法官会议规则,解决疑难复杂案件50件,院庭长结案1719件,占26%。

突出提质增效建设。研究制定类案裁判、要素审判、繁简分流等增效机制,快审快判轻微刑事案件165件,简易、速裁程序审结案件4274件,制发简易文书1575份。强化司法责任，健全督办、通报制度，催办150余次、通报21次，平均办案天数较去年缩短20天。完善绩效考核办法，激发干警快办案、办好案，法官人均办案300件，仍居全区法院第一。

突出能力素质建设。坚持实战实用实效导向，围绕民法典等法律和司法解释，选派32人次参加各类调训。创新“五个一”学习机制，发挥“法官教法官”“传帮带”作用，举办学习班2期、参训干警150人次、解答疑难问题66次。出台干部平时考核制度及细则，实行积分管理，充分激发干警争先创优积极性。

突出廉洁司法建设。全面落实从严治党主体责任，彻底肃清李运峰、赵涛等流毒影响，营造风清气正政治生态。观看警示教育片、讲廉政党课、参观警示教育基地等320人次。严格落实“三个规定”“五必谈”“八谈”和“七查”要求，谈心谈话130人次，梳理顽瘴痼疾13条，均整改到位，处理干警18人次。对巡察反馈和自查发现的问题，建立完善正风肃纪长效机制6项、监督机制7项。

各位代表，一年来，我们主动接受人大监督，向区人大常委会专题报告法院工作，认真贯彻落实审议意见；邀请代表委员列席会议、旁听庭审、见证执行31人次，代表委员们走进法院提出了诸多宝贵意见和建议，给予了最大理解和支持。深入贯彻监察法及其实施条例，主动接受纪检监察监督。加强与检察机关的联系，及时办理检察建议，依法审核公诉机关量刑建议，共同维护公平正义。落实人民陪审制度，120名人民陪审员参审案件887件，保障群众了解司法、参与司法、监督司法。

各位代表，2021年堆龙法院面临人员少、案件大幅增长的严峻态势，员额法官平均一个工作日至少办结一起案件，个人最高办案量达到了884件，干警用毅力克服困难、用坚韧书写精彩，圆满完成了各项工作任务。堆龙法院工作取得的新进步新发展好成绩，根本在于习近平新时代中国特色社会主义思想的科学指引，是区委坚强领导、人大有力监督、上级法院正确指导和政府、政协、社会各界支持帮助的必然结果。在此，我代表堆龙法院表示衷心感谢、并致以崇高敬意！

同时，我们清醒认识到存在的问题和不足：一是发挥司法审判服务“四件大事”“四个确保”“八大任务”还不够深入精准，与区委要求、群众期待仍有差距；二是一站式多元解纷和诉讼服务体系建设还不完善，融入基层治理水平不高，协调整合综治力量共同参与矛盾纠纷化解主动性、创造性不足；三是司法责任制综合配套改革系统性、整体性、协同性推动还不够，与信息技术深度融合不足；四是以先进法院文化凝聚人心、振奋精神、激励斗志的作用发挥不明显，队伍作风需要持续改进，党风廉政建设需要进一步加强；五是需花大力解决人员少、审判工作长期超负荷运转的问题。对此，我们将在各方面关心支持下，采取有力措施，认真加以解决。

2022年工作安排

2022年堆龙法院工作的总体思路是：以习近平新时代中国特色社会主义思想为指导，全面贯彻习近平法治思想，认真贯彻党的十九大和十九届历次全会及中央第七次西藏工作座谈会精神，增强“四个意识”、坚定“四个自信”、做到“两个维护”，按照区、市第十次党代会部署，立足新发展阶段、贯彻新发展理念、服务和融入新发展格局，以司法为民为根本宗旨，以服务大局、公正司法为根本任务，以改革创新为根本动力，以建设过硬队伍为根本保障，紧扣抓好“四件大事”、实现“四个确保”、完成“八大任务”，忠诚履职，守正创新，全力以赴做好新时代法院工作，为开创堆龙长治久安和高质量发展新局面提供优质的司法服务和有力的司法保障。

一是坚定不移做到“两个维护”。把学习好、宣传好、贯彻好中共十九届六中全会及区、市第十次党代会精神作为当前和今后一个时期的首要政治任务和重大政治责任，深刻理解“两个确立”的决定性意义，切实把“两个确立”转化为坚决做到“两个维护”的思想自觉、政治自觉、行动自觉。认真贯彻落实《中国共产党政法工作条例》，牢牢把握人民法院政治机关第一属性，忠诚履行党和人民赋予的新时代职责使命，把讲政治和讲法律统一起来，在司法领域更好地维护党的权威，确保司法审判工作始终沿着正确政治方向前行。

二是坚定不移维护社会稳定。以迎接党的二十大胜利召开为首要政治任务，下好先手棋、打好主动仗，全力参与维稳安保中心工作。持续推动扫黑除恶常态化，持之以恒打击黑恶势力及其“保护伞”。严厉打击涉黄赌毒、电信网络诈骗、危险驾驶等犯罪，坚决维护人民群众生命财产安全。

三是坚定不移推动高质量发展。依法履职、精准发力，服务保障“四个创建”“四个走在前列”。践行“两山”理念，打好污染防治攻坚战。发挥司法建议功能，助推法治政府建设。妥善审理涉“三农”案件，积极服务巩固拓展脱贫攻坚成果同乡村振兴有效衔接。防范化解金融企业债务风险，打击虚假诉讼，突出拒执罪打击力度，促进社会诚信建设。

四是坚定不移加强民生司法保障。妥善审理涉及教育、医疗、婚姻等案件，促进保障和改善民生。妥善审理涉民族因素的案件，确保民族事务治理在法治轨道上运行。优化诉讼服务体系空间布局，把诉讼服务中心建成法治“会客厅”、人民法庭建成“群众连心桥”，为人民群众提供最强的力量、最好的空间、最优服务。依托智慧法院建设成果，完善互联网司法模式，推行“网上办、掌上办”，全方位提升现代化诉讼服务水平。

五是坚定不移深化改革创新。完善审判监督管理、统一法律适用、法官惩戒问责、依法保障等配套措施，提升司法质量和公信力。深化民事诉讼程序繁简分流改革，进一步促进案件提质增效。深度融入党委统一领导的社会治理体系，推进诉源治理，努力构建“多元解纷”机制，助推市域社会治理现代化。深化内设机构改革，推动职能更加优化、权责更加协同、监管更加有力、运行更加高效。加快推进执行指挥中心、警务指挥中心、维稳值班室建设，构建全程监控、语音指挥、一键报警等功能于一体的“智慧化警务”，筑牢司法安全防线。

六是坚定不移加强党的建设。按照“八个必须”和“六个表率”的要求，狠抓作风建设，巩固党史学习教育及政法队伍教育整顿成果。加强实践锻炼，突出实战实用实效导向，提升业务能力。严格落实“两个责任”，以更严标准、更高要求加强法院队伍管理，一体推进不敢腐、不能腐、不想腐。不断增强人大、政协和社会各界监督的自觉性和主动性，确保司法公开透明。

各位代表，初心如磐，使命在肩。堆龙法院将更加紧密地团结在以习近平同志为核心的党中央周围，在区委坚强领导、区人大及其常委会有力监督，区政府的大力支持和区政协的民主监督下，按照本次大会决议，忠实履行宪法和法律赋予的职责，弘扬“伟大抗疫精神”“老西藏精神”和“两路”精神，增强能力、锤炼作风，为建设团结富裕文明和谐美丽的社会主义现代化新堆龙作出更大贡献，以优异成绩迎接党的二十大胜利召开。

名词解释

1.“两个大庆”：中国共产党成立100周年、西藏和平解放70周年。

2.“政治三力”：政治判断力、政治领悟力、政治执行力。

3.“七查”：举报线索核查、涉黑涉恶案件（线索）倒查、重点案件交叉评查、涉诉信访案件清查、法律监督专项检查、智能化数据排查、队伍建设巡查。

4.“五必谈”：党委书记与政法委书记、政法单位主要领导必谈；领导班子成员之间必谈；班子成员与中层干部必谈；中层干部与普通干警必谈；班子成员与主动向组织说明问题、曾经接受处理、存在问题苗头、关键岗位干警必谈。

5.“八谈”：一谈《纪检监察机关处理主动投案问题的规定（试行）》等规定；二谈监督执纪“四种形态”和教育惩处相结合的政策等规定；三谈“自查从宽、被查从严”政策，鼓励干警掌握政策期限，及时向组织坦白，争取从宽处理；四谈自身存在的顽瘴痼疾；五谈有无检举揭发的问题线索；六谈干警个人与岗位的匹配度；七谈本单位党组存在的问题和不足；八谈本单位政治生态存在的问题和不足。

6.“六专四室”：专用囚车、羁押通道、电梯、座椅、车库、卫生间；羁押室、枪弹室、装备室、监控室。

7.“两个大局”：一个是中华民族伟大复兴的战略全局，一个是世界百年未有之大变局。

8.“国之大者”：关系国家整体利益、全局利益、长远利益的大问题，事关人民幸福、民族复兴、党和国家前途命运的大事情，具有全局性、方向性、战略性意义。

9.“八大任务”：习近平总书记在2021年7月23日听取西藏自治区党委和政府工作报告时提出的“维护社会大局稳定、推动高质量发展、切实保障和改善民生、加强生态文明建设、铸牢中华民族共同体意识、推进藏传佛教中国化、加快边境地区建设、在党史教育中做到学史力行”八个方面的任务。

10.“四个确保”：确保国家安全和长治久安，确保人民生活水平不断提高，确保生态环境良好，确保边防巩固和边境安全。

11.“两个确立”：中共十九届六中全会明确指出，党确立习近平同志党中央的核心、全党的核心地位，确立习近平新时代中国特色社会主义思想的指导地位。

12.新时代“枫桥经验”：将发源于20世纪60年代浙江省诸暨市枫桥镇干部群众创造的“发动和依靠群众，坚持矛盾不上交，就地解决，实现捕人少，治安好”经验，赋予新时代特征、内涵、手段等，推动构建和谐社会。

13.“两山”理念：绿水青山就是金山银山理念。

14.以审判为中心的刑事诉讼制度改革：推进以审判为中心的诉讼制度改革，正是基于我国目前的司法现状提出的，就是要凸显人民法院在被告人定罪量刑的环节上的实质功能，真正发挥人民法院的把关作用。通过开庭的形式，在控辩双方在场的情况下，对指控被告人有罪的证据，逐一举证、质证，做到事实证据调查在法庭，定罪量刑辩论在法庭，判决结果形成在法庭。

15.“四类案件”监督管理指导意见：2021年11月4日，最高人民法院印发《关于进一步完善“四类案件”监督管理工作机制的指导意见》重申组织化行权、全过程留痕监督的原则，进一步完善权责明晰、权责统一、监督有力、制约有效、运行有序的“四类案件”监督管理机制，不断提升审判质效、效率和司法公信力。“四类案件”具体指：重大、疑难、复杂、敏感的案件；涉及群体性纠纷或引发社会广泛关注，可能影响社会稳定的案件；与本院或者上级法院的类案裁判可能发生冲突的案件；有关单位或者个人反映法官有违法审判行为的案件。

16.宽严相济刑事审判政策：我国的基本刑事政策，贯穿于刑事立法、刑事司法和刑罚执行的全过程，是惩办与宽大相结合政策在新时期的继承、发展和完善，是司法机关惩罚犯罪，预防犯罪，保护人民，保障人权，正确实施国家法律的指南。

17.“三同步”原则：依法处置、舆论引导、社会面管控。即政法机关在案件特别是重大敏感案件办理过程中，在坚持依法公正处理的同时，及时发布权威信息回应社会舆论关切，避免引起公众误解甚至被曲解。

18.八个必须：王君正书记在西藏自治区第十届委员会第一次全体会议上强调，必须旗帜鲜明讲政治、必须时刻心系“国之大者”、必须践行初心使命、必须坚持人民至上、必须勇于担当、必须扎实改进作风、必须不断提升本领、必须全面从严治党。

19.六个表率：2021年12月6日出版的《西藏日报》刊发了西藏自治区党委书记王君正的署名文章《领导干部要发挥表率作用》，一要坚持对党绝对忠诚，带头做坚定践行“两个维护”的表率。二要坚持群众路线，带头做勤政为民的表率。三要坚持求真务实，带头做勇于担当的表率。四要坚持民主集中制，带头做团结干事的表率。五要坚持怀德自重，带头做清正廉洁的表率。六要坚持从严治党，带头做管党治党的表率。

20.集约送达：是指现有法定送达方式的基础上，运用互联网技术手段，将电子送达、邮寄送达、直接送达等多种方式，集成于同一平台的新型送达方式。案件承办法官通过该平台上传需要送达的法律文书需求，由第三方社会服务机构，优先选取电子送达方式，极大压缩送达周期，对于提升审判工作效率发挥重要作用。

21.司法制裁案件：2020年6月通过最高人民法院审判委员会通过《最高人民法院关于人民法院

司法警察依法履行职权的规定》，自 2021 年 1 月 1 日起执行，规定依法明确了人民法院司法警察在处置妨害诉讼活动中具有的采取强制手段、提请强制措施等执法权限。2021 年 3 月我院办理全区首例司法制裁案件，对扰乱法院工作秩序当事人进行调查取证，并作出罚款决定。

22. “五个一”学习机制：一天一推：利用微信公众号推送《中华人民共和国民法典》及新出台的相关法律知识点，带动天天学习，不断提升理论知识储备，目前已推送 400 余期。一周一案：每周院党组成员抽出不少于 3 个小时时间，亲自对分管领域内的长期未结案件、复杂疑难案件、信访案件等参与讨论并解决案件面临的难题，必要时亲自参加合议庭、担任审判长，发挥院领导在案件办理中的带头作用、监督管理作用。一月一讲：利用审委会委员审判经验丰富、隶属部门衔接有序的优势，建立审委会委员按月授课制，以谈经验、述教训、讲案例等传经送宝形式，发挥骨干力量的带动作用。一季一谈：召开专题审委扩大会，每季度组织审委会委员、员额法官，就审判工作中存在的问题、面临的形势等组织座谈，从找问题为导向，为下一步各项审判工作明形势、理思路。一问一答：办案法官在案件办理中可就出现的，本人一时难以解决的问题、常见问题、具有普遍适用性的问题，以向院长、副院长、审委会委员及资深法官提问解答的形式推动案件顺利审结，发挥老带新、强帮弱的传帮带作用。

23. 员额法官：“员”指的司法人员，“额”就是额度，意思是法官的数量得按照一定比例的额度配备。目前，我院在编干警 68 人，员额法官 26 人，占比 38.23%。

堆龙德庆区2021年国民经济和社会发展计划执行情况和2022年国民经济和社会发展计划草案报告

——在堆龙德庆区第三届人民代表大会第三次会议上

堆龙德庆区发展与改革委员会

（2022年2月10日）

一、2021年国民经济和社会发展计划执行情况

2021年，全区深入贯彻习近平总书记关于西藏工作的重要指示、视察西藏重要讲话精神和新时代党的治藏方略，立足新发展阶段、完整准确全面贯彻新发展理念、构建新发展格局，坚持把“三个赋予一个有利于”要求贯彻经济工作始终，聚焦“四件大事”，坚持稳中求进工作总基调，正确处理区委经济工作会议中“五个关系”，狠抓年初“两会”确定的重点产业、重点工作、重点项目，推动高质量发展，经济社会发展各项工作稳步推进。

（一）经济运行持续合理

主要指标升降有序。全区实现地区生产总值67.58亿元，同比增长6.6%；实现规模以上工业增加值9.23亿元；社会消费品零售总额完成20.8亿元，同比增长7.2%；固定资产投资增速7.9%；地方一般预算收入完成8.18亿元；农村居民人均可支配收入22876元，同比增长15.9%。项目建设加快推进。强化重点项目调度，大力保障项目建设要素，全年我区“确定实施”的计划项目192个，已完工55个项目，已开复工154个项目，开复工率80.2%；其中，续建项目79个，开复工率97.47%；新开工77个项目，开工率68.14%。11个市级重点项目全面开工，已完成投资24.72亿元，完成计划投资的70.33%。十大民生实事涉及项目共9项、35个项目，已开复工22个项目，开复工率为62.86%。招商引资项目22个，其中续建14个、新建8个，项目实际到位资金28.85亿元，同比增长5.28%。

（二）产业动能持续加强

现代服务业稳步提升。商贸物流产业发展新格局初步形成。领峰国际智慧物流园已完工，波玛物流园、高原食品冷链中心项目已投入使用。农贸批发市场、钢材交易市场、铁器电焊市场、工程机械市场“四大市场”运营管理良好。东嘎时代广场已完工，扶贫产品电商推广项目建设进展有序，吉祥加油站、西藏京禾贸易有限公司已升入商贸领域限额以上企业，传统消费、新型消费等多层次多样化消费供给能力不断增强。文旅产业知名度和美誉度不断提高。象雄美朵景区项目已完工，评选4A级景区；楚布沟景区、宇妥沟药王谷景区旅游基础设施建设项目分别已完成总工程量的35%、40%。楚布、古荣村、设兴村等一批乡村旅游项目进展顺利；玉妥文化旅游节活动成功举办，“冬游西藏”“一元游堆龙”等旅游活动深入实施。全年共接待国内外游客186.87万人次，同比增长21.2%；旅游收入完成5875.64万元，同比增长20.4%。净土健康产业不断优化。按照“八个一”要求，持续推动净土健康产业向全产业链覆盖。大力实施高标准农田0.9万亩，全区播种面积3.7万亩，粮食产量1.08万吨，

其中青稞产量0.92万吨。牲畜存栏8.29万头(只、匹)、出栏畜禽1.99万头(只),肉、奶、蔬菜产量分别达0.21万吨、0.51万吨和3.62万吨。净土健康产业园运营管理良好,新建续建日光温室257栋,瓜果、蔬菜、花卉产量同比增长20%以上。朗孜糌粑技改项目建设完成,"古荣糌粑""堆龙净土""青色麦田""冈底斯""拉萨冰泉""珠峰牧场""藏泉"系列产品不断提质增效,新增"极源领鲜"专营商超2家。奶牛养殖中心土建工程已完工,乳制品加工厂、天然饮用水厂项目完成整体工程量均达90%,藏泉实业铺货上市400家,新增专营商超2家。工业经济持续提档升级。认真落实"一企一案、精准施策",低产低效企业不断清理,土地集约利用率和园区经济贡献率不断提高,园区工业总产值较前三季度收窄2个百分点。以企业为主体、市场为导向、产学研相结合的技术创新体系不断健全,制造业向数字化、网络化、智能化发展持续推动。规模以上工业企业培育力度不断加大,西藏崇达管业有限公司完成升规,重点培育西藏合兴环保科技有限公司和西藏云边藏秘有限公司2家公司。申报自治区中小企业发展专项资金项目的企业10家,目前自治区经信厅已公示5家。高新数字产业起步发展。"互联网+政务服务"持续深化,网上办件数据达23万余件。网上政务服务不断提升,网上办理四级深度占比80.75%。"智慧教育"不断深化,珠峰旗云上教师注册量和学生信息导入率均达100%,完成7所小学智慧校园和区中学组团式援藏项目建设,所有中小学及幼儿园接入拉萨教育城域网,桌面速度达到百兆。"互联网+医疗健康"不断推动,医院his系统远程医疗服务平台覆盖率100%。国家医疗保障信息系统西藏自治区医保信息平台持续推广,县级医院、镇(街道)卫生院、村级卫生室分级开通医互通系统,目前已全部实现医保联网结算。农牧业企业数字化试点示范深入实施,水肥一体滴灌和大棚网络监测系统促进现代农牧业生产效率不断提升。电子商务示范县积极推进,已经完成区、街道(镇)、村(居)三级服务站点建设。

(三)城乡建设协同推进

城市建设力度不断加大。堆龙新城市政工程、柳东路人行天桥、水电气供配电及户表改造升级、公交站台及停靠站点等项目均已完成总体工程量的70%以上,项目对城市建设的基础作用不断凸显。祥和御府、东嘎国际已完成总工程量的48%、84%,拉萨城投堆龙新城2020年集中连片地产开发项目已完成总工程量36.7%。吉曲靖河湾等8个新建项目建设不断推进,人口聚集效果显现,产业地产辐射带动不断增强,促进城市繁荣和发展能力不断提升。中心城区亮化工程建设顺利开展,夜间经济有序发展。教育医疗、金融通讯、文化体育等城市配套服务设施更加完善,"15分钟便捷生活圈"逐步形成。美丽乡村建设深入实施。强化村庄规划编制,已完成城市规划区外所有村庄的规划编制工作。"美丽乡村·幸福家园"人居环境整治项目已完工4个,1477户棚户区改造已完成改造1142户,农村户卫生厕所改造率达80%。脱贫攻坚成果不断巩固,防返贫致贫预警和帮扶工作机制不断完善,识别出"三类"易致贫返贫监测对象46户159人,在月动态监测基础上,通过就业、医疗、产业等帮扶措施降低返贫致贫风险。

(四)民生保障务实强化

就业创业全方位促进。持续深化高校毕业生结对帮扶机制建设,高校毕业生就业率达99.96%,建档立卡户和应届高校毕业生就业率达到100%。规范管理规模化劳务输出组织,全面推进针对性转移就业、多渠道转岗就业,农牧民转移就业1.1万余人,实现收入1.1亿余元。全年开发就业岗位3718个,实现城镇新增就业1015人。深入落实各级各类创业扶持政策,"梦创拉萨·创响堆龙"系列活动顺利开展,龙创空间获批自治区小型微型企业创业创新示范基地。教育事业持续向好。教育项目建设顺利推进,第二小学完成总体工程量的95%;第3、4幼儿园已完工并投入使用,6幼已完工并验收;第二初级中学、第三小学前期工作顺利推进。"六个提升""五育并举""五环节教学""五个100%教育成果"深入实施,教育质量不断提升。与门头沟区学校结对交流成果全面深化,"网络课堂"试点推行,"双减"工作积极推进,全过程全方位的育人体系逐步建立,安置搬迁随迁子女就学共计487名,全区7—12岁户籍人口入学(园)比例达到100%。健康堆龙建设稳步推进。堆龙德庆区人民医院(二级甲等)综合楼建设项目已完成总工程量的85%，色玛卫生服务站、东嘎社区妇幼保健站综合楼、古荣镇高海拔搬迁安置点卫生院、祥和苑社区卫生服务中心等建设项目已完工，实现镇(街道)、搬迁安置点标准化卫生院、村卫生室全覆盖。疫情防控落实到位，新冠疫苗接种工作进度顺利，全人口覆盖率达到90.7%，第三针加强针、60岁以上老人、3—11岁儿童新冠疫苗接种全面启动。"基层首诊、双向转诊、急慢分治、上下联动"的分级诊疗体制基本建成，区域内就诊率达90%以上，慢病综合防控规范管理率达到100%。与北京市三家医院建立远程医疗合作关系，顺利开通全市第一家远程心电平台、远程影像平台，实现了堆龙老百姓不出门诊疗，有效减轻了群众负担。城乡居民村级就医医保待遇即时联网结算得以实现，确保每一名群众"应保尽保"，基本医疗保险参保率达100%。文体服务水平全面提升。爱国主义教育基地、国防教育基地、村史馆等提质扩面不断推进，图书馆项目、邱桑村等6个村(社区)体育场地建设完工，民族团结主题公园完成12%，基层文化惠民工程覆盖面不断扩大。中国共产党成立100周年、西藏和平解放70周年等大型主题宣传活动胜利完成。"五下乡"农闲时节新时代文明实践十项活动、文物保护和非物质文化遗产传承、文化市场监管等各项工作顺利推进。社会保障体系不断健全完善。乃琼、古荣、林琼岗等老年人日间照料中心已完工，老年人生活保障力度不断加大。医疗救助、临时救助、残疾人补贴、高龄补贴等政策全面落实，足额兑现各类社会救助资金512.68万元。社会福利和慈善事业，妇女儿童、残疾人、特困群体关爱服务、退役军人服务管理、"双拥"等工作稳步推进。

(五)生态环境保持良好

生态项目建设持续推进。滨河公园已完工，中心公园、拉贡路景观工程、滨河景观市政工程等EPC项目前期工作正在推进、堆龙河两岸综合治理工程(下游)完成投资9300万元。生态文明水平不断提升。聚力打造功能复合型城市"绿肺"，全年完成营造林植树22万余株，占地约1700亩，绿化完成率达84.2%，绿色生态空间不断扩大，目前我区成功创建为第五批国家生态文明建设示范县(区)。深入实施"精准治气""系统治水""科学治土""生态修复"，环境监管网格化管理不断强化，生态环境执法力度不断，环境监测预警能力不断提升，全年空气质量优良率达到100%，地表水水质达标率100%，土壤环境质量符合《土壤环境质量标准》。

(六)改革开放持续深化

"放管服"改革纵深推进。"先照后证"改革、注册资本登记制度改革深入推进，"双告知"职责不断落实，"互联网+政务服务""无纸化、无介质、无费用"流程落地见效，受理办结政务服务和公共服务事项10余件，全年新设立市场主体4000户，注册资金19.3亿余元。重大风险有效防范。守牢政府债务底线，全区隐性债务全部化解。村镇银行累计投放各类贷款3.2亿，农贷互信贷产品授信540户。农村集体产权制度改革不断深化。农村集体资产清产核资全面开展，共清查农村集体资产15.3亿余元，圆满完成集体经济组织成员身份界定及确认工作，集体经济组织成员共计3.8万余人，完成167个集体经济组织的登记赋码工作，农村集体资产股权设置、量化管理不断加强，我区农村集体产权制度改革工作已顺利通过拉萨市级验收。供给侧结构性改革持续深化。要素配置市场化改革稳步推进，资源优化配置有序实施，资金、土地、产业和人口等资源要素向聚集化方向发展加速推动。对外开放合作不断加强。聚焦东西部协作，依托门头沟区优势资源和组团式援藏新机制，经贸、人才、教育、医疗等重点领域的受援合作深入开展。积极承接经开区公共服务与社会治理职能，产城融合示范区建设水平持续提升。市场化法治化营商环境不断优化，"全民招商"行动深入实施，跟踪服务机制不断健全，投资项目"信用承诺+容缺办理"模式大力推行，重大项目实现"一号通办、全程代办"，政府服务水平全面提升。

二、2022年国民经济和社会发展总体要求

(一)经济社会发展面临的形势

发展机遇明显。习近平总书记亲自主持召开

中央第七次西藏工作座谈会，历史性视察西藏并发表重要讲话，区市第十次党代会站在新起点作出系列新决策、新部署，为我们提供了重要指导、注入了强劲动力；市委、市政府打造“全区公共服务中心、科技创新中心”，建设“两城三区”，增强拉萨陆港型国家物流枢纽“四大枢纽功能”、建设国家物流枢纽城市等重大部署，为我们发挥区域优势、打造“西翼”经济引擎提供了难得机遇。我区正处于政治稳定、经济繁荣、创新活跃、人民幸福的伟大时代，首府城市副中心的建设，打赢脱贫攻坚战、全面建成小康社会的积淀为我区经济社会发展提供了难得发展基础。

面临挑战众多。面对“五期叠加”新形势，对位中央第七次西藏工作座谈会精神和习近平总书记关于西藏工作的重要论述，对标党中央和自治区党委、市委、区委的要求，对照首府城市副中心定位，我区仍存在发展不平衡不充分的矛盾。我区短板弱项依然突出，财政收支矛盾突出，投资拉动后劲不足，工业增长缺乏支撑，净土健康产业质效不高，现代服务业发展滞后，生产要素制约加剧，公共服务质量不高。面对挑战，要深刻认识危和机并存，危中有机、危可转机，充满信心，奋力拼搏，不断巩固我区经济稳中向好、长期向好的基本趋势。

（二）总体要求和发展目标

2022 年经济社会发展的总体要求。坚持以习近平新时代中国特色社会主义思想为指导，深入贯彻党的十九大和十九届历次全会及中央第七次西藏工作座谈会精神，全面贯彻习近平总书记关于西藏工作的重要论述和新时代党的治藏方略，增强“四个意识”、坚定“四个自信”、做到“两个维护”，要着力推进“四个创建”、努力做到“四个走在前列”，主动服务融入新发展格局、充分依托借力国内国际双循环的实际行动，抓好“四件大事”、实现“四个确保”，坚持把“三个赋予一个有利于”要求贯彻经济工作始终，坚持稳中求进工作总基调，深入贯彻落实区委经济工作会议和政府工作报告部署，立足新发展阶段，贯彻新发展理念，构建新发展格局，以推动高质量发展为主题，以深化供给侧结构性改革为主线，以改革创新为根本动力，以满足人民日益增长的美好生活需要为根本目的，坚持系统观念，巩固拓展疫情防控和经济社会发展成果，更好统筹发展和安全，扎实做好“六稳”工作、全面落实“六保”任务，科学精准实施宏观政策，努力保持经济运行在合理区间，以优异成绩喜迎党的二十大召开。

2022 年经济社会发展的主要预期目标。全区实现地区生产总值增长 8% 左右；规模以上工业增加值增长 10% 以上，地方一般预算收入增长 10% 左右；社会消费品零售总额增长 10% 以上；全社会固定资产投资增长 11% 以上；农村居民人均可支配收入增长 13% 左右，招商引资项目实际到位资金同比增长 10% 左右，城市登记失业率控制在 3% 以内，城镇调查失业率控制在 5% 以内，空气质量优良率达到 100%，地表水水质达标率 100%，土壤环境质量符合《土壤环境质量标准》。

上述指标贯彻了新发展理念，体现了高质量发展要求，充分考虑当前全区经济社会发展的优势条件和困难问题，特别是经济下行压力加大的实际情况，基于适时预调微调，保持经济运行在合理区间的出发点，既兼顾经济发展诉求和实现可能，也强调奋力争取、积极作为，只要全区上下对标对表“定位、定标、定法”的框架逻辑、“主要矛盾、根本问题、工作重点”的实践逻辑，抢抓发展机遇，增强风险意识，积极应对挑战，科学确立发展路径，就一定实现上述预期目标。

三、2022 年国民经济和社会发展的主要任务和举措

2022 年经济社会工作要求高、任务重，实现 2022 年经济社会发展各项目标，要坚持稳中求进，坚持问题导向，目标导向、结果导向，在深化供给侧结构性改革上持续用力，经济实现量的合理增长和质的稳步提升，继续抓重点、补短板、强弱项，着力做好以下几个方面的工作。

（一）加强党对经济领导，提升高质量发展站位

切实增强“四个意识”、坚定“四个自信”、做到“两个维护”，胸怀“两个大局”，坚定不移在党的领导下扎扎实实抓好经济工作，把思想和行动统一到党中央、自治区、拉萨党委和区委关于经济工作的

部署安排上来，保持战略定力，进一步增强信心和决心，切实把党领导经济工作的制度优势转化为高质量发展效能。持续不断加强社会综合治理，保持社会大局稳定，优化经济社会发展环境。加强宏观经济运行分析调度，有效增强宏观调控前瞻性、针对性、协调性，确保经济运行在合理区间，稳定预期，持续推动我区经济社会长治久安和高质量发展。

（二）紧盯新冠疫情防控，强化高质量发展保障

切实增强忧患意识和风险防范意识，时刻绷紧抓好新冠疫情防控这根弦，按照自治区、拉萨市部署要求，抓紧抓细抓实常态化新冠疫情防控，细化我区疫情应对方案。加强我区外来人员监测，加大中高风险地区人员来堆管理力度，加快第三针新冠疫苗接种，确保新冠疫情防控工作无漏洞、无盲区、无死角，持续巩固新冠疫情防控良好态势。

（三）紧盯项目建设，补齐高质量发展短板

正确处理好"近"和"远"关系，牢固树立"项目为重为大为王"的理念，切实发挥投资拉动关键作用，重点在"稳投资"上下功夫，确保已到位投资项目全面开工，倒排工期，优化供给结构，加大项目资金支付力度，采取约谈、压减下年度预算等方式督促各单位预算执行进度。持续加大向自治区、拉萨市有关单位汇报衔接力度，积极争取国家投资，做深做细做实做好前置手续办理工作，切实形成滚动良性循环。持续推进拉萨市重点项目涉及我区11个项目以及十大民生实事项目35个建设，力争早日完工。

（四）紧盯产业发展，增强高质量发展水平

做大现代服务业。重点围绕商贸物流、文体旅、医药康养、产业地产"四大优势服务业"，全面建设现代服务业集聚区。加快建设现代物流中枢承载地建设，增强冷链中心、领峰物流对企业的吸纳能力。大力培育区域商贸市场，以东嘎时代广场商业综合体建设为抓手，打造特色商业街区，加快推进群众服务中心项目建设，大力发展夜间经济，提升传统消费、培育新兴消费，提升消费意愿、释放消费潜力。持续加大文体旅产业发展，利用各类节庆假日，积极开展楚布沟杯山地自行车越野赛、古荣糌粑文化节、邦普沟沐浴节、药王谷养生深度体验游、觉木隆派藏戏文化旅游节、嘎东沟风筝文化旅游节等常规文化旅游活动，增强文体旅平台效应。充分发挥"象雄美朵"产业园的放大效应，推动楚布沟、宇妥沟、措麦村等沟域旅游和乡村特色民俗游多点开花，持续加强"玉妥"文化旅游品牌推介力度，加快城郊休闲娱乐和旅游目的地建设。合理开发产业地产，促进居住商业和办公等地产多元化协调发展。做优净土健康产业。坚守耕地保护红线和粮食生产安全底线，保障粮食安全，做好春耕备播、秋收生产安排，加强越冬作物田间管理，重点保障种子、化肥、农药等农业生产物资供应运输，加强品种选育和改良，提高出栏率。实施高标准农田建设，发挥好"上三镇"净土健康产业园基地作用，大力发展城郊现代农业，继续推动"万户百场十中心"建设，全面提升农副产品供给水平。全力打造"古荣糌粑""青稞物语""青色麦田""藏地吉龙"等名优品牌，形成品牌集群效应。充分发挥净土公司的龙头带动作用，围绕产品研发和运营，不断扩大线上线下、区内区外销售范围。做强绿色工业。围绕高原生物业、绿色建材业、民族手工业、新兴产业发展方向，加快向现代服务型园区转型升级，推进自治区级工业园区创建申报进程，提升园区经济发展质量和财税贡献率。优化工业园区现有土地资源利用效率，努力为企业协调解决好融资、原料、用工等问题，保障产业链供应链稳定，加快推进原有建材产业转型升级，积极推动正达、高业等项目建设，大力发展高原健康产品深加工，延伸发展现代化产业链条。整合工业园区现有区域，合理延伸拓展区，加快重点物流项目建设，推动更多现代物流企业落地发展，培育发展大数据、电子商务等新兴产业。积极推进企业转型升级工作，培育新兴产业上规模。着力提升工业经济运行质量，增强抗御风险的能力，加大产业结构调整力度，努力转变经济发展方式。积极推进企业自主创新和节能减排，加快传统产业改造升级，突出做强高税收企业，增强抵御风险能力。再次督促合兴环保科技有限公司做好股权工作，再策划包装一批加快技术改造可行性强的新建项目，不断提高区域工业经济的竞争实

力,力争新增规模以上工业企业1—2家。

(五)紧盯城乡协同,壮大高质量发展载体

加快城市新区高品质建设。坚持规划引领,持续实施城市更新行动,系统提升水、电、气、路、通信等市政基础设施标准化建设水平,加快城市综合管廊和污水处理厂建设,深化户区和老旧小区改造。开工建设滨河路经开段、乃加跨河大桥等重大交通项目,完善城区交通路网,畅通城区交通拥堵节点。持续推动常住人口市民化,加快已立项中小学、幼儿园、文化、体育、医疗、养老等公共服务设施建设进度,进一步聚城市人气、添城市活力。加大违法建设、交通拥堵、污水排放、扬尘污染等难题顽症治理,提升城市治理水平。全面推动城乡融合发展。以古荣镇部分区域作为城乡发展过渡带,推动“上三镇”功能、要素、产业组团发展,加快推动古荣镇“水磨糌粑”文化特色小镇、马镇“红韵田园”文创特色小镇、德庆镇“温泉康养”文旅特色小镇建设。全面推进巩固拓展脱贫攻坚成果同乡村振兴有效衔接,严格落实过渡期内“四个不摘”要求,健全完善防止返贫致贫监测帮扶机制,持续加强扶贫产业项目运营管理,不断完善易地搬迁群众后续帮扶,牢牢兜牢民生底线。深入推进“美丽乡村·幸福家园”建设行动计划,确保本级财政收入的12%投向拓展脱贫攻坚成果同乡村振兴有效衔接,整合各类涉农资金,加快推进第一批8个示范村建设。

(六)紧盯保障民生,共享高质量发展成果

拓宽渠道稳就业保就业。健全大学生和退役军人就业重点监测引导服务机制,充分利用就业创业、就业援藏等各类政策,实现大学生和退役军人多渠道就业,确保建档立卡家庭高校毕业生就业率保持100%,其他应往届高校毕业生就业率保持95%以上。认真落实“一对一、多对一、一对多”就业帮扶机制,提高职业技能培训层次和水平,保障城镇困难人员就业,动态消除零就业家庭,不断增加城镇新增就业。持续做好农牧民转移就业促增收,进一步发挥项目带动,将400万元以下政府投资项目继续交由有资质的农牧民施工企业承建,使政府投资项目用工中农牧民达45%。做好组织化劳务输出,扩大技能型就业,及时兑现各类政策性补贴资金,按月发放工资性收入,落实好中央各类特殊福利政策,确保农民增收保持在13%以上。大力发展教育事业。持续加快推动第7、8幼儿园,第二、三小学,第二初级中学项目建设,全面消除“大班额”。巩固深化“五个100%”工作成效,加强教学研究、教学评价改革,教师队伍建设改革,探索试点教师绩效工作改革,加强与援藏单位学校的交流共建。推动城乡一体、强弱联动、集团发展,扩大优质教育资源供给,确保幼儿教育普惠普及达到100%。健全医疗服务体系。优化区医疗卫生资源布局,完成区人民医院“二甲”创建,推动各镇(街道)村(居)社区卫生服务中心标准化建设。加快推进医疗信息化,加大基层全科医生培养力度,深化县域医疗共同体改革,通过设立延伸门诊、延伸病房、远程会诊等方式,促进优质医疗资源共享。强化基本医疗保险、大病保险与医疗救助三重保障,做好医疗保险“一单制”结算、“一窗口”办理、“一站式”服务工作,促进各类医疗保障互补衔接,进一步提高多元化医疗需求保障水平。织密社会保障网。不断扩大社会保障覆盖范围,逐步提高保障标准,积极落实社会保险政策,不断提高社会保障管理服务水平,健全完善覆盖城乡居民的社会保障体系。完善对老年人、残疾人、留守儿童等特殊群体的社会救助,健全精准化社会救助体系。立足养老产业培育,构建居家社区相协调、医养康养相结合的养老服务体系。

(七)紧盯生态文明,优化高质量发展环境

继续推动中心公园、拉贡路景观工程、滨河景观市政工程等EPC项目建设。持续推进自治区生态文明建设示范创建工作,力争完成“绿水青山就是金山银山”实践创新基地申报。积极履行监督职责,加大力度推进堆龙河两岸综合治理工程(下游)和城区水系连通工程建设进度。加快完成古荣4处地质环境恢复治理工程建设。深入实施“精准治气”,全面开展“散乱污”企业重点行业挥发性有机物,以及建筑施工和道路扬尘专项整治。大力实施“系统治水”,全面深化“河长制”工作,坚决打击侵占河道及非法采砂行为,强化水质动态监测。深化“科学治土”,深入实施土壤污染防治,完成垃圾无害化处理(转运站)项目建设,纵深推进生活垃圾分类和收集转运体系建设,深化塑料污染全链条治理,确保我区空气质量优、地表水水质、土壤环境质量持续优良,全力做好迎接第二轮中央环保督察工作。

(八)紧盯改革开放,激发高质量发展活力

突出重点领域改革。推进要素市场化改革,巩固提升农村土地制度和农村集体产权制度改革成效,保护和发展农村集体经济组织及其成员合法权益。推进财税体制改革,完善财政专项资金"管理清单",实施全过程预算绩效管理,加强财政支出进度,保障基层运转。严格落实减费降税政策,保障市场主体,系统提升水、电、气等能源供给能力,保障能源安全。推进国企优化重组,明晰政企权责边界,提升国有企业引领经济高质量发展的能力水平。深化"放管服"改革。推动新市民服务中心建设,纵深推进"一网、一门、一次"改革,持续完善"一窗受理、受审分离"工作模式,实现企业开办3个工作日、不动产一般登记和抵押登记5个工作日内办结,工程建设项目本级审批时间压缩至50个工作日以内。防范化解各类风险。增强各类资本监管能力,防范房地产资金断裂,加强村镇银行监管,稳定金融。不断深化开放合作。全力推进拉萨陆港型国家物流枢纽建设,配合支持综合物流保税园区运营管理,积极培育引进现代物流、外向型实体、平台运营企业,着力建设立足拉萨、服务西藏、面向南亚的电商服务和物流配送网络。深化对口支援合作模式,加强援藏规划指导,发挥援藏平台和桥梁作用,用好对口支援政策,丰富和创新经济援藏、教育医疗援藏、就业援藏、科技援藏和干部人才援藏等受援工作。创新招商引资体制机制。充分发挥西藏特有的招商引资政策,坚持"招大商、大招商"和"以商招商"的理念,完善招商引资跟踪服务机制,提升招商引资项目精细化管理服务水平,推动非公经济、实体经济、混合所有制经济发挥投资主导作用。

各位代表,2022年经济工作任务十分繁重,各部门要更加紧密地团结在以习近平同志为核心的党中央周围,坚持习近平新时代中国特色社会主义思想为指导,全面贯彻新时代党的治藏方略和习近平总书记考察西藏工作系列讲话精神,落实自治区党委政府、拉萨市委政府和区委区政府各项工作要求,坚定信心、保持定力、转变作风、强化担当,奋力谱写新时代建设团结富裕文明和谐美丽的社会主义现代化新堆龙的新篇章。

拉萨市堆龙德庆区 2021 年财政预算执行情况和 2022 年财政收支预算草案报告

——在堆龙德庆区第三届人民代表大会第三次会议上

堆龙德庆区财政局

（2022 年 2 月 10 日）

2021 年财政预算执行情况

2021 年是中国共产党成立 100 周年、西藏和平解放 70 周年，是深入贯彻落实中央第七次西藏工作座谈会精神的关键一年，也是“十四五”规划开局之年。财政工作在区委、区政府的坚强领导下，在区人大依法监督和区政协民主监督下，坚持以习近平新时代中国特色社会主义思想为指导，深入贯彻党的十九大和十九届历次全会及中央第七次西藏工作座谈会精神，全面贯彻落实习近平总书记西藏工作重要论述和新时代党的治藏方略，深入学习贯彻习近平总书记视察西藏重要讲话精神，紧紧围绕区委、区政府决策部署，贯彻新发展理念，坚持稳中求进总基调，坚持“三个赋予、一个有利于”的基本原则，提升公共财政治理能力，坚决兜牢“三保”底线，狠抓“四件大事”，扎实做好“六稳”“六保”，保持财政政策连续性稳定性和可持续性，财政预算执行情况良好，为推进全区经济社会高质量发展奠定坚实基础，确保“十四五”开好局、起好步。

一、2021 年财政预算执行情况

经堆龙德庆区二届人大第五次会议审议批准的 2021 年总财力安排为 350103 万元，其中，一般公共预算安排财力为 250298 万元，政府性基金预算安排财力为 3614 万元，国有资本经营预算财力 192 万元，盘活存量资金和中途下达的税收返还资金为 96000 万元。

在年度预算执行过程中，根据财力变化情况，经堆龙德庆区三届人大常委会二次会议批准的全区调整预算，分别为：一般公共预算安排财力为 391103 万元，政府性基金预算安排财力为 10064 万元，国有资本经营预算安排财力为 814 万元。

初步测算，2021 年，全区财政总财力预计达到 495512 万元，比上年决算增加 160456 万元，增长 47.89%。其中：一般公共预算财力预计达到 451058 万元，比上年决算增长 40.96%（一般公共预算收入达到 81788 万元，比上年决算下降 21.84%；一般公共预算支出预计完成 301973 万元，比上年决算增长 2.59%，上解支出 319 万元，安排预算稳定调节基金预计 148750 万元）；政府性基金预算财力预计达到 44012 万元，比上年决算增长 60.40%（政府性基金预算收入达到 13765 万元，比上年决算增长 7721.02%；政府性基金预算支出预计完成 16749 万元，比上年决算下降 38.96%，结转资金 27263 万元）；国有资本经营预算财力预计达到 442 万元，比上年决算增长 104.63%（国有资本经营预算收入达到 613 万元，比上年决算增长 109.22%；国有资本经营预算支出预计完成 429 万元，比上年决算增长 98.61%，结转资金 13 万元）。

需要特别报告的是，以上预算执行数与最终决算数将会略有变化，待我区财政收支决算正式编制完成并经拉萨市财政审核批复后，将专题向区人大常委会报告。

二、2021 年财政资金主要支出情况

2021 年，财政部门紧紧围绕全区大局和中心工作，聚焦“六稳”“六保”，统筹调度各类财政资金，在做好“三保”的基础上，全力保障区委区政府重要决策、重点工作和重大项目的资金需求。

（一）着力服务“六稳”“六保”，推动高质量发展

支持实施乡村振兴战略。预计落实农林水资金 64770 万元，主要包括，巩固拓展脱贫攻坚成果同乡村振兴有效衔接全年统筹整合涉农财政资金 36490.31 万元，实施全区生产发展类、农村基础设施类、生态保护和建设类、扶贫贷款贴息等方面 26 个项目。水利投入资金 17172.99 万元，实施水库、水系连通、寺庙供水、水土保持、防洪堤等项目；总投资 73165.99 万元实施堆龙河两岸综合治理工程（下游）等 5 个项目。安排资金 16194.38 万元，全面实施“美丽乡村 · 幸福家园”建设和人居环境整治，落实厕所革命 1254.8 万元。发放以补岗位资金 510.65 万元。发放“一卡通”惠农资金 689.45 万元。

支持统筹城乡协调发展。落实交通运输资金 2441 万元，新增公交线路 3 条，优化客运线路 2 条，实现区、街道、村、公路养护员四级农村公路管理养护常态化、制度化。投入资金 2597.11 万元加强市政维护管理，投入资金 536.38 万元加强环境卫生整治。落实住房保障资金 16881 万元，投入资金 8000 万元实施完成公园类、市政道路类、农村公路类、人居环境类、城市道路和绿化提升类、民兵训练基地附属类、城市维护类等项目，城乡基础设施不断得到提升。投入资金 3110 万元新建那曲高中南侧、柳东大桥 2 个城市街旁公园，实施堆龙大道、柳东路、波玛路、柳东桥等 11 个道路和节点的绿化提升项目，绿化整治不断提升。

支持推进生态文明建设。全年预计投入生态环保资金 10746 万元，强化生态安全屏障建设，突出支持大气、水、土壤三大领域的污染防治工作，加强生态文明建设，开展区内企业排查及环境现状评估检查，摸底调查农牧区生活污水治理现状，保障全区环境质量。落实环卫工人工资及保险 6122.52 万元，落实生活垃圾分类经费 486.19 万元。精准扶贫新增岗位环保监督员及保险 54.3 万元。落实资金 304.95 万元开展矿山恢复治理，投入资金 296.29 万元开展地质灾害排查及防治工作，投入资金 612 万元实施国土绿化工程建设。

保障经济平稳运行。“以创业带动就业，以创业带动发展”，“双创”资金投入 2313.59 万元，积极打造创业创新文化，激发市场活力和社会创造力。提高辖区内市场主体注册登记效率，服务实体经济企业高效准入，为企业创立创造便利条件。落实粮油物资储备支出 516 万元，确保生产生活物资正常有序供应投入资金 196.95 万元，打通“快递最后一公里”，为居民生活、商业贸易、企业生产提供高效便捷的配送服务。切实加强财政政策资金对新冠疫情防控工作的保障，投入资金 791.75 万元，以满足疫情防控工作为首要目标，打通疫情采购“绿色通道”。

（二）持续保障和改善民生，提升人民生活幸福感

保障基本民生底线兜牢。全年预计落实社会保障资金 10052 万元。落实残疾人事业发展及补助经费 708.48 万元；落实困难群众生活保障资金 833.84 万元，投入资金 314.26 万元为老人等特困人员提供集中供养服务。支持推进医保“一站式”服务，投入保障医疗救助经费 19.05 万元。落实村“两委”、“监委”和村民小组组长工资 1266.91 万元，落实“三老人员”生活补贴 280.4 万元，离任村干部生活补贴 219.8 万元。

保障居民就业稳定向好。落实就业补助资金 1104.88 万元，农牧民劳动力转移就业 11027 人，开发就业岗位 3718 个，2021 年应届高校毕业生 511 人就业率 100%。精准扶贫建档立卡户 241 人全部就业，落实建档立卡户享受激励补贴 254.64 万元。

扎实办好“十大民生实事”。总计落实资金 88368.84 万元，扎实推进“十大民生实事”涉及的各项目落实落地。其中，投入资金 13972.13 万元实施 4 个人居环境整治项目和 1477 户棚户区改造建设项目。落实资金 28215.50 万元，建成第二小学、第三、第四、第五、第六幼儿园，推动建设第二初

级中学,配合开展人大附中拉萨学校建设。投入资金 5472.23 万元,保障二级甲等医院综合楼及 4 个社区(搬迁点)卫生项目建设。落实资金 1791 万元,推动全区“美丽乡村幸福家园健康饮水”工程以及楚布寺等 9 座寺庙供水工程建设。投入资金 26436.59 万元,保障堆龙大道与柳东路人行天桥和堆龙新城市政道路建设。落实资金 1498.98 万元,完成波玛社区、古荣镇和林琼岗老年人日间照料中心建设。

坚持办好人民满意教育。优先发展教育事业,全年预计投入资金 44641 万元,本级投入资金 13535.4 万元,开展教学科研、师资培养等工作,推动教育高质量发展。落实“三包”经费 3468.48 万元,落实营养改善专项资金 583.04 万元,发放非义务教育阶段学生资助金 600 万元。

卫生健康服务能力不断增强。坚持把人民群众生命安全和身体健康放在第一位,落实卫生健康资金 12426 万元,推进爱国卫生运动,实施健康筛查干预,确保公共卫生工作有序开展。安排健康堆龙资金 3000 万元。落实先天性疾病救治资金 49.05 万元,落实资金 284.27 万元实施全民健康体检。

公共文化服务体系建设持续加强。落实文化体育与传媒经费 2038 万元,支持文化和旅游等事业发展。投入资金 1477 万元,大力发展旅游业,实施楚布沟景区、药王谷景区提升工程,举办玉妥文化旅游节,启动“一元游”旅游专线活动。落实非物质文化遗产保护专项扶持经费 92 万元,投入资金 411.68 万元扎实开展文物保护工作。落实资金 232 万元,免费为全区青少年提供高质量课外服务。投入资金 203.38 万元开展加强精神文明创建活动。投入资金 230.97 万元组织大型宣传活动及政策宣传报道。

(三)夯实基层基础建设,维护社会和谐稳定

保障基层运转平稳有序。全年预计落实人员经费 67249 万元,落实公用经费 6729 万元,保障机关工作正常高效运转。

支持基层组织建设。全年共落实党建经费 226.59 万元。投入资金 137.89 万元,保障乡村领导班子换届顺利完成。安排基层党组织标准建设化经费 3.9 万元,完善各基层党组织村级便民活动场所。为驻村工作队和下沉干部提供保障经费 1287.15 万元,进一步提高基层社会管理和服务能力。

全力提升政务服务能力。投入资金 316 万元,加强政务大厅标准化、规范化建设,为群众提供便民措施。投入 380 万余元采购诉讼服务大厅智能诉讼终端诉求设备,推进一站式诉讼服务中心建设。落实资金 87 万元建设信访安检大厅,投入 324 万元加强智慧法院建设。落实资金 35 万元强化法律咨询服务。

三、2021 年财政主要工作

2021 年,面对错综复杂的经济形势,财政部门严格按照区委区政府的决策部署,精准发力、攻坚克难、锐意进取,大力实施更加积极有效的财政政策,及时采取一系列有针对性的创新管用举措,确保全区财政平稳有序运行,财政促进经济社会发展的能力显著提升。

(一)在全面落实国家税收政策中扩源增收

一是坚持“应减尽减”。全面落实国家减税降费和留抵退税政策,本级“减税降费”预计 22584 万元,增值税留抵退税 17942 万元,切实减轻实体经济的负担。加大税收清欠挖潜工作力度,全年完成全口径税收收入 24.58 亿元,同比上年减少 5.7 亿元,下降 23.21%。

二是坚持“应收尽收”。精心组织抓好收入,加大非税收入征管,确保形成可支配财力。全年非税收入总计 12676 万元,同比增加 6067 万元,同比增长 91.8%。其中自然资源局上缴其他罚没收入 3089.37 万元,数额较大。

三是坚持“能争尽争”。准确把握国家政策导向,加强与上级部门的工作对接,积极争取棚户区改造、美丽乡村重点县建设等各类资金共计 24.94 亿元,有力缓解了我区财政支出压力。下达直达资金 17711.22 万元,落实直达资金管理常态化机制,直达资金直接用于民生领域和基层财力保障,提升资金配置效率。

(二)在强化统筹中着力提升财政资金质效

一是坚持有保有压,强化预算执行。牢固树立

过“紧日子”思想，加强财政经济运行分析和宏观政策谋划，进一步调结构、压支出、保重点。全区“三公”经费支出51.11万元，同比减少3.77%。通过政府公示栏每月定期公示，国库集中支付中心督导跟进等方式，提高各预算单位预算执行进度，严防发生资金闲置等不良问题。

二是深挖存量资源，增加可用财力。2021年预计存量资金总计142939万元，其中：当年共收回存量资金146241万元，盘活存量资金125765万元。

三是用好援藏资金，发挥资金效益。2021年，共争取北京市援藏资金5150万元，实施清洁城市管理提升、幼儿园校园文化及校园安全提升、“美丽乡村·幸福家园”健康饮水和“两区两县”基层组织和政权建设等项目。

四是加大资金监管，保障资金安全。规范政府采购工作，对符合评审条件的采购项目进行价格预审，审减资金2730.77万元，审减率7.05%，有效地节约财政支出。加强重点领域财会监督和资产监管，落实资金258.46万元对2020年以前部分项目开展财政投资评审和项目竣工验收。

（三）在深化改革创新中激发活力

“全面规范、公开透明”。2021年全区预算公开单位57家，决算公开单位57家，做到了预决算公开全覆盖。扎实推进预算管理一体化改革，实现应用预算管理一体化系统（2.0版）编制2022年预算，全区预算单位完成预算管理一体化系统上线前期准备工作，确保2022年1月1日正式上线使用。

“花钱必问效、无效必问责”。牢固树立各预算单位预算绩效意识，对全区预算单位2018年和2019年部门整体支出及2018—2020年200个项目支出进行绩效评价（包括人大、政协提案项目及援藏项目），同时对全区预算部门编制2021年部门预算绩效目标进行指导咨询。督促各预算单位对2021年预算支出开展绩效自评工作，开展2021年区本级部门财政支出绩效运行监控工作。

（四）在积极作为中防范化解债务风险

2021年债务转贷收入为53353万元，其中，年初地方一般债券资金（建制区）6353万元，专项用于堆龙德庆区精准扶贫易地搬迁资金，债务发行费用支出6.86万元，债务付息支出145.61万元。拉萨市第二批“美丽乡村·幸福家园”建设行动计划整村推进项目20000万元，债务发行费用支出21.28万元。堆龙河两岸综合治理工程（下游）项目27000万元，债务发行费用支出28.73万元。债务风险总体可防可控。

各位代表，2021年，我区财政运行明显好于预期，经受住了复杂形势和多重困难的严峻考验，稳扎稳打全力确保了全区财政收支平衡、安全平稳。这是区委区政府科学决策、正确领导的结果，是全区人大、政协及代表委员们依法监督、有效指导的结果，是各级各部门和全区人民共同努力的结果。同时，我们也清醒地看到，当前我区财政运行还面临一些困难和挑战，主要是：财政“紧平衡”特征进一步凸显，财政收支矛盾加剧，“三保”支出压力进一步加大，财政资金使用节约意识、绩效意识亟需加强，支出进度缓慢问题明显，政府投资项目执行进度仍需进一步加快等。对此，我们将坚持问题导向，采取更为精准、更加有力的措施，努力加以解决。

2022年财政预算收支草案

根据《中华人民共和国预算法》和《中华人民共和国预算法实施条例》的规定，结合我区实际，编制完成了2022年堆龙德庆区财政收支预算草案。

一、预算编制指导思想

以习近平新时代中国特色社会主义思想为指导，全面贯彻党的十九大和十九届历次全会精神及中央第七次西藏工作座谈会精神，贯彻落实习近平总书记关于西藏工作的重要论述和新时代党的治藏方略，贯彻落实中央和区市党委经济工作会议精神，贯彻落实区市党委第十次党代会精神，贯彻落实堆龙德庆区第三次党代会和区委三届三次全会部署要求，坚持稳中求进总基调，立足新发展阶段、完整准确全面贯彻新发展理念，扎实落实积极的财政政策要提升效能，更加注重精准、可持续，为推动堆龙的长治久安和高质量发展提供坚强有力的财政保障。

二、预算编制基本原则

加强统筹,保障重点。强化预算对落实党中央国务院、自治区、拉萨市党委政府和区委区政府重大政策的保障能力,优化支出结构,加强财政资源统筹,建立健全预算资金、债券资金和转移支付资金的统筹机制,加大重点领域和刚性支出保障力度。认真落实减税降费政策,实事求是、科学稳妥安排财政收入预算。

强化管理,硬化约束。坚持预算法定原则,严格按预算法及实施条例编制预算,维护法律的权威性和制度刚性约束力,着力提升制度执行力。以信息化驱动实现预算管理现代化,通过预算管理一体化,全面规范预算管理和切实硬化预算约束,将政府过紧日子的要求落到实处。

强化零基,突出绩效。打破财政支出固化格局,做实预算项目库管理,强化预算安排与事权和支出责任、预算执行、巡视巡察审计发现问题、绩效管理、存量资金规模挂钩机制。加强绩效监控和评价结果运用,削减或取消低效无效支出,着力提高财政资源配置效率和使用效益。

坚持底线,防范风险。把防风险摆在更加突出位置,统筹发展和安全、当前和长远,防范化解财政运行风险,科学评估财政承受能力,确保财力可持续;加强政府债务和中长期支出事项管理,牢牢守住不发生系统性风险的底线,维护社会长治久安。

三、2022 年财政收支预算安排情况

2022 年,全区财政总财力安排为 505017 万元,其中,一般公共预算安排财力为 370751 万元,政府性基金预算安排财力为 36394 万元,国有资本经营预算财力 205 万元,盘活存量资金为 97667 万元。

(一)一般公共预算财力情况

2022 年,一般公共预算安排财力为 370751 万元,同比上年预算增加 120453 万元,增长 48.12%。其中,本级一般公共预算收入为 90000 万元,同比上年预算减少 15000 万元,减少 14.29%;税收返还为 24625 万元,同比上年预算持平;一般性转移支付 103099 万元,同比上年预算增加 15335 万元,增长 17.47%;专项转移支付 2946 万元,同比上年预算减少 9529 万元,减少 76.38%;动用预算稳定调节基金 150000 万元,同比上年预算增加 136000 万元,增长 971.43%;从国有资本经营预算调入一般公共预算 81 万元,同比上年预算持平。2022 年一般公共预算支出 370751 万元,同比上年预算增加 120453 万元,增长 48.12%。收支平衡。

(二)政府性基金预算财力情况

2022 年政府性基金预算安排财力为 36394 万元,同比上年预算增加 32780 万元,增长 907.03%;其中,本级政府性基金预算收入 1934 万元,同比上年预算增加 1434 万元,增长 286.80%;上级补助收入为 7197 万元,同比上年预算增加 4083 万元,增长 131.12%;上年结转收入 27263 万元,同比上年预算增加 27263 万元,增长 100%。政府性基金预算支出 36394 万元,同比上年预算增加 32779 万元,增长 907.02%。收支平衡。

(三)国有资本经营预算财力情况

2022 年国有资本经营预算安排财力为 205 万元,同比上年预算增加 13 万元,增长 6.77%。其中,本级国有资本经营预算收入 270 万元,同比上年预算减少 1 万元,减少 0.37%;上级补助收入为 3 万元,同比上年预算增加 1 万元,增加 50%;国有资本经营预算调出 81 万元,同比上年预算持平;上年结转收入 13 万元,同比上年预算增加 13 万元,增长 100%。国有资本经营预算支出 205 万元,同比上年预算增加 13 万元,增长 6.77%。收支平衡。

(四)盘活存量资金安排情况

盘活存量资金安排支出为 97667 万元,同比上年预算增加 1667 万元,增长 1.74%。

(五)预算安排的重点

2022 年,财政预算安排将聚焦不折不扣执行区委区政府重大决策部署,实现“资金跟着项目走”;聚焦持续增进民生福祉,做到“财政再紧不能紧民生,政府再难不能难百姓”;聚焦最大限度发挥财政资金效益,真正“把钱花在刀刃上”。重点支持以下领域工作:

1. 着力维护国家安全和长治久安。始终把维护稳定作为第一位的工作任务,安排党建工作经费 440 万元,筑牢基层组织建设基础。安排资金 1131 万元,推动落实意识形态工作。安排统一战线及民族宗教事务经费 3208.01 万元，支持进一步促进各民族交往交流交融，依法加强宗教事务管理。

2. 着力推动高质量发展。安排产业扶持资金 20000 万元，“美丽乡村 · 幸福家园” 建设行动计划整村推进项目资金 13160.24 万元。巩固拓展脱贫攻坚成果同乡村振兴衔接项目资金 22685.09 万元。统筹财政存量资金，安排 2022 年固定资产投资建设 228 个项目资金 73465 万元，解决人民群众关心的教育、医疗、生态宜居、城市基础设施等热点、难点问题。安排教育资金 23084.96 万元，卫生健康安排资金 17814 万元（含疫情防控应急资金 700 万元），文化旅游体育与传媒资金 4885 万元，社会保障和就业资金 26427 万元，交通运输资金 2346 万元，住房保障资金 8166 万元，“两违” 专项经费 10000 万元，城市维护经费 5934.39 万元，自然资源资金 6620 万元。强基惠民资金 929.48 万元，安排 6 个镇（街道）为群众办实事经费 7200 万元。

3. 着力推进生态文明建设。安排生态文明建设资金 19281.08 万元，加强生态环境综合治理，打好污染防治攻坚战，开展生活垃圾分类，落实国家生态综合补偿机制，全面推进生态保护修复，实施乡村 “四旁” 植树行动。

此外，安排预备费 4412 万元，占财力的比重为 1.20%。

四、2022 年财政主要工作

2022 年，面对充满挑战的新的历史机遇，我们将牢固树立底线思维，勇于创新突破、持续攻坚克难，扎实做好各项财政改革发展工作。

（一）发挥财政引导作用，夯实财源基础

进一步整合资源、统筹财力，充分发挥财政引导作用，强化产业支撑，激发内生动力，跟踪分析财源分布和产业增长趋势，强化重点区域和重点税源监控。优化营商环境，支持实体经济发展，推进招商引资，稳定税基、扩大税源、优化财源结构。积极稳妥做好税费优惠政策落实工作，坚守依法征税底线，坚决不收 “过头税”。加强非税收入管理，与执收部门建立紧密联动机制，做到应收尽收，应缴尽缴。

（二）突出预算绩效管理，深化预算管理制度改革

深化预算管理制度改革，深入推进事权和支出责任划分改革，突出基本、守底线，强化零基预算理念，建立有保有压的预算分配机制，不折不扣落实过紧日子要求，加大优化支出结构力度，严控追加预算和项目调剂事项，完善部门基本支出标准，推进部门项目支出标准化管理，推动部门资金使用从 “粗放” 向 “精细” 转变。全面推进预算管理一体化建设，将绩效管理要求实质性嵌入预算管理流程，健全预算安排与绩效结果挂钩的激励约束机制，聚焦重点资金，做优重点绩效，推进绩效管理提质增效。持续优化公平竞争的政府采购营商环境，强化采购人主体责任，健全政府采购监管机制，有效发挥政府采购政策功能作用。完善预算评审机制，注重方式运用有机嵌入预算管理链条，不断提升预算评审工作质量。强化预算单位主体责任，提高预决算公开质量，主动接受社会监督。

（三）加强财政监督检查，确保财政资金安全高效运行

强化财政监管职能，重点围绕地方政府债务、民生重点领域、注入国企资本金、重大资金项目开展监督，促进财政资金规范高效使用，保障区委、区政府决策部署和财政发展改革各项措施有效落实。建立健全专项监督和日常监管相结合，外部监督与内部监督相促进的财政监督机制。严肃查处各类铺张浪费行为，决不让财政纪律当 “稻草人”，坚持 “零容忍” 打击财务造假行为，推动维护和规范市场经济秩序。完善责任追究机制，强化监管成果运用，加大典型案例曝光力度，提高财政透明度，强化对权力运行的制约监督。

各位代表，2022 年，我们将更加紧密地团结在以习近平同志为核心的党中央周围，在区委区政府的坚强领导下，在区人大、区政协的监督指导下，认真贯彻落实本次大会决议，加力提效实施积极的财政政策，完整、准确、全面贯彻新发展理念，为服务新发展格局、融入新发展格局、引领新发展格局提供坚强财政保障，把财政政策优势转化为项目优势、经济优势和发展优势，推动建设宜居、宜业、宜学、宜游的高品质 “堆龙新城”，以优异成绩迎接党的二十大胜利召开。

堆龙德庆区 2021 年国民经济和社会发展统计公报

堆龙德庆区统计局

2021 年，堆龙德庆区在以习近平同志为核心的党中央亲切关怀下，在区市党委、政府的坚强领导下，在北京市的无私援助下，紧密团结和紧紧依靠全区各族干部群众，积极克服新冠疫情带来的影响和冲击，扎实做好“六稳”工作、全面落实“六保”任务，经济运行稳步增长，就业民生保障有力，经济社会发展主要目标任务完成情况好于预期。

一、综合

全区实现地区生产总值 67.58 亿元，同比增长 6.6%，其中：第一产业 2.53 亿元，同比增长 9.5%；第二产业 31.35 亿元，同比下降 3.1%；第三产业 33.70 亿元，同比增长 11.6%。农牧民人均可支配收入 22876 元，同比增长 15.9%。一般公共预算收入完成 8.18 亿元，同比下降 21.84%。社会消费品零售总额 20.80 亿元，同比增长 7.2%。规模以上工业增加值 9.23 亿元，同比下降 23.4%。全社会固定资产投资同比增长 7.8%。

堆龙德庆区 2020、2021 年度主要经济指标完成情况统计表

表 1

指标	2020 年		2021 年	
	总量	增速（%）	总量	增速（%）
地区生产总值（亿元）	62.82	7.7	67.58	6.6
一般公共预算收入（亿元）	10.46	−13.03	8.18	−21.84
规模以上工业增加值（万元）	156736.4	−2.7	92255.9	−23.4
全社会固定资产投资完成额	—	16.7	—	7.8
社会消费品零售总额（亿元）	13.54	−4.7	20.80	7.2
农村居民人均可支配收入（元）	19746	12.8	22876	15.9

二、农林牧渔

全区农业总产值 4.80 亿元，增速 13.3%，其中，农业产值 2.04 亿元，林业产值 0.16 亿元，牧业产值 2.59 亿元，农林牧渔服务业产值 0.02 亿元。

农业：全区粮食作物播种面积 2472.91 公顷，其中：小麦 155.29 公顷，青稞 1970.23 公顷。全年粮食产量 1.08 万吨，同比增长 12.28%。

林业：全区林地面积 44681.31 公顷，占 16.74%；其中：森林面积 36124.74 公顷，占林地面积 80.85%。活立木总蓄积量 60331 立方米，其中森林蓄积量 54179 立方米，占 89.80%。年末全区森林覆盖率达到 13.53%，林木绿化率达到 14.50%。

2021年，全年义务植树面积为100亩，种植株数为7900株；国土绿化建设规模为营造防护林25.58公顷（383.7亩），苗木种植量为23710株；营造林先造后补项目共计完成61.46公顷（922亩），苗木种植量为124102株；“四旁”植树共计完成苗木种植17.9606万株。

牧业：全区主要牲畜存栏头数74214（头、只、匹），其中，牛63121头、猪5074头、羊5104只、马882匹、驴20头、骡13头、禽59793只。肉产量2107.23吨，其中：猪肉82.8吨，牛肉1930.33吨，羊肉90.23吨，禽肉3.87吨。蛋产量278吨、奶产量5098.52吨。

三、工业和建筑业

全区共有规模以上工业企业14家，其中：国有控股企业占比31%，私营占比61%；全年实现规上工业总产值为24.58亿元，工业销售产值为23.97亿元，增加值9.23亿元，工业总产值较上年下降33.2%，工业销售产值较上年下降42.2%；全年规上工业增加值下降23.4%。全年规上工业企业用电量约为4.7亿千瓦时，较上年增加0.62%；统计名录库在库规模以下工业企业246家（正常经营58家），增加值4.01亿元，同比下降8.8%。全年引进并开工招商引资项目22个，其中，5000万元–1亿元项目3个，1亿元–3亿元项目5个，3亿元–5亿元项目2个，5亿元项目12个。

全区规模以上建筑业企业共4家，本年无新入库企业，建筑业总产值6.81亿元，同比增长1.1%。其中，安装工程产值625.3万元；竣工产值665.3万元；房屋施工面积500平方米。

四、固定资产投资

全区共有固定资产投资开复工项目128个，其中5000万元以上项目34个，500—5000万元项目77个，房地产开发项目17个。计划总投资323.33亿元，国有投资占总投资项目的84%，民间投资占总投资的16%。全年完成固定资产投资增速7.8%，其中，民间投资同比减少35.9%。

五、人口就业

全区常住人口为91065人（七人普数据）。

截止2021年底，全区总户数18957户，户籍人口52850人，户籍人口中，城镇人口12486人，乡村人口40364人。其中：男性25472人，女性27378人。按年龄分，0–17岁12984人，18–34岁13522人，35–59岁20377人，60及以上5967人。本年出生人口527人，其中：男性288人，女性239人。本年死亡人口279人，其中：男性166人，女性113人。本年迁入人口419人，其中：省内迁入170人，省外迁入249人。本年迁出人口523人，其中：迁往省内83人，迁往省外440人。

截止2021年底，全区持有有效居住证人口21662人（东嘎14999人，乃琼4510人，羊达1733人，古荣298人，马32人，德庆55人，荣玛搬迁点35人）。持有有效居住登记卡人数39947人（东嘎26277人，乃琼6011人，羊达5536人，古荣856人，马494人，德庆773人）。

全年新增城镇就业岗位1004个，城镇登记失业率控制在3%以内。实名制登记往届高校毕业生2265人，已就业2264人，未就业1人，就业率达到99.96%，2021年应届毕业生511人，就业511人，就业率100%，建档立卡户14人，已全部实现就业。农牧区劳动力转移就业11028人，转移就业1.4332万人次，实现增收1.1122亿元。2家创业创新平台、78家孵化企业，带动就业614人。

六、社会保障

年末全区参加城镇职工基本养老、失业、工伤保险人数分别为2923人、4290人、6268人，分别比上年末增加814人、2473人和2529人。年末参加城乡居民养老保险人数25483人，其中农村居民参保人数24711人，参加城乡居民养老保险人数比上年末增加290人。全区享受城市居民最低生活保障的人数为397人，享受农村居民最低生活保障的人数为334人。

七、基层党组织、工会组织建设情况

全区共有党组织351个，党委25个（其中3个街道党工委），党总支20个，党支部303个，其中：机关党支部85个，离退休党支部4个，国企党支部2个，学校党支部10个，非公组织党支部51个，寺管会党支部7个，村（社区）党支部154个。

全区基层工会组织139个，其中：企业工会组织 102 个，镇（街道）工会组织 6 个，行政村（居委会）工会组织 31 个。镇（街道）、行政村（居委会）共有会员 3217 人，其中女会员 1365 人，工会专职工作人员 37 个。

八、财政金融

全区一般公共预算收入完成 8.18 亿元，比 2020 年减少 2.29 亿元，同比下降 21.84%；政府性基金预算收入为 1.38 亿元，同比增加 1.36 亿元，同比增长 7721.02%。各项本级入库税收达 9.62 亿元，一般公共预算支出 30.2 亿元。其中：农林水事务支出 6.14 亿元；卫生健康支出 1.24 亿元；教育支出 4.46 亿元。财政供养人员 2442 人，财政供养人员全年工资总额 4.66 亿元。

全区年末金融业存款余额 46.54 亿元；同比下降 23.8%，金融业贷款余额 33.9 亿元；同比增长 19.13%，各项保费收入 86.93 万元；同比增长 413.16%，全年累计投放各类贷款 4893 笔，同比增加 94 笔；金额 8.167 亿元，同比下降 41.37%。

九、旅游与贸易

全区旅行社 1 家，旅游商品定点企业 8 家；旅游从业人员 738 人，共接待国内外游客 186.87 万人次，旅游总收入 5875.64 万元，同比增长 22%。全年新增私营企业 1353 户，新增注册资金 122.60 亿元；新增个体工商户 3594 户。年末全区实有个体工商户 16703 户；实有私营企业 6107 户，注册资金 791.56 亿元。社会消费品零售总额 20.80 亿元，同比增长 7.2%。

十、教育文化

全区共有初级中学 1 所，完全小学 9 所，区级幼儿园 5 所，镇（街道）级中心幼儿园 5 所，行政村（居）级幼儿园 29 所，另有民办幼儿园 2 所。全区在职专任教师 907 名，其中正高级教师 1 名、高级教师 78 名（副高级职称）、一级教师 314 名（中级职称），教师学历合格率为 99.89%，本科以上学历者占比为 70.12%。全区在校中小学生、在园幼儿人数共 12210 名（另有德庆镇、马镇 159 名学生借读于柳梧初中），其中堆龙户籍以外学生 5657 人，占全区在校生的 46.33%。区中学在校生 2309 名，其中新招七年级新生 816 人；各小学在校生 6112 名，其中新招一年级新生 1206 人；各幼儿园在园幼儿 3789 名，其中新招幼儿 1242 人。据统计，初中毛入学率 102.8%，小学入学率 100%，学前教育入园率 98.52%。

全区共有区级文化活动中心 1 处，各镇（街道）综合文化站 6 个，行政村文化室 31 个，行政村文艺演出队 31 个，农家书屋 30 个，“寺庙书屋”17 个。全区有 3 家文艺表演团体，全年共举办大型文化活动 52 场，群众性文化活动 360 余场，专业文艺团体演出 670 余场，各类表演团体送文化下乡 200 余场，创作剧（节）目 10 个。电视转播发射台 0 座，电视综合人口覆盖率 100%，广播覆盖率 100%。有 1 家数字影院，1 块影幕。公共图书馆和文化馆各 1 家，音像制品经营单位 3 家，歌舞娱乐场所 20 家，网吧 19 家。

十一、民政卫生

全区下辖 3 镇、3 街道，32 个村（居），其中，21 个行政村、11 个社区，共有 140 个自然组。

全区脱贫户 2003 户 6371 人，脱贫户人均纯收入达 19787.03 元，同比增长 8.82%。全区共有农村低保 82 户 334 人，其中建档立卡低保户 45 户 223 人，非建档立卡低保户 37 户 111 人。城镇低保 379 户 397 人，其中：残疾人最低生活保障人数 28 人。

全区共有残疾人数 1634 人，其中：建档立卡贫困户中的残疾人数 334 人；城镇居民最低生活保障人数中的残疾人数 28 人。0–16 岁残疾儿童人数 107 人，贫困残疾人数 120 人。残疾人两项补贴人数 538 人，阳光家园补贴人数 4 人，不能自理残疾人数 66 人，重点关爱残疾人数 63 人，残疾人燃油补贴人数 36 人。为残疾人免费配发辅助器具 340 件；277 人次残疾人得到康复服务。

全区共有二级乙等医院 1 所，床位 68 张，卫生技术人员 87 人，执业医师及助理医师 42 人。镇（街）卫生院 6 所，床位 15 张，卫生技术人员 46 人，执业医师及助理医师 23 人。村卫生室 29 所，执业医师及助理医师 1 人。疾病预防控制中心（防疫站）1 所，卫生技术人员 28 人，执业医师及助理医师 12 人。医疗诊所 36 所，执业医师及助理医师 70 人。平均每千人 0.91 张病床、1.46 名医护人员、0.01 名疾控人员、1.62 名执业医师。全区育龄妇女总数为15826 人，孕产妇总数 530 人，建卡 530 人，建卡率100%。产妇总数 354 人，活产数 355 人，住院分娩率达 100%。享受住院分娩补助 353 人，补助兑现率达 99.7%。0—6 岁儿童总数为 3851 人，0—3 岁总数为 1788 人。

十二、安全生产

全区出动检查人员 600 人次，排查治理安全隐患 720 余处，打掉 1 处非法储存经营危险化学品窝点，上缴行政罚款 62 万元，排查协调各类矛盾纠纷 5 起，涉及资金 26 万元。

全区共发生各类生产安全事故 21 起，死亡 21 人，与 2020 年相比，事故起数增加 17 起，同比增长 90.9%，死亡人数增加 12 人，同比增长 133.3%。全年发生道路交通事故 5124 起，适用简易程序 1310 起，一般程序 87 起，造成 22 人死亡，76 人受伤，财产损失 124.15 万元，与 2020 年对比，事故总起数减少 376 起，同比下降 6.84%；一般程序增加 48 起，同比增长 123.07%，死亡人数上升 5 人，同比增长 29.41%，受伤人数上升 46 人，同比增长 153.33%；直接财产损失减少 14.3 万元，同比下降 11.52%，全年未发生一次死亡 3 人以上的较大交通事故。

十三、公路情况

全区农村公路共 467.438 公里，共有 118 条农村公路，其中县道 2 条 55.188 公里，乡道 3 条 79.585 公里，专用公路 11 条 21.81 公里，村道 102 条 310.855 公里。其中：沥青混凝土路面 142.755 公里，水泥混凝土路面 112.247 公里，砂石路面 211.794 公里，石质路面 0 公里，渣土路面 0.642 公里。6 个街（镇）、31 个行政村和 140 个自然组 121 条道路通畅，19 条道路通达。

十四、环境保护

全区拥有环境空气监测点 1 个。全区空气质量有效监测天数 341 天，优良天数 341 天，优良率达 100%；空气主要污染物二氧化硫、二氧化氮、PM10、PM2.5 平均浓度分别为 0.0065、0.022、0.0348、0.0132 微克 / 立方米，全区 PM10 平均浓度同比下降 0.0082 微克 / 立方米；危险废弃物安全处置率 100%；集中式饮用水源地水质达标率 100%，堆龙河地表水水质均能保持《地表水环境质量标准》（GB3838–2002）Ⅲ类质量要求。

全区探索垃圾源头减量化，提高生活垃圾分类标准率，因地制宜在四分类标准模式中增加灰土垃圾，形成 2+2+1 模式，全区道路清扫保洁面积（机械化）达到 304.72 万平方米，市容环卫专用车辆设备数 106 辆，公共厕所（三类以上）53 座，生活垃圾转运站 1 座。

全区 100% 公共机构和 100% 的行政村开展生活垃圾分类工作，覆盖 131 个党政机关、57 家学校、12 家医院、21 家寺庙，其中上三镇党政机关和各类机构实现了全覆盖，全区清运垃圾 18 万余吨，垃圾清运量同比增长 5.9%，生活垃圾处置无害化达到 80%，逐步达到“减量化”的目的；生活垃圾资源回收利用率达到 30%，有效改善城乡环境，促进资源回收利用，提高城镇化质量和生态文明建设。

索 引

说 明

一、本索引采用主题分析法编制。索引范围包括篇目、类目、部(门)目、条目等。
二、本索引按主题词首字汉语拼音音序(同音按音调)排列,若首字拼音相同则按第二字音序排列,以此类推。
三、索引款目后的数字表示内容所在的页码,数字后的拉丁字母(a、b、c)表示栏别(从左至右)。
四、篇目、类目、部(门)目用黑体字。

A

B

C

D

E

F

G

H

J

K

L

M

N

P

Q

R

S

T

W

X

Y

Z

中国人民政治协商会议堆龙德庆区委员会 101